近現代日本の警察と国家・地域

大日方純夫 著

日本評論社

序論　警察史の射程と視圏

庶民（住民）は日常生活のさまざまな局面で警察とかかわらざるをえない。犯罪捜査や防犯活動、交通事故や営業規制などにとどまらず、日常的な地域の生活・安全とかかわる局面で、警察が登場してこない場合はない。街を歩けば必ず〝交番〟に出会う。交番とは、地域に配置された警察の最先端機関であり、一九九四年までは派出所が正式名称であった。現在は外国人にわかりやすいようにと、ローマ字で「ＫＯＢＡＮ」と書いたシンボルマーク入り案内板が掲げられたりしている。主に本署所在の市街地に設けられ、複数の警察官が交替で勤務する交番に対して、本署から離れた周辺地域には駐在所が設置されている。警察官の住宅が付設されており、警察官が家族とともに住みながら勤務することを基本としている。交番・駐在所、ともに警察署の下部におかれた警察の末端機関である。

こうした直接的な体験ばかりでなく、各種メディアを通じて、警察は頻繁に家庭生活のなかに登場している。事件を報じるニュースは当然のこととして、テレビ・映画や小説の世界でも刑事物は花形であり、犯罪を扱ったドラマには警察官が登場する。〝刑事〟とは犯罪の捜査や被疑者の逮捕などを行う警察官の通称であり、階級では巡査・巡査部長などが該当する。通常、私服で職務にあたっている。

他方で、警察の権限拡張や人権侵害、警察官の腐敗・犯罪などが世上の話題となることもしばしばである。プライバシーの侵害や政治警察への傾斜を危ぶむ声も強い。

いったい、この日本に警察はどのように登場し、国家・社会のなかでどのようなあり方を示しながら、現在に至っているのか。警察が近代日本に誕生したのは、果たして殺人・強盗といいた犯罪を捜査・摘発するためだったのか。警察は国家にとってどのような役割を果たしてきたのか。地域のなかに配置された警察署や〝交番〟は、一体、何をしてきたのか。それは、地域社会のあり方や住民の日常生活といかにかかわっていたのか。

詳しくは序章で述べるが、近代日本の警察は、一八七四（明治七）年一月、全国警察の統轄機関として内務省に警保寮が設置され、また、首都警察として東京警視庁が設置されたときに始まる。以後、中央の内務省警保寮（のち警保局）のもとに、各地方に警察本署（警察本部）を設置し、さらにそのもとに警察署を配置することによって、中央集権的な警察制度の確立が目ざされていった。

その後、地方「自治」制とあわせて、受持巡査を受持区域内に駐在させ、その宿所を駐在所とする制度が発足した。一八八八年一〇月制定の「警察官吏配置及勤務概則」にもとづいて、翌八九年にかけて設置された。区（市）においては人口五〇〇〜一五〇〇人、その他の町村では人口一五〇〇〜三〇〇〇人につき一人の割合で巡査が配置され、全国津々浦々まで警察の網の目がはりめぐらされた。都市部の派出所とこの駐在所をそれぞれの警察署がまとめあげ、これを中央政府に直結した府県の警察本部が管轄した。こうして、近代日本の警察は中央集権的・国家的な性格をもって確立され、機能していった。近代日本の警察は、派出所と駐在所を拠点として犯罪・事故の警戒・監視・摘発にあたるとともに、民衆の動静に目を光らせ、さまざまな情報を収集していった。その実際については、第一章・第二章をはじめとして、各章で扱うことにする。なお、東京の警察である警視庁は、他府県の警察が知事のもとに置かれていたのとは異なり、東京府から独立した政府直属の警察であった。

また、近代日本の警察は、一八七四年一月の発足の際、犯人の捜査や逮捕などにあたる司法警察と、社会の安全や秩序に対する障害を事前に防ぐ行政警察に警察の役割を区分したうえで、行政警察こそが内務行政としての警察の基本だと宣言した。以後、警察は行政警察中心主義を基本理念として確立され、警察の権限は衛生・風俗・営業など、民衆の生活とかかわる広範な行政領域に及んだ。その実際については各章で扱う。

近代日本警察のこのようなあり方は、一九四五年の敗戦後、占領下で進められた警察改革によって〝否定〟され、一九四七年一二月、警察法が公布された。これによって警察の地方分権化がはかられ、自治体警察と国家地方警察の二本立てとなった。また、警察の活動は消極的な治安事務のほかは、司法警察事務に限られることとなった。その簡単な経緯は序章で扱う。また、第七章でその実際・実態を垣間見る。

しかし、一九五四年六月、警察法は全面改正され、その結果、警察は都道府県警察に一本化された。また、これを指揮監督する中央官庁として警察庁が設置された。中央集権的な要素が強められ、これが現在に至っているが、その後の経過については終章を参照されたい。

（1）自分史としての警察史研究――半世紀を振り返って

なぜ警察の歴史なのか。私は一九七三年九月、修士論文のテーマとして近代日本の警察史を選んだ。当時、歴史学界が人民闘争史研究の全盛期であったこともあって、もともとの研究関心は農民一揆にあったが、あえてこの時、テーマを変更した。そして、一九七五年一月、修士論文「東京警視庁の創置と転回」を提出した。以来約五〇年、近代日本の警察史を研究テーマの一つとしてきた。

テーマ設定にいたった理由はさまざまあるものの、最大の理由は、近代日本の警察が巨大な影響力をもっていたにもかかわらず、ほとんどまともには歴史研究の対象にされてこなかったことにあった。警察史の研究といえば、ごくかぎられた警察ＯＢの手になるものか、警察当局が編纂した各都道府県の警察史しかなかった。広中俊雄氏の『戦後日本の警察』（岩波新書）をはじめとして、[1]法学者による歴史的な分析もあり、[2]大いに示唆を得たが、歴史学プロパーからの警察史研究は皆無に近かった。

では、なぜ、これまで歴史学において科学的分析のメスが加えられていなかったのか。それは、史料が公にされていないという事情にもよる。敗戦によってなくなった旧軍隊とは異なり、警察は戦後、改革されたとはいえ、戦前の流れを引きついで、閉鎖性が強く、軍事史研究以上に史料的な制約が大きい。しかし、史料があるからテーマが成立するのではない。課題が設定されることによって史料は発掘される。したがって、本質的な問題は課題意識が成立していなかったことにあると言わなければならない。

とはいえ、俯瞰的に見てみると、私のテーマ変更は歴史学界の大きな関心が国家史研究に向けられてきていた時期に照応していたともいえる。林英夫氏は『日本における歴史学の発達と現状V』の中で、「一九七三年頃をほぼ境にして、人民闘争史研究から国家史研究へと重点が推移した」と書いている(3)。やや後になるが、一九七五〜七六年には「人民に対置される」国家の「形成・推移・消滅の過程」を歴史的に解明することをめざした『大系日本国家史』全五巻（東京大学出版会）が刊行された。こうした研究動向に励まされながら研究をつづけた。

その後、近代警察成立期の研究を継続するとともに、博士課程では対象とする時期を大正デモクラシー期に移して、確立した警察が「デモクラシー」に直面したとき、どのようなありようを示したのか、その変容・再編の状況を探った。今から思えば、そこには、民衆の運動のあり方が警察のあり方をいかに規定したのかという当初の関心・発想があったのかもしれない。なぜなら、大正デモクラシーは人民闘争史研究のなかで注目された日比谷焼打ち事件によって幕をあけたからである。米騒動にいたる都市民衆騒擾が警察のあり方をどう規定したのかに関心を向けた。

そうしたなかで雑誌『法学セミナー』に「警察と民衆」を連載する機会を得、一九八七年七月、これをまとめて『天皇制警察と民衆』（日本評論社）を刊行した。近代警察の誕生から敗戦後の警察改革までを扱った通史である。同書の「まえがき」に私はつぎのように書いた。

人はより問題をより根本からとらえかえそうとする時、しばしば歴史にたちかえる。未来に関する展望は、過去に対する歴史的省察を通じてきりひらかれる。本書の主題である警察もまた、一九八〇年代の後半をむかえたいま、そのような根本からのとらえかえしを迫られていると言わなければならない。それは、二つの意味においてそうである。第一に、内部告発を含めて、これまでの警察のあり方、体質に対する批判が噴出しているという点において。（中略）第二に、警察の権限拡張、「警察国家」化を危ぶむ声が大きくなっているという点において。

歴史の対象は過去にあるが、過去に目を向けるその視線は現在から注がれており、その視線を反転させることによって、未来への課題が見えてくる。そうした歴史学のあり方は、警察を対象とする際にも肝要だと考えたのである。また、警察を〝手術〟（分析）するため、四本のメス（視点・方法）を揃えてみた。①警察は誰の利益を追求しているのか、②警察は民衆にどう対したのか、③社会状況、民衆のあり方が、警察の内部にどう反映し、影響を及ぼしたのか、④民衆は警察をどう見たのか、この四つ視点・方法によって民衆史の立場から警察を分析してみようとした。「人民」の側と「権力」の側を両睨みし、また、民衆史研究と国家史研究の二足の草鞋をはく立場からすれば、相互関係を問うことは不可欠の課題であった。また、警察の歴史を警察だけの歴史や、制度史・取締り史にとどめることなく、日本近代史の大きな流れ、時代の構造のなかで描き出すことを狙った。したがって、構成は、「Ⅰ　維新の改革のなかで」、「Ⅱ　確立される「国家」のなかで」、「Ⅲ　「大正デモクラシー」のもとで」、「Ⅳ　ファシズムと戦争のもとで」、「Ⅴ　敗戦――そして、今」、となった。

つづいて、一九九〇年一一月刊行の『官僚制　警察』〈日本近代思想大系のなかの一巻〉（岩波書店）に近代警察の成立期に関する史料をまとめ、これをふまえて一九九二年一一月には『日本近代国家の成立と警察』（校倉書房）を刊行した。同書で提示した四つの「方法的視点」（①警察の本質、②警察力の発動のあり方、警察への機能論的接近、

③警察に対する内的分析、警察の内部構造、④民衆の警察認識）は、『天皇制警察と民衆』の四本のメスを敷衍したものである。同時に、同書には国家と人民、権力と民衆という対抗軸だけでなく、その後、取り組んできた社会史的関心からの研究を組み込んだ。その背景には、国家史から社会史へという、歴史学における研究潮流の推移があった。

さらに、その後の時期の警察の歴史を中心に、一九九三年三月、『警察の社会史』（岩波書店〈新書〉）を書いた。「序章　警察廃止をめぐる二つの事件」で日比谷焼打ち事件から始めたように、同書で主に扱ったのは、大正デモクラシーの時期の警察であった。[4]「Ⅰ　行政警察の論理と領域」で前提となる明治期の警察の中心機能を概観したうえで、「Ⅱ　変動する警察」、「Ⅲ　「警察の民衆化」と「民衆の警察化」」、「Ⅳ　「国民警察」のゆくえ」で、大正デモクラシー期の警察のあり方を追究し、「終章　戦後警察への軌跡」で、その後を見通した。しかし、いずれにしても、警察史研究にかかわる難題は、つぎの点にある。

> 警察関係史料の秘密性と閉鎖性はしばしば指摘されることであり、それが研究の進展をさまたげるネックになっていることはいうまでもない。その意味で、今のところ警察の周辺に残されたさまざまな史料を総動員して、いわば「外堀」を埋めながら「本丸」に迫っていかざるをえないのが現状である。「本丸」を直撃することができないもどかしさを感じつつも、当面、この気の滅入るような作業を根気よくつづけていかざるをえないといえよう。（『警察の社会史』「あとがき」）

警察は日常生活のすみずみまで入りこんで現実に権力を行使する。したがって、その実態がわからないと、本当のところは見えてこない。そこで、制度的な史料ではなく、地域末端での警察の実態を何とか知りたいと思い、ずっと巡査の日記を探していた。そうしたなかで、明治期のある巡査の日記を活字化して刊行した茅ヶ崎市から、その本の書評依頼があった。この日記によって明治期の地域警察の実態をかなりリアルにつかむことができた。

一九九九年四月からの一年間、私は早稲田大学大学院文学研究科で「日本近代の社会的編成と警察力」をテーマに講義した。その際、講義要項にはつぎのように書いた。

近年、社会史的な研究の進展とともに、日本史・世界史を問わず、警察にかかわる言及が画期的な増加をみせている。それは、警察がいわば社会の陰画ともいうべき部分と深くかかわっているからであろう。そうした警察の機能は、とくに近代日本の場合、比類なく大きいと言わなければならない。なぜなら、警察こそは機構的に地域社会の内部に恒常的に配置され、地域社会を網羅的・日常的に把握する役割を担った機関であり、また、機能的には民衆生活とかかわる多面的な領域を担当し、社会矛盾に即応しつつその機能を展開させつづけたからである。そこで、今回はこうした警察の独自の役割に注目しつつ、警察史のメスによって、日本近代の社会的編成に分析を加えてみることにしたい。それを通じて、近年、近代史の領域において比重を増している社会史的な研究動向や「国民国家」論にも一石を投ずることができれば幸いである。

社会史的な視点・方法によって警察の問題に迫ってみようと考えたのである。この講義を踏まえて、二〇〇〇年四月、『近代日本の警察と地域社会』（筑摩書房）を刊行した。結果として、同書では地域社会との関係にこだわりつつ、近代日本の歴史の流れのなかで、警察がどのようなあり方を示し、どのような役割を演じてきたのかに迫ることになった。そこには、地域に対する関心を強めていた当時の歴史学における研究潮流が反映していた。叙述にあたって重視したのは、①地方・地域の社会状況に注意すること、②民衆とのかかわり、地域住民とのかかわりを重視すること、③制度よりも実態、仕組み（機構）よりも働き（機能）に関心をもつこと、④内部に矛盾をかかえた組織体として警察を見ること、⑤警察を構成する個人（一般の警察官）にも焦点をあてること、であった。

（2）警察史研究の現状――歴史学における警察への注目

①　警察史の視圏――世界史のなかで

私が『近代日本の警察と地域社会』を世に出したのは二〇世紀末であったが、二一世紀に入ると、歴史学レベルでも警察史への関心が高まり、二〇〇九年一一月・一二月には、『歴史学研究』が「近代警察像の再検討」を特集した。(5) 同特集は、「警察は犯罪予防から行政・風俗の教導に至るまで人々と幅広い接点を持つ強力な「機構」として、国民国家・植民地の統治を支える中枢になっていった」として、「国家（植民地）権力と人々との複雑な関係性」のなかで、「警察」が成立する歴史過程を、「下から」動態的に捉え直すべきことを提起した。

また、二〇一二年一月には、私も編集に参加した『近代ヨーロッパの探究⑬　警察』（ミネルヴァ書房）が刊行された。「ヨーロッパ近代の探究」シリーズのなかの一冊である。私はこの本の編集を通じて非常に多くのことを学んだが、とくに比較史の重要性を強く感じた。第Ⅰ部の「近世」でドイツ・フランス・ロンドンを取り上げ、第Ⅱ部の「近代」でドイツ・フランス・イギリスを扱ったうえで、第Ⅲ部では「非ヨーロッパ」のアメリカ・日本・朝鮮・シンガポールにも分析を及ぼしている。私はこの本の「あとがき」でつぎのように書いた。

本書によって、それぞれの国・地域における警察が、いかなる状況に当面しながら成立し、編成されていったのかが、近世から近代への移行という縦軸（時間軸）の推移だけでなく、相互の比較・関連という横軸（空間軸）の検証を通じても明らかになってこよう。そこでは、警察の組織・編成・権限といった制度上の問題だけでなく、地域社会とのかかわりや、都市化・工業化との関係、人の移動との関係（移動者・移民・外国人に対する監視）など、活動実態に即した接近が試みられている。また、私人を排除した警察という組織の編成のされ方の特徴、警察官の出自・性格などが問題とされ、制服や武装の状況（丸腰か否か）などにも関心が向けられている。そして、警察と警察以外の組織、とくに軍隊や司法との関係が検討されている。

共編者の林田敏子氏は「序章」で、「警察が国家と不可分な関係にある以上、その歴史がナショナル・ヒストリーに帰着するのは避けがたく、警察研究は長らく一国史の枠組みのなかで行われてきた」が、一九九〇年代に入ると、ヨーロッパを中心に、比較研究の成果が次々に発表されるようになったと指摘している。近代日本の警察も、そうした広い視野のなかでとらえるべきことが痛感されたのである。

一方、朝鮮史では、近代日本警察史に関する研究を参照しながら、日本の朝鮮支配を警察に焦点をあてて解明しようとする研究が展開され、その成果が相次いでまとめられた。二〇〇八年一一月の愼蒼宇『植民地朝鮮の警察と民衆世界　1894–1919』（有志舎）は、「民衆史・社会史的な視点」から、「近代朝鮮における警察と民衆の関係性」を解明しようとした。また、二〇〇九年三月の松田利彦氏の大著『日本の朝鮮植民地支配と警察　1905–1945』（校倉書房）は、「膨大な警察末端職員は現地社会における植民地支配の体現者にほかならなかった」として、「警察の問題を除外して日本の朝鮮支配を語れない」という立場から、日本の朝鮮植民地支配を究明した画期的な研究であった。さらに、二〇二二年一〇月の伊藤俊介『近代朝鮮の甲午改革と王権・警察・民衆』（有志舎）は、警察制度の解明を通じて甲午改革の本質的な性格に迫ろうとした。警察に焦点をあてた本格的な朝鮮史研究が出現し、近代・民衆のあり方や植民地支配政策の解明が進められてきたのである。

中国史においても、二〇一五年九月、太田出『中国近世の罪と罰』（名古屋大学出版会）が刊行された。同書は、「警察（近世社会にあっては軍隊と未分化な状態にあった）、監獄（近代における自由刑執行機関としての監獄とは性格を異にする）などをめぐる諸問題」は、「国家権力が犯罪者ないし潜在的犯罪者といった〝秩序を脅かす（あるいは脅かすであろう）〟と見なされる者を、いかに取締り・監視・管理・処罰しようとしたかなど、すぐれて政治的な仕組みを集約的に表現する」として、その解明は「政治史・制度史・法制史・刑罰史にとって極めて重要な検討課題」だと主張した。

なお、日本における台湾史研究では、台湾総督府の「理蕃」体制（統治の担い手としての警察）に検討が加えられていたが、[6]近年は巡査・巡査補に注目して現地の人々（先住民）との関係を問おうとする研究が現れている。[7]

② 警察史の射程——国家と民衆の間で

これらの朝鮮史・中国史の研究状況に対し、日本史の場合、警察史研究そのものは、依然として必ずしも盛んではない。しかし、警察とかかわる研究や警察史をふまえた研究は、かなりの盛況を呈している。それは、警察そのものが極めて広い領域で社会のあり方、民衆のあり方と密接にかかわっていたからである。

まず、衛生の領域において、明治期のコレラ対策を中心として、公衆衛生のあり方を都市社会史として解明した研究[8]や、感染症対策と地域社会の関係を明らかにした研究[9]には、当然のことながら警察が登場する。前者では、「コレラに対する恐怖と警察行政を中心とする防疫活動の矛盾」が扱われ、後者は、近代日本の衛生政策を「国家が主導し、警察が主体となって強権的に実施された」のはなぜなのか、警察と深くかかわる地域社会における衛生行政のあり方を解明している。また、衛生思想（優生学）と関連づけながら警察的衛生行政と社会的排除の関係を問おうとする研究[10]や、食品衛生法制と警察行政の関係を解明しようとする研究[11]も現れている。

公娼制の成立にかかわって警察との関係が問題にされ、[12]また、近年盛んに展開されている遊廓研究のなかで、国家政策や地域構造との関係で警察の関与のあり方が問題にされている。[13]さらに、風俗・芸能の面では、私娼・性風俗産業を扱った研究があらわれ、[14]また、社会学サイドからではあるが、風俗取締りに焦点をあてた研究も重ねられている。[15]建築学・都市工学の面から都市計画や都市空間を問題にした研究でも、警察とのかかわりが論じられている。[16]

日本史サイドでは、この間、主として大正デモクラシー期に関して、警察のあり方が直接的に問題にされてきた。

住友陽文『皇国日本のデモクラシー』（有志舎、二〇一一年）は、私が提起した「警察の民衆化」「警察の社会化」に批判的な検討を加え、それは、「国家の公的な暴力装置である警察が私法領域に介入して社会を積極的に調整し、矯正するための権力として位置づけられだしたことによる」と主張した。また、宮地忠彦『震災と治安秩序構想』（クレイン、二〇一二年）は、私などの説を「オイコラ警察」の改善を目指す秩序構想＝「善導」主義と規定したうえで、その主眼と担い手や効果のとらえ方に批判を向けた。他方、藤野裕子『民衆暴力』（中央公論新社〈新書〉、二〇二〇年）は、私の研究を踏まえてこの時期の「民衆暴力」のあり方に検討を加え、また、飯田直樹『近代大阪の福祉構造と展開』（部落問題研究所、二〇二一年）は、私の提起を発展させて「警察社会事業」について考察した。

近代日本警察の本質とかかわる政治支配の問題に関しては、何といっても年来の荻野富士夫氏による特高研究・治安維持法研究が圧巻であり、『増補　特高警察体制史』（せきた書房、一九八八年）、『戦後治安体制の確立』（岩波書店、一九九九年）、『特高警察』岩波書店〈新書〉、二〇一二年）などの研究、『特高警察関係資料集成』全三〇巻（不二出版、一九九一〜九四年）、『治安維持法関係資料集』全四巻（新日本出版社、一九九六年）などの膨大な資料集に加えて、日本ばかりでなく朝鮮・台湾・「満洲国」をも対象にした『治安維持法の歴史』全六巻（六花出版、二〇二一〜二三年）が完結した。

（3）本書の位置と構想・構成

本書は、以上のような近年の研究状況を踏まえ、近現代日本における警察のあり方を、国家・地域との関係に重点をおいて歴史的に考えてみようとするものである。前著『近代日本の警察と地域社会』（筑摩書房、二〇〇〇年）と基本的に同じ問題観（本序論の冒頭で提示したような）のもと、その後の研究成果を踏まえ、より広い読者を想定しながら、マクロの視点とミクロの視点を交差させつつ、近現代日本の警察の歴史に迫ることにする。

全体は、明治初年の近代警察の誕生から、戦後の警察改革による現代警察への転成までを、欧米の警察のあり方との比較と関係に重点を置きながらマクロの視点で追跡する序章と、近代日本における警察のあり方を地域に焦点を定めて解明する第一部、戦中から戦後の占領期にかけての警察のあり方を警察官の日記を通じて解析する第二部、および本書本論を総括したうえで一九五四年以後の現代日本警察の趨勢を概観する終章から構成される。

第一部は、ほぼ時系列に即した四つの章から構成される。各章で異なる地域を対象に選びつつ、各時期の時代状況や各地域の地域的な特性に迫ることを意図している。まず第一章では、山梨県下の一駐在巡査の資料を通じて、制度として確立していった日清戦後の地域警察の実態を、民衆生活とのかかわりに注意しながらミクロの視点で探る。それは、産業革命期の全体状況とかかわることにもなる。つづいて第二章では、日露戦後の東京に対象を移して、都市部における日常的地域支配システムや、これまでほとんど解明されていない犯罪捜査システム、および新たな都市問題の所在を明らかにする。さらに第三章では、大正デモクラシー期、一九二〇年代の京都・奈良地域における水平運動に関する研究を手掛かりに、社会運動史研究と警察関係資料の相関関係の解明を通じて、社会運動に対する警察の監視・偵察活動の所在を明らかにする。これを受けつつ第四章では、大阪に地域を移して特高警察に焦点をあて、元特高警察官の著書を介して、特高警察官像に迫り、敗戦間近の社会状況にも触れる。

第二部は、戦中から戦後（占領期）にかけての警察活動の実相を、警察官の日記に即して分析した三つの章から構成される。いずれもオリジナルな新資料にもとづく具体的な接近が特徴となっている。うち二章分は、保安主任・経済主任などとして主に東京の月島警察署に勤務した警部補綱川信廣が書き記した日々の記録（「参考簿」）にもとづくもので、第五章では、一九四四年八月から四五年八月までの戦中の時期を扱い、戦時下の経済・社会状況への対応や、切迫する時局のさまを明らかにする。第六章では、一九四五年八月の敗戦から四六年一〇月頃までを扱い、戦後社会の変動とこれに対する警察の対応状況を具体的に明らかにする。とくに戦後の占領政策との関係や、食糧難をはじめとする経済情勢の実相、事件・事故の実態を浮かび上がらせる。第七章では、東京の巣鴨警察署の一巡査の警察手帳を素材として、占領期の末端警察の活動実態を探る。当該資料に記載されているのは一九四九年九月から五一年一月までの期間に限定されているが、この時期は占領政策が民主化から社会運動の弾圧に転換し、レッド・パージに至る時期に対応している。一巡査の活動がこうした全体状況といかに連動・連鎖していたのかを明らかにする。

近年、歴史学では、日常生活に密着した個人を分析の起点にすえ、ボトムアップの観点から歴史に迫ろうとする関心にもとづいて、「エゴ・ドキュメント研究」が注目されてきているという[17]。個人の言葉や観点を通して過去を再構成しようとすることが、こうした関心や研究の基本にあるとすれば、第一部の第一章と第二部の三つの章は、そうした動向に通じるものと言えよう。また、本書の関心は、最近、ドイツ史研究者によって提出されている「メゾ社会史」の試みとも重なる[18]。社会・経済の構造を分析するマクロ社会史、日常生活を扱うミクロ社会史に対して、両者が遭遇する場である中間領域（メゾ）に注目し、マクロとミクロを媒介していこうというのである。「生活世界と警察権力とが交錯」する「メゾ領域」を解明しようとする関心から、警察のあり方に強い関心が寄せられることになる。

以上のように、本書は近現代の日本の歴史の流れのなかで、警察がどのようなあり方を示し、どのような役割を演じてきたのかを、地域社会との関係にこだわりながら追究するものである。その際の基本的な視点は、第一に、制度よりも実態、静態的な仕組みの説明よりも、具体的な働きを解明すること、第二に、警察を構成する個人、とくに最前線で活動する一般の警察官に焦点をあて、その個別性にこだわって解明すること、第三に、具体的な事実に即して（こだわりながら）、時代相や全体状況を浮かび上がらせることにある。これらを通じて、近現代の日本の歴史に対する認識を深めるとともに、警察にどう向き合い、どうかかわりあうべきかを考えるための素材を提供することができれば幸いである。

（1）広中俊雄『戦後日本の警察』（岩波書店〈新書〉、一九六八年）。ほかに同『日本の警察〔増訂版〕』（東京大学出版会〈新書〉、一九五五年）、同『警備公安警察の研究』（岩波書店、一九七三年）。これらの著作をはじめとする広中氏の警察にかかわる研究・論評などは、「広中俊雄著作集」の第8巻『警察の法社会学』（創文社、二〇〇四年）と第9巻『警備公安警察史』（信山社、二〇二〇年）に収録されており、その「はしがき」や附記から、広中氏の問題意識や執筆の経緯などをつぶさに知ることができる。
（2）利谷信義「軍事・警察機構の創設」（歴史学研究会編『明治維新史研究講座』4、平凡社、一九五八年）、戒能通孝編『警察権』（岩波書店、一九六〇年）、など。
（3）国際歴史学会議日本国内委員会編『日本における歴史学の発達と現状』V、東京大学出版会、一九八〇年、二八ページ。
（4）渡辺治氏の治安法制研究・警察研究から事実関係とあわせて視点や方法を大いに学んできたが、それらの論文・論評は、その後、「渡辺治著作集」の第2巻『明治憲法下の治安法制と市民の自由』（旬報社、二〇二一年）と第3巻『戦後日本の治安法制と警察』（旬報社、二〇二一年）に収録された。
（5）二〇〇九年一一月号の特集Ⅰには、「幕末維新期における村の治安と自警」「秩父事件における警察と地域社会」「警察とジェンダー」「戦間期英領マラヤにおける政治情報機関の成立とその活動」「外務省警察から見た上海の朝鮮人コミュニティ」「日本敗戦後における『警察権確立』と在日朝鮮人団体」の六論文、一二月号の特集Ⅱには、「19世紀フランスの警察」が掲載された。
（6）近藤正己「台湾総督府の『理蕃』体制と霧社事件」（『岩波講座　近代日本と植民地』2、一九九二年）、同『総力戦と台湾』（刀水書房、一九九六年）。
（7）北村嘉恵『日本植民地下の台湾先住民教育史』（北海道大学出版会、二〇〇八年）は、先住民教育における警察の機能に注目して、蕃童教育所の教員（巡査）に分析を加え、岡本真希子「台湾人巡査補をめぐる統合と排除」（『社会科学』四一―一、二〇一一年）、同「日本統合前半期台湾の官僚組織における通訳育成と雑誌『語苑』」（『社会科学』四二―二・三、二〇一二年）は、台湾人巡査補や通訳兼任の巡査・巡査補について検討している。
（8）小林丈広『近代日本と公衆衛生』（雄山閣、二〇〇一年、新装版二〇一八年）。
（9）竹原万雄『近代日本の感染症対策と地域社会』（清文堂出版、二〇二〇年）。
（10）中馬充子「近代日本における警察的衛生行政と社会的排除に関する研究」（『西南学院大学　人間科学論集』六―二、二〇一一年）、同「近代日本の衛生思想成立過程における優生学史研究」（学位論文・鹿児島国際大学、二〇一七年）。
（11）伊藤久美子「日本における食品衛生法制の展開」（学位論文・名古屋大学（法学）、二〇一九年）、同「日本における食品衛生法制の展開」（1）～（7）（『名古屋大学法政論集』二八二～二九〇、二〇一九～二一年）。
（12）藤野豊『性の国家管理』（不二出版、二〇〇一年）、今西一『遊女の社会史』（有志舎、二〇〇七年）、関口すみ子『近代日本公娼制の政治過程』（白澤社、二〇一六年）など。

(13) 佐賀朝・吉田伸之編『シリーズ遊廓社会2』(吉川弘文館、二〇一四年)、人見佐知子『近代公娼制度の社会史的研究』(日本経済評論社、二〇一五年)、加藤晴美『遊廓と地域社会』(清文堂出版、二〇二一年、増補版二〇二二年)など。

(14) 寺澤優『戦前日本の私娼・性風俗産業と大衆社会』(有志舎、二〇二二年)は、芸妓の売買春や私娼、カフェー・ダンスホールなどを扱っている。

(15) 永井良和「『性欲』の場所」(早川聞多・森岡正博編『共同研究「生命と現代文明」報告書 現代生命論研究』日文研叢書九、一九九六年)、同『風俗営業取締り』(講談社〈選書メチエ〉、二〇〇二年)、同「遊廓の形成と近代日本」(井上章一編『性欲の文化史』講談社〈選書メチエ〉、二〇〇八年)、『定本風俗営業取締り』(河出書房新社〈河出ブックス〉、二〇一五年、講談社〈選書メチエ〉版の改訂増補)。

(16) 岡本祐輝「旧都市計画法体制における風紀地区規定条文に関する試論」(『日本建築学会計画系論文集』六一二、二〇〇七年)は、風俗警察の面から風紀地区を問題にし、野嶋政和「明治後期・東京におけるオープンスペースの近代化プロセス」(学位論文・京都大学農学研究科、一九九五年)では、明治後半期の東京における警察取締りと都市空間の秩序形成の問題が扱われている。同論文は「警察の誕生は公共スペースの誕生とともにあった」として、警察が都市空間・オープンスペースの形成に関与したことを追跡している。また、同「近代都市空間の秩序形成過程における衛生思想と警察」(『ランドスケープ研究』六〇―五、一九九六年)では、建築規制をめぐる衛生思想と警察の関係が検討されている。さらに、小野良平「明治期東京における公共空間の計画思想に関する研究」(学位論文・東京大学農学系研究科、一九九九年)、同「明治期東京における公共空間の計画思想」(『東京大学農学部演習林報告』一〇三、二〇〇〇年)、同『公園の誕生』(吉川弘文館〈歴史文化ライブラリー〉、二〇〇三年)では、警察と公園計画の関係が考察されている。安野彰「明治・大正・昭和初期の日本における遊園地の概念と実態」(学位論文・東京工業大学農学系研究科、二〇〇〇年)は、「観物興行場並遊覧所取締規則」「観物場及遊覧所取締規則」「遊園地取締規則」などの検討を通じて遊園地の問題に迫っている。

(17) 長谷川貴彦「エゴ・ドキュメント研究の射程」〈長谷川貴彦編『エゴ・ドキュメント研究』岩波書店、二〇二〇年〉によれば、エゴ・ドキュメントとは、一人称で書かれた資料を示す歴史用語であり、それを読み解く方法として、史料に照射された「主観性」を組み込んだかたちでマクロな構造分析に迫ろうとする視座などが提示されてきているという。

(18) 川越修・矢野久『明日に架ける歴史学』(ナカニシヤ出版、二〇一六年)、七九〜八〇ページ、九〇〜九六ページ、一一四〜一四六ページ、一七六〜一七九ページなどを参照。

目次

第三章　警察行政と社会運動──鈴木良『水平社創立の研究』を素材に……103

序章　近代日本における警察——その軌跡

はじめに

国家・社会にとって、その国家・社会の秩序に対する反逆や逸脱は、国家・社会の安定的な再生産に抵触するものであったから、国家・社会の誕生とともに、その国家・社会には何らかの秩序維持のための機能が不可避的に発生してきた。社会内部の秩序を維持し、逸脱行為の防止・摘発にあたる機能のことを警察機能と呼ぶとすれば、このような機能はあらゆる国家・社会に随伴しているともいえる。

また、このような機能を担う組織・機関を警察と呼ぶとすれば、歴史上、それに類するものが各地域・各時代に存在したことも疑いない。日本では、古代の検非違使、近世の奉行所などがそれにあたる。ヨーロッパ中世の場合、領主が司法権とともに警察権をもったり、都市の市民団体や教会も、一定の制限のなかで司法権と警察権をもっていたとされる。中国についても、「警察の概念を、主に官が常設し治安維持にあたる警備組織・人員と理解するならば、それにあたるものは、中国史の各時代に見いだせる」と指摘されている(1)。しかし、「一般行政や軍事から明確に区別される警察という分野」が意識されているわけではなかった。それは、通常は行政や司法の一環として行使され、あらわな反逆・逸脱に対しては軍事力として発動された。中世ヨーロッパの場合、警邏《けいら》などの活動は兵卒が担当したり、住民の自警組織が結成されたりしていたという。

これに対して、近代の特徴は、軍事・司法とは相対的に区別された警察と呼ばれる組織・機構が登場し、日常的に治安の維持にあたるシステムが導入されたことにある。とくに、制服をまとった警察官が街頭に登場し、常時、住民と接するようになった。近代警察の組織実体としての制服警察官の集団は、国内の秩序維持のために正当な力の行使を認められた最初のフル・タイムの職業的組織集団であった[2]。それは、一般社会成員から遊離し、独自の団体精神にもとづいて一定の秩序を強制する存在となった。

では、このような警察という組織は、日本の場合、どのような経緯をとって登場し、いかなる展開を示したのであろうか。日本の警察には、欧米の警察のあり方と密接にかかわった(かかわらざるをえなかった)三つの時期がある。第一は、近代警察の創出・確立期、すなわち明治前期である。第二は、近代警察が再編成を迫られた第一次世界大戦後の時期である。そして第三は、近代警察そのものの改革が迫られた戦後改革の一環としての警察改革の時期である。

また、警察は国家組織であると同時に、民衆の日常生活と密接にかかわる地域組織でもある。したがって、マクロ(全体状況)の視点とミクロ(個別状況)の視点、つまり国家・社会の全体的な編成を解明する視点と、地域・民衆との実態的な関係を解明する視点とが、ともに必要である。

以下では、本書全七章の前提として、まず、近代の警察に先立つ日本近世の「警察」の特徴にふれたうえで、第一の時期に即して、警察がどのように誕生し、制度として確立していったのかを、ヨーロッパとの関係に重点をおきながら、やや詳しくマクロの視点から追跡する。なお、これをうけて確立した地域警察の実際については、第一章で民衆生活のかかわりに注意してミクロの視点から解明し、また、都市部の動向については、首都警察に絞って第二章で明らかにする。本章ではつづいて、第三章〜第五章の前提となる再編成期の日本的な特質に迫り、最後に、第六章・第七章の時期にあたる第三期の警察改革について概観することにする。

一　近代警察誕生への道のり

（1）近世日本「警察」の姿

日本の近世国家においても軍事力は基本的には非日常的な戦闘のためのものであったから、体制の安定的な再生産のためには、日常的な秩序の維持、犯罪現象の摘発・排除にあたる独自の機構が必要であった。このような警察的業務を公的に担っていたのは、武士によって編成された行政機構としての奉行所であり、与力・同心が担当していた。しかし、実際には武士身分は、その下に目明しなどを置いて捜査活動の末端を担わせていた。また、江戸の場合は町奉行所とは別に、市中を巡回して火災や盗難の予防、放火犯・盗賊・博徒の逮捕にあたる火付盗賊改がおり、与力・同心・目明しを使って活動していた。

近世の幕藩制国家は、極度に集中度の高い国家であったが、その権力編成は分権的であり、国家権力は重層的に編成されていた。すなわち、藩権力の自律を前提とする多元的社会であり、しかも、村請制を基本とする「自治」的性格の濃厚な社会であった。このような武士権力と村社会の交錯点に位置していたのが番非人である。それは、一面において幕藩権力の行政需要にもとづいて編成されるとともに、他面においては村共同体の再生産の必要性から「自治」的に編成されていた。

武士身分を主体とする公的機構とは別に、近世社会の村や町には非人番（関西の場合）・番非人（関東の場合）などと呼ばれる番人がおり、村・町の治安の維持、すなわち最末端で警察的活動にあたっていた。[3] 彼らは村から提供された番人小屋において村の治安の維持にあたるとともに、乞食や野非人を村から排除し、その反対給付として村から番人給をうけて生活していた。また他方、彼らは各地域で奉行所のもとに属する頭（長吏など）の統轄下にあったという。すなわち、村の番人としての「自治」的性格をもちつつ、他方、身分制にもとづく独自の組織編成に組み込まれていたのである。

他方、都市においては木戸番がおかれ、都市によってその性格に差異はあるものの、町に雇われた番人が番小屋に詰めて町の木戸を管理し、盗賊や火災から町を守ることを職務としていた。江戸の場合は、「非人」身分ではないが、自身番や木戸番が置かれていた。大坂でも番人や垣外番《かいとばん》と呼ばれる「非人」身分の番人がいた。また、京都でも各町に番人親方から派遣された「非人」身分の番人がいた。これらがいずれも木戸の番や夜警などにあたっていたのである。

以上が近世的な「警察」のあり方であった。したがって、近世の「警察」は武士身分である与力・同心と、末端の治安の維持にあたる番人（主として非人身分）の二つを主要な担い手としており、近世「警察」は身分制と不可分な関係にあった。すなわち、一方で武士という軍事専有集団が、軍事・行政と未分離なかたちで担いながら、他方、共同体自体も番人を通じてその「自警」をはかっていくという、二元的な「警察」力の編成様式をとっていたのである。

では、番非人が担っていた機能とそれ自体の性格は、近代警察の成立にともなっていかに転換していったのであろうか。近世的「警察」は、基本的には維新当初もそのまま継承されていた。[4] ただし、軍事力による権力の奪取、すなわち事態の非日常性とかかわって、まず、軍事力が秩序の回復、治安維持の最前線に配置された。東京・京都・大阪をはじめとする府県には、各藩の藩兵や、藩兵から選抜された府兵・県兵が置かれ、新政府の軍事行政機関である軍務官（ついで兵部省）がこれを管轄した。しかし、他方で日常的な犯罪の捜査・摘発にあたることを主たる任務として、捕亡などと称する職が各地に置かれはじめた。

東京においても町奉行所を市政裁判所とあらためて東京府のもとに置き、日常的な「警察」活動にあたらせていたが、あわせて各藩から兵士を拠出させて市中取締隊を編成し、警備させていた。そして、東京府はこのような各藩出自の兵に対する権限を次第に強化し、府兵として編成していった。しかし、軍事力と警察力は未分化の段階にあった。こうして維新当初、軍事力と未分化な「警察」が秩序の維持にあたっていたが、やがてより日常的で対内的な機能を主として担う新たな警察力の構想が登場してくることになる。

(2) 紹介されたヨーロッパ警察

日本社会にヨーロッパの警察像を最も早く紹介したのは、栗本鋤雲『暁窓追録』であるとされる。栗本は、一八六九（明治二）年、幕府の特使としてパリに赴いていた二年前の見聞を出版したが、その中でパリのポリスを、要旨、つぎのように紹介した。[5]

この「市中巡邏ノ小官」は、山形の帽子と蝉の羽のような外套を着し、腰にはサーベルをさしており、一見してポリスだとわかる。その数は二千人に及ぶといい、常に市街にあって、大雨・烈風の際も屹立して動かず、あるいはあちこちをパトロールして警戒している。劇場の入り口は言うまでもなく、郊外であっても人が集まるところには必ず出張して交通の整理にあたっている。

栗本はこのように述べて、ポリスは「真ニ無カル可カラサルノ職」だとした。フランスでは、一八五一年、クーデタによってナポレオン三世が帝位につき、そのもとでセーヌ県知事に就任したオスマンがパリ改造事業に着手していた。[6]また、ナポレオン三世は一八五四年、パリ警察の改革に着手し、特別委員会を設置して、ロンドンの警察を参照しながら、改革案を作成させた。[7]これにもとづいて出現したのが、栗本が遭遇したパリのポリスだったのである。

これに対し、日本警察の成立にヨーロッパ警察が具体的・現実的にインパクトを及ぼすこととなったのは、一八七〇年であった。これには福沢諭吉が密接に関与していた。同年閏一〇月一三日（陽暦一二月五日）、参議広沢真臣の依頼をうけて、福沢は「取締の法」と題する文書を東京府に提出した。[8]これは、三年前、二度目の渡米の際に持ち帰った事典『ニュー・アメリカン・サイクロペディア』のなかのpoliceの項目を、ほとんどそのまま訳したものであった。福沢はpoliceを「取締」と訳し、「事物の条理を守り法律を行はしめんが為是非曲直を裁判する常務の権力」と定義して、「兵力」とは別個のものだとした。そして、「立君独裁の政府」のもとでは「取締」の権威が極めて大きく、過酷・暴虐の処置をとったが、近年の「取締の法」によって、病気養生に注意し、犯罪の防止や発見にあたるなど、世の中の役にたつようになったと述べた。つづいてフランス・イギリス・アメリカの順に「取締の法」について紹介していった。

この「取締の法」の具体化には、同年冬の政治情勢が密接にからんでいる。一一月二三日（以下、一八七二年一二月九日の陽暦採用までの月日は陰暦で表記）、東京の神田鍋町で大学南校のイギリス人教師ダラスとリングが不平士族に襲撃され、負傷するという事件が発生した。[9] 政府は同日、イギリス公使館に事件を報告し、翌日、外務卿名で謝罪して、厳重な捜査を約束した。しかし、犯人はなかなか判明せず、政府首脳部は焦慮を深めた。大久保利通は太政大臣三条実美に対し、過日の英国公使との応接は「切歯慨嘆、皇国ノ恥辱」この上ないことだ、と述べた。[10] また、木戸孝允は、一一月二七日の日記に、「欧洲各国の法」に従って「ポリス等を起すの説」がしきりに出ている、と書いた。[11] その主唱者は、おそらく広沢であろう。同月三〇日、政府首脳の一人である広沢が東京府の御用掛に任じられているからである。

一二月五日、広沢は木戸孝允宛の手紙で、現在、東京では「浮浪徒」「不平徒」が不穏な動きを見せており、日田県での「暴挙」の影響が京都・北陸方面にも見られるようなので、油断はできない、と述べた。[12] そして、このほどの外国人暗傷事件もあるので、この「好機会」にすべての取締りを厳重化するつもりだとした。日田県は現在の大分県にあたり、「暴挙」とは、一一月一七日におこった一揆のことである。農民一万人余が参加し、不平士族との結合をおそれた政府は、周辺諸藩の兵力を動員して、これを鎮圧した。なお、一一月二五日には、松代藩（現長野県）でも一揆が発生し、農民七万人が参加する騒擾となっていた。

広沢は同じ一二月五日、別人宛の書簡でつぎのように書いた[13]。外国人暗傷事件については、実に「痛心」の至りである。今もって犯人も逮捕できていない。東京その他開港場の取締りも次第に整って、英仏軍隊の撤退を公使に交渉中なのに、このようなことがおこっては不都合の至りだ。もちろん文明開化の国である西欧列国でも、国王や執政を襲撃する乱暴人は間々あるが、「取締法」が確立していて速やかに捕縛するため、威令が貫徹している。ところが日本は今もって不明の状態にあり、施政の面目もなく、どう決着をつけるのか、「面倒至極」であり、苦心している、と。

一二月七日、政府はイギリス公使に対して、番人が火にあたっているだけのようなこれまでの状態では東京の取締りは成り立たないので、「各国ポリスの法」によって厳重に取締りが行き届くようにするつもりだ、と弁明した[14]。

以上のような経緯のなかで、東京府は一二月、「西洋ポリス」の規則にならってポリスを設置したいと申請した[15]。この文書のなかでも、西洋のポリスの規則を取り調べていたところ、今般、「英国人闇傷等不容易事件」が発生し、これも取締りの不備からだと心痛していると述べており、広沢の関与をうかがわせる。東京府の計画は、府下を八つの大区に分け、さらにそのそれぞれを一八の小区に区分して、大区長・副長・組頭・小頭・番卒を配置するというものであった。人数は四四七四人である。江戸の治安体制からすれば、画期的な規模が想定されていた。この時点では東京府は、東京府所属の下級士族を採用して、西洋にならった「ポリス」を編成しようと考えていた。しかし、やがてこれは異なる方向へと展開していくこととなる。

広沢は一二月二四日の日記に、信州の松代藩で「百姓騒擾」がおこり、つづいて近くの須坂藩でも「百姓蜂起」し、さらにその北の中野県下でも「百姓大に騒擾乱妨狼藉」をはたらいた、「土民蜂起」に乗じて「不逞之徒」が煽動しているという話も聞くが、まったく困ったことだ、と書いた[16]。各地に広がる不穏な情勢が、治安体制確立への意思を促迫していたのである。しかし、翌一八七一年一月九日、広沢自身が暗殺されてしまった。一月二七日、岩倉具視は、遺憾とも、悲憤とも、言いようがない、今度こそ不穏な動きの根を絶ち、葉をかりとらねばならないとして、治安体制確立への決意を述べた[17]。

一月から二月初めにかけ、大久保利通・木戸孝允・板垣退助ら政府首脳部の間では、薩摩・長州・土佐の三藩による「御親兵」（政府直属の軍事力）の設置計画とあわせて、東京府における「ポリス」編成に関しても検討が行われた。その際、大久保は藩士によって「ポリス」を編成することを主張したが、木戸と板垣は、その土地に不案内なものではかえって妨げになるとして反対した[18]。二月一〇日、大久保利通は右大臣岩倉具視に対して、「ポリス」についての決断を促した[19]。おそらくその結果であろう、一四日、「ポリス」人員の差出が薩摩藩に命じられた。ただし、その具体化は、七月の廃藩置県をまたなければならなかった。

(3) 首都ポリスの誕生

一八七一年八月一七日、鹿児島県に対して、兼ねて命じておいた「東京警固卒」を至急差し出すようにとの指示が発せられた[20]。これをうけて九月四日、鹿児島県は、二〇歳から四〇歳までを対象に「東京警固卒千人」を人選するので、希望者は願い出るようにと管下の士族層に通達した[21]。実際の募集にあたったのは、三月に上京し、四月に東京府の役人（大属）となっていた川路利良であった。

一〇月二三日、東京の「ポリス」は「邏卒」という名称で設置された。その数は三千人で、鹿児島県から二千人、他府県から千人の割合で徴集されたという[22]。邏卒は取締組に編成された。

このようにして東京には、常時、市中を巡回する「警察」が登場した。東京府下は六大区に分けられ、各大区には取締所が設置された[23]。さらに大区は一六の小区に分けられ、それぞれに屯所を設け、組頭一人と組子三〇人が配置されることとなった。組子にはそれぞれの「持場」が割り振られ、それぞれの担当区域を五人ずつ、昼夜たえまなく巡回することとなった。その際に注意し、対処すべき事項は、布令違反者に対する取締り、陰謀をたくらみ潜伏する者の発見、乱暴狼藉をする者の取締りだけでなく、民衆の日常生活にかかわる細々とした事柄にも及んでいた。邏卒は、単に犯罪の捜査・摘発を担当するものではなく、諸民に「安全自由」を得させるためのものとされたのである。したがって、取締組には、「信実」を旨とし、無益に厳しくしたり、凌辱を加えたり、愚弄するような動作や言語はけっしてあってはならない、すべて温和に取り扱い、「手引者」となるように心得て、その便宜をはかるように、と指示された。

翌一八七二年三月、東京府の要請によって一〇〇〇人の邏卒増員がはかられ、五月には取締組という名称が廃止されて、邏卒が正式の呼称となった。

一方、政府レベルでは、一八七二年八月、司法省が犯罪の捜査・検挙にあたる逮部《とりべ》を置き、邏卒・捕亡がこれを兼ねると定めた。そして、同月、東京府の邏卒を司法省に移管させて、警保寮を設置した。東京の「ポリス」は、国家の「ポリス」に変えられたのである。一〇月には警保寮の職制章程が定められ、同寮設置の目的は、国中を安静にし、人民の健康を保護すること、これを妨げる者を予防することにあるとされた。警保寮はこの目的を実現するために、直属の警視・警部・巡査と、地方官が任免権をもつ番人をおくとした。番人の給料は民費（地方税）から支出し、監督には巡査があたると定めた。番人はその地域の住民を守るものだから、恩恵を被る住民が経費を負担すべきだというのである。

ちょうどこの時期、政府には、神奈川県の邏卒総長石田英吉と邏卒検官粟屋和平が香港に赴いて調査したイギリス植民地の警察に関する報告書が提出されていた。「上海邏卒規則」「香港邏卒規則見聞記」「香港取締規則」「香港土産見聞雑記」などの調査書類である。(24)

実は、首都東京と並行して、開港場の横浜でも近代的な警察を創出しようとする作業が進行していた。神奈川県では一八七一年九月、横浜居留地のポリス編成に着手したが、その人事権と経費負担の問題をめぐって、各国領事側と対立した。こうしたなか、県側では一二月、ヨーロッパ諸国の規則に準拠した邏卒体制をスタートさせた。県に邏卒課を置き、邏卒総長のもと、大中小三等の邏卒を配置したのである。そして、一八七二年五月、石田英吉と粟屋和平を香港に派遣した[25]。イギリスの植民地である香港の警察を調査させ、「一二英式ニ法リ」警察の整備をはかろうとしたのである。石田らは九月末に帰国したが、政府は一〇月、彼らの調査してきた資料を提出するように神奈川県に命じた。警保寮職制・東京番人規則などの立案の参考にしようというのである。石田と粟屋は前述のような調査書類とあわせて、建言書を政府に提出した。

石田らは、ポリスは「治国ノ要具」であると述べて、その意義を強調した[26]。そして、ポリスは平民の身体・財産を保護するためのものであり、そのためには、政府がポリスの経費を民費から出させる方法、平民とポリスの権利・義務の関係、ポリス裁断所を置いて軽罪を即決することなど、統一的な基準を定めて、全国で実施させる必要があると主張していた。各府県では制度が整っていないため、庶民保護の務めも果たさず、単に目前の犯罪人を捕えるだけで、威喝をもって平民の便を妨げることさえあると指摘していた。

すでに司法省は一〇月九日に警保寮職制案・東京番人規則案などの案を提出して、制定を申請していたから、石田らの報告書はその制定には間に合わなかったものと考えられる。しかし、司法省が設置を示唆した番人の構想は、石田らの提案と共通するものであり、そこには自治体警察的な性格が示されていた。

一八七二年一〇月、東京府は、人民の保護には人民自らが当たるべきなので、今後は海外各国の方法に準拠して、各区に番人を設置するという方針を明らかにした[27]。そして、各大区の戸長に対して、番人の人選、給料、衣服などについての見込みを提出するように命じた。

一八七三年六月には、番人の勤務法が詳細に定められた。それは、住民のための番人（警察）という考え方が基本になっており、実際の任務としても、道案内の仕方や、迷子・捨子の扱い方、狂犬や獣畜の死骸の処理法、戸締りの注意法などが、細かく指示されていた。石田らが調査した「上海邏卒規則」などが参考にされたと考えられる。

こうして、まず、権力の拠点である首都東京の警察機構の確立が急がれていった。その構成要素は、司法省警保寮の直轄に変えられた邏卒（官設官給）、警保寮の管轄下で番人の監督にあたる巡査（官設民給）、東京府のもとで「自治」的に運営される番人（民設民給）、の三つであった。

二　内務省警察と行政警察

（1）フランス型警察の登場

司法省の内部では、一八七二（明治五）年二月にフランスから来日した御雇外国人ブスケのもとで、フランスの警察制度を導入しようとする動きが強まっていた[28]。そして、一八七三年六月には、フランスの制度にもとづいて作成した警察規則案の頒布を認めてほしいと政府に申請した[29]。この規則案は、警保寮職制章程と同様に、警察とは国中を安静にするものだと規定したうえで、警察の概念を行政警察と司法警察に二分し、それぞれの性格づけを行っている。行政警察と司法警察にわけ、全国にわたる警察の仕組みを規定しようとしたのである。注目すべきは、まず、行政警察を掲げて、人民の健康を保護し、国中の安静を妨げるものを予防するものだと規定したうえで、司法警察について、行政警察の予防の力が及ばず、法律に背くものがあるとき、その犯人を逮捕するものだと規定していることである。そして、両者の職務は区別されるが、一人でこの二つの職務を兼ねるものがあると説明している。

東京での警察創出につづいて、全国（地方）の警察制度を整備・統一しようとしたのである。その背後には、司法省が申請にあたって強調しているような「各所人民往々暴動」という事態があった。すなわち、五月末から七月初めにかけて、西日本の各地では、大規模な農民一揆が続発していたのである。司法省はこのような「暴動」に対する取締りの手立てとするために、警察規則案の頒布を申請した。それは、ちょうど東京で番人制度が本格的に動き始めた時期と重なっている。

しかし、この規則案は実際に頒布されることなく、同年一二月、政府による事実上の拒否回答によって、幻の構想に終わった。これにかわって浮上してきたのが、西欧での警察制度の調査を終えて九月に帰国した川路利良の警察改革構想であった。

一八七二年九月、香港での調査を終えて石田英吉らが横浜に向かっている頃、逆にヨーロッパに向かっている一行があった。総勢九人からなる司法省の調査団である。そのなかに警察制度の調査を担当する司法省警保助兼大警視の川路利良がいた。一八七二年一〇月末、一行はパリに着いた。パリ・コミューンの翌年のことである。フランスの警察を調査した川路のメモには、一七八九年までは今のポリスではなかったが、ルイ一六世が亡んで共和となったため、一七九〇年から現在のプレペードポリスになったとある。[30]そして、一七九九年（共和第八年）にポリスの法を定め、以来、プレペードポリスが成立したと書いている。プレペードポリスとはパリ警視庁のことで、一七九九年はナポレオンが総裁政府から実権を奪った年である。川路は、帝国は常にプレペードポリスによって威権をたくましくしてきたとして、ナポレオン一世もナポレオン三世も、これを自らを「保護」するために用いてきたと書いている。すなわち、政府に反抗し、世の安寧を害する者を探索して政府に報告する「政事」のポリスを活用してきたというのである。

川路はフランスに約四ヵ月滞在して警察・監獄などの調査にあたり、その後、ベルギー・オランダ・プロシアでも調査し、さらにロシア・オーストリア・ハンガリー・イタリア・スイスなどを巡回して、一八七三年九月に帰国した。そして、早速、警察制度の改革に関する意見書をまとめて、上司の司法頭島本仲道に提出した。[31]

川路は、警察は「国家平常ノ治療」であり、「良民ヲ保護シ内国ノ気力ヲ養フ者」であると位置づけ、ナポレオン一世やプロシアの警察をひきながら、古代より皇帝の権限強化、版図の拡張をはかろうとするものは、まず、警察の充実をはかったと述べた。彼は君主独裁国の警察に強い親近感を抱き、他方、ロンドンのような繁栄した都府の警察に日本がならうのは無理だと述べた。

彼が描いた西欧の警察の基本は、内務省が首都の警察を管轄して、内務卿は全国の行政警察の長となり、司法警察は司法卿が管轄する、というものであった。しかし、日本には、まだ内務省がない。そこで、彼はとりあえず警保寮を司法省のもとにおき、行政警察を管轄するという案を示した。

(2) 東京警視庁と行政警察

一八七三年一〇月、政変で征韓派の参議は辞職し、司法省の内部でも警察規則案を推進してきた幹部が辞職した[32]。かわって大久保利通らが実権を握り、一一月一〇日には内務省が設置された。そして、翌年一月、警保寮は内務省の管轄に移された。同時に、首都の警察機関として政府直属の東京警視庁が設置され、警保寮の邏卒が移管された（追って巡査と改称）。警保寮は全国の警察を統轄する事務部局となり、首都警察の実力装置は東京警視庁となった。警保寮の任務は、人民の「凶害」を予防し、権利・健康・営業・生命を保護するなど、行政警察を担当することにあった。東京警視庁もまた、首都の行政警察を担当することとなった。司法警察については、行政警察の力が及ばず、犯罪が発生してしまったときに探索・逮捕にあたるものであると規定して、行政警察との区別をはかった。

川路は意見書で、番人は「卑弱ノ傭夫」であり、首都の治安維持にあてるのには相応しくないとして廃止を主張した。また、司法警察は政府の義務であり、これに民費をあてるのはよくないなどと、経費の面でも番人制度を否定した。こうして、番人は廃止され、定員六〇〇〇人の巡査が首都の治安を担うこととなった。内務省警察の成立に際して、警保寮の内部には征韓論とも連動する内紛があり、大量の辞職者がでたが、政府（大久保・川路ら）は、二〇〇〇人の新規募集者で埋め、さらに番人から精選した一〇〇〇人をこれに加えた。

川路の構想は、まず、中央での警察改革を通じて具体化された。そして、翌年には、これらの改革をうけて行政警察規則が制定され、全国の警察組織のあり方が定められた。やがて全国各地に出張所（のち警察署と改称）が設置されていくこととなる。

こうして、近代日本は「予防」を課題とする行政警察を中心に警察力を形成していくこととなった。「権利」「健康」「風俗」に関する秩序を、警察の強制力をもって新たに編成していくとともに、「国事」（政治警察）をとくに位置づけ、「国事犯」を隠密中に探索警防することを重視した。背後にあったのは、前述のような川路の警察観であった。行政警察と司法警察の区別と関係は、一八七三年六月、司法省において構想され、さらに九月の川路意見書でも主張され、そして、一八七四年一月の警察改革で明確化された。日本の警察は行政警察を中心とすることとなったのである。

では、一般行政と行政警察とは、どこで線引きされるのか。他の府県では府知事・県令が警察行政も管轄していたが、首都警察である東京警視庁は、東京府から独立して設置されているため、府知事の権限は警視庁には及ばない。そこで、警視庁が行政警察の名目で行政分野に進出してくると、東京府との間で権限をめぐる対立がおこることとなる。一八七五年六月、川路が風俗・衛生に関する権限を警視庁のもとにおこうとしたことから、両者の対立は顕在化した。川路は、西洋各国の大都会では「淫風警察」は警察の権限になっていると述べて、公娼取締りの権限を警視庁に移行させよと主張した(33)。川路は、パリでは「売淫取締」はすべて警察の権限に属しているというボアソナードの言を引きながら、大久保に要請して、翌一八七六年一月、これを実現した。さらに、同年六月以降、本格的に権限の拡張を要求して、一〇月、二二項目にわたる東京府の権限が警視庁に移管された。法制局長官の伊藤博文は、七月末の大久保宛て書簡で、警視庁はフランスの警察法にならって、何事についてもその精神・形象を「模擬」しようとしていると書いていた(34)。

警察は行政警察を中心とすべく、成立した。しかし、実際には反乱・一揆の続発というこの時期の不安定な社会情勢に規定されて、〝軍事〟的な性格を強めざるを得なかった(35)。東京警視庁は、警察官に軍事的な訓練を施し、各地の反乱を弾圧するために出動させた。さらに一八七七年一月には、内務省は警視庁を吸収して同省の警視局とし、その警察力を西南戦争に全面的に投入した。

西南戦争後、川路は、これまでの警察はもっぱら内乱のために備えてきたが、これからは「真の警察」を施さなければならない、と述べた(36)。そして、一八七九年二月、随員を従えて再びヨーロッパに赴いた(川路は病に伏して中途帰国)。随員の中心、少警視佐和正はフランスを中心として政治警察の調査をすすめた(37)。

一八八〇年八月、佐和らは、国会開設を求める自由民権運動で騒然とする日本に帰国した。佐和は内務卿に建議書を提出して、君主権をもっぱらにする国では警察の勢いが極めて盛んだと述べ、警察権の強大な君主国として、オーストリア・ドイツ・ロシアをあげた(38)。フランスについても、現在、共和政治だが、政党が政府に抵抗しており、帝国の時期と変わりはないと述べた。他方、ベルギー・オランダ二国については、小規模であるとして考慮外におき、イギリスのロンドン警察については、日本の国情にあわないとしてしりぞけた。こうして、彼も川路と同様、イギリス型の警察をしりぞけ、フランス警察をモデルにしようとした。しかし、川路が警察概念を「行政警察」と「司法警察」に区分していたのに対して、佐和は「普通警察」と「国事警察」に分け、とくに「国事警察」に力を入れるべきだと主張した。

一八八一年一月、佐和らの意見を組み込みながら、中央の警察制度が改革された。内務省警視局は廃止され、全国の警察事務を総括する警保局となった。同時に、首都の警察機関として警視庁が再設置され、警視局の実働部分を受け継いだ。こうして、一九四七年に改革されるまでの中央の警察制度が確定した。本書では、その後の首都警察の状況を、日露戦後に時期を絞って第二章で解明する。

(3) 地域警察の確立——プロシア型への傾斜

日本の近代警察は、川路のもと、フランスをモデルとして成立していった。しかし、地方の警察はまだ未確立である。一八七四年末の警察官数は、東京警視庁の六三九六人に対して、他の二府六〇県が一万一九八六人となっていて、全警察官の三五パーセントが東京に集中していたことになる。たしかに一八七五年三月に行政警察規則を定めて全国的な警察制度の基準を定め、同年一〇月から一二月にかけては、警察費、巡査の募集法、警察出張所の設置方法などが決定された。しかし、なお統一的な警察制度を如何に確立するのかという点では、多くの課題を残していた。そして、地方警察の確立作業は、地方「自治」制度の確立とあわせて、山県有朋内務卿のもとで進められることとなった。その際に基本となったのは、フランスではなく、プロシアの警察であった。それは、一八八一年一〇月の「明治十四年の政変」を転機として、政府自体が憲法制定に向けてプロシア型の国家を構築しようとしていたことと密接にかかわっていた。

一八八四年二月、内務卿山県有朋はドイツから警察官を招聘して各府県の警察官の教育・訓練にあたらせたいと申請した。こうして、フランス式からプロシア式への転換過程が本格化した。それは、まず、教育部門から開始された。一八八五年三月、プロシアの警察大尉ヘーンと警察曹長フィガセウスキーが来日し、警官練習所で教育にあたることとなった。[39] 一方、ヘーンは一八八五年一二月から九〇年三月にかけて、全国三六県を巡回して警察を視察し、順次、警察の改善方法を提案した。[40] 彼は、警察署の所在地に巡査を集中させる当時の方式を批判し、それぞれの担当区域に巡査を居住させることを提案した。当初、彼が描いていたプランは、戸長に警察権限を与えて巡査を指揮させるというものであった。母国プロシアでは市町村に一定の警察権限を与えていたからである。しかし、これは内務省当局のいれるところとならなかったため、途中から彼は駐在所を各地に設置するという方法に提案を修正していった[41]。

一八八六年七月の地方官官制によって各郡単位に警察署がおかれることとなり、さらに八八年一〇月には「警察官吏配置及勤務概則」によって、受持巡査を受持区域内に駐在させ、その宿所を駐在所とする制度が発足した。その結果、基本的には一万カ所を超える駐在所が全国の各地域内部に恒常的に配置されることとなった。これを郡を単位として六七〇～六八〇カ所の警察署、ないし八〇〇カ所前後の警察分署がまとめあげ、さらに中央政府に直結した府県レベルの警察本部が管轄するという仕組みが成立した。こうして町村は警察権限から完全に排除され、警察は中央集権的な組織として地域を掌握していくこととなった。近代日本の警察は、組織編成上、身分制を否定するとともに、ここに自治的な性格をも完全に排除した。これによって、近世の「警察」との明白な断絶を示すこととなったのである。本書ではこのような駐在所制度のもとで展開された駐在巡査の活動実態の一端を第一章で解明する。

三　近代日本警察の変化と不変化

(1) 警察力再編の動き

日清戦争を契機とする資本主義の発展は、国家の内部に新たな矛盾・対抗関係を胚胎させはじめ、日露戦争後、これらは都市民衆騒擾の噴出や、労働運動・社会主義運動の高揚として、警察の前に立ち現れた[42]。一方、かつて警察が弾圧・規制の対象とした政党勢力は、新たな統合装置として機能しはじめ、その影響力は徐々に国家機構の内部で拡大していった。こうしたなかで、警察指導部にもしだいに政党の影響が波及し、また、帝国主義段階に対応する機構的・機能的な再編成が開始された。第二章で扱うのは、この時期の東京の警察である。大逆事件を契機に東京と大阪に特別高等警察を設置したことに象徴されるように（後述）、政治警察は従来の政党対抗機能から社会主義を中心とする社会運動対抗機能へと重点を移行させた。第三章・第四章の前提になるのは、このような警察である。

近代警察が再編成を迫られていた第一次世界大戦中・戦後の時期、欧米の警察のあり方が日本の警察にも影響を及ぼしていた。一九一七（大正六）年一月、堀田貢（京都府内務部長）と丸山鶴吉（警視庁保安部長）は、アメリカ・イギリスを中心とした西欧諸国の戦時状態を視察するために出発した。この両名につづいて、内務省の若手官僚層があいついで海外に派遣された。彼らは第一次大戦中から戦後にかけてのヨーロッパの状況を目のあたりにして、内務行政の「革新」的傾向を推進していった(43)。視察の中心が敵国ドイツではなく、イギリスとアメリカにおかれたことは、プロシア＝ドイツをモデルとして確立された日本の警察のなかに、新しい動向を生じさせた。堀田は帰国後、今回の視察中、警察方面で最も感じたのは、物質的な設備が完備していることと、民衆と警察とが相互に理解と同情とをもって親和していることだったと語った(44)。堀田が具体的な活動として注目したのは、ニューヨーク警察の職業紹介事業や、婦人・少年の巡査採用、イギリスにおける民衆の義勇的警察活動であった。先進帝国主義国の警察のあり方を学んで、戦後に予測される秩序の不安定化に対応しようとしたのである。

一九一九年一一月、警察講習所長の松井茂は、「国民と警察」と題する講演でつぎのように述べた(45)。第一次世界大戦の結果、人類は自由であり、平等であるというデモクラシーの思想が世界中に発達してきた。警察もこれをふまえて進歩改良をはからなければならない。警察の覚醒の時期である。ロシア皇室が滅亡したのには、ロシアの政治警察も関係している。国民に自覚を促して、「国民警察」を実現しなければならない。松井はこう述べて、イギリスの警察に注目した。ただし、後述のように、日本は「民主の国体」ではなく、「一君万民の国柄」だから、国民警察は外国のような「公僕的警察」ではなく、「民の為の警察」という意味だと強調している。

松井は国民に警察とは何かを知らせるために精力的に活動し、各地を講演してまわった。そして、一九二一年七月には、「民衆の警察化と警察の民衆化」と題する論文を書いた。[46] このように提唱していたのは、松井だけではない。一九二一年八月には、警視総監岡喜七郎も「警察の民衆化と民衆の警察化」と題する文章を書いていた。[47] 一九一九年五月、内務大臣床次竹二郎は警察部長会議で、民衆と警察の意思の疎通をはかり、警察活動に対して民衆の了解を得ることが必要だと挨拶した。[48] 警察と民衆の接近をはかって、警察活動の民衆的基盤をつくっていこうとするこのような動きは、民衆運動の高まり、民衆の政治的な自覚に直面して、これまでのような一方的、権力的な取締りだけではまずいという意識と関係していた。それは、一面で警察の側から民衆への接近をはかって民衆の同意を調達するとともに、他面で民衆を警察のもとにたぐり寄せて「秩序」網にからめとっていくものであった。この両面は相互に密接なかかわりをもちながら、民衆の内部に警察活動への共鳴盤を作り出していくものであった。

(2)「陛下の警察官」の登場

松井茂が日本の警察は外国のような「公僕的警察」ではないと述べていたことを想起したい。一九一九年七月、警察講習所は「巡査教習改善案」を立案し、各府県巡査教習所長会議の折に諮問案として付議した。[49]「教授要綱」の最初に掲げられた「訓育」の項には、「奉公ノ大義」「責任観念」「規律」「服従」「共同ノ観念」「民衆保護処遇上ノ注意事項」を授け、「犠牲的精神」で「一意君国ノ為ニ精励スルノ念慮」を旺盛にして、「良警察官」の信念を体得させるように努めなければならないと記されていた。八月には、警視庁が三〇年ぶりに巡査服務心得を全面的にあらため、警察官が守るべき徳目をうち出して、精神修養を強く求めた。「職責」「規律」「忠実勤勉」「質実剛健」「廉恥」「講学錬武」「和衷協同」の七点を強調し、警察は「国家ノ柱石」であるとした。規律の強化によってデモクラシーの潮流の中に立たされて動揺する警察官の精神をひきしめようとしたのである。

一九一九年八月、警視総監岡喜七郎は書いている。[50] わが国民性は徹頭徹尾皇室中心主義である。警察官に種々の学識・経験が必要なことはもちろんだが、その根本は皇室中心、国家本位の見地に立って活動することである。この心がけさえ忘れなければ、たとえ法規や手続きに多少問題があっても、大きな失敗には至らない。こうして、デモクラシー状況に対抗するため、「皇室の尊厳」と「国体の精華」が前面に押し出されたのである。「警察の民衆化」と「民衆の警察化」によって警察と民衆の関係の接近をはかることと並行して、警察官の精神修養面では、逆に天皇へむけてまとめあげていく方向が強められていた。

警察講習所長の松井茂は、前述の一九一九年一一月の講演でつぎのように述べた。[51]「欧洲の戦乱」の結果、デモクラシーの思想が盛んになり、わが国でもこの思想がはびこってきている。警察官にも労働者と同じように増俸問題が出るのではないかと心配する人があるが、巡査は会社員や労働者とは違って国家の官吏である。わが国の警察界に万一、世界的な「悪空気」が侵入してきても、「義勇奉公の大精神」の下に泰然として立たなければならない。松井はこうして、「国民警察」とは「民の為の警察」のことであり、外国のような「公僕的警察」ではないとした。しかし、実際にはちょうどこの頃、日本の各地で巡査の増俸運動がおこっていた。[52]

一九二〇年六月、松井はいっそうはっきり警察官のストライキ問題に言及した。[53]ヨーロッパでは警察官は民衆のサーバントとなっているところもあるが、日本の警察官はサーバントではない。国家の官吏である。これをはきちがえると、労働者と警察官が同じことになる。一昨年のロンドンの警察官の行動や、近くはアメリカのボストンの警察ストライキが、失敗の先例である。日本の警察官はイギリスやアメリカなどと違って、世界に比類ない有難い警察だから、世界に模範を示さなければならない。松井はこのように述べて、「国体」という観点から日本の警察精神の独自性、優秀性を強調し、警察官の〝労働者化〟に歯止めをかけようとした。

松井は、デモクラシーの渦中にある警察官の精神的引き締めをはかるため、次第に「国体」を強調していった。たとえば一九二一年三月の警察講習所修業式の式辞では、修養事項の最初に「国体の精華」をあげた。[54]五月の外事警察講習会修業式でも、「国体の本義」に通じて「詰らない思想」に感染しないようにと注意した[55]。

こうして、デモクラシーに対抗して日本独自の「国体」＝天皇制が浮上しはじめた。それにともなって、警察官には、「陛下の警察官」たるべき陶冶がもとめられていくことになった。「陛下の警察官」という呼び方や、それに相応しい精神性の要請は、日本近代警察の形成期から明確化されていたものというよりは、むしろ「大正デモクラシー」期におけるデモクラシー機運に対する対抗思想として急浮上してきたものと考えることができる。

(3)「特高」の社会システム

行政警察中心主義のもとで成立した近代日本の警察は、幅広い権限の拡張をはかるとともに、他方では政治警察を中心的な機能としていた。それは、川路の意見書が主張するところであり、一八七四年設置の東京警視庁も、行政警察の中心に「国事」（政治）を据え、これについては政府中枢と直結する仕組みをとっていた。当初、「国事警察」として想定されていたのは、不平士族等の動向であったが、やがて自由民権運動が台頭してくるにつれて、これへの対応・対抗が中心となり、とくに川路なき後、佐和正らのもとで推進された一八八一年の改革によって、いっそう顕著となった。そして、政治警察は帝国議会の開設に際し、「高等警察」として、藩閥官僚勢力が政党勢力に対抗するための〝武器〟となっていった。第一章において、その一端を見るように、全国の地域末端に配置された駐在所もまた、こうした政治警察の機能を担っていた。

その後、高等警察は政党に対する対抗とあわせて、社会運動に対する対抗機能を担うようになった[56]。そして、次第に社会運動の展開に即応してこの側面が伸張していった。その結果、日露戦争後には、大逆事件をテコとして「高等警察」から社会主義に対する対抗機能が分離し、独立していった。一九一一年四月、内務省・警視庁などに特高警察の専従者が配置され、八月には警視庁に、翌年一〇月には大阪府に、特別高等課が設置された。「特別高等警察」の誕生である。その後、一九二五年の治安維持法の成立によって特高警察は強力な法的武器を手にし、兵庫県・北海道・神奈川県・愛知県で相次いで特高課が設置されていった。一九二八年には治安維持法が「改正」され、特高警察の大拡充がはかられて、全国すべての県に特高課が設置され、特高警察官が大増員された。特高警察そのものではないが、社会運動と警察の関係については、本書第三章で解明する。

特高警察の担い手がどのような人々だったのかについては、本書第四章で検討する。日本の「特高」は警察組織の一部門であり、特別の研修や訓練を経た要員によって構成された政治警察・秘密警察ではなかったという点に、近代日本の警察組織の独自性があったと考えられる。前述のように、近代日本の警察は一八八〇年代の後半、世界に希な極度の集権性と予防中心主義的な性格をもって確立された。集権と予防の中心になったのは政治警察であった。日本の場合、特高警察の誕生と成長は、〝下〟ないし〝外〟からの介入による再編成としてではなく、既存の警察機構・機能からの分化・発展として、あるいは全機構的な〝上〟からの編成替えとして進行した。この点、同じファシズム国家とはいえ、ドイツとの際立った対照をなしている。

ナチス・ドイツの秘密警察ゲシュタポは、一九三三年、ゲーリンクによって創設された。それまでのワイマール共和国は、国家としての警察力をもたず、一六の州が別々の警察力の手をかりてその意志を行使していたという。ところが、この状態は一九三六年に終わりをつげ、全国家の警察力がヒムラーの指揮下におかれることとなった。同年六月一七日の法令によって「ついにゲシュタポ（引用注――一九三三年に創設された秘密警察）に対して法の裏づけが与えられた。それは、各州から警察権を奪い、それを直接国の管轄下におくもの」だったのである。[57] 内務大臣フリックは、「ドイツ千年の歴史においてはじめて……全国を一指揮者の下におく統一的な警察指導力が樹立された」と誇ったという。[58]

これに対して日本の特高警察は、早くも一九一一年にその姿をあらわした。特高警察には既存の警察機構の人員供給システムを通じて人員の補充がはかられ、また、特高警察を独自の担い手としつつも、警察機構は総体として特高化されていった。特高警察官は警察署レベルまで配置されていた。しかも、特高活動そのものは、これにとどまっていなかった。全国あらゆる地域に配置された末端警察機構（駐在所・派出所）が、住民に対する網羅的・日常的な監視・偵察の機能を担っていたのである。

特高警察は、一九二六年一月の京都学連事件を手はじめに、二八年の三・一五事件、二九年の四・一六事件とそれにつづく中間検挙を通じて、共産主義運動に徹底的な弾圧を加え、三五年三月の共産党中央委員会の解体を転機として、共産主義運動を壊滅へと追いやった。一九三五年五月、内務省が定めた「特別高等警察執務心得」は、特高警察の主な任務は、「国家存立ノ根本ヲ破壊シ若ハ社会ノ安寧秩序ヲ攪乱セムトスルガ如キ各種社会運動ヲ防止鎮圧スル」ことにあると規定した[59]。共産主義の取締りに主軸をすえてきた特高警察は、その基本性格を継承しつつも、国家・社会秩序の破壊一般へとその役割を拡大していった。そして、第四章で見るように、一九二九年以後、全警察官の〝特高化〟が提唱され、駐在所レベルにも特高機能が強く要請されるようになっていった。そして、全警察官の〝特高化〟構想は、一九三五年以後、とくに戦時体制下において、さらに新しい意味内容をもちながら強調され、警察組織そのものが巨大な特高組織と化していった。

四　戦時体制と警察の拡大・膨張

(1) 経済警察の誕生と展開

一九三七（昭和一二）年七月の盧溝橋事件をきっかけに、日本は日中全面戦争に突入し、戦争は収拾のめどがつかないまま泥沼化していった。一九三八年七月三〇日、警保局長は警視総監と各府県知事に「治安対策要綱」を送って、管内の治安体制を固めるように指示した。和平に向けた動きを厳重に取り締まること、国家主義勢力の戦争拡大の動きや経済機構を根本的に改革しようとする動きに警戒すること、経済統制に対する不平不満に注意し労働・農民運動の取締りを強めること、共産主義的・反戦的な策動に対する警戒だけでなく自由主義者・民主主義者・人道主義者の反戦論にも注意・警戒すること、などがその内容であった。

一九三八年八月四日の内務次官通牒は、統制諸法令の違反に対して取締りの徹底を期することが経済警察の根本方針だとして、統制諸法令の趣旨の徹底をはかり、警察機構を活用して絶えず統制諸法令の施行状況を監視し、実施を確保するとともに、防犯につとめるようにと命じた。[60] 経済警察とは経済上の秩序を維持するために強制する権力行使のことであり、価格・配給・消費の統制によって戦時経済統制の貫徹をはかることがその職務であった。一九三八年、戦時経済統制の貫徹をはかるべく、経済警察が本格化していった。

一九三八年発行の商工行政調査会編『経済警察必携』は、諸種の経済法規の「氾濫」に秩序を与え、その正確な運用を確保するためには、「どうしても新たに経済警察の制度を創設しなければならない」として、八月三日、内務省から経済警察機構整備に関する官制が公布されたと書いている。[61] これに先立って七月二九日、内務省警保局内に経済保安課が新設され、全国道府県に開設された経済保安課または経済保安係と密接に連絡をとりながら、各種経済諸法令の実施を確保し、円滑な運営をはかって、「治安維持の完璧を期する」ことになった。[62] 各警察署にも経済保安係がおかれていった。

一九四〇年に発行された戦時経済研究会編『経済警察要綱』は、「経済警察の必要」について、つぎのように説明している。[63] 元来、国家の経済政策に関することは、助長行政の分野に属し、また、国民の私経済は自由に放任してあったため、警察が関与するところではなかった。しかし、私経済も国家の財政経済に影響するようになり、また、治安・思想問題とも密接な関係があるため、自由に放任することができなくなった。統制を強行するためには、「どうしても権力行使に依る警察の力」にまつほかはない。このような現実の必要に迫られて経済警察が誕生を見るに至ったというのである。同書は、「経済警察の使命」は、単に統制諸法令の施行を確保し、統制の強化に資するだけでなく、その円滑な運営をはかって国内治安の完璧を期し、これによって「聖戦目的達成」に寄与することにあり、戦時下国策の遂行上、誠に重大な意義をもつものだと主張している[64]。具体的には、物価統制（物価取締り・暴利取締り）、需給調整（金属・燃料・繊維・食料品・その他の重要物資）、消費規正（製造制限・販売制限）が職務内容として説明されている。

一九三八年刊行の緋田工『経済警察読本』は、「経済警察の主なる任務は、国家経済乃至国民経済が戦時計画経済の方向へ進展するのを紊す者を取締る警察である」と規定している[65]。そして、経済統制を「裏側」「側面」から支援することが経済警察の役目であり、「妨害するもの」「その精神に背反するもの」に取締りを加えることが直接の目的だとする。「国家総力戦」のもとでは、「一国の総能力、総勢力を悉く戦争目的の達成に集中しなければならない」、経済のことを経済人の手に一任しておくというような「昔風」のことは言っていられないというのである[66]。経済警察を効果的に遂行するためには、経済界の人々の協力を得るための「巧妙な方法」を考慮する必要があるとして、財界・産業界の有力者の協力を得、中・小商工業者の声、労働者の声を聞くこととあわせて、緋田は「経済警察の活動を裏から援助して貰うため特別の方法を講ずること」を挙げている[67]。「特別の方法」とは「従来特高警察が社会運動に対して活用した方法と同種のもの」であり、将来、経済警察が「真に溌剌たる活動をなすか否か」は、この「特高的方法」を適切に運用し得るか否かにかかかっていると、緋田は主張する。経済警察には、〝密告〟に依拠し〝スパイ〟を活用する「特高的方法」が不可欠だというのである。

一九三九年に刊行された溝淵増巳『日本警察』は、従来の警察は直接には社会の治安維持が主眼であり、「国民経済」に直接方向を与えるような目的はなかったが、時局が急迫を告げて「物の問題が国家の運命に関するが如き状勢」になったため、「警察の治安目的」が「一大転回」し、「今や国民経済運行」に直接に関係することを余儀なくされたと書いている。[68] そして、この「新たなる警察の方向」によって、これまでの「警察は消極行政から一歩も出づるを許さずとする捉はれたる考へ方」は、「完全に揚棄されなければならなくなつて来た」と主張している。そのうえで溝淵は、「新しい経済警察の果すべき役割」を、「治安確保」と「物資統制及物価統制」の両面から説明している。

溝淵は警察に限界はない、[69]「警察の目的に限界を認めず、権力作用に限定せずとすれば、警察の観念が混乱して来るかも知れない。然し混乱してもよい動揺してもよい」という。[70] 他の国の機関はそれぞれ限界が明らかにされているが、警察には明確な限界がない。「警察の任務とされたものが即ち警察」であり、その目的が消極であるか積極であるか、その作用が権力であるか否かは関係ないというのである。[71] そして、近代以前がそうであったように、「何もかも警察だと云ふ時代が又来るかも知れぬ」として、「新しい警察国」ができても不都合はないと主張している。[72] 経済警察による無限定な警察力の行使を正当化し、「警察国」の出現を〝予言〟するのである。

(2) 警察領域の拡大と警察権限の膨張

前述のように、一九三八年七月三〇日の「治安対策要綱」は、戦時下の治安体制の確立に向け、経済統制の貫徹とあわせて、戦争批判の動きの厳重警戒、労働・農民運動に対する取締りの強化、自由主義・民主主義・人道主義への警戒などを指示していた。こうした「治安」構想が象徴するように、戦時体制下、警察の活動範囲は無限定に拡大し、警察の権限は膨張の一途をたどっていった。

一九三八年七月三〇日、「産業報国」「労資一体・事業一家」を掲げて産業報国連盟が発足した。八月二四日、厚生・内務両次官は通牒を発して、各事業所内に産業報国会を設置させるよう府県知事に要請し、これをうけて各府県では、警察が事業場を単位とする産業報国会の設置をすすめていった。翌一九三九年四月、厚生・内務両次官は、各府県に知事を中心とする産業報国連合会を設置するように指示し、これにもとづいて、知事を会長とする道府県連合会と、警察署ごとの地域別連合会が結成されていった。こうして産業報国運動が各府県の警察部、とくに特高課を中心として推進されていった[73]。警察は産業と労働をその統制下におさめていった。

一九三九年一月、政府は一八九四年の消防組規則にかわって警防団令を制定した。警防団は防空・水火消防その他の警防に従事するもので、基本的に市町村の区域に設置された。地方長官・警察署長の監督下におかれ、警察署長の指揮によって行動することになった（費用は市町村が負担）。これまで、警察のもとにある消防組（警察署長の指揮監督をうけ、警察官の指揮に従って行動する組織）が水火災の警戒と防御にあたり、軍隊のもとに組織された防護団が防空にあたっていたが、これを警防団に統合したのである。平常時の消防活動を基本任務とする消防組は、全国的に戦時の警防（防空）活動を中心とする組織に編成替えされ、四月一日をもって警防団が発足した。戦時体制下、警察は住民組織である警防団を指揮・監督して、防空活動にあたっていった[74]。

一九四一年七月三一日、警保局長は全国の知事（東京は警視総監）に対し、「治安維持ニ関スル非常措置」に関して指示した[75]。いついかなる事態が発生するか予測しがたいので、「非常事態」にそなえ別添の「治安維持ニ関スル非常措置要綱」にもとづいて準備せよ、というのである。「非常措置要綱」では、共産主義運動関係（共産主義・社会民主主義・無政府主義）、朝鮮人関係、国家主義運動、経済関係諸運動（労働争議・小作争議など）、宗教運動関係、外事（外国人）関係など、取締り対象ごとに対応措置を列挙したうえで、最後に、流言蜚語を厳重に取り締まるように指示した。

一二月八日、「非常事態」、すなわち対米英開戦に際し、ただちに「非常措置」が発動された。全国各地で対象者の検挙や予防検束・予防拘禁が相つぎ、言論統制が強化されていった。その後、戦争が長期化し、戦局が悪化するにともなって、警察は国内の民心、とくに「反戦反軍等敗戦主義的気運」や悲観的・批判的な空気、厭戦思想と絶望的気運への警戒を強めていった。一九四三年一月一三日の警保局「治安対策要綱」は、共産主義運動・労働運動・農民運動・宗教運動などの取締りにあたるとともに、警察が積極的に輿論の指導に従事し、流言蜚語の未然防止・早期発見につとめて、これを厳重に取り締まるように指示した[76]。

こうして戦時下、途方もなく警察の活動範囲が拡大し、警察の権限が膨張していったのである。戦争末期の警察の様相については、一警部補の「日記」を活用することによって、本書第五章で照らし出してみる。

五　現代警察への転成——戦後の警察改革

(1) 警察の改革とその〝影〟

一九四五(昭和二〇)年の敗戦後、日本を占領したＧＨＱは、まず、特高警察を「解体」し、つづいて日本の警察制度の根本的改革を企てた。そうした占領当初の警察の状況については、第五章と同じ一警部補の「日記」を用いて第六章で検討する。

一九四五年九月二二日に発表された「降伏後ニ於ケル米国ノ初期ノ対日方針」は、すべての「秘密警察組織」を「解消」すべしとした。ただし、そこでは、集会・言論の自由について、「占領軍ノ安全ヲ保持スル必要」があれば制限することが示唆されていた。

第四章・第六章で言及するように、一〇月四日には一切の「秘密警察機関」の廃止が命じられ、これを受けて特高警察は廃止されていった。しかし、罷免の対象が一〇月四日現在の在職者に限定されていたため、この抜け道を利用して追放を逃れた者が少なからずいた。その背後にはＧＨＱの〝意向〟もあった。ＧＨＱにとって、日本の治安維持が最大の関心事であり、治安維持優先の観点から、警察改革によって日本警察の軍国主義的な側面を除去したうえで、これを利用しようとしていたとされる。[77]日本政府は罷免・追放規定に該当する一部の内務官僚や下級特高警察官を他機関に移して残したが、これはGHQの回答を踏まえて行われたものであった。また、人権指令による追放対象が現職者に限られたのは、特高警察に対するアメリカの認識不足に由来すると指摘されている。[78]特高警察をドイツのゲシュタポのように通常の警察から独立した秘密警察組織のようなものと考えていたため、現職の特高警察官を罷免の対象とした。しかし、前述したように、日本の特高警察は、一般の警察から峻別された「秘密警察」ではなかったのである。

一二月、内務省警保局に警衛・警備などを担当する公安課が設置され、各府県の警察部にも警備課が設置されて（一九四六年二月〜三月、公安課と改称）[79]、「公安」警察が誕生した。それは、「大衆的集団的不法越軌行為又は事態」を取り締まることを主眼とするものであった。[80]「公安」警察は一九四六年一月以降、労働争議の取締り、大衆運動（第六章で見るような食糧闘争）の取締りなどで、その活動を強化していく。同年八月には、警保局が公安課を、「警備」を担当する公安一課と、「消防」「風俗警察」などを担当する公安二課に分け、公安一課は「警備実施」活動と「警備情報」活動を担当していった。[81]一二月には公安一課の増員がはかられ、また、庶務係・第一係・第二係に分けられた。第一係は「集会多衆運動警備」「集会多衆運動に伴ふ不法行為取締」「集団的不法隠匿物資の摘発取締」などを担当し、第二係は「中国人、台湾人、朝鮮人、琉球人の不法行為取締」「団体結社等の取締」「団体結社関係情報」などを扱った。[82]

一方で警察の改革をはかることが不可欠と考えるGHQは、担当部局の参謀二部（G2）の民間情報局（CIS）公安課（PSD）が、一九四六年三月、アメリカから二つの調査団を招いた。元ニューヨーク市警察局長ヴァレンタインを団長とする都市警察改革企画団と、ミシガン州警察部長オランダーを委員長とする地方警察企画委員会である。前者は都市警察の改革に主眼をおき、後者は地方警察の改革を中心とした。

一九四六年六月、ヴァレンタイン報告の概要がGHQから公表され[83]、現在の日本の警察機構は、民衆に奉仕するためでなく、政府当路者の野心を達成するために創成されたものだと結論づけた。そして、改革をはかるためには、警察の地方分権化、警察官の待遇改善、事務権限の整理、警察の民衆化などが必要だとした。直接警察の職務に属しない事項はすべて警察から分離すべきであるとして、保健・厚生・衛生などの事項を担当する専門家を設置すべきだと提案した。衛生警察は否定され、また、「警察の民衆化」については、社会に対する警察官の地位は、公僕でなければならないとした。

七月公表のオランダー報告も「警察の民衆化」を主張した[84]。警察の仕事はすべて民衆に奉仕することに集中しなければならないと提案した。新聞検閲、消防、保健行政、災害救護、商社の認可など「余分の仕事」は、適正な警察事項とは言いがたいので、他の機関に委譲すべきだというのである。ヴァレンタイン報告と同趣旨である。

こうしたG２の動きと並行して、一九四五年末頃から、内務省当局も警察改革案の作成作業を進めていた[85]。その際のポイントは、自治体警察を認めるのかどうか、認めるとすればどの程度までか、であった。一九四六年七月に公表された警察制度改革試案は、地方自治制度の確立に即応して、これまでのような過度の中央集権をあらため、地方自治体にも警察事務を担当させるとしていた。しかし他方で、内務大臣に強力な人事権や指導監督権を与え、国家的な統制を加えることができる手だてを施していた。中央集権的・国家警察的な性格を残そうとする意図は、以後の日本側案でも一貫していた。

一九四六年一〇月には警察制度審議会が設置され、一二月、警保局は警察制度審議会の答申を得て、警察法案の作成に着手した。一九四七年二月、日本政府は「日本警察改革及び増員並びにその暫定措置に関する件」をGHQに提出した[86]。新憲法（前年一一月に公布）の施行前に根本的な改革を加えることは見合わせようとしたのである。背後で動いていたのは、G２であった。

G2公安課がつくった日本警察再組織案には、「警察を直ちに地方分権化することは、日本に陸海軍或はその他の警察力として役立ちうる武力がない今日、国内における法律規則の有数な執行が望ましからざる程度に阻害される状況に日本政府を陥らせる」とあった[87]。政府およびGHQ公安課の前には、インフレによる労働者の不満を背景に、高まる労働運動の波が押し寄せていた。GHQは二月一日に予定されていたゼネストを禁止したばかりであった。G2は二つの段階にわけて改革を実施しようとした。第一段階では中央集権的な現在の国家警察を維持しながら体制をかため、そのうえで地方分権化の第二段階に進むというプランであった。このような動きと連動しながら、内務省は七月、公安庁設置に向けての準備を進めていた。そこには、警保局・調査局・消防部を置くことが予定されていた。

このようなG2の構想に、日本の非軍事化と民主化を徹底的にすすめようとしていたGHQ民政局（GS）が強く反発した。中央集権的な警察力は、占領の基本的な主義とも、新憲法の基本的な原則ともまったく相反する。ただちに、完全かつ徹底的に分権化をはかるべきだというのが、GSの考えであった。GHQの内部で、社会運動に対する弾圧を優先するG2と、民主化を優先するGSとの対立が深まった。

この対立は、九月のGHQ最高司令官マッカーサーの片山首相あて書簡によって決着がつけられた。憲法の地方自治の原則にのっとって警察制度を完全に地方分散することが基本方針となった。都市に自治体警察をつくり、その長は当該自治体が設ける委員会が任免する。地方の治安を維持するために国家地方警察を設けることは是認されるが、各都道府県の委員会が区域内の国家地方警察を指導し、中央政府は行政的権限をもつにとどめる。これがGHQによる新しい警察機構のプランであった。

マッカーサー書簡にもとづいて警察法案の作成がすすめられ、一九四七年一二月、警察法は国会を通過して公布された。ここに一八七四年一月、内務行政の中心として成立した中央集権的な警察力は解体された。翌年、国家地方警察とは別に、市および人口五〇〇〇以上の市街的町村に自治体警察がつくられていった。「国民のための警察」として、ともかくも警察は新しい出発をしたのである。
また、一九四七年一二月三一日、内務省も解体され、七四年の歴史を閉じた。そして、全国の警察を統轄していた警保局も廃止された。

(2) 〝新しい〟警察の姿

一九四七年一二月一七日、警察法が制定公布され、翌一九四八年三月七日から施行された。その前文は、つぎの通りである。

国民のために人間の自由の理想を保障する日本国憲法の精神に従い、又、地方自治の真義を推進する観点から、国会は、秩序を維持し、法令の執行を強化し、個人と社会の責任の自覚を通じて人間の尊厳を最高度に確保し、個人の権利と自由を保護するために、国民に属する民主的権威の組織を確立する目的を以て、ここにこの警察法を制定する。

警察法は第一条で、警察の責務は「国民の生命、身体及び財産の保護に任じ、犯罪の捜査、被疑者の逮捕及び公安の維持に当ること」と規定し、さらに、警察の活動は厳格にこのような責務に限られるべきものであり、「いやしくも日本国憲法の保障する個人の自由及び権利の干渉にわたる等その権能を濫用することとなってはならない」と規定した。これによって、警察の職務の範囲は生命・身体・財産の保護、犯罪の捜査、犯人の逮捕、公安の維持に限定され、警察は憲法の保障する基本的人権を侵害してはならないこと、従来のように必要以上に国民生活に干渉してはならないとされた。
この警察法によって、従来の中央集権的・国家的性格をあらためるため、市および人口五千人以上の市街的町村に自治体警察が置かれることになった。新しく誕生した自治体警察の管理は、市町村長が市町村議会の同意を得て任命する市町村公安委員会（警察職員または職業的公務員の前歴のない者三人）に委ねられ、この委員会が任免する警察長、および警察長が任免する警察職員によって自治体警察は構成された。費用は市町村の負担とされたが、暫定的に地方自治財政が確立するまで国庫および都道府県が負担する措置がとられた（一九四八年七月まで）。自主性・独自性をはっきりさせるため、国家地方警察の「警察官」とは区別して「警察吏員」と呼ばれ、制服も国家地方警察とは明確に区別された。

一方、自治体警察の設置区域外の村落地域を管轄するため、国家地方警察が設置され、その定員は三万人以下とされた。管理機構は一般行政庁とは区別され、内閣総理大臣が国会の同意を得て任命する国家公安委員会（警察職員または職業的公務員の前歴のない者五人）の管理下に置かれた。中央の事務部局として総務・警務・刑事・警備の四部からなる国家地方警察本部を置き、警察大学校・皇宮警察本部が付置された。地方事務部局としては、全国を札幌・仙台・東京・大阪・広島・福岡の六警察管区に分け、それぞれに警察管区本部を置いた。執行機関は各都道府県の都道府県国家地方警察で、知事が都道府県議会の同意を得て任命する都道府県公安委員会の管理下に置かれ、その長は警察管区本部長が国家地方警察本部長官の同意を得て任命した。こうして、制度上、国家地方警察の管理運営は公安委員会に委ねられ、政府の権限は人事・組織・予算にかかわる行政管理にとどまることになった。

一九四八年三月、警察法が施行された。警視庁（第七章で見るように自治体警察となった）では警察法の施行にともない警察官の増員をはかったが、これとあわせて五月、これまでの防護課を拡充して「警視庁予備隊」を設置した（一九四八年末現在の所属警察官は一七九二人）[88]。また、国家公安委員会は同月、「国家非常事態警備協議会」を設け、「国家非常事態」の布告があった場合、ただちに全警察を統合・動員して対応することにした。

一九四八年七月三一日に公布された国家公安委員会規則（国家地方警察基本規程、八月一日施行）によって、国家地方警察本部には警備部警備課が設置され、国家非常事態に対処するための警察統合計画、警衛・警備、外国人登録令違反の捜査などを担当することになった[89]。各警察管区本部と都道府県本部にも、警備部警備課が置かれていった。自治体警察である警視庁にも、警備交通部に警備課と警視庁予備隊が置かれた。そして、この年八月から翌年にかけて、労働運動や社会運動の高揚、さらに共産党の活動などに直面して、警備公安警察の強化がはかられていった[90]。こうしたなかで、警察制度を見直し、警察法の改正をはかろうとする動きが台頭してくることになる。また、団体等規正令の公布・施行（一九四九年四月四日）や、全国各地での公安条例の制定のように、治安法制の強化をはかる動きが進行していった。そして、一九五〇年、「警備情報」活動はさらに活発化し、「警備実施」活動の強化がはかられていくことになる[91]。そうした状況が警察の最末端に顕著に現れていたことは、第七章で明らかにする通りである。

警察改革によって自治体警察と国家地方警察の二本立ての体制が成立した。ただし、実質的には国家地方警察本部が警察の中央機構としての機能を担っていた[92]。そして、一九五四年七月、新警察法の施行によってこの二本立ての体制そのものが否定され、都道府県警察に一元化されるに至る。また、都道府県警察を指揮監督する中央官庁として警察庁が設置される。この新警察法成立以後の現代日本の警察の趨勢については、あらためて終章で追跡する。

(3) 新しい憲法と警察の権限

近代日本の警察は、行政警察を中心とすることによって広範な権限を手にし、それは日本社会の変化に対応して拡大・肥大化していった。では、それは、新憲法の施行と警察改革によってどうなったのか。警察法の第一条は、前述のように警察権の限界を明示していた。

一九四九年に発行された警察研究会編『警察全書』は、日本の警察は、今、「国家警察的な色彩が強い」「欧州大陸系」から、「個人の権利を極度に保護する」「英米系」への「切替え期」に際会していると述べている[93]。警察の型と作用には、「欧州大陸系」と「英米系」の二つがあり、日本の警察は明治初年、フランスやドイツを模倣して作られ、「国運の急速な膨脹に奉仕するために、その構成や運営が強化改良され、戦争の末期にまで至つた」ため、終戦後、ただちに連合軍当局のもとで、「民主々義の警察へと大転換を予儀《ママ》なくされる」ことになったというのである。同書は、主としてヨーロッパ大陸系の制度を取り入れた従来のわが国の警察は、英米系の制度とは異なって事務の範囲が極めて広く、行政のあらゆる分野にわたっており、これがわが国を「警察国家」たらしめた大きな原因の一つであったとしている。(94)警察法はこの点に根本的改革のメスを加え、警察法第一条の範囲（前述）に警察の活動を限定したのである。

警察は消極的な治安事務のほかは、司法警察事務に限って行うことになり、産業・衛生などに関する事務は、他の行政機関にゆだねられることになった。従来、行政警察の権限を規定していたのは、行政警察規則・行政執行法・治安警察法などであった。これらのうち、治安警察法は一九四五年一〇月に廃止された。しかし、不審尋問と連行を根拠づけていた行政警察規則や、検束に関する根拠規定を含む行政執行法は、一九四七年五月、運用の「民主化」が指示されたものの、そのまま存続していた。(95)そこで、これまで警察官に認められていた行政検束、不審尋問、立入などに関する権限を明確にするため、一九四八年七月一二日、これらの法に代って警察官等職務執行法が制定された。(96)

以上のような前提のもと、『警察全書』は、災害・騒擾などに対応する警備警察、刑事警察、危険物品・防犯（質屋・古物営業・飲食営業などの取締り）・風俗関係・公衆衛生などに関する保安警察、交通警察、主食・物価・物資の取締りに関する経済警察、外国人（連合国人・朝鮮人・台湾人・琉球人を含む）関係の刑事事件に関する渉外警察の六編にわけて、「警察法」の各論を説明している。(97)

これらのうち、保安警察に整理されている風俗営業については、一九四八年七月、風俗営業取締法が定められた。これに関して、同年一〇月発行の『新法叢書　風俗営業取締法解説』はつぎのように書いている。(98)

近代的警察国家としての歴史と特徴とを保つて来た我が国の警察は、終戦後根本的な改革を加えられ、単にその組織や制度ばかりでなく、職務権限や所管事務等の実質的な面からも著しい変革を見るに至つたことは、本年三月七日から施行された警察法の内容によつても明らかなことである。

七十余年の間に著しく発達した我が国の「大陸系警察制度」はまったく一変し、「英米系」に根本的に切り替えられ、従来、行政警察という言葉によって意味づけられて来た警察事務は全面的に検討されて、警察法第一条により警察の職務範囲の限界が明示されたというのである。同書によれば、警察法の施行に先立って、早くも一九四五年一二月、建築・衛生・工場・労政・社会保障などの勤労行政・社会保障行政の事務が、漸次、部外に移管され、さらに、一九四七年四月には、警察の所管事務を整理して、相当多数の事務を廃止したり、他の機関に移管したりして、「純然たる警察事務の範囲」だけにとどまることになったという。こうして、条例や規則の類をもって警察に範囲外の新たな事務を付加することができなくなり、法律をもってしても警察の責務に直接に関係ない事務を、警察の職務とすることは許されないことになった。

さらに、これまで行われてきた行政官庁の独立命令も失効した。同書は、行政警察法規の大部分は、内務省令や庁府県令による行政命令の形式で行われてきたが、「人権の絶対的尊重を根本理念とする新憲法」のもとで、これらの命令の効力は失われたので、存続を必要とする場合は、法律の形式に変えなければならないと説明している。

こうした状況のなか、料亭、料理店、カフェー、ダンスホール、待合、遊技場など、それまで風俗上、取締り対象の営業として、警察の取締り規定を設けていた庁府県令が、一九四七年の法律第七二号「日本国憲法施行の際現に効力を有する命令の規定の効力等に関する法律」によって、一九四七年一二月末日で効力を失った。その結果、これらの営業に関する警察の取締り法規は「空白状態」となり、従来の許可営業は一九四八年一月以降、「自由営業」の形となった[99]。そこで、「このまま放置することは風俗取締上支障がある」[100]との理由から、一九四八年、第二回国会に提案され、審議を経て七月一〇日、風俗営業取締法が制定されたのである。かくて営業の許可と取消し、営業停止の処分は、都道府県または市町村の公安委員会が行うという「建前」のもと、風俗関係の営業は従来通り警察の取締りを受けることになった。同法は九月一日から施行され、従来の庁府県令にかわって、営業の場所・時間、営業所の構造・設備などは、都道府県の条例によって規定されることになったため、東京では東京都風俗営業取締施行条例が同日から施行された。同条例は第二条で、公安委員会に対する許可申請その他一切の届出手続きは、すべて営業所所在地の所轄警察署を経由して行うと規定した[101]。実際の取締りを警察が行うという点では、何ら変化はなかったのである。実際の現場における取締り状況は、第七章で見ることにする。

前述のように戦時の「経済警察」の出現によって、警察の権限は無限定に膨れ上がっていった。では、新憲法の制定によってこの経済警察はどうなったのか。本書第六章・第七章で見るように、経済統制は敗戦後の日本においても、極めて重要な課題であった。しかし、第六章の時期は憲法の施行以前、第七章は以降にあたる。時期の相違だけでなく、警部補と外勤巡査で位置も活動方法も異なるが、経済統制がつづいていた時期の警察のありようを第六章と第七章で探ってみることにする。

（1）以下、山本博文ほか編『歴史学事典　第九巻　法と秩序』弘文堂、二〇〇二年、「警察」の項、一四九～一五二ページ。
（2）村山眞維『警邏警察の研究』成文堂、一九九〇年、四ページ。
（3）平松義郎『近世刑事訴訟法の研究』創文社、一九六〇年、塚田孝『近世日本身分制の研究』兵庫部落問題研究所、一九八七年、同「下層民の世界」（朝尾直弘編『日本の近世　第七巻　身分と格式』中央公論社、一九九二年）、松岡秀夫・横田久和「『非人番』研究ノート」（西播地域皮多村文書研究会編『近世部落史の研究』上、雄山閣、一九七六年）などを参照。近世における警察活動の担い手には地域的な差異があるが、以下では捨象する。

（4）以下、近代警察の成立過程そのものに関して、詳しくは大日方純夫『日本近代国家の成立と警察』校倉書房、一九九二年、二五～三五ページを参照されたい。
（5）『成島柳北・服部撫松・栗本鋤雲集』〈明治文学全集4〉筑摩書房、一九六九年、三〇一ページ。
（6）富永茂樹「オスマンとパリ改造事業」（河野健二編『フランス・ブルジョア社会の成立』岩波書店、一九七七年）、二〇五～二二八ページ。
（7）阪上孝「工業化と都市の秩序」（同編『1848　国家装置と民衆』ミネルヴァ書房、一九八五年）、一八～四八ページ。
（8）『福沢諭吉全集』第七巻、岩波書店、一九五九年、一七〇ページ。太田臨一郎「『ニュー・アメリカン・サイクロペディア』をめぐって」『福沢手帖』七号、一九七五年。
（9）我妻栄ほか編『日本政治裁判史録』明治・前、第一法規、一九六八年、一八四～一九九ページ。
（10）三条実美宛覚書、『大久保利通文書』第四、日本史籍協会、一九二八年、一三三ページ。
（11）『木戸孝允日記』第一、日本史籍協会、一九三二年、四二六ページ。
（12）末松謙澄『防長回天史』第六編下、末松春彦、修訂再版一九二一年、三七五ページ。
（13）柏村数馬宛書簡、国立国会図書館憲政資料室所蔵「広沢真臣文書」書類の部六五―四。
（14）外務省調査部編『大日本外交文書』第三巻、日本国際協会、一九三八年、六四五ページ。
（15）内閣記録局編『法規分類大全』第一編、警察門、一八九一年、四七ページ。
（16）『広沢真臣日記』日本史籍協会、一九三一年、四〇五～四〇六ページ。
（17）三条実美等宛書簡、『岩倉具視関係文書』第五、日本史籍協会、一九三一年、一二ページ。
（18）東京大学史料編纂所編『保古飛呂比　佐佐木高行日記』四、東京大学出版会、一九七三年、四八二ページ。同五、二一七ページ。なお、この史料では、「薩」・「山口」・「高知」とだけ記されているが、それぞれを大久保・木戸・板垣と推測した。
（19）岩倉具視宛書簡、前掲『大久保利通文書』第四、二一三ページ。
（20）国立公文書館所蔵「太政類典」第二編、第一四五巻。
（21）鹿児島県維新史料編さん所編『鹿児島県史料　忠義公史料』第七巻、鹿児島県、一九八〇年、二二一ページ。
（22）警視総監官房記録課編『警視庁史稿』上巻、一八九四年、再版一九二七年（復刻一九七三年）、四ページ。
（23）以下、「取締組大体法則」（警視庁総監官房文書課記録係編『庁史編纂資料』警視庁、一九三七年、八～一一ページ）による。
（24）前掲『法規分類大全』、六七～二〇〇ページに収録されており、全体で二〇万字にも及ぶ。
（25）国立公文書館所蔵「府県史料」のうち「神奈川県誌」政治之部、警保。なお、中原英典「明治五年・石田英吉等の香港警察視察」一～三『警察研究』四六巻一号・三号・四号、一九七五年を参照。

(26) 前掲『法規分類大全』、二〇〇ページ。
(27) 以下、番人については、『明治初年の自治体警察　番人制度』〈東京都史紀要第五〉東京都総務局文書課、一九五〇年による。
(28) 中原英典「ヂュ・ブスケの警察関係稿本について」『警察研究』四四巻五号、一九七三年、同「ブスケの警察関係稿本について」上・下『警察研究』四四巻六号・七号、一九七三年などを参照。
(29) 国立公文書館所蔵「公文録」明治六年一二月、司法省伺一。なお、中原英典「明治六年・司法省の『警察規則』案」上・下『警察研究』四七巻一〇号・一一号、一九七六年を参照。
(30) 高橋雄豺『明治年代の警察部長』良書普及会、一九七六年に全文が翻刻・収録。一八七九年、川路の第二回洋行に随行する際に、同行者の小野田元熈が川路から前回洋行時のメモを借りて筆写したものと推定されている。原本は、フランス八四枚、プロシア七七枚、ベルギー一一八枚、イタリア二七枚の四冊に分かれているという。
(31) 意見書の原本は所在不明となっており、その草案が前掲『警視庁史稿』上巻、一一～一五ページに収録されている。なお、由井正臣・大日方純夫編『官僚制　警察』〈日本近代思想大系3〉岩波書店、一九九〇年、二二九～二三三ページには別本が収録されている。
(32) 以下の詳しい経緯については、前掲『日本近代国家の成立と警察』、八三～九七ページを参照されたい。
(33) 東京都編『東京市史稿』市街編五七、東京都、一九六五年、四二二ページ。
(34) 前掲『大久保利通文書』第七、一九二八年、二七六～二七八ページ。
(35) これについて、詳しくは前掲『日本近代国家の成立と警察』、二二〇～二三四ページを参照されたい。
(36) 川路利良「洋行企望趣意書」高橋雄豺『明治警察史研究』④前編、令文社、一九七二年、一三二ページに掲載。
(37) 佐和は洋行の記録として『航西日乗』三冊（和装本）を一八八四年に刊行している。また、調査記録の一部は、中原英典「佐和正・『法蘭西・質問録』」上・下、『警察研究』四四巻九号・一〇号、一九七三年で紹介されている。
(38) 「再ヒ警視庁ヲ置クヲ乞フノ議」（前掲『警視庁史稿』上巻、二七六～二七九ページ）。
(39) 警官練習所については、高橋雄豺『明治警察史研究』第一巻、令文社、一九六〇年に詳しい。また、ヘーンについては、『警察講義録』警官練習所、一八八六年が発行されている。
(40) 翻訳された復命書のいくつかは、活字本ないし筆写本として残っており、東京など二二府県に関する復命書は、一九二五年、内務省警保局によって、『警察研究資料』に収録・刊行された。また、手塚豊「ヘーン大尉『長野新潟石川富山福井五県下巡回復命書』」一～五、『警察研究』四七巻五号～九号、一九七六年、同「ヘーン警察大尉『千葉県巡回復命書』」『法学研究』四九巻六号、一九七六年に綿密な解題を付して翻刻されている。
(41) この経緯について、詳しくは前掲『日本近代国家の成立と警察』、一四六～一五二ページを参照されたい。

(42)『日本史大事典』第二巻（平凡社、一九九三年）の「警察」の項（大日方執筆）を参照。
(43)渡辺治「一九二〇年代における天皇制国家の治安法制再編成をめぐって」『社会科学研究』二七巻五・六合併号、一九七六年などを参照。
(44)『日本警察新聞』一九一八年一月一日付。
(45)『警察協会雑誌』二三六号、一九二〇年一月。
(46)『太陽』二七巻九号、一九二一年七月。
(47)『自警』二五号、一九二一年八月。
(48)内務省警保局編『警察部長事務打合会議に於ける内務大臣訓示要旨集』（『警察研究資料』第四輯）一九二七年、七一ページ。
(49)『日本警察新聞』一九一九年七月一一日付。
(50)「警察官と思想問題」『自警』一号、一九一九年八月。
(51)「国民と警察（承前）」『警察協会雑誌』二三七号、一九二〇年二月。
(52)これについては、大日方純夫『近代日本の警察と地域社会』筑摩書房、二〇〇〇年、一八一～一九〇ページを参照されたい。
(53)「戦後の警察に就て」『警察協会雑誌』二四二号、一九二〇年七月。
(54)「雑報　松井所長式辞」『警察協会雑誌』二五〇号、一九二一年四月。
(55)「詰らない思想に感染れぬやう」『警察協会雑誌』二五二号、一九二一年六月。
(56)以下について、詳しくは前掲『近代日本の警察と地域社会』、二〇二～二〇四ページを参照されたい。
(57)ジャック・ドラリュ／片岡啓治訳『ゲシュタポ・狂気の歴史』サイマル出版会、一九六八年、一二八ページ。
(58)ブラムシュテット／陸井三郎訳『独裁と秘密警察』みすず書房、一九五一年、四二ページ。なお、ナチス・ドイツの警察については、日独比較史の観点から論じた矢野久「ナチス・ドイツにおける住民の警察化」（『三田学会雑誌』一〇二巻四号、二〇一〇年）が重要である。
(59)『現代史資料』四五、みすず書房、一九七三年、四五一ページ。
(60)経済警察については、前掲『近代日本の警察と地域社会』、二六二～二六九ページを参照されたい。
(61)商工行政調査会編『経済警察必携』新光閣、一九三八年、二ページ。
(62)同前、二ページ。
(63)戦時経済研究会編『経済警察要綱』信興社、一九四〇年、二ページ。
(64)同前、三ページ。
(65)緋田工『経済警察読本』松華堂、一九三八年、二～四ページ。

(66) 同前、六ページ。
(67) 同前、一〇～一三ページ。
(68) 以下、溝淵増巳『日本警察』松華堂、一九三九年、二四五～二四六ページ。なお、溝淵は警察講習所教授。
(69) 渡辺治氏はこうした溝淵の言説を検討することを通じて、戦時下の警察観念のあり方を提示している（『戦後日本の治安法制と警察』〈渡辺治著作集第3巻〉旬報社、二〇二一年、二八八～二八九ページ）。
(70) 前掲溝淵『日本警察』、一三ページ。
(71) 同前、二二ページ。
(72) 同前、二〇ページ。
(73) 前掲『近代日本の警察と地域社会』、二五九～二六一ページ。
(74) 警防団と戦時の防空体制については、同前、二八三～三〇七ページを参照されたい。
(75) 警保局保安課「非常措置・通牒・治安対策一括」（荻野富士夫編『特高警察関係資料集成』第二三巻、不二出版、一九九三年、一二五～一二八ページ）。
(76) 同前（同前『特高警察関係資料集成』第二三巻、一三六～一四六ページ）。
(77) 以下、荒敬『日本占領史研究序説』柏書房、一九九四年、二七～三〇ページによる。
(78) 同前、二九ページ。
(79) 荻野富士夫『戦後治安体制の確立』岩波書店、一九九九年、二一～二二ページ。
(80) 杉本守義『警備警察の基本問題』警察図書出版、一九五一年、八ページ。杉本は警察大学校教授。なお、広中俊雄『警察の法社会学』〈広中俊雄著作集第8巻〉創文社、二〇〇四年、三四ページ参照。
(81) 前掲広中『警察の法社会学』、三九～四〇ページ。
(82) 前掲荻野『戦後治安体制の確立』、四五ページ。
(83) 終戦連絡中央事務局政治部内務課編『警察に関する聯合国指令集』ニュース社、一九四七年、一三九～一四四ページ。
(84) 同前、一四五～一五一ページ。
(85) 星野安三郎「警察制度の改革」東京大学社会科学研究所編『戦後改革』三、東京大学出版会、一九七四年、三一〇～三一六ページ参照。
(86) 『戦後自治史』Ⅸ、一九六七年、九一～九三ページ。
(87) 同前、一〇一～一〇五ページ。
(88) 前掲広中『警察の法社会学』、四九～五〇ページ。

(89) 同前、五九ページ。
(90) 同前、六三〜六五ページ。
(91) 同前、七三〜七六ページ。
(92) 同前、五九ページ。
(93) 以下、上原誠一郎「警察法（総論）」、四〜七ページ（警察研究会編『警察全書』警察時報社、一九四九年に収録）。
(94) 同前、一五ページ。
(95) 前掲広中『警察の法社会学』、五一〜五二ページ。
(96) 出射義夫「警察官等職務執行法」、一〜二ページ（前掲『警察全書』に収録）。
(97) 高橋和市「警察法（各論）」、一〜三四六ページ（同前『警察全書』に収録）。
(98) 新警察社編集部編『新法叢書　風俗営業取締法解説』新警察社、一九四八年、一〜二ページ（『編集復刻版　性暴力問題資料集成』第一巻、不二出版、二〇〇四年、一五五ページ）。
(99) 同前『新法叢書　風俗営業取締法解説』、三ページ。
(100) 国会に法案が提案された際の理由書による（同前『新法叢書　風俗営業取締法解説』、四ページ）。
(101) 本田正義・神谷尚男『風俗営業取締法警察官等職務執行法解説』民生書院、一九四八年、三二ページ（前掲『編集復刻版　性暴力問題資料集成』第一巻、一五一ページ）。

第Ⅰ部

近代日本における地域警察

第一章　地域社会のなかの警察——駐在巡査の書類から

はじめに

近代日本警察の特質は、以下の三点にある。[1]第一に、機構面で、中央集権的であること。すなわち、中央の内務省に直結する府県レベルの警察本部のもと、一八八六（明治一九）年の地方官官制によって各郡に警察署が配置され、一八八八年の「警察官吏配置及勤務概則」によって全国には駐在所・派出所の網の目が張り巡らされることとなった。地方行政の末端である市町村に警察権限は一切なく、市町村の地域内部に配置された末端警察は、この中央集権的な機構のなかで作動した。

第二に、機能面で、行政警察が中心であること。[2]事後的に社会矛盾を排除する司法警察的な機能は副次的とされ、日常的な社会・民衆に対する監視体制を構築して、膨大な権限のもと、民衆生活に深く、広く介入していった。

第三に、内部編成の面で、広範な士族層を吸収することによって成立していったが、その後、試験・能力・資格をテコとして雇用する近代的なシステムが導入されることによって、近世「警察」に含まれていた被差別身分的な要素は次第に淘汰されていった。

以下では、第三のようなシステムのもとで雇用された最下級の警察官である巡査が、第一のような警察機構の最末端に位置する駐在所に配置されて、第二のような機能をどのように担っていたのかを、その具体相に注目してあぶり出してみることとする。

一　巡査採用の仕組み——小林巡査の成立

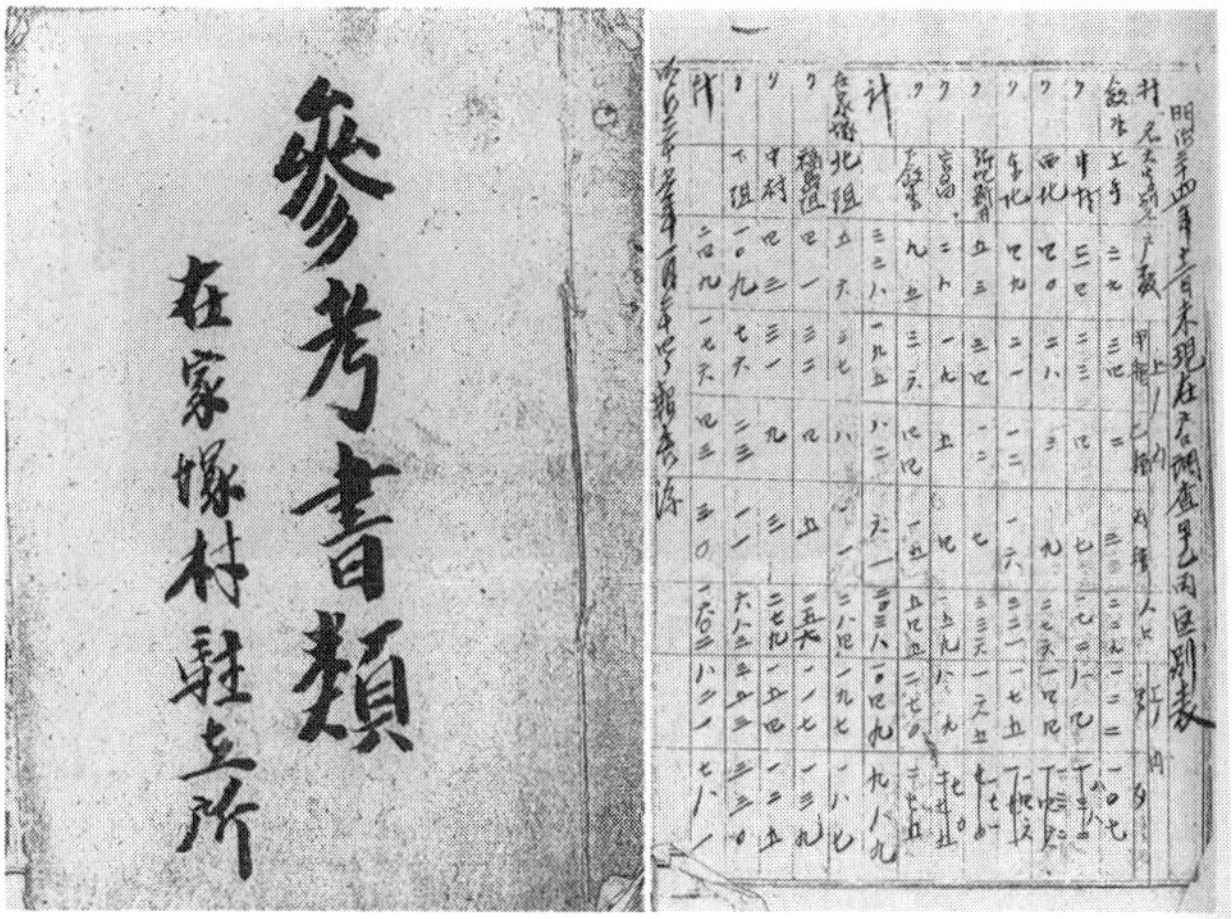

表紙に「参考書類　在家塚村駐在所」と書かれた書類がある。(3) これは、山梨県中巨摩郡の小笠原警察分署管内にあった在家塚《ざいけつか》村駐在所の巡査小林裕が駐在所勤務関係の書類を綴ったもので、一九〇二（明治三五）年一月から七月にかけての時期の文書が中心である。内容的には、小笠原警察分署長にあてて提出した各種報告書の控、逮捕告発調書・告訴状の控などからなっている。簿冊の末尾には小林巡査自身の家督相続届の控が綴られているが、それによれば、小林は西八代郡富里村の平民（おそらく農民）の三男で、一八七七年八月二二日の出生となっている。したがって、当時二五歳であった。

小林が巡査を志願した動機や、この文書に先立つ時期の状況は不明である。しかし、士族ではなく、「平民」の「三男」が巡査となったことを理解するためには、その前提として、当時の巡査採用制度、すなわち警察官のリクルート・システムに目をやっておくことが必要である。この点を、小林が巡査として採用された山梨県の場合を例にとって整理しておくことにしよう。(4) 明治初年、警察官の採用については一定の規則がなく、各府県それぞれの基準によっていたが、一八七五年一二月、内務省達をもって「巡査召募規則」が制定され、巡査の採用基準が全国的に統一された。これをうけて山梨県では一八七六年一月、「巡査召募法」を定め、毎月二七日に検査を実施して採用することにした。応募条件は、年齢が満二〇歳から四五歳までで（ただし、一七歳以上でも合格したものは検査のうえ採用することがある）、「強壮」で「身ノ丈五尺以上」、つまり身長約一五二センチメートル以上の者、「普通読書」と「手簡等ノ贈答」に差し支えない者、二ヵ年間の勤続が可能な者、「黴毒《ばいどく》又ハ痼疾《こしつ》伝染等ノ患」がない者、「活計向糊口ニ窮迫」していない者、「性質温厚耐忍ニシテ酒癖等」がない者、身元が正しく保証人がある者、破廉恥および不正に金品を得る罪等を犯したことがない者、となっていた。年齢制限、身体条件、教育程度、継続勤務、病歴、生計状況、性格・酒癖、犯罪歴などの応募条件をクリアしていると考える人物は、身元引受保証人つきの志願書を提出して、検査を受けることになっていた。

一八八三年頃の巡査検査表によれば、本籍・産所・住所・年齢・身体強弱・身幹・宗門などの基礎的な「問」いに対する「答」えを確認したうえで、読書・筆跡・算術を検査し、実養父母または妻子があるか、官院省使府県に勤めているか、陸海軍の兵役を勤めているか、かつて警察官吏だったか（退職の年月日）、戦陣に臨んだか、賞罰の有無、身元引受人の住所・姓名・職業、などを尋ねることになっている。これらに対する応答から「巡査職適否」を検査官員と検査医員が判断したようである。筆記試験では、警察に関する基礎的な知識・認識、志望動機、作文力、関係用語に関する理解力などを確かめようとしていたと考えられる。

その後、一八八三年三月に内務省の「巡査召募規則」が廃止され、一時、採用方法はそれぞれの府県が適宜行うことになったようである。しかし、一八八六年八月、あらためて内務省訓令をもって全国統一の標準が定められ、これにもとづいて志願者の多寡、土地の状況に応じて、適宜、対応することとされた。これによって、全国的に巡査は、年齢二三歳以上三五歳以下で、徴兵に相当しない者、身長五尺二寸以上の者で身体検査および技芸検査（学術筆記試験）に合格し、特定の犯罪や懲戒を受けたことがなく、酒癖、暴行癖、身分不相応の負債のない者とされた。

これをうけて山梨県では、同年一一月、「巡査採用手続」を定め、学術試験の厳格化をはかった。試験内容は、「法律規則」として、「警察法規警務要書」[5]の類を通読して、その意味が理解できるか、「作文」として、普通の往復文を作ることができるか、「算術」として、加減もしくは簡単な乗除ができるか、「写字」として、字が稚拙で通読できなくないか、の四分野であった。そして、成績点数は、一課は百点とし、各課三〇点以上に達しなければ及第としないことを基本とした。なお、一八八九年七月には、内務省訓令をもって、陸軍現役満期の下士で巡査志願の者は学術試験なく採用できるとし、例外が設けられた。

その後、一八九一年九月、内務省訓令で「巡査採用規則」が定められ、これは、その後、必要な改正が加えられたものの、戦後の管理制度改革まで巡査採用の規準として存続したという[6]。したがって、本章で扱う小林は、直接にはこの「巡査採用規則」に即して採用されたものと考えられる。この規則によれば、「品行方正」で、年齢が二一歳以上、四五歳未満、徴兵に相当しないことが巡査志願の資格であり、犯罪の経歴がある者、負債をかかえている者、酒癖や暴行の癖がある者などは除外されていた。採用にあたっては、試験が実施された。その具体的内容は判然としないが、前述のような一八八六年一一月の「巡査採用手続」から、おおよその内容は類推できよう。

一八九七年三月一六日付の『山梨日日新聞』は、過日行った巡査採用試験では受験者三二名のうち、学科に合格したのは八名だけだったと報じているから[7]、かなり〝狭き門〟だったといえる。また、一九〇二年五月三一日付の同紙には、つぎのような広告が掲載されている[8]。

巡査採用試験広告

本県巡査採用試験ヲ本年六月三日、巡査教習所及左記各警察署ニ於テ執行候条、志願者ハ当日午前八時迄ニ志願書並ニ履歴書携帯出頭セラルベシ。但筆墨硯ハ持参ノ事。
明治卅五年五月廿四日　山梨県警察部
一韮崎、一鰍沢、一勝沼、一日下部、一猿橋、一谷村

当然のことながら、小林もこのような採用システムを通過して巡査になったものと推定される。「巡査採用規則」は第六条で、試験のうえ、巡査に採用することになった者に対しては、警部長がつぎのように宣告し、誓書を徴したうえで採用すると規定している(9)。

一、巡査タル者ハ、警察宣言、官吏服務規律ヲ恪守《かくしゅ》スベキハ言ヲ俟タズ、常ニ上官ノ命令ヲ遵守シ、勤務中ハ勿論、勤務ニ服セザルトキト雖モ猥ニ政治ノ是非、得失ヲ論評スルガ如キコト決シテアルマジキ事。
一、巡査タル者ハ、常ニ人民ノ保護者タルコトヲ記憶シ、之ニ対シ丁寧、親切ヲ旨トシ、而モ之ト相狎昵《こうじつ》スルガ如キコトナク、百般ノ責務ハ最モ厳正忠実ニ之ヲ践行スベキ事。
一、巡査タル者ハ、自身ハ勿論、家族ニ至ル迄、専ラ品行ヲ正シクシ、警察官吏タリ又家族タル体面ヲ汚損スルガ如キ所業決シテアルマジキ事。

小林がいつ巡査に採用されたのか、判然とはしないが、最低年齢の二一歳で採用されたとしても、それほど年数はたっていないことになる（最長でも四年目）。家を継承する位置にない農家の三男である小林は、巡査を志願し、それによって生計の道を得ようとしたのではないかと考えられる。なお、出身地の富里村がある西八代郡は、在家塚村がある中巨摩郡の南側に一部隣接している。

二　巡査駐在所の機能——在家塚村駐在所の位置

在家塚村は山梨県中巨摩郡の北寄りに位置し、一九五一（昭和二六）年、飯野村と合併して巨摩町となり、一九五四年、百田村・今諏訪村・西野村との合併で白根町となって、現在は南アルプス市に含まれている[10]。その地理的な位置は図の通りである（白根町の時期）[11]。

在家塚村駐在所は竜王警察署の分署である小笠原警察分署（明穂村に所在）の管轄下にあった。一九〇二（明治三五）年末時点で、山梨県内には一三四の駐在所があり、うち小笠原分署管内には一一あった[12]。小林巡査が駐在するのは、そのなかの一つである。また、同一時期、小笠原分署に配置されていたのは、警部一人（分署長）と巡査一七人で[13]、小林巡査もその一員である。ちなみに一九〇二年末現在の山梨県全体の巡査数は三〇一人であった[14]。

小林巡査が勤務する在家塚村駐在所が管轄していたのは、在家塚村と隣村の飯野村である。綴られている資料（戸口調査表）によれば、在家塚村の戸数は二四九戸、飯野村のそれは三三八戸であった[15]。

一八八八年一〇月の内務省訓令「警察官吏配置及勤務概則」は、受持巡査を受持地域内に駐在させ、その「宿所」をもって駐在所とすると定めていた[16]。駐在所とは、担当区域内に居住する駐在巡査の執務場所であるとともに、居所でもあった。いわば、職・住ないし公・私が一体化した場であった。すなわち、「在家塚村駐在所」は小林巡査の〝職場〟であるとともに、〝住居〟でもあった。

一九〇〇年七月の山梨県訓令「巡査配置及勤務規程」[17]では、警察署・警察分署の所轄内をつぎの三種類に分けて、受持区を設定していた（第三条）。すなわち、第一種は署所在受持区、第二種は一町または一村の受持区、第三種は一町村以上または一町村内の受持区であり、各受持区に外勤巡査一名を配置することになっていた（第四条）。第一

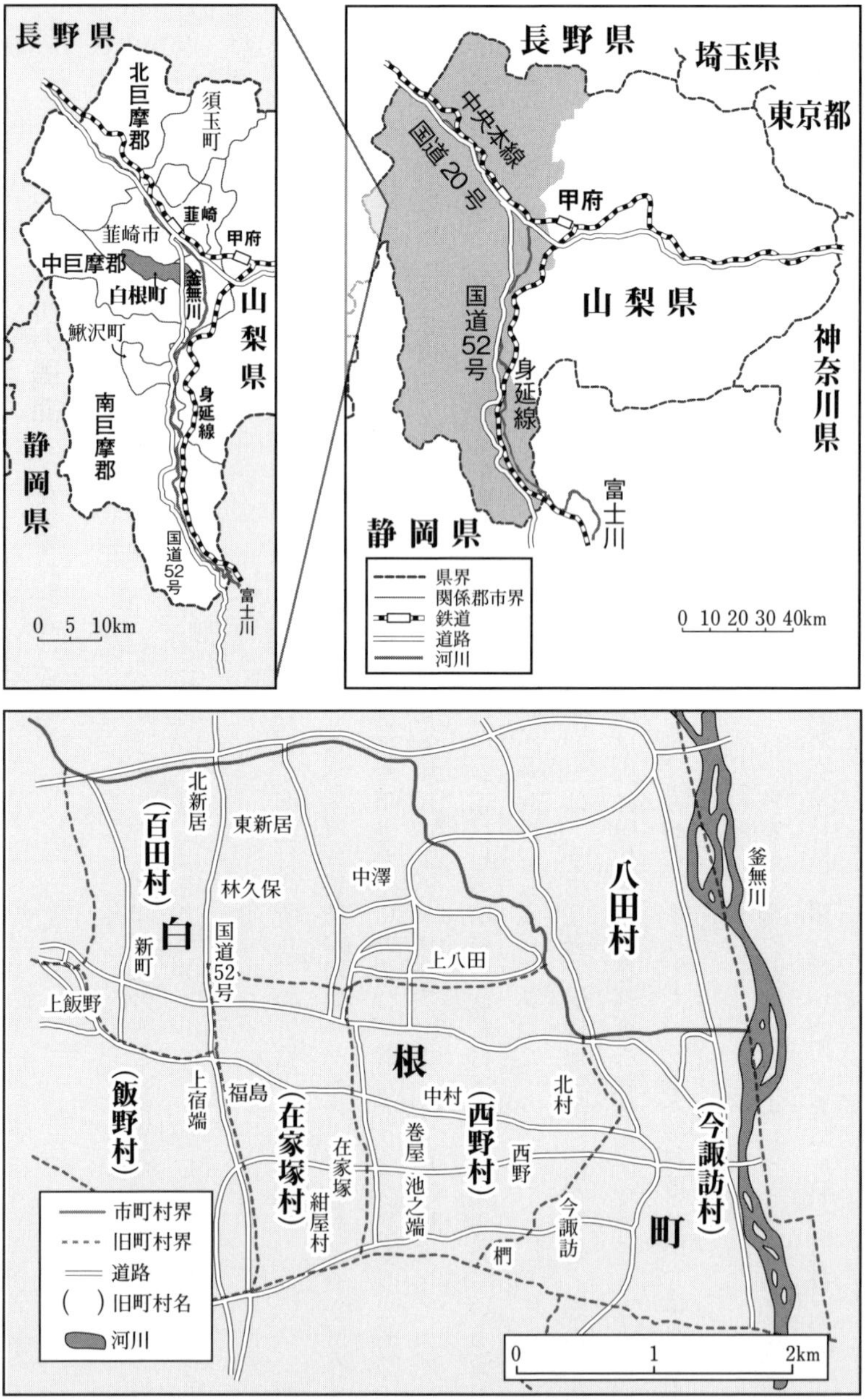

図１：在家塚村の地理的位置

種受持区は在署外勤巡査をその区内に住居させて勤務させ（第五条）、第二種・第三種受持区はその町村内に巡査駐在所を設置して外勤巡査を配置することになっていた（第六条）。小林巡査の在家塚村駐在所は、第三種に該当するのであろう。

この規程は、駐在巡査が服すべき勤務について、①警邏査察、②戸口調査、③営業点検・被監視人視察、④変死傷火災検視、⑤諸興業臨検、⑥そのほか臨時勤務、の六点を挙げている（第二五条）。また、駐在巡査の勤務時間は、一昼夜通して八時間で、その勤務割は、巡回五時間、戸口調査・営業点検等三時間となっている（第二六条）。受持区の巡回は、とくに路線を定めず、署長が人口の疎密、事故の多少、その他土地の状況を参酌して、各町村の大字・小字ごとに一等地から五等地まで、等級と度数を定めて、警部長（県警察の本部長にあたる）に報告することになっている（第二七条）。一ヵ月の巡回度数は一等地三五回以上、二等地二五回以上、三等地二〇回以上、四等地一五回以上、五等地六回以上、であった。駐在巡査は、巡回のついでに戸口調査・営業点検等を兼ねて行うことができた（第二八条）。警邏表は毎月取りまとめ、実数が程度に比べて増減あるときは、その理由を別紙に詳しく書いて毎月出署の際に署長に提出することになっている（第二九条）。

一八八九年三月に山梨県が定めた「駐在所巡査執務規程」は、駐在巡査の職務をつぎのように規定している。[18]

受持区内の地理・人情・風俗・習慣などはもちろん、視察上必要な条件はつねに明らかにしておかなければならない（第二条）。日誌を備え、服務時間、警邏査察、取締り営業者、被監視人の視察、その他取り扱った事故を記載しなければならない（第三条）。日誌記載の事件のなかで即報その他重要な事故は、所属署長に急報しなければならない（第四条）。受持区内のつぎの事項は、あらかじめ取り調べ、台帳に記載して、視察の資料にしなければならない（第五条）。以下に列挙されているのは、①悪漢・不良輩の住所・氏名・身分・職業・種別、②善行・奇特者の住所・氏名・身分・職業・種別、③富豪・徳望その他有力家の住所・氏名・身分・職業・種別、④赤貧・廃疾・白痴・瘋癲者等の住所・氏名・身分・職業・種別、⑤墓地・火葬場その他衛生上に関する必要な場所・種別、⑥劇場・寄席その他警察規則によるべき諸建造物の位置・種別、⑦官衙・公廨・社寺・学校その他公共に関する建造物の位置・種別、⑧警察取締り上必要な営業者の住所・氏名・身分・種別、⑨以上のほか、警察取締り上必要な人名・場所・建造物等、である。

区内の明細地図と区内の一覧表を備えておき、その増減・変更を明らかにする（第六条）。日誌・台帳のほかに、令達留（訓令、示令、署長の訓示書類等を合編）、書類収受簿（受付書面の顛末を記載）を備えておくものとする（第七条）。

この規程に従って、①変死傷の検死、②盗火難の検視、③告訴発状の取次、④監視表への認印、⑤監視人の旅行中の事故の承認、⑥旅客物品の抵償への承認、⑦許可を得た諸建造物の落成の検査、⑧道路張出し物の場所の検査、⑨屠獣検査、⑩煙火その他諸興行場の検査、を処理することができる（第八条）。

前条のほかに、①免許銃売買譲与届、②許可を得た市場開閉届△、③祭典開扉・説教法会届△、④虫送・山林火入届△、⑤興行順延・芸人増減届△、⑥諸営業者廃業・転住・改氏名届、⑦人畜伝染病通知、⑧失踪・逃亡・復帰届、⑨遺失物・流失物届△、⑩得遺物・流失物発見届、⑪流質物・古物着着荷届、⑫煙火打揚願、⑬棄子・迷子届△、⑭外国人止宿・出発届、⑮墓地・火葬場管理者届、⑯道路に関する諸願届、を受け付け、便宜、所属署に送致する（種目の下に△があるものは、口頭でもよい）。至急を要するものは、本人に持参させる（第九条）。

変死傷者で重罪に係る場合は、ただちに証憑・看護・原態保存等の手続きをし、所属署に急報してその指揮を待たなければならない（第一〇条）。盗火難で強盗・放火に係る場合は、前条に準じる（第一一条）。検視書類・告発書は速やかに所属署に送致しなければならない（第一二条）。

このように地域のなかに配置された駐在巡査には、管轄地域内の住民の動向・動静を網羅的・日常的に監視・把握し、営業・衛生・風俗などの管理にあたり、事件・事故に対処すべきことが求められていたのである。

三　小林巡査の勤務実態——巡回・視察と監視

この書類には小林巡査が所轄の警察分署に提出した「報告表」（一九〇二〈明治三五〉年一月二〇日付）が綴られている。前年の巡回状況を記したもので、飯野村の下飯野組、上手飯野組、在家塚村の中村組はいずれも等級が「二」で、巡回程度は「二五」、年間の実行度数が、昼二三三、夜七二で、計三〇五となっている。これに対して、在家塚村の下組と北組は等級「一」で、巡回程度は「三五」、年間の実行度数が、昼二六二、夜七八で、計三四〇となっている。これは、前述の一九〇〇年七月の「巡査配置及勤務規程」第二七条が、一ヵ月の巡回度数について、一等地三五回以上、二等地二五回以上と規定していたことに対応するもので、等級「一」の方が巡回度数が多く、要注意度の高い地域ということになる。

ただし、巡回度数が規定より少なかったらしく、その理由を、同年中、割合に出張の度数が多かったからだとしている。年間の実行度数を月当たりに平均にすると、等級「二」は二五・四回であるものの、等級「一」が二八・三回で規定を大幅に下回っている。これに関する申し開きであり、出張とは勤務表の「区内出張」「区外出張」がこれにあたる。「説諭」は通常の巡回にかかわり、「戸締注意」は夜警時であろう。「悪漢説諭」や「乱暴人」への対応もある。

また、書類には「勤務表」の控えも綴られている。同年一月、二月、三月と、五月のものである。それによれば、巡回は二五〜二六度、ないし二一〜二三度、夜警は九〜一二度、ないし八〜九度となっている。駐在巡査には担当区域内の巡回が義務づけられていた。

「戸口調査甲乙丙区別表」（明治三四年一二月末現在、三五年一月二四日報告）には、飯野村、在家塚村、それぞれの大字ごとの戸数と、甲種・乙種・丙種の各戸数、人口、男女別が記されている。甲種の戸数は、飯野村一九五、在家塚村一七六、乙種は飯野村八二、在家塚村四三、丙種は飯野村六一、在家塚村三〇となっている。戸口調査は住民を甲・乙・丙に区分して実施されていたのである。後述のように丙が最も要注意であり、注意度の高さは、ついで乙、甲の順となる。

戸口調査のそもそもの根拠は、一八七五年三月、政府が定めた行政警察規則が邏卒（巡査）の職務として、担当区域内の住民・転入者等について、戸口ごとに職業・生活状況・行動等を常に把握することを規定したことにあり、警察が管内の住民の状況を網羅的に把握するため重要な手段となっていった。[19] 山梨県でも、一八八九年一一月、警務課長の通達で「戸口調査簿記載例」が示され、一八九五年五月には「戸口調査規程」が定められている。[20] そのうえで、一八九八年一二月、詳細な「戸口調査規程」と「戸口調査執行心得」が定められた。[21] それによれば、各警察署・分署は、原簿と巡査の調査用の二通の戸口調査簿を作成し（第二条）、駐在巡査は訓授召集の日に各警察署・分署備付けの原簿の加除・訂正をすることになっている（第四条）。

住民は警察上、視察の必要が最も少ない甲種、視察の必要が少ない乙種、視察の必要が緊切な丙種の三種に区分されており（第五条）、甲種は市部毎年三回、郡部毎年二回、乙種は市部毎年四回、郡部毎年三回、丙種は市部毎月二回、郡部毎月一回、実施することになっている（第九条）。甲種は、①華族・有位帯勲者・官吏・公証人・弁護士・僧侶・医師の類、②前項のほか、恒産・常職があり視察の必要がないもの、乙種は、①甲種に属するがその性行が端正でないもの、②乙種以上に属するもので、軽罪以上の前科があるが、最終の処刑放免後一〇年を経過し、再犯のおそれがないもの、③赤貧であるが、その性行が著しく端正なもの、丙種は、①赤貧者、②各種の工業または製造場・会社等に寄宿する職工、馬車または人力車の営業所に寄宿する馭者・馬丁・挽子の類、③悪漢・無頼者その他犯罪の嫌疑があるもの、④軽罪以上の前科があるもの、であった。

戸口調査のため各戸に「警番号」を付け（第三条）、調査に際しては、①性質・素行、②孝子・貞婦・義僕、③勲章・年金・位記・褒賞を受けているもの、④前科者、⑤犯罪の嫌疑があるもの、⑥悪漢・無頼者およびこれらが出入りする家、⑦そのほか警察上、注意すべき事項、を簿冊に登録することになっている（第六条）。また、戸口調査の際に最も注意し、これを知ったとき、ただちに署長に申告すべき事項として、①孝子・貞婦・義僕、②急に貧困に陥ったり、富有になったもの、③身分不相応の金品を所持したり、金品を浪費するもの、④その他警察上、視察取締りを要するもの、があげられている（第八条）。

なお、外勤巡査は毎年一二月末日現在の戸口数を精査し、翌月一〇日までに所属署長へ報告し、署長はこれを監査・合表して同月一五日までに警部長に進達することになっている（第一二条）。前述の小林巡査の「戸口調査甲乙丙区別表」は、この規程にもとづくものであろう。

駐在巡査は業者に対する監視業務も担当していた。質屋・湯屋・宿屋・古物商を数回にわたって臨検しており、一九〇二年二月からは雇人口入業がこれに加わり（その意味については後述）、四月からは飲食店・理髪店が追加されている。営業警察である[22]。

古物商・質屋はしばしば盗品などの不正品が多く流れることから、犯罪捜査上、重要な取締り対象とされてきた。この時期、古物商・質屋に対する取締りは、一八九五年三月の法律「古物商取締法」「質屋取締法」と、同年七月の内務省令「古物商取締法細則」「質屋取締法細則」によって実施されており、山梨県でも「古物商取締法施行規則」「質屋取締法施行規則」を定めていた[23]。

また、警察は宿屋を犯罪者の隠れ場所や風俗事犯の温床とみなし、取締りの対象としてきた[24]。一八八六年には、内務省が「宿屋営業取締規則標準」を定め、全国的に取締り方式を統一し、山梨県でも一八八八年一二月に「宿屋取締規則」を定めた[25]。宿屋は旅人宿・下宿屋・木賃宿の三種に分けられ、それぞれ警察署・分署に願い出て免許鑑札を受けなければならなかった。旅人宿は、宿泊人名簿を備付け、氏名・年齢・職業・族籍・前夜宿泊所・行先地・到着出発時刻を記載して、警察署・分署の所在地の営業者は、毎夜一二時までに届け出なければならなかった。

湯屋は風俗面と火災予防面から取締りの対象とされていた[26]。山梨県では、一八八二年二月、「湯屋営業取締規則」が定められ、湯屋営業を免許鑑札制とし、防火の設備、内外の隔障、深夜や烈風時の停浴などを規定していた。一八八八年一二月の改正では、火焚場の手入れ、男女浴室の区別、湯場の清掃、営業時間の制限（午後一二時まで）などの規定が設けられた。警察官は必要によって随時湯屋を臨検し、浴場・火焚場を検査するなど、取締りにあたった。さらに、一八九一年九月には、湯屋営業取締規則をあらためて「浴場取締規則」とし、浴場の種類を洗湯・薬湯・鉱泉・蒸風呂に区分して、浴場の構造や建築基準などを定め、それぞれの営業者の遵守事項を詳細に規定した。

雇人口入業とは、労働者周旋業のことで、工業化の進展にともなって登場してきた新たな職業である[27]。これに対し警察は、他人間の雇傭の媒介を業とするものは、所轄警察署の許可を受けなければならないとした。日清戦争後、産業革命の進展による紡績業の急成長は、労働力の不足をまねき、専業の紹介人や会社に所属する募集人が、詐欺まがい、誘拐まがいの方法で女工を遠隔地から募集した（その一端については後述）。こうした事態への対応などを主眼として、警察はこれら業者を統制下に組み込もうとしたのである。

質屋業の臨検については、飯野村の質屋業飯野直太郎と在家塚村の質屋業戸井亀太郎について、一・二月中の巡回度数が規定よりも少ないとして、分署長から手続き書の提出が求められている。小林巡査は臨時出張と休暇等のためだと、その理由を釈明している。一月中は、一日・一五日に召集訓授日で出署、二七日・二八日・二九日に持凶器強盗事件の探偵として署長の命をうけて出張、八日・一七日は非番、一二日・二三日に窃盗事件の探偵として出張、三一日は出署等であり、これらの普通勤務に服しない日数を差し引くと、実際に一月中に通常勤務をしたのは二一日間である。二月中は、一日は召集訓授日で出署、一七日は市場取締りのため出張、二一日より二七日までの七日間は休暇で他出、一二日は非常召集、五日・一四日は非番等で、これらを差し引くと、実際に通常勤務をしたのは一六日間である。そのため、質屋臨検の度数が程度に満たなかった。このように小林は事情を説明（釈明）しているが、分署長は、一月中の勤務日数は二一日、二月中は一六日あるのだから、一ヵ月五回の臨検ができない正当な理由とは認めがたい、理由をなお詳細に具申せよと命じている。いずれにせよ、こうした記録から、駐在巡査の日常勤務の様子をうかがい知ることができる。

このほかに衛生関係の営業として、「報告表」（一月二日付）には薬種商四人、鍼治《しんち》業二人（一人は薬種商と兼業）の許可・承認年月日とその番号、住所・氏名・生年月日が記載されている。

山梨県では、一八七八年一二月、県庁に設置された衛生課が衛生行政を担当していたが、一八八七年、伝染病予防・消毒・検疫・種痘・飲食物飲料水・医薬・家畜屠畜場・墓地火葬場などの衛生関係業務を警察部に移し、警察が衛生警察を直接に担当することにしている。(28) 鍼治業については、一八八五年七月、針治灸治営業取締規則を、薬種商については、一八九〇年二月、薬種商並製造者取締規則を、県としてそれぞれ定めている。(29) その後、一八九三年一〇月、衛生警察事務は勅令により全国的にすべて警察に移管された。

「伝染病患者発見手段及員数表」は具体的な数字の記載がない様式だけのものであるが、コレラ、赤痢、腸チフス、痘瘡、発疹チフス、猩紅熱、ジフテリア、ペストについて、二二項目の発見手段が記されており、その手段別に人数を記すようになっている。これは、警察がどのような手段によって伝染病の発見を行おうとしていたか（行っていたか）を示すものとして重要である。患家に呼ばれた医師からの届出、死亡届、患家からの届出は、いずれも届け出である。これに対して、「発見的戸口調査」、「私為医業者按摩鍼治灸治者調査」、「禁厭祈祷者調査」は、警察側の調査活動による発見である。このほかに売薬者、夜間不時点灯した家屋、学校生徒の休業、種々の投書、健康診断、衛生組合からの親告、「下痢患者所用食物購求者」、医師の処方箋、労働者の休業、清潔方法施行の際の係員の注意、警察官巡回の際の注意、密告函・投書函・風評、便所の検査、などがあげられている。駐在巡査は衛生警察の担い手である。

また、「在家塚村荷車取調表」には七六人、「飯野村荷車取調表」には七九人の荷車所有者ごとに、荷車の種類、数量、尺坪一三坪以上以下ノ別、住所、氏名を記すようになっている。いずれも駐在巡査の管理・監視下におかれていたのである。

「警察官吏配置及勤務概則」では、受持区二～四区をもって組合をつくることとなっていた。また、一九〇〇年七月の山梨県訓令「巡査配置及勤務規程」(前述)は、二～六の受持区をもって一組合とし、組合長をおいて、組合の協議をまとめたり、組合員の取締りをすること、令達その他を便宜により組合巡査に伝達すること、組合員に病気その他の事故があるときは最寄りの組合員に臨時に補助させること、を規定していた。これにもとづくものであろう、小林巡査が組合長をつとめる第二駐在所組合会が、六月二二日、源村巡査駐在所で開かれている。小林巡査は、翌日、その模様を分署長に報告しているが、それによれば、協議事項は、①理髪営業取締規則研究並びに持区内各営業者に注意の件、②浴場において湯槽を設けざるにつき、設備をなさしめ、かつ十分の取締りをなす件、③村医を決定する件、④検病的戸口調査により病者を発見したときは、必ず医師に検診させる件、⑤道路橋梁修繕の件、などであった。このうち、①は六月一八日に出された県令(理髪営業取締規則)を研究したものである。②はさきに各営業者に落成期日を限り構造方を命令したにもかかわらず、まだ設備していない湯槽を厳重に督促し、完全な構造にさせるという主意である。③は持区内町村役場に迫り、この際、至急に村医を確定させておくことが主意である。⑤は県道・里道に至るまで、道路・橋梁等の破壊している場所を修繕させるという主意である。こうした駐在所組合会の存在は、地域末端に配置されていた駐在所・駐在巡査が、単に個別的・直線的に警察署・分署に連結されていただけでなく、近隣地域の駐在巡査が相互に連携し、協力・統制しあうヨコの関係が構築されていたことを示しているといえよう。なお、この文書には「備考」として、「理髪営業取締規則」（印刷）と「種痘規則施行細則」（印刷）が綴られている（六月一八日付）。

四　日常のなかの〝非日常〟

先に質屋業の臨検不足の理由のなかで、小林巡査は一九〇二（明治三五）年一月二七日から二九日にかけ持凶器強盗事件探偵のため、署長の命をうけて出張したことをあげていた。一月二七日付の「逮捕告発調書」がこれにかかわるものである。調書の控によれば、その経緯はつぎのようであった。二六日午後一一時頃、明穂村の荒物商兼質屋業長沢和五郎方に強盗が押し入った。小林ら三人の巡査は事件の捜査を命じられ、各自部署を定めて探偵に従事した。その結果、増穂村の長沢彦六が怪しいとの情報を得た。彦六は、平素から賭博を業としている人物で、最近、このあたりを徘徊して、明穂村の博徒のところに出入りしたりしていたが、一両日前、博打に大敗し、二六日午後四時頃、いずこかに立ち去った。同夜一二時過ぎ、飯野村関屋で彦六を見かけたものがいるが、その挙動は大いに不審だったという。このような探偵結果を得て、三巡査はさらに探偵をすすめ、ようやく飯野村の飲食店業三好屋に潜伏していることを突き止めて、二七日午前七時、これを取り押さえた。こうして同日午後一〇時三〇分、小林巡査は他の二人の巡査とともに、持凶器強盗未遂現行犯事件の被告人として長沢彦六を逮捕・告発したのである。

以上は、署長の指令をうけて犯罪捜査活動に従事したケース、いわば外的契機による逮捕・摘発活動であり、複数の駐在巡査による共同捜査体制がとられている。この点で、小林が言うように、指令による動員は、担当区域内の日常活動そのものと〝抵触〟する要素をはらむものであった。これに対して、駐在巡査の本来的な機能は、警邏・夜警などの日常活動を通じて、地域のなかから矛盾の契機を発見し、法的な逸脱を摘発・除去することにあった。つぎに、夜警、すなわち夜間警邏による犯罪摘発のケースを二例、紹介しよう。

三月一三日午前七時、小林巡査は、増穂村の長沢彦六と飯野村の飯野長太郎の二人を賭博現行犯として逮捕告発した。調書の控えによれば、逮捕の経過は、以下のようであった。この日午前四時、同僚の巡査小沢喜代造とともに飯野村を共同警邏の際、同村野沢宇之吉宅の座敷において、彦六・長太郎ほか住所氏名不詳の男数人が丁半賭博をしているのを目撃した。そこで、ただちに彦六・長太郎の両人を逮捕し（他は逃走）、骨子・約札銭・壺皿・蝋燭等を差押えた（この彦六は、前述の強盗未遂事件の犯人と同一人物と考えられるが、その間の詳しい経緯は判然としない）。

もう一例は、殴打創傷事件である。小林巡査は、四月六日の夜の巡回の際、午後一一時、在家塚村の平民・製造業中込安太郎宅の前に至ったところ、家のなかから喧嘩の音がした。何事かと思って中に入ったところ、勝手土間において安太郎と豊村の保坂吉左衛門とが大声で争論していた。吉左衛門の額には長さ一寸ばかりの創傷があり、出血していた。吉左衛門が小林巡査に対して言うには、安太郎が自分の額を殴打してケガをさせたとのことであった。安太郎はこれを否定し、少しく言い争ったが、ついに認めた。殴打に用いた物件（木片らしい）は見つからなかったが、殴打創傷の現行犯として逮捕し、分署長のもとに引致して、午前一時、逮捕告発の手続きをとった。

以上のケースは、地域社会のなかで〝恒常〟的に発生する強盗・賭博・喧嘩といった事件が、巡査によっていかに処理されていたのかを具体的に示すものである。これら地域社会の安定的な秩序の再生産を脅かす〝犯罪〟行為は、巡査によって摘発され、その法的処理を経ることによって地域社会から〝排除〟された。そして、地域の社会秩序の回復がはかられるのである。

駐在巡査は、管轄住民の身元調査にも従事していた。六月二四日、小林巡査は「河西つや」とその「携帯児」の身元調査の結果を復命した。それによれば、「つや」は在家塚村の戸主「河西巳之吉」の妹であるが、「巳之吉」は目下、いずれに生活の本拠を有するのか、家屋その他の財産を所有するか否か、不明である。「ツヤ」に対する民法第九五四条・第九五五条にあたる扶養義務者は、兄「巳之吉」だけだが、財産等は前記のごとくない。「ツヤ」は明治三一年（一八九八年）二月頃、氏名不詳の男と密通して村を去ったまま、本年三月頃、一度帰ったが、寄食するところがないので、ふたたび「乞食同様」になって立ち去った。「ツヤ携帯児」は戸籍にないが、「常雄」と命名されているところを見れば、「ツヤ」が都留郡広早村の「渡辺亀吉」の妻として嫁し、その後、離婚復帰しているので、亀吉の実子ではなかろう。もし「私生児」とすれば、どこで出産したのか。「ツヤ」は離婚後、「僧侶其他土方等ト通シ居リシモノ」であり、誰の実子であるか判然としない。在家塚村の「河西大全」方を借り受けて出産したが、その他詳細については親族等がなく、よくわからない。

以上は復命書であるから、分署長の指令によって調査に従事していたのである。ただし、調査指令がどのような契機・意図にもとづくものであるのかは、判然としない。

もちろん、分署の管轄地域を越えた課題について、他署長からの要請をうけて調査・捜査に従事する場合もある。たとえば、七月二日、甲府警察署長から小笠原警察分署長に対し、飯野葉煙草専売支局の官吏某にかかわる照会があった。前年九月、葉煙草検査の際、この官吏某が制規の手続きを経ていない葉煙草を発見して、「棄却すべし」「告発する」などと生産者を脅迫し、五〇円を受け取ったという事実を探知したので、内偵し、被告人の氏名・年齢・職業・原籍・住所等を報告してほしいというのである。これをうけて七月五日、分署長は小林巡査に「密偵」を命じた。葉煙草専売支局の所在地の飯野村が、在家塚村駐在所の管轄内だからである。甲府警察署長→小笠原警察分署長→小林巡査という流れで、「密偵」活動は作動した。そして同日、小林巡査は、大森波蔵と富田豊という二人の人物の年齢・原籍・住所関係の情報を分署長に復命した。とくに波蔵については、煙草製造営業人より賄賂を受け取っているという風評が高い人物で、専売支局長もその行動が怪しいとして密かに挙動を捜査中なので、この事件の被告に違いないと報告している。即日対応しているところからみて、それは小林巡査の管内に対する日常的な監視活動の〝成果〟であったと言える。この情報は、おそらく小林巡査↓小笠原警察分署長↓甲府警察署長という流れで、甲府警察署長のもとに達したに違いないが、それを受けて甲府警察署がどのように対応したかは、不明である。

以上、各種の具体例から見てきたように、駐在巡査は一方で、日常活動を通じて担当地域内の逸脱的社会現象を下から摘発・告発すると同時に、他方で、上からの指令に応えて、担当地域内の情報収集と捜査・摘発活動に従事していた。

しかし、実はその情報収集活動は、逸脱的社会現象や地域社会の〝安全・安心〟に直接的にかかわることには限定されていなかった。小林巡査の書類には、「衆議院議員選挙有権者党派別及住所氏名調査表」が綴りこまれている。在家塚村三三人、飯野村三五人、計六八人の党派別、文字有無、住所、氏名を記したものである。党派別については、在家塚村は「政友会」が四人（欄外に○印が付けられている）、「政友会派」が二九人であり、そのうち「政友会派」一人に「死亡」と記されている。在家塚村の最後の人名の上欄外に「三十二」とあるのは、合計数であろう。これに対して、飯野村では、「政友会」の人名一四人の上欄外に算用数字で番号が記されており、また、「政友会派」は二一人である。ただし、各一人が死亡などで除かれており、最後の上欄外数は「三十三」である。この表から見る限り、在家塚村駐在所管内の有権者は、すべて「政友会」と「政友会派」で占められていたことになる。この年八月一〇日、第七回総選挙が実施されているから、この調査表はそれに先立つものであろう。

当時、衆議院議員選挙の有権者（選挙人の資格）は、一九〇〇年に改正された衆議院議員選挙法にもとづき、二五歳以上の男子で、地租一〇円以上、または地租以外の直接国税一〇円以上、もしくは地租とその他の直接国税をあわせて一〇円以上納めている者、とされていた。この「調査表」は、在家塚村駐在所が、管轄地域内の全有権者の党派別を調査・把握していたことを裏づけている。他方、政党については、一八九八年、自由党と進歩党が合同して憲政党を結成し、大隈内閣を成立させたものの、ほどなくこの憲政党は分裂し、旧自由党系の憲政党と旧進歩党系の憲政本党に分かれたため、山梨県内の支部も分裂した。一九〇〇年八月、中央で立憲政友会が成立し、旧自由党系はこれに加わった。山梨県内にも政友会支部がおかれ、政友派と進歩派が対抗していたが、一九〇二年の第七回総選挙の際は、県内郡部では党派対立がぼやけ、無競争に近かったとされる[30]。山梨県の定員は市部（甲府市）一、郡部四で、郡部の当選者は立憲政友会が三人、憲政本党が一人であった[31]。小林巡査が掌握していた在家塚村駐在所管内の有権者の政治的傾向も、これに対応するものであったと言えよう。

このように駐在巡査は、地域の政治動向の監視者でもあった[32]。そして、こうした高等警察情報を集約する県警察の本部は、ある意味で当局者が県内の政治勢力の動向を掌握し、選挙対策を講じるためのセンター機能を担っていたのではないかと考えられる[33]。

五　工女誘拐事件の顚末

小林巡査の書類は、興味深い事実を明らかにしている。それをつぎに見よう。一九〇二（明治三五）年五月一日、小林巡査は自称東京府西多摩郡の内藤正一と住所氏名不詳の男を告訴した。告訴に至る経緯は、以下のようであった。四月五日、内藤は在家塚村の斎藤米作方に来て、東京府西多摩郡熊川村の上水社森田製糸場員と称して、工女の募集を依頼した。米作は知り合いを誘い、また、内藤も各所で勧誘したらしく、一四人の応募者を得た。一二日、内藤は別途工女募集に従事していた住所氏名不詳の男とともに、一四歳から一九歳の未成年の少女一四人を引き連れて森田製糸場へ行くと言って出発した。しかし、六、七日間経過してもまったく連絡がない。不審に思った親が森田製糸場に問い合わせたところ、同製糸場に内藤正一なる人物はいないことがわかった。そこで、はじめて少女たちが略取されたのではないかと気付いて、小笠原警察分署に一四人の所在と内藤らの取調べを願い出た。その結果、小林巡査に捜査が命ぜられたのである。

小林巡査らは内藤らが共謀して少女一四名を略取したものと考えて捜索した。その結果、五月一日、東海道小山駅の富士紡績の社員から、つぎのような情報を得た。四月一七日に内藤松平五〇歳とその長男正一二五歳の両人が工女一四人を会社に連れて来て雇入れを申し込んだ。体格検査をして一二人は合格、二人は不合格となった。松平と正一は不合格の二人をどこかへ引き連れて行った。このような情報を得て、この日、小林巡査は自称内藤正一らの相貌・着衣等を付記して告訴したのである。

ところで、この出来事は『東京朝日新聞』の知るところとなり（その経緯は不明であるが）、五月三日付の記事「少女十四名誘拐さる」となって、以下のように広く報道された。

東京府下八王子在の某製糸業の手代と称する年齢二五、六の男が、他の一人とともに、このほど山梨県中巨摩郡在家塚に入り込み、同村の米作という者の家に宿泊し、「年齢十四歳以上十六歳以下の見習い製糸工女を雇い入れたし」と吹聴したことから、我も我もと募集に応じ、合計十四名の少女がこの男と契約の手続きを終えて、一両日後、村を出発したが、父兄も初旅に出る少女らを心配して、無事着いたら通知するようにとハガキを持たせたものもあった。いずれ三、四日の内には到着の知らせがあるものと待っていたが、なしのつぶてだった。そこで不審に思った親たちは相談のうえ、先方の製糸家に問い合わせたところ、そのような手代を差し出したことはないとの回答があったので、一同は仰天して、村中の騒ぎとなり、その筋に保護を願い出たが、まだ行方不明とのことだ。

この『東京朝日新聞』に目を留めたのが農商務省商工局である。同局は五月七日、山梨県警察部に対して、この記事の切抜きを同封のうえ、事実はどうなのか、なるべく詳細に取り調べて回答してほしいと依頼した。(34)

一方、在家塚村の方では、その後の探偵活動により内藤正一は実は内藤松吉であり、共謀者は五味勝造という人物であることがわかった。そこで五月七日、小林巡査はつぎのような報告書を提出した。すなわち、正一こと松吉は、北巨摩郡清里村の内藤玉蔵妻亡前夫の養子で、自宅には二年前の八月に帰宅して二〇日ほどいただけで、その後は行方不明であったが、源村の梅田宅、御影村の清水宅、国母村の五味宅には時々立ちまわって宿泊しているとのことであった。

同じ五月七日、少女たちの親は内藤ら二人を告訴した。告訴状によれば、内藤らは一二人の少女を静岡県駿東郡の富士紡績に工女として渡し、他の二人を同郡須走村の旅人宿に渡していた。内藤らは少女らを連れて行く途中、宿で「幼者ガ金品ヲ持チ居ルハ不用心ナリ、故ニ物品ハ製糸場へ先ニ送リ金ハ保管スル」と言って、一四人が所持していた金品をだまし取ったという。なお、同日付の小林巡査の探偵報告によれば、内藤松吉の前科は、窃盗犯、囚徒逃走罪、監視犯、詐欺取財犯であった。

農商務省商工局からの問い合わせに対して、五月一三日、山梨県警察部は回答した[35]。それは、小林巡査等の捜査活動にもとづくものであった。

その後、小林巡査は幼者誘拐詐偽取財犯人として内藤正一こと内藤松吉の捜査をつづけた。六月七日には、一度、源村の板本方に来て宿泊したとの情報を得て探偵したが、どこかへ立ち去ってしまい、まったく手掛かりがないと報告している。

しかし、七月二日、山梨県警察部が農商務省商工局に対しその後の経緯を報告した文書によれば、誘拐犯の内藤松吉は六月九日に逮捕され、検事局に送致されている。そして、同月三〇日、幼者誘拐および詐欺取財をもって重禁錮四年、罰金一〇円、監視一年が言い渡されたのである。また、共犯の五味勝造は免訴となった。

農商務省商工局工務課は工場調査掛を置いて、一九〇〇年から一九〇二年にかけ調査を実施し、一九〇三年、『職工事情』全五巻を刊行した。工場法立案の基礎資料にするためである。本文は「綿糸紡績職工事情」「生糸織物職工事情」などからなり、当時の労働実態を克明に記録している。さらに、付録には、工女虐待・工女誘拐・工女逃走などに関する各府県への照会や各府県からの報告と、工女本人や関係者の談話などが収録されている。山梨県下の工女誘拐事件は、『東京朝日新聞』の報道によって農商務省商工局の知るところとなり、その結果、山梨県警察部との往復が『職工事情』の一素材となって、その付録に収録されることになったのである。そして、農商務省商工局と山梨県警察部との往復を末端で支えていたのが、在家塚村駐在所の小林巡査の活動にほかならなかった。在家塚村駐在所管内の一〝事件〟が、当該時期の時代状況と連動して〝全国〟化したと言えよう。

山梨県は地方財閥を生みだすとともに、大地主の多い県であったが、貧富の差が激しく、娘たちの製糸賃金にたよらなければ生きてゆけない貧農が多かった。山梨県自体、有数の製糸県であったが、県内の工場だけでは雇いきれなかったという。(36) このため、たくさんの女工が近県などに出稼ぎに出ていたのである。(37) 他方で、一九〇〇年前後の時期、女工の争奪が激しくなると、工場間の募集競争には募集人が介在し、女工を獲得するため、各家を訪問してさまざまな甘言を用い、父兄や本人を勧誘したという。(38) 在家塚村の工女誘拐事件の背景には、このような状況があったのである。

おわりに

本章では、《小林裕》という一巡査が残した、《在家塚村駐在所》という山梨県の一駐在所における、一九〇二年一月から七月にかけての《半年間》の、ごく一時期の書類を主な素材として、地域社会と警察のかかわりを探ってみた。したがって、ある意味で個別的な、さまざまな限定づきの追究ではある。

しかし、一人の巡査の〝誕生〟に関する状況証拠的な類推を通じて、警察という新たな職能に従事すべき人員の調達システムの片鱗はうかがい知ることができた。内実はともかくとして、広く人員を公募し、試験・能力・資格を審査・検査して採用するという近代的なシステムが成立し、この関門を通過することによって、「平民」の「三男」が巡査となり、「在家塚」という村の駐在所に配置された。その一巡査が〝生産〟〝入手〟した文書類の綴りの内容を、関係する諸規定や諸状況と照らし合わせることによって、駐在巡査の活動と駐在所の機能のありようが立ち現れてきた。

そうした活動と機能自体は、《小林裕巡査》と《在家塚村駐在所》の個別性に属するものではある。しかし、さまざまな偏差をはらみながらも、それは、多かれ少なかれ普遍性・一般性をもって、《巡査》の活動と《駐在所》機能のあり方を提示しているとも考えられる。なぜなら、いずれもが内務省警保局が成立させた統一基準を範型として展開されているからである。その意味で、極論すれば、あるいは比喩的な意味では、全国に《在家塚村駐在所》（に通じるような駐在所）があり、《小林裕巡査》（に通じるような巡査）がいたともいえる。

私はかつて、一八八六年から一九一二年にかけてある巡査が書いた日記を素材として、警察と地域社会のかかわりを解明したことがある[39]。本章と重なる時期もあり、駐在巡査の活動と駐在所の機能は、基本的に共通していると考えるが、本章と比較した場合、かなり異なるイメージも受ける。それは、資料の性格も、対象とする地域も、書き手の個性（出自）も、かなり相異しているからだと考えられる。

県警察部――警察署・警察分署――駐在所という指揮・命令系統のもとにあって、地域末端で日常的な警察活動を担っていたのは、駐在巡査であった。いずれにしても、本章で扱った《半年間》の出来事自体は、具体的な時・場・事・人と密接不可分な「事実」であり、綴られた文書には、固有性をもったリアルな〝現実〟が（偏差をはらみながらも）投影されている。そして、それらにはこの時期特有の時代性もはらまれていた。それを最も顕著に示すのが工女誘拐事件であり、小林巡査の活動は、この時期の全国情勢と密接にリンクしていたといえる。小林巡査の警察活動には、産業革命期の地域社会のさまが投影されているのである。

(1) 大日方純夫『近代日本の警察と地域社会』筑摩書房、二〇〇〇年、二二一～二二八ページ。
(2) 警察署は、①営業、市場、会社、製造所、度量衡、教会、講社、説教、拝礼、②演芸、遊観場、遊戯場、遊憩場、徽章、祭典、葬儀、賭博、富籤、③船舶、堤防、河岸地、道路、橋梁、渡船場、鉄道、電信、公園、車馬、諸建築、田野、魚猟、採藻、④人命、痍傷、群衆、喧騒、銃砲、火薬、爆発物、発火、刀剣、水災、火災、難破船、遺流失物、埋蔵物、⑤伝染病予防、消毒、検疫、種痘、飲食物、飲料水、医療、薬品、家畜、屠獣場、墓地、火葬場、⑥犯罪人の捜索拿捕、証拠物件の拾集と、検察官への交付、⑦失踪者、瘋癲者、棄児、迷児、被監視者、⑧政治に関する結社、集会、新聞、雑誌、図画、出版、などに関する事項を管轄していた(前掲『近代日本の警察と地域社会』三九ページ)。①～⑤が行政警察、⑥・⑦が司法警察、⑧が高等警察にかかわることがらである。
(3) 以下で紹介する史料は、武藤三代平氏が古書として入手したものである。複写ならびに使用を許していただいた同氏に、あつくお礼申し上げる。
(4) 以下、山梨県警察史編さん委員会編『山梨県警察史』上巻、山梨県警察本部、一九七八年、三四三～三五一ページによる。
(5)「警察法規」は、内務省警保局が警察に関する法規を集約・編纂して一八八二年に刊行した『警察法規』のことを指すと考えられ、同書はその後、増減加除して版を重ねている。この「巡査採用手続」の時期に対応するのは、一八八六年六月に刊行された第三版である。また、「警務要書」とは、内務省警保局が一八八五年六月に編纂・刊行した警察執務に関する参考書『警務要書』のことであろう(『官僚制　警察』〈日本近代思想大系3〉岩波書店、一九九〇年に抄録)。
(6) 前掲『山梨県警察史』上巻、三五二ページ。
(7) 同前、三五四ページ。
(8) 同前、三五四ページ。
(9) 同前、三五三ページ。
(10) 甲府盆地の西部に位置する在家塚村は、「乾燥瘠土」ため水田が少なく、畑作のほか、綿花や葉煙草の栽培などが行われていた(島崎博則編『山梨県市郡村誌第2編　下巻　中巨摩郡各村誌』山梨県市郡村誌出版所、一八九二～九四年)。本章の叙述と関係はないが、在家塚村は甲州財閥の代表的人物として知られる若尾逸平(一八二一～一九一三年)の出生地でもある。なお、飯野村では煙草の栽培が盛んで、一八九七年に飯野葉煙草専売所が設置され、一八九九年には昇格して飯野専売局となった(『新版　角川日本地名大辞典』の「飯野」による)。

(11) 国文学研究資料館収蔵歴史アーカイブズデータベース「山梨県中巨摩郡在家塚村西野村今諏訪村組合役場文書」（『史料館所蔵史料目録』第64集）掲載の地図による。
(12)『明治三十五年　山梨県統計書』山梨県、前掲『山梨県警察史』上巻、二九一ページ。
(13)『明治三十五年　山梨県統計書』、前掲『山梨県警察史』上巻、三八五ページ。
(14)『明治三十五年　山梨県統計書』による。
(15)『明治三十五年　山梨県統計書』によれば、在家塚村の本籍人口は一七〇四人（男八四三人、女八六一人）、現住人口は一六五四人（男八〇一人、女八五三人）、戸数二五〇戸、飯野村の本籍人口は二一五六人（男一〇九六人、女一〇六〇人）、現住人口は二一八六人（男一〇九四人、女一〇九二人）、戸数四二四戸、となっている。
(16) 前掲『山梨県警察史』上巻、二八七ページ。
(17) 同前、五六〇～五七一ページ。
(18) 同前、二九六～二九九ページ。
(19) 同前、五九二ページ。
(20) 同前、五九四ページ。
(21) 同前、五九四～五九八ページ。
(22)『明治三十五年　山梨県統計書』は、「警察ノ取締ニ関スル諸営業」として、該当する「業名」とそれぞれの「営業人」数を記載している。その「業名」は、以下の通りである。鉱泉、薬湯、洗湯、劇場、遊技場（吹矢、玉突、大弓、鯉釣、競馬場、射的場、玉転）、銃砲売買商、猟銃製造及修繕、火薬売買、煙火製造業、煙火販売業、質屋、諸製造所、乗車駕籠及小荷物運搬業、富士川通船営業、水夫、狩猟（甲種三等、乙種一等・二等・三等）、料理店、飲食店、芸妓、牛乳搾取所、製氷場及貯蔵所、ラムネ製造業、氷雪販売所、嗜好飲料販売、飲料水販売業、絵具染料商、阿片卸売業、薬種商、売薬調製、針灸治業、薬剤師、産婆、獣医、蹄鉄工、木賃宿業、古物商（古着、古道具、古銅鉄、潰金銀、古書画、古本、刀剣、袋物、小間物、時計、鼈甲、煙管、飾屋、箔打、錺《かざり》屋）、獣肉販売、屠獣場、売薬部外品製造、売薬部外品請売、売薬部外品行商、売薬請負、売薬行商、製薬者、医師、雇人口入営業、旅人宿営業、下宿営業、人力車（営業者、挽子、車数）、馬車（営業人、馭者、車掌、馬丁、車数）。なお、「貸座敷及娼妓」はこれとは別に記載されている。
(23) 前掲『山梨県警察史』上巻、八二三ページ。
(24) 同前、八三九ページ。
(25) 同前、八四三～八四四ページ。
(26) 同前、八四五～八四六ページ。

(27) 雇人口入業の取締りについては、大日方純夫『警察の社会史』岩波書店〈新書〉、一九九三年、六四〜六七ページを参照。
(28) 前掲『山梨県警察史』上巻、九一三ページ。
(29) 同前、八四九ページ。
(30) 山梨県『山梨県史』通史編5・近現代1、山梨県、二〇〇五年、三五六〜三五九ページ。
(31) 遠山茂樹・安達淑子編『近代日本政治史必携』岩波書店、一九六一年、一八四ページ。
(32) この時期の地方警察における高等警察の状況については、前掲『近代日本の警察と地域社会』で、埼玉県に即して、県警察の本部が県内の政党の勢力配置や政党員の状況などを把握・掌握していたことを明らかにしたが（三八〜四六ページ）、山梨県でも同様な事態が存在したに相違ない。そして、県レベルの高等警察が、警察組織の末端である駐在所における高等警察と連動していたことを、在家塚村駐在所の事例は物語っている。埼玉においても（いや全国的に）、高等警察の基礎に駐在所の活動が組み込まれていたものと考えられる。
(33)『明治三十五年　山梨県統計書』によれば、山梨県内における一九〇二年の「集会演説」の状況は、「政談」の開催度数が四六、解散度数が一、弁士人員が一〇一、「非政談」の開催度数が一二八、解散度数が〇、弁士人員が二四四となっている。小笠原分署管内では、「政談」の開催度数三、弁士人員六である。
(34) 犬丸義一校訂『職工事情』下、岩波書店〈文庫〉、一九九八年、四六〜四七ページ。
(35) 同前、四八ページ。
(36) 中村政則『日本の歴史29　労働者と農民』小学館、一九七六年、九三ページ、による。
(37) 前掲『山梨県史』通史編5・近現代1（二四九ページ）は、これを「女工の流出」として叙述している。
(38) 前掲『日本の歴史29　労働者と農民』九四ページ。
(39) 前掲『近代日本の警察と地域社会』の第3章「警察と地域社会」（五四〜一〇二ページ）。

第二章　東京における警視庁の地域支配——日露戦後を中心に

はじめに

警視庁は一八七四（明治七）年一月に設置された首都東京の警察機構である。[1] 一八七七年一月、一時廃止され、内務省の一部局である警視局に吸収されたが、一八八一年一月に再設置されて以後、一九四七年一二月の警察法の公布まで、首都警察として特別の国家的な性格を与えられ、東京府からは独立して、警察行政全般に絶大な権限を行使した。

知事のもとに警察がおかれた他府県とは異なって、東京の場合、一般行政を担当する東京府とは別に、警察行政を担当する警視庁が、内務省のもとに並置されていた。設置にあたって、全国に先駆け、社会の安全・秩序に対する障害を事前に防止する行政警察と、犯人の捜査・逮捕など事後的な処理にあたる司法警察とに警察観念は二分され、内務行政に属する行政警察こそが警察の中心であるとされた。こうした機能を地域レベルで担うため、警察組織の最末端に位置する巡査は、それぞれの担当区域に配置され、恒常的な巡回などを通じて住民の日常生活の監視にあたった。

一九〇五年九月、首都東京の警察は民衆暴動（日比谷焼打ち事件）の攻撃対象となり、以後、高まる警察批判を背景に警視庁廃止運動が展開された。[2] 翌年四月の改革では、政治警察に関する首相直属規定を廃止するなど官制が全面改定され、人事面での刷新もはかられた。そして、巨大都市東京の膨張にともなう矛盾への対応を迫られた警視庁は、こうしたなかで帝国主義段階に対応する機構の再編と機能の強化をはかっていった。

警視庁の警察官数は、一八八一年の再設置後、一九〇六年までは三四〇〇〜四〇〇〇人前後で増減を繰り返していたが、一九〇七年からは毎年三〇〇〜四〇〇人ずつ増加をつづけ、第一次世界大戦中の一九一六年には五八〇〇人を越えた。そして、以後五年間の大増員によって、一九二三年には一万二三七三人に達する。日露戦前の三倍から三・五倍である。背後にあったのは、資本主義発展にともなう東京への人口の大量流入と、これによる秩序の動揺であった。一八八五年に一〇〇万人を越えた東京の人口は、一八九四年には一五五万人となり、一九〇七年には二〇〇万人を突破していた。そして、一九一八年には三一〇万人、一九二五年には四一二万人となる[3]。

以下、本章ではこのような転換の先駆となった日露戦後期に焦点を絞り、警視庁による地域支配のあり方を、行政警察と司法警察の両面から照らし出し、あわせて東京に特徴的に噴出した矛盾への対応・対処の様相を探ってみることにする。それは、内務大臣原敬のもとで推進された警視庁改革の内実を問うことにもつながろう[4]。

一　日常的地域支配システム

(1) 巡査を通じた網羅的地域支配

警視庁では、一九〇九(明治四二)年時点をとってみると、市部五二、郡部一二、計六四の警察署・警察分署があり[5]、そのもとに巡査派出所・巡査交番所、または巡査駐在所(村落)が配置されていた。この巡査派出所・駐在所は、一八九七年七月の内務省訓令「巡査配置及勤務概則」の規定によって設置されたものである。東京の場合は、警察分署の下に警察支署も置かれており、その数は三五あった。

警視庁機構のなかで実際の警察活動に従事していたのは巡査であり、そのなかで、とくに地域支配の最前線に配置されていたのは外勤巡査である。外勤巡査の勤務に関しては、一八九〇年一月の「外勤巡査勤務要則」で、勤務方法、巡邏査察、戸口調査、途上警衛（行幸・行啓の警備）、出火場勤務の五章にわたって詳細に規定された。[6]これは一八九四年五月に廃止され、かわって「巡査派出所巡査駐在所区画構成及外勤巡査勤務要則」が定められた。[7]以後、これが巡査による地域支配の基準となっていく。そこで、この「要則」による巡査の配置と勤務内容を見よう。

巡査派出所には巡査八名ないし四名を置く。巡査駐在所には巡査一名を置き、その居宅を駐在所とする。巡査派出所・駐在所には、帳簿として、諸達綴、日誌、遺失物の帳簿、駐在所日報または周報綴を備える。

警察署・警察分署詰の外勤巡査は、検疫、衛生、営業、視察、受付、護送、予備の七種に分かれて事務を分担する。検疫・衛生は伝染病の検疫・消毒などに従事し、その他、一般の衛生に関して視察する。営業・視察は古物商その他諸種の営業に関して視察する。受付・看守・護送は書類の接取、留置場の戒護、諸種の護送、書類の送達などに従事する。

派出巡査は、市部の場合、一箇所各部三名ないし四名、郡部の場合、各部二名ないし三名とする。各部三名以上の派出所では、巡回、見張、休息の順に一時間ごとに交代勤務する。各部二名の派出所では、昼間は巡回、休息、夜間は巡回、見張、休息の順に、警察署長が定めた時間ごとに交代勤務する。巡回は担当区域内の定められた線路を巡邏する。見張は派出所から二間ないし一五間の間の万般の事物に注目する。休息は派出所内で随意に休憩する。

駐在巡査の勤務時間は毎日一二時間とし、六郡（荏原・南豊島・東多摩・北豊島・南足立・南葛飾）では、昼夜を通して一回、合計六時間、三郡（南多摩・北多摩・西多摩）では、昼夜を通して一回、警察署長・分署長が定めた時間、一定の線路を巡回する。

巡邏査察は警察実行上の要務なので、最も「耳目敏活注意周到」でなければならない。巡邏は、昼間は車馬道にそって、夜間は家屋にそって巡行する。査察については、通行人および携帯品などに関して六項目、道路・橋梁・溝渠に関して八項目、路上・路傍の物件に関して一一項目、露店・店頭などに関して五項目、夜間に関して七項目、その他に関して五項目、それぞれ具体的な注意点をあげて、詳細に指示している。地域の最前線に配置された巡査は、恒常的な巡回によって地域の監視につとめ、事件・事故・矛盾を発見して、これに対処することが義務づけられていた。

戸口調査は、派出巡査は非番の日、駐在巡査は勤務時間内に行うもので、現にその家にいるものを調べる。戸口調査については後述するが、「要則」では、在住者の員数・属籍・身分・氏名・出生地・生年月日、戸主もしくは一家の長の職業、他のところにいる者の所在と事由、小児（十五歳未満）が種痘を終えているか否かなどを、その家に行って調べることになっている。資産の有無、所得の多寡、職業の勉否、性質の善悪、素行の良否は、生計の様子や家族の折合い、近隣の風評、既往の経歴、交際の広狭、出入人の良否、その他目撃したところから知得する。処刑を受けた者、無産業にして徒食する者、性行不良の聞こえある者、その他不審と認める者、書生が寄宿する場所、多人数が集会する場所、宿舎・遊廓・船宿・待合・茶屋その他人が止宿する場所、車夫・職工その他貧民居住の場所は、最も注意して調査しなければならない。

戸口調査は対象とする住民を警察的な観点から類別し、監視するための手段であった。その前提は住民を居住する各「戸」において掌握することにあり、居住でない場合は「寄宿」・「止宿」場所でチェックすることになっていた。

日露戦争後の一九〇八年四月、「巡査配置及勤務規程」が定められ[8]、巡査はその勤務によって、新たにつぎのように区分されることとなった。①記録、計算、統計、その他の処務に従事する内勤巡査、②警邏、査察、戸口調査、臨検、その他諸般の執行・取締りに従事する外勤巡査、③囚人・刑事被告人の護送、留置人の看守、公廷・停車場の取締り、その他特命の事務に従事し、内外勤の予備となる特務巡査、④犯罪の捜査、令状の執行、その他諸般の偵察に従事する刑事巡査、⑤請願の目的に従って諸般の警戒・取締りに従事する請願巡査、の五種類である。

勤務日については、外勤巡査部長・特務巡査、市部警察分署・警察支署の外勤巡査、派出所または二名以上駐在する駐在所巡査、派出所の設置がない警察署・警察分署所在地の受持巡査は、隔日勤務とし、その他はすべて毎日勤務とするとして、警邏・立番などの勤務方法を定めた。

この規程は一九一一年一二月に廃止され、「巡査勤務規程」となった[9]。区別は同じ五種類であるが、②には立番が加わり、③には公安風俗に関する視察、衛生営業に関する事務、交通の整理が加わった。なお、これはさらに一九一九年八月に廃止され、新しい「巡査勤務規程」が定められていく[10]。

（2）戸口査察システム

東京に警視庁が設置されたのは一八七四年一月であるが、この時、「職制章程並諸規則」は巡査に対して、「持区内ノ戸口男女老幼及其職業平生ノ人トナリニ至ル迄ヲ詳知シ無産体ノ者集合スルカ又ハ怪シキ者ト認ムルトキハ常ニ注意シテ其挙動ヲ察ス可シ」と命じた[11]。これを具体化するため、一八七六年あたりから導入されたのが戸口調査である。戸口調査については、巡査の勤務とかかわって前述したが、これは警察が全住民を対象とする恒常的な視察体制を構築するための手段であり、警察的な介入と発見・摘発のために活用された。警視庁では、一八八九年の「戸口調査及戸口票規則」、一八九六年の「戸口調査規則」を経て、一九〇九年に「戸口査察規程」と「戸口査察規程施行細則」が定められた。戸口調査という呼び方は、この時、戸口査察にあらためられた。

一九一三年に刊行された『臨検視察必携』（以下、『必携』）という本がある。警視庁に即して行政警察に属する視察事項を列挙し、視察の目的を達成すべき方法を記述したもので、あわせて戸口査察施行の便に供することも目的にしている。臨検視察（後述）と戸口査察のマニュアルである。この『必携』をもとに、戸口査察がどのように行われるのかを見てみよう。『必携』は戸口査察の心得をつぎのように述べている[12]。

戸口査察ハ警察実務ノ淵源ニシテ、施行手続ノ示セル如ク部内住民ノ性行来歴及生活状況等ノ機微ヲ察知シテ警察運用ノ資料ト為スモノナルカ故ニ、査察精透ニシテ苟モ遺漏アルヘカラス。査察精透ニシテ遺漏ナクンハ部内住民ノ一挙手一投足ハ恰モ明鏡ニ対スルカ如ク明カニシテ凡百ノ犯罪ヲ予防シ得ヘク、一ノ犯罪者ヲモ出サル《ママ》、ヲ得ヘシ。

戸口査察は警察実務の基礎であり、これを徹底させることによって、管轄内の住民の「一挙手一投足」は「明鏡」に照らすがごとく、一目瞭然となるというのである。全住民に対する網羅的・恒常的監視体制である。

一九〇九年一〇月訓令の「戸口査察規程」によれば、外勤巡査は三ヵ月に一回以上、受持区内の住民の戸口を査察することになっている。ただし、警察上、とくに注意を要する者に対しては、毎月一回以上、査察しなければならない。また、皇族およびその邸内に居住する者、外国の大使・公使・領事・館員およびその家族ならびにその館内に在住する者は視察の対象外となっている。

外勤巡査は戸口査察簿に、①本籍人・寄留者の別、②借地・借家・持地・持家の別、家屋建築種別、③戸主・家族・雇人の別、④本籍地（外国人はその国籍）、出生地、寄留地、爵位、勲等、族称、職業（生計の途）、氏名、生年月日、⑤前科がある者は罪名、刑名、刑期、判決年月日、裁判所名、⑥「不具、廃篤疾者」はその性、⑦天然痘または種痘の済否、を記しておき、これにもとづいて査察を行うのである。

一九〇九年一〇月の第一部長通達の施行細則では、毎月一回以上査察を要する「特ニ注意ヲ要スヘキ者」として、以下の一六種類が列挙されている。すなわち、①社会主義者、②予戒受命者、③刑の執行猶予者、仮出獄者、微罪釈放者、累犯者、④犯罪の嫌疑がある者、⑤潜り代言、高利貸業者、⑥報償を得て育児をする者、⑦婦女誘拐または密航の周旋をする嫌疑がある者、⑧博徒および賭博常習の嫌疑がある者、⑨平素粗暴過激の言動をなす者、⑩不良少年、

⑪家庭紊乱の者、⑫放蕩淫逸の者、⑬無産業で徒食する者、その他不審と認める者、⑭急に貧困に陥り、または暴富を得た者、⑮密売淫および媒合容止（売春の仲介・斡旋）の嫌疑がある者、⑯前各号のほか警察上、とくに注意を要する者、である。

なお、「浮浪者」については、一八九七年一一月に別途、視察手続きが定められ、毎月六回、視察して、視察簿に記載・報告することになっていた。ここにいう浮浪者とは、①博徒、②無頼漢にして財物を強請し、その他良民を苦しめるおそれがある者、③無頼漢にして同類を教唆し、もしくはこれを共謀して「争闘」をなすおそれがある者、である。たとえば、「博徒」「何某」の視察簿の記載例は、つぎのようになっている。

　午前三時隣家ニ就キテ本人ノ近状ヲ尋ヌルニ、毎夜外出深更帰宅スル事屡々ナル由ニ付詳細別紙ヲ以テ報告ス

「不良少年」と「浮浪者」については、後述する。

以上、警察の側から戸口査察（戸口調査）の仕組みを見てみたが、社会の側でこれはどのように受け止められていたのか、その一端を新聞記事に探ってみよう。

戸口調査について『東京朝日新聞』（以下、『朝日』）一九一一年六月九日は、富豪貴人の家は一年に二回、一般の家は二～三月に一回、貧民窟などは一月に二回実施されているとしたうえで、「巡査は職務の余りに激烈なるより自然戸口調査は怠り勝にて一年以上の在住者にして尚警察の索引に載り居らざるもの甚だ多し」と、その実際を伝えている。また、警察（警視庁）側の戸口調査と、戸籍を基準とする行政（東京市）側の調査の間には、人口把握のズレがあったことが指摘されている（『朝日』一九一六年八月一三日）。同様の事態は『読売新聞』（以下、『読売』）も、一九一六年一二月六日「怖ろしい戸口調査　人数のメチヤクチヤな大都会」で報じている。「人間の去就動揺の激しい都会に於ては、一口に市民と云つた処で之を正確な統計に移すとなれば想像以上に面倒」だというのである。東京

市統計課によれば、戸数五八万四七〇七戸、人口二〇二万四七九六人だが、警視庁によれば、戸数三八万八六八八戸、人口一七五万九九九九人となっていた。この点につき、警視庁の統計係は同記事でつぎのように述べている。

日本では別に戸籍調査のみの機関が無いため、東京大阪のやうに人間の出入の繁雑を極めてゐる大都市では甚だ困難である。吾々も戸口の事を尋ねられると慄《ぞっ》とする許《ばか》りだ。市の方では電気や水道其他の諸関係から成る可く戸口の大い方を歓迎し、又警視庁の統計は毎月各受持区内だけに就て調査した報告を合せて作成するのだが、如《ど》何《う》しても犯罪取調べが根本目的であるから、下層社会の戸口は至極精密になるに反して、上流の方はさう迄行かぬ。何《いず》れにしても戸口調査は今後の大問題で、殊に都会地の人口は永住と現在との二方面から調べる必要のあることは論を俟たない。

東京の場合、こうした状況が解消されるのは、一九一八年度のことで（『読売』一九一九年四月三〇日「東京市は達磨で無くなつた　戸口調査完了」）、「大正七年度に於ける東京市の戸口調査」が完了し、総人口は二万一三七〇人減少することになった。寄留の二重届等による戸籍上の誤記が訂正されたのである。大都市における人口の膨張は、戸口調査の〝負担〟度を強めざるを得ない。しかも、人の流動化や非固定化（その端的なあらわれとしての「浮浪」）は、「戸口」調査の限界を露呈させるに違いない。

戸口調査は担当巡査によって定期的に実施されていただけではない。「戸口調査」の〝名目〟のもと、臨時に、一斉に全戸調査が実施される場合があった。たとえば一九〇二年七月、本所署はコレラの新患者発生に対し「検病の戸口調査」を実施している（『読売』一九〇二年七月二日）。また、一九〇五年二月、深川署では十数軒に対して「駆鼠的消毒」を行い、各家の四方各二十戸に対して十日間、「検病的戸口調査」を実施して、罹病者がある際は検疫医の診断を受けさせることにしている（『読売』一九〇五年二月二〇日）。さらに一九一四年二～三月の場合は、つぎのように報じられている（『読売』一九一四年三月一二日）。

客月中旬初発益々猖獗を極め猛烈なる勢を以て全市を襲へる発疹チブス《ママ》患者は、今や其の総数七百に達せんとす。警視庁は之が応急防止策として大活動を開始し、本所、深川、浅草の各貧民部落に就き非番巡査総員出動、厳密なる検病的戸口調査を督励し、一面防疫臨時出張所を設け検疫を励行し、患者は総て之を隔離し患家は厳重に交通を遮断し予防に努めつつあるが、何分該症の本邦に流行せるは殆ど今回を以て嚆矢とすべければ、之が予防及伝染の経路等に付ては警視庁と共に研究しつつある処なるが（以下、略）

このように、戸口調査は衛生警察、具体的には患者発見のために、随時、活用されていたのである。

（3）関係業界に対する視察と監視

警視庁では、一八七六年一〇月、演劇場・相撲場・寄席・見世物場といった芸能関係、旅人宿・料理店・待合茶屋・船宿・貸席・楊弓店・雇人請宿などの営業関係、牛豚屠殺・肉牛販売・伝染病予防などの衛生関係を行政警察に関する権限領域として確保した[13]。

日露戦後の一九〇七年四月、「巡査配置及勤務規程」（前述）で「勤務表」が規定され、臨検視察の勤務欄が設定された。その結果、質屋・古着屋・浴場・宿屋・料理屋・飲食店・貸席・待合・遊技場・芸妓・酌婦・周旋人に対する「臨検視察」は、正式に受持巡査の勤務となった。臨検視察はどのように実施されたのか。そのマニュアルである前掲『臨検視察必携』を見てみよう。

まず、営業者に関して[14]。視察の際に命じた事項は、即日またはつぎの当番日にその結果を確認し、視察簿に記載して報告するように指示している。業者ごとに「営業視察簿」が作成されており、これには営業許可の年月日、業種、住所、氏名につづいて、視察月日欄、署長・主任・視察員の各捺印欄、事故欄が設定されている。

たとえば記載例として、「旅人兼下宿業　甲田乙太郎」の場合、「十月一日」の視察の際の事故欄には「午後二時臨検スルニ便所ヘ共同手拭ヲ設備シアリシヲ以テ取除ケ方説諭ヲ加フ」とあり、つぎの視察日である「十月十五日」の事故欄には、「午前十一時臨検前回説諭セル手拭ハ撤去シアリテ其ノ他違反行為ヲ認メス」とある。また、「古物商丙田丁吉」の場合は、「八月五日」に「午後一時臨検スルニ営業帳簿ニ検印ヲ受ケスシテ使用セルヲ以テ直ニ検印ヲ受クヘキ様命シタリ」とあって、翌「八月六日」にその実行を確認したことになっている。

「衛生」営業に対する視察には、毎月一回以上、主務巡査を派遣して行わせる定例視察と、署長・部長の指示によって行う臨時視察があって、担当巡査は視察の結果を視察簿に記載して、主任警部・部長を経て署長に差し出し、検閲をうけることになっている。(15)

「風俗」関係のうち、芸能・娯楽関係の営業に関しては、「遊戯場」「観物場」「劇場」「寄席」は月二回以上、視察することになっている。(16)まず、許可なく開設していないか、許可なく建物・構造を改築・変更していないか、許可なく種類・方法などを変更していないか、といった許認可関係が視察の対象となる。また、施設・設備に対しては、安全上、防火上（防火のための注意、消化器の設置など）、衛生上（便所の清潔、唾壺の配置など）の観点から視察する。開場時間、料金、客の勧誘法などの営業関係も視察する。

劇場については、内容上、勧善懲悪の主旨に反するもの、台詞・所作等が猥褻・惨酷にわたるもの、政談に紛らわしいものなどを、公安・風俗上の観点からチェックする。また、寄席についても、妄りに時事を風刺し、または政談に紛らわしいもの、犯罪の方法・手段を誘致・助成する嫌いがあるもの、猥褻にわたるもの、などがチェックされる。

さらに、「活動写真興行場」については、とくに注意すべき事項として、休憩時間をとって換気すること、場内を暗黒にしないことなどの監視とあわせて、映画とその説明が以下に抵触していないかを視察するのである。すなわち、犯罪の手段・方法を誘致・助成する嫌いがあるもの、惨酷・猥褻にわたるもの、妄りに時事を風刺するものといった劇場・寄席と共通する事柄とあわせて、とくに姦通に関する事柄を骨子とするもの、恋愛に関し劣情を挑発するおそれがあるもの、道義にもとり、もしくは児童の悪戯を誘発するおそれがあるもの、が挙げられている。

遊興施設関係では、芸娼妓口入業、芸妓営業、貸座敷・引手茶屋・娼妓は月二回以上、待合茶屋・遊船宿・貸席・料理店・芸妓屋は月一回以上、視察することになっている。[17]

「衛生」関係では、「屑物取扱場」「理髪業」「畜舎」が月二回以上、「牛乳営業」「獣肉営業」「産婆」「看護婦」「鍼灸術」「按摩マッサージ術」「清涼飲料水」「氷雪」「入歯、歯抜、口中治療、接骨」「魚獣化製場」が月一回以上、「畜犬」が月四回以上となっており、「屠場」は開場中、毎日視察することとなっている。[18]

「営業」関係では、「宿屋」「湯屋」「雇人口入業」は月二回以上、「質屋」「古物商」「代書業」は月一回以上、視察することになっている。[19] 宿屋営業は「旅人宿」「下宿」「木賃宿」の三種類に分けられ、三種に共通する視察の中心は、公安・風俗・衛生を保持し、犯罪行為を監視・査察することにあるとされている。宿屋営業については、定時の臨検視察のほかに、「旅舎検」として臨時に視察する場合がある。その際の注意事項は、「幼者」または「田舎者」を誘拐して宿泊させていないか、犯罪人、とくに窃盗犯人が宿泊していないか、密売淫者が宿泊していないか、伝染病の発生を隠蔽していないか、となっている。

以上がマニュアルから浮かび上がる関係業界（営業）への視察と監視である。このうちとくに「質屋」「古物商」と「宿屋」は、つぎの「二」で明らかにする司法警察、すなわち犯罪捜査と密接にかかわっている。

古物商は免許営業の一種であり、一般には禁止し、願いによってとくに許可する営業であった。[20] 盗犯検挙という司法警察上の目的から営業を取り締まるもので、一八九五年制定の古物商取締法と内務省令の細則、警視庁令の施行規則によっていた。質屋も古物商と同様の目的から警察の取締りのもとにおかれ、一八九五年制定の質屋取締法と内務省令の細則、警視庁令の施行規則によって取り締まられていた[21]。

宿屋に対する取締りは、一八九五年三月に改定された警視庁令の宿屋営業取締規則にもとづいて行われていた。宿屋営業は旅人宿・下宿・木賃宿の三種にわけられており、木賃宿とは賄いをなさず、燃料代だけをとる安宿のことである。これらを営業しようとする者は、願書に族籍、住所、氏名、生年月日、営業の種別、場所、四隣の距離、付近の略図、営業用家屋の構造仕様図面、客室の坪数、その他灯火の種類、位置などを記載して、所管の警察署の許可を受けなければならなかった。とくに旅人宿・下宿については、構造・灯火などについて厳重な制限があった。宿屋営業取締規則のおもな目的は、風俗、衛生、防火その他の危害を予防することにあるとされている。

一九〇八年を例にとれば、東京府下（警視庁管下）の営業者数は、旅人宿七二五、下宿二二三六、木賃宿五二〇、計三四八一で、宿泊人数は、旅人宿六九万七四九四、下宿六万四一二一、木賃宿二四万八一四〇、計一〇〇万九七五五であった[22]。

木賃宿については、営業区域に限定があった。これは、木賃宿が「貧民ノ巣窟」と見なされていたからで、「無頼悪漢」の取締りとかかわっていた[23]。一八八七年一〇月の「宿屋営業取締規則」では、区内は一警察署管内に各一箇所とし、中央四区（神田・日本橋・麹町・京橋）には許可せず、郡部は一郡に各一箇所とすると定めた。また、一八九五年の取締規則では、芝区白金猿町、麻布区広尾町、赤坂区青山北町五丁目、四谷区永住町（四番地より二〇番地までを除く）以下、一八地区について、具体的に各区・郡の営業を認める地域が規定されていた[24]。

前述の戸口調査ともかかわって、宿屋は移動者の動静を掌握するための重要なチェック・ポイントであった。とくに下宿・木賃宿は「不良少年」・「浮浪者」と密接にかかわっていた。

二　司法警察における犯罪捜査システム

(1) 刑事巡査とその配下

江戸時代、犯罪の捜査・摘発にあたっていたのは目明し・岡っ引きであり、スパイと密告(「タレコミ」)が司法警察の実態であった。明治維新後、目明し・岡っ引きでのうちで性質のよい者は刑事に採用され、また、一部はスパイとして警察に雇用されていたという。一九一九(大正八)年三月に巡査採用手続きが改正されるまで、刑事巡査は無試験で採用されたともいわれる[25]。

そうした事実をうかがわせるのが、一八九五(明治二八)年七月の林東太郎の葬儀である。彼は「旧幕の頃には岡引と唱へて関東に其名高く明治の今は警視庁の老探偵として創立以来無数刑事犯者を畏怖せしめた」(『読売』一八九五年七月三〇日)人物で、数年前に死去した「老探偵」の高谷銀治とともに「青鬼赤鬼の仇名」で呼ばれていた(以下、『時事新報』一八九五年七月二一日)。

警視庁の「赤鬼」こと林東太郎は「浅草代地の貸席名倉の亭主」で、四、五百名の子分から「代地の親分」と呼ばれていた。元浅草寿町に生れ、三好町に住居して骨董業を営み、また、松月という会席茶屋を開いたこともあったが、侠客風の男だったため、いつしか人におされて旧幕の頃は三好町・黒船町二ヵ町の地主総代となり、子分も日増に殖えた。維新後は自ら好んで東京府府兵局の属官となり、また、警視庁の巡査を拝命した。その結果、「悪業仲間」からは、「警視庁に青鬼赤鬼の居る内は関八州に足踏み出来ず」とまで言われたという。この「赤鬼」が七月二一日に六一歳で死去し、二八日、東本願寺別院で葬儀が行われた。警視・警部その他出入先から生花・造花・放鳥籠などが多数贈られ、「平常愛顧を受けたる鳶の者二百余名」が「頭髪を剃落し青坊主」となって棺に従った。会葬者は警視・警部・刑事巡査や茶屋・待合業者など三、四千に及んだという。

それは、ある意味で犯罪捜査体制における近世・近代の連続性を象徴するような出来事だったともいえる。刑事巡査の「親分」は、その配下の「子分」たちを使って犯罪の〝捜査〟〝摘発〟にあたっていたのである。

一九〇八年に警視庁が編集・発行した『警視庁事務要録』も、「犯罪捜査上ノ必要ニ因リ刑事巡査ニ於テ所謂諜者ヲ使用スルコトアリ」として、諜者を使用していることを公認しており、その「多クハ前科者又ハ不良ノ徒ト交際スル者等」であるとしている。したがって、「諜者其ノ者」が「既ニ注意ヲ要スルモノ」なのである。(26)

警察監獄学会が編集した『探偵術問答』は、刑事警察の進歩をはかるため、重大事件で検挙逮捕に貢献した「名探偵家」からの「解答」を集めたものだが、そのなかに、捜査上、諜者使用の可否如何、もし可とすれば、いかなる方法で使用すべきか、という質問がある。(27)これに対する答えは、つぎのようなものであった。

> 探偵界で諜者を使用して良い結果を得たということはよく見聞するところであり、過去の時代には公然と諜者を使用した例が多い。しかし、その可否については、遺憾ながら否定せざるを得ない。元来、探偵は捜査の一部であり、司法警察官とその補助者である巡査が、検事の補佐として掌る「公訴提起ノ準備行為」であり、この手続きに「一般人民」が関与することは許されない。とくに刑事巡査が使用する諜者の多くは、博徒・前科者・無頼漢などであり、「国法ヲ犯スノ輩」が関与するのは、木によって魚をもとめるようなものだ。

こうして近代になっても、かなりの長期にわたって、刑事巡査のもとで「諜者」が〝活用〟されており、犯罪捜査は「前科者」や「不良ノ徒」と連携して行われていたといえる。

では、犯罪捜査は実際にどのようになされていたのか。ある「老探偵」の体験話を聞くことにしよう。これは、一九〇六年に刊行された諸家へのインビューを集めた『唾玉集』に、「老探偵の閲歴　某刑事探偵談話」と題して収録されているもので、インタビュー時期は一八九〇年代後半と考えられる。(28)「老探偵」は語る。

通例の探偵の中で、一番雑作のないのは、泥棒を捕へることですね、新聞なんぞに書くと、或盗賊を捕へる為に、探偵が附け覘《ねら》ツて、千辛万苦するやうにしてあるが、実際は爾《そう》ぢやない、秩然《ちゃんと》網が張ツてあツて、鳥がかゝるやうに道が附いて居るんですね、

では、「網」とは何か。

始めは第一に泥棒なんぞを探偵しないで、遊人だとか、前科者（監視人）、古物商、古道具屋、待合、銘酒屋、紙屑屋なんていふ悪い奴の出這入《ではいり》しさうな家と懇意になツて置くんですね、

つまり、先に見たような監視対象の業者は、それ自体、警察の監視・統制下にあると同時に、警察の延長、つまり警察の〝手先〟の機能を果たしていたのである。

また、「博徒の親分《あそびにん》」が探偵の〝手先〟となっていた。どのような〝取り引き〟がなされていたのか。「私」（探偵）と「親分」の会話である。

【探偵】「此の節は如何だい出来るかい」
【親分】「ヘイ些《ちっ》とは出来ます、何卒《どうぞ》親分来て下ださらないやうにね」

そこで、「爾《そう》か」ということで、そこだけは「大眼」に見て、つまりそれを「賄賂」にして、「手蔓」をこしらえるのだという。

【探偵】「何か種があるかい」
【親分】「エ、ありますよ、斯々《こうこう》いふ奴が来ましてね、様子態《おつうぶり》が何となしに好うがすから、何しろ余程《よっぽど》い、山を持

ツてるに違えごわせんよ」

【探偵】「爾《そう》か、ぢや早く其奴をしめて見ろ」

こうして二人は別れる。すると、やがて「親分、全然《すっかり》しめて持ツてるだけ取《と》ちまひました、既《も》よがす」と言って来る。そこで、「好し」と言うことで、「これこれの品物を誰れの通《かよい》で、何処の質屋に入れてある」ということを突きとめ、その通《かよい》を借りて二品三品出させ、被害者を呼んでこれを見せる。すると、「盗まれたのは此れに違ひごわせん」と言ふので、「すひだし」を博徒《あそびにん》にかけさせ、「捕縛《おさえ》て仕舞う」というのである。

「老探偵」は「網へ追ひ込んでつらまえる様なもんですね」とインタビューに答えている。

(2) 犯罪捜査と〝犯罪者集団〟

一八九三年九月一日付『読売』はつぎのような「某警察署の怪聞」を伝えている。この警察署では、「強窃盗詐欺取財等数罪倶発罪」で十年の刑に処せられた者を刑事巡査に採用したことがあり、また、刑事巡査某は、先頃来、「蔵破り強盗等の犯罪ある曲者」を自宅に隠匿し、自分も甘い汁を啜っていたが、このごろ露見して捕縛された、というのである。

一九〇八年発行の警視庁『警視庁事務要録』はいう。(29) 刑事巡査は、元来、「悪漢狡児」に直接する職務なので、その「志操鞏固ニシテ且廉潔ノ者」でないと、往々にして「彼ノ徒」に「瞞着」され、知らず知らず「不正行為」をすることになる。したがって、刑事巡査の採用にあたっては、性質機敏、素行・経歴が善良で、志操が強固な者を選抜して採用することにあらためる。また、「弊害」を矯正することは警察改革の急務である。この「矯正改善」に関して、歴代の当局者は苦心してきたが、まだ十分に目的を達成するに至っていない。つねに厳重な監督を加えなければ、風紀はますます頽廃し、ややもすれば金員や饗応を受けるといった行為が発生しかねない、と。こうして、『警視庁事務要録』は刑事警察の改善を重要な課題として提起していた。裏返せば、刑事巡査と〝犯罪者集団〟との癒着関係は根深かったのである。

実際、犯罪捜査をめぐって、警察と「悪漢狡児」は連携し、協力し、癒着していた。先に紹介した「老探偵」は、つぎのようなエピソードも披歴している。[30] ある時、自分と同行中の妻が金と印鑑を入れた財布をすられた。そこで、出会った「知ッてる掏摸《すり》」を呼びとめ、「今お前達の仲間に商売をされたが、金は入らないから品物は返して貰はなくちや宜《いけ》ないぜ」と告げた。すると、「宜《よう》がす、探して返させませう」ということで、家に帰ってみると、印鑑はちゃんと届いていた、というのである。

さらに、つぎのような「掏摸」との〝連携〟（癒着）関係を語っている。外国人が「鶩」（つまり「金時計」）を取られた。是非探し出さなければならない。そこで「何奴《どいつ》」でもかまわず掏摸をつかまえて、「斯う斯ういふ鶩を今度是非出して貰はなけア困る、其れが出なけア、一同刈り込むが宜《いい》か」というと、「其れは困りますね、ぢやア如何か探し出しますから」ということで、「仲間中を穿鑿」して持ってきたというのである。

また、品物ばかり出ても「下手人」がいないと困ることがある。そうしたときには、「誰れか下手人を出して貰はなけア困る、品物ばかり出ても」と言うと、「ぢや誰れか出しませう」ということで、「相談ずく」で「下手人」が出てくる。

まさに協力・共存の関係である。前掲の『警視庁事務要録』は、つぎのように書いている。[31] 東京は掏摸の犯人が多く、また、その被害も大きくて、全国にその比を見ない。そこで、掏摸取締りをこれまでしばしば画策実行してきた。すなわち、「明治三十二年」（一八九九年）には掏摸者取締法を定めてその取締りを励行した。しかし、以後、やや弛緩し、ことに掏摸犯の捜査に専従する巡査は、ただ賍品の発見に熱中して、犯人の検挙に務めることが薄く、その

「親分ナルモノ」に対して贓品の供出を依頼し、彼等もまたこれを利用するのが得策であると考えて贓品を供出し、「彼是利用シテ互ニ密接ノ関係」を生じるというようなことがある。そこで、一九〇六年一一月、一四項目にわたる掏摸検挙規程を設けて、その「掃盪」に着手したのである。[32] 最初の四項目のみを示せば、つぎの通りである。

・各警察署は、管内に住んでいる掏摸の住所、氏名、年齢、綽号（あだ名）などを調べ、第一部長に報告すること。

・第一部長から検挙の通達を受けたときは、各警察署は即時に着手すること。

・平素、掏摸を知悉している巡査若干名を選抜し、その氏名を第一部長に報告すること。

・同行した掏摸に対しては厳重に取調べ、自白したものはただちに訴追すること。

また、執行にあたっては、当該の巡査にこの規程の精神と方法の大綱を訓示して実効をあげさせること、検挙にあたらせる巡査の人選を誤らないことなどが注意されている。こうした準備のうえで、一二月四日午前五時を期して、各警察署いっせいに検挙に着手したのである。[33] 以後、二七日までに二八九人を検挙した。

このような改革の動きのなかで、掏摸を活用してきた警察は、その路線転換をはかっていくことになる。一九〇八年一〇月、岩手県刑事課長から赤坂警察署長に転任した本堂平四郎は、スパイ捜査の悪弊を改革しようとし、警視総監亀井英三郎に上申書を提出して、掏摸の一斉検挙を行うべきだと主張した。[34] これに対して亀井総監は、「世界各国、いずれの国にも掏摸の親分があるが、これを根絶することはできない。強いて行うとかえって弊害がある」などと述べて取り合わなかった。しかし、本堂は繰り返し主張して承認を得、ついに一九〇九年六月二二日、元新潟県知事柏田盛文が金時計をすられた事件を好機として、まず仕立屋銀次とその子分八名の検挙に踏み切った。こうして警視庁は銀次の子分百余人を一斉に検挙したのである。

『朝日』（一九〇九年六月二七日付）の記事「掏摸社会廓清の手始」は、つぎのように報じている。「三十九年」（一九〇六年）一二月の大検挙以前は、有名人に掏摸被害があった場合、刑事等は銀次に依頼して、賍品を乾児から吐き出させる方法を取っていたが、大検挙後は各署とも掏摸係を配置したので、銀次等も今はある一部の警察署と連絡あるだけで、他は容赦なく彼等の仲間に手を入れることにしていた、と。

また、同年一一月三〇日の『読売』は、「掏児《すり》の大掃討」について報じている。さきに赤坂署が市内の掏摸の親分仕立屋の銀次とその一派を検挙して以来、彼等の一味はほとんど閉息したようになっているが、その実、表面を青物商・莨商《たばこ》などに装って、裏面では相変らず市内に出没して掏児を働いており、現に市内の大親分湯島の吉こと神田区松永町一八の伊藤由太郎のような者すら、縛に就いていない。こうしたなか、刑事は土方・人足・職人などに変装して、昼夜、逮捕に苦心中だったが、二五日、本人と一味を逮捕した、というのである。

一方、博徒については、一九一〇年二月、浅草警察署が区内の博徒のいっせい検挙を行っている。吉原遊廓と浅草公園がある浅草区は、東京市内随一の盛り場で、「遊び人」（博徒）が横行していた。浅草警察署では、博徒の親分の坂本直吉以下六〇人を検挙したのを手はじめに、近隣の親分をつぎつぎに検挙していったという(35)。

しかし、刑事と博徒の「結託」は、断ち切られてはいなかった。『読売』（一九一二年九月二九日付）はつぎのように報じている。去る二四日、小石川林町署では、署長自ら主任となって、多年、本郷・小石川両区を縄張りとしてさかんに「チーハー」を開帳してきた「博徒親分」を検挙したが、これに関係して、小石川区内の各警察署（小日向署を除く）詰の巡査・刑事で博徒と結託している者十数名もあわせて検挙した。これを機に「警察界の情弊」を打破しようとしたというのである。この地域（両区内）は「故音羽の彌市」の縄張地として多くの博徒が横行していた。これらを検挙した検事局では、取調の結果、今日まで小石川区内の各警察署員に贈賄し、結托して巧みに法の網を免れていたことを白状させ、警視庁にも打合せたうえで、刑事十数名を「羅致《らち》」して厳重に取り調べたという。

他方で警視庁は、一九一一年四月、刑事課に鑑識係を新設し、指紋法を採用した。また、写真撮影や犯罪者索引票を導入するなどして、近世以来の伝統的な捜査方法にかわって、次第に捜査技術の近代化をはかっていった。

三　日露戦後の「不良少年」と「浮浪者」

(1)「不良少年」問題

一九〇六（明治三九）年五月一五日の警察署長会議で、警視庁当局は不良少年に対する注意をつぎのように喚起した。[36]

「四、学生及不良少年ノ行動ニ関シテハ常ニ視察セラレツヽアルナランモ、尚各学校ノ風紀男女学生又ハ学生ノ風ニ擬シ徘徊スル者等ニ対シテモ周密視察ヲ遂ケ、公安風俗ヲ害スル行為ハ勿論苟モ異聞アルトキハ細大報告スルヲ要ス」

「十三、不良青年ニシテ近来往々少年輩ヲ脅カス者アル趣ニ付一層取締ヲ厳ニシ、彼等ヲシテ非行ヲ逞フスルノ余地ナカラシムル様注意スルヲ要ス」

『朝日』（一九〇六年五月一九日付）は、こうした方針提起をうけた「不良青年の取締励行」状況を報じている。近来、市内各所では不良青年の横行がはなはだしく、良家の女子に対して淫らな挙動をし、艶書や名刺を袖の中に投入したり、路上で抱きつこうとするものさえある。通行人に喧嘩を仕掛けて飲食費を手に入れようとするものもある。とくに、神田・芝両区で発生しているので、当局では目下厳重に調査中だというのである。

また、六月一日付『朝日』は、近ごろ不良青年の横行がますますはなはだしいので、「その筋」では近々応急の処分を行い、取締法案を制定するはずだと報じている。この法案は、明治三〇年（一八九七年）の議会で貴族院によって握りつぶしとなった監視法、およびまだ議会に提出されていない遊民取締法の二案を骨子として起草するものだという。

翌年七月一一日の警察署長会議でも、警視総監は取締り上の訓示の最初に、「不良青年取締の件」を取り上げた（『読売』一九〇七年七月一二日）。

一九〇八年三月六日、麹町区内の「不良学生」が加留多会にかこつけて小学生を誘い出し、脅迫して猥褻の行為をするものが多いとして、麹町署は八名を検挙した（『朝日』一九〇八年三月七日）。

一九〇九年一二月、小石川署は私立大学生、中学四年生各一人と、中学初級生の六人を検挙した。その被害者はすこぶる多く、いずれも良家の子弟で、不良少年の種類は、雞姦、パクリ、女釣り、女に悪戯、窃盗の五種だという（『朝日』一九〇九年一二月二五日）。

一九一〇年三月、『朝日』の取材に対し古川芝署長は、これまではなるべく秘密主義をとり、なるべく改心させたいと考えて不良行為があるたびに父兄を呼び出し、当人を説諭して引き渡してきたが、余りに手ぬるいので、今後は仮借なく検挙すると、不良少年対策を語っている（一九一〇年三月三日）。父兄・学校等と警察署が提携して「一大掃討戦」を展開しようというのである。

麹町警察署員も、「不良少年の巨魁鬼鉄」らが管内に横行していることを知り、ただちに検挙に着手したとして、万難を排して悪少年の掃討をなしつつあると、その決意を語っている（『朝日』一九一〇年三月一三日）。

一九一〇年四月、警視庁第二部の成澤保安課長は、「密行偵察」を行ったり、「巡邏視察」をして警察官の手帖に記名した「不良学生」には、本人に訓戒を加へたり、父兄を喚び出して引渡していると語った（『読売』一九一〇年四月一五日）。警察署を監督して不良学生の取締りを励行しつつあるが、その方法は各警察署の「手心」に委任しているという。

こうしたなか、『読売』は一九一〇年八月一〇日、社説「不良少年」を掲げ、「不良少年と云ふもの近時の産物にして、其の警察の手に検挙せらるゝを聞くこと頗る頻たり」と述べ、「不良少年の多き、全国に於て東京を第一とし、良家の子弟が団体を作りて悪事を演ずるが如き殆んど東京の特産たり」とした。

一九一一年五月二六日、京橋区月島署は「月島少年団」の首領三名を検挙した（以下『朝日』一九一一年六月二日）。月島では、三年前の八月頃からこの三名が多くの不良少年を集めて「月島少年団」と称し、深川八幡など市内各所の縁日を徘徊して、スリ、かっさらいなどをはたらいたり、「良家の子弟」に喧嘩を仕掛けて金品を強請し、酒食に耽っていた。これを探知した月島署の刑事が拘引して取調べたところ、三月一五日に深川八幡の縁日でスリをして以来、五月二五日までに総計二五〇〇円を窃取・強奪したことが判明した。それ以前についても目下、厳重に取調べ中だが、とりあえず三名を三一日に検事局に送り、その他の仲間のうち一二名は感化院に送った、というのである（月島地域については、第五章・第六章を参照）。

一方、浅草馬道署では同年一二月、浅草公園を徘徊している「不良少年の感化」をはかるための「新事業」に着手した（『読売』一九一一年一二月一五日）。警察が拘留・保護し、救世軍などの慈善団体に託したり、親元へ帰らせたりするのである。同月半ばには、すでに一四歳未満八三人、二〇歳未満一二四人の計二〇七人の多数に達したという。渡辺署長はつぎのように語る。「従来浅草公園には敷島組、竹谷党などいふ不良少年の団体があつて其の部下は何百人か解らぬ、其の十中の七分通りまでが苦学する積りで出京したものか或は父兄の金を拐帯して上京し東京に着くと直ぐ浅草見物に来て誘惑されたものだから之れを何とか救済しやうと思つた」。ところが、東京の感化院はつねに満員で収容できない。そこで、まず一〇日から一五日間の拘留処分とし、一四歳未満は保護という形式をとり、人物を見て改善の見込みがあるものは床屋・鼻緒屋・飲食店などの丁稚にやった。しかし、金を持たせるとすぐに逃亡する。そこで帰国させる方針にしたというのである。

一九一二年六月、警視庁では不良青年の数が次第に増加を来す傾向があるので、不良青年の途を絶とうと検挙に着手した。『朝日』（一九一二年六月一四日）によれば、不良青年には、団体・徒党を結んで喧嘩口論をし、男色関係を貪り、脅迫横領等の不良行為を行う硬派、温良な風を装って女子誘惑をことする軟派と、その他に盗児団があり、警視庁では、まず、硬派不良青年「芝愚連隊」の「巨魁」を検挙した。

さらに警視庁は不良少年の一斉検挙を実施した。一九一二年七月八日付の『朝日』は、不良少年係主任阪口警部が部下の刑事を督励して不良青年団の検挙をすすめ、三百五十余名の不良青年を召喚して、二五八名の取調べに着手したと報じている。また、同日付の『読売』は、山本捜査係長の指揮下、不良少年一二五人を検挙し、七月七日午前七時より取調べを開始したと報じている。不良少年は芝・浅草・本所・深川・本郷などが最も多く、徒党を組んで市内の繁華な場所や公園などに出没して、善良な子弟を恐喝するなどしているというのである。

この不良少年の一斉検挙については、中央慈善協会の機関誌『慈善』も、警視庁は不良少年少女の行動に対し、各種方面より「内偵」した結果、七月七日以来大検挙に着手し、二百余名を拘束したと記している。[37] 検挙の結果、「戦慄すべき罪悪」が暴露されたものが少なくないとして、不良少年の「秘密結社」は市内に五十有余あり、一団体で団員三百名内外に及ぶものもあると伝えている。七月七日早朝の一斉取締りでは、三四七名を検挙したという。[38]

『読売』記事の「山本捜査係長」とは、警視庁捜査係長の山本清吉のことで、彼は体験・経験をふまえて一九一四年、『現代の不良青年　附不良少女』を刊行した。[39] その「総論」で、現在のように青年少女に「不良分子」がたくさん出るようなことはあまり例がなく、昔は「不良分子」は「下等社会」から出ることにほとんど決まっていたが、現在は社会の上下を問わず、貴賤貧富の別なくあらゆる方面から出てくる、と書いている。そして、「現代の不良青年」を出自からつぎのように大別した。

「不良学生」——父兄の監督下で学資をもらって通学する者。新聞配達・牛乳配達・人夫・職工などの労働に従事し、あるいは書生となり、官公署・銀行会社の給仕となり、他人の家に食客して通学する苦学生。

「非学生」――職工・職人・新聞配達・新聞雑誌の売子・牛乳配達・給仕、商店の小僧・雇人。

また、その行為から、「硬派不良青年」、「軟派不良青年」、「盗児団」の三つに大別した。そのうえで、「徒党を組み団体を作り同類相謀つて事を行ひ其力を大にして大なる悪事を行ふに至るの傾向」があるので、これを「匡正」し「予防」しなければ、後日どのような大事をひきおこすかもしれないとした。そして、詐欺・窃盗・その他の不良行為、徒党・団体を組んだ不良行為、不良女子について、実例をあげて説明しているのである。

一方、『朝日』記事の「不良少年係主任阪口警部」、すなわち阪口鎮雄は、やや遅れて一九一七年、『不良少年之研究』を刊行した。(40) 彼もまた、現代のような「不良少年」の「盛況」は、日本では未曾有のことだと思う、と書いた。そして、不良少年を性質上と行為上から、「硬派不良少年」と「軟派不良少年」の二つに大別し、さらにこの二派の「混合物」の「盗児団」があるとした。山本と同じ分類法である。

「硬派不良少年」とは「因襲的性行に依つて起つたもの」で、団体を組織したり、徒党を結ぶ。侠客・町奴、博徒・火消人足、鳶職・仕事師などの系譜をひくものである。これに対して「軟派不良少年」は、「文明の進歩に依つて起つたもの」で、単独行動をとる。学説芸術(「軟文学派」の影響、社会主義、活動趣味など)からくるもの、家庭(「過愛」の結果)からくるもの、社会上(社会政策の欠陥、教育制度の不備)からくるもの、がある。

「明治四十年頃」からは、この二派の不良少年の性質や行為が互に融合して、区別が困難な傾向にあるが、不良少年の初めはこの二派のいずれかに属しているというのである。

(2)「浮浪者」問題

一九〇六年五月一五日の警察署長会議で、つぎのように「乞丐《きっかい》」の取締りが指示された。(41)

近来府内ニ乞丐ノ徘徊スル者甚ダ多ク都市ノ体面ヲ損シ住民ノ迷惑ヲ来スコト鮮《すくな》カラス。然ルニ現今是等ノモノヲ収容スル設備ナキヲ以テ執行上困難少カラサルヘシト雖、相当ノ処置ヲ取リ之ヲ府外ニ駆逐スル等臨機ノ措置ヲ講セラルヘシ。而シテ将来之ヲ容易ニ復帰スルヲ得サル様厳重ニ取締ヲ為スヲ要ス。

「都市ノ体面」と「住民ノ迷惑」に関係するから、「府外ニ駆逐」して「復帰」させるなというのである。「乞丐」そのものは犯罪ではない。追放の根拠は「体面」と「迷惑」にあった。「設備」があれば「収容」してしまいたいとも考えていた。

また、つぎのような指示も発せられている。

博徒、浮浪者、堕落学生、朦朧車夫等ノ如キ社会ヲ荼《ママ》毒スルモノ多キハ今更喋々ヲ要セス。之カ取締ニ関シテハ固ヨリ遺算ナカルヘシト信スルモ、尚一層視察ヲ周密ニシ厳重ナル取締ヲ加ヘ以テ之カ根絶ヲ期スルヲ要ス。

警視庁第二部長の小濱松次郎は、「乞丐」とは「常業的ニ又ハ一時的ニ公共ノ場所若ハ戸々家々ニ就キテ自己若ハ家族ノ為メニ救助ヲ乞フ者」、「浮浪ノ徒」とは「一定ノ住所又ハ生業ナクシテ諸方ニ徘徊スル者」をいうと定義している[42]。そして、これらは社会の安寧秩序を害する虞がある「不良ノ民」なので、公安維持上、その自由を制限して、警察権の厳重な監督・取締りの下におく必要があると主張している。

では、どのように取り締まるのか。日本では、これまで政治上の危険人物に対する居住制限措置はあったが（たとえば保安条例）、「乞丐浮浪ノ徒」に対する「根本的政策」は確立していない。現在、取締りの法規としてはわずかに警察犯処罰令があるにすぎない。同法によれば、一定の住所または生業がなく、諸方を徘徊するものは三〇日未満の拘留、「乞丐」をなし、また、なさしめた者は三〇日未満の拘留、または二〇円未満の科料に処せられることとなっている。ただし、実際には一定の地域外に放逐したり、郷里に送還して生業につかせるなどの措置をとっている。小濱はこのように述べて、これは実際上の措置に過ぎないので、将来的には根本的な取締り方法として、警察法律の発布が必要だと主張した。そして、警視庁が一斉に実施した東京府下の「乞丐」に関する調査結果を掲げた（一九〇九年の調査と考えられる）。

このような「浮浪人問題」をかかえた警視庁は、その処理のため「浮浪人収容所」、すなわち「収容スル設備」の設置を構想し、その具体化をはかろうとしていった。一九一〇年二月一〇日付の『朝日』は、警視庁の発案に係る浮浪人収容所問題が、目下、東京府会の一問題となりつつあると報じている。「浮浪人の収用」について内務当局者は、東京のような大都市では、浮浪者の数も多く、これを原籍地に送り返しても、やがてまた他の管下から送還されてきて、浮浪者の数が減らないと説明している。そればかりか、常に増加の景況を示しており、これらの浮浪者は「強窃盗」となるなどして「警察力を煩はす」のは明瞭だ。そこで収容所を設立して浮浪者を収容し、「一定の技術を習得せしむるか又は曾てより相当の技能あるものには職業を与へて勉強せしめ」ようというのである。

一九一〇年一一月に開催された東京府会において、「被護人収容所」（通称「浮浪者収容所」）の建設が問題となった[43]。これは、一九一一年度と一二年度の継続費として提出されたもので、提案理由はつぎのようであった。

浮浪者乞丐等ニシテ公安風俗ヲ害スルノ虞アリト認ムヘキ者ヲ予メ一定ノ場所ニ収容シ、之ニ相当ノ保護ヲ加ヘ以テ危害ヲ未発ニ予防スルノ必要アリト認メタルニ由ル。

これに対して各議員から質問が続出し、警視庁警視の太田政弘が応答した。結局、第二読会に移し、九名の委員に付託して調査させることとなった。委員会は原案を可とする旨を報告したが、反対説がつづき、論戦が展開された。論議のなかで太田は、浮浪者は昨年の調査では一一七八人あると述べているが、この数字は前掲で小濱があげている数字と一致している（府会には警視庁側から小濱も出席している）。太田は、この浮浪者のなかから、「幼者老衰者癩患者等」を差し引いた残りの五〇〇人を収容する見込みだと説明した。また、収容する際には、説諭を加えて本人の承諾を得たうえで収容するのだから、「決して強制労役所ではない」と強調した。

主な反対意見は、つぎのようなものであった。収容所に収容するのは東京府民には限定されず、他府県から殺到するに違いない浮浪者に対して府費を支出するのはおかしい。説諭して収容すると言っても、警視庁は本来威力をもっているのだから、任意の承諾とは認められない。居住・移転の自由や法律によらない逮捕・監禁・審問・処罰を禁止した憲法に違反する。設置が必要だとしても、国庫支弁をもってすべきだ。こうした意見が出て、採決の結果、原案は可決された。その位置は目黒の競馬場になると報じられている（『朝日』一九一一年一月一三日付）。

真鍋良助警務課長は、「浮浪人収用所」に収容する「浮浪人」について、「定業なく常宿なく加ふるに犯罪の危険性を有するもの」であり、「一口に言へば乞食の群」だと説明している（『朝日』一九一一年一月一六日）。これらの「乞食」は従来はあたかも「蒼蠅《あおばえ》」のように「追へば散り置けば集まり殆んど取締に窮したやうな有様」だったが、この収容所が出来れば、「彼等自身」のためにも、「社会」のためにも好都合だというのである。

雑誌『慈善』は浮浪者収容所の設立について、つぎのような計画を伝えている[44]。目黒の競馬場のうち一五〇〇坪を買い取って、平屋建ての家屋を建築し、事務室・医局・浴場などを設ける。収容者には一定の白衣を着せ、職業をもつ者には職業を与え、労賃は貯金させ、解放後の資金にさせる。起工は一九一一年四月で、二ヵ年間に竣工する予定であり、完成の暁には五〇〇名を収容するはずだという。

場所については、翌年一月、建設地を荏原郡駒沢村に決定し、敷地五千坪ほどを買収したと報じられている（『朝日』一九一二年一月一八日）。これに対し建設予定地の現地では、同地域は別荘地だとして反対運動がおこり、陳情などが展開された。一方、北豊島郡大泉村では建設を希望し、有志が警視庁を訪問して警視総監に要請したという。

一九一一年の府会では、「被護人収容所建築費本年度支出額否決」の動議が提出されていた。[45] 反対理由は、憲法に違反する、将来、経費が膨張して際限なくなるおそれがある、事業の性質上、政府の所管に属する、という三点にあった。また、建設敷地に選定された駒沢村で反対があることなども述べられた。数名の賛成者があったが、採決の結果、動議は否決された。

一九一三年一月発行の『慈善』によれば、東京府が九万五千円を投じて府下荏原郡駒沢村字深沢に建築中の浮浪人収容所は、ようやく工事が竣工したという。[46] 予定されている施設の全容は、つぎのようなものであった。門は西北に向かい、東南は森をもって自然の「城壁」とし、四千九百坪の敷地の境は高さ九尺ほどの鉛板で張り巡らされている。建坪一二八二坪の内、門の両側には門衛所・検査所があり、右手の男工場(一三〇坪)・男宿舎(二六〇坪)はすでに完成している。現在建設中なのは、講堂・炊事場・浴室・病室・手術室・隔離所・女工場・女宿舎・夫婦舎などで、建物数は一五棟となる。

ところが、一九一二年一二月の府議会で、一九一三年度の「被護人収容所経費」が否決されてしまった。[47] 無記名投票で採決したところ、否決の動議が可決されたのである。知事はこれを再議に付したが、これも否決されたため、建物が落成したにもかかわらず、棚上げになってしまった。

さらに、この計画にはストップがかかってしまった。内務省の潮恵之輔は、警視庁では浮浪者を収容するため「任意労役場」の設備を計画したが、ある事情のためにまだ実行できていないと述べている。[48] 五百人ほどを収容する計画で、敷地なども買い、七万円で昨年・一昨年の二ヵ年度に設備されたが、まだ実行されていない、というのである。

中央慈善協会では、一九一四年一二月、浮浪者収容所開始促進に関する協議会を開いたが、[49] その冒頭、同会常務幹事の原胤昭は、「浮浪者」と称する「一種不健全な徒輩」が市中を彷徨して「風教」をみだし、「治安」を害するものが少なくないが、これらはおおむね「罪科」を構成するには至らないので、警察署は検挙・拘引しても、法によって刑罰を科することができず、放免されると、依然、各所を彷徨してしまうとして、浮浪者収容所の開所を促進する意義を語った。その後、何人かの発言につづいて最後に警視庁の丸山鶴吉が発言し、警視庁でこれを扱うには、実際問題としてさまざま困難があると述べた。如何にして浮浪者を収容すべきか、入所後、如何にして逃亡を防ぐべきか、如何にして労働を強制すべきか、在獄者と同様に扱うことができるのかなどの問題点を紹介して、浮浪者収容に関する法律こそが必要だと主張した。この点では、前述のように、警視庁第二部長の小濱松次郎も、同様な見解であった。

こうした状況のなか、結局、「浮浪人収容所」は開所に至らず、幻の計画におわったのである。

おわりに

都市の膨張と複雑化は、量的には人口増をもたらし、質的には新たな矛盾を発生させていった。それは、警察の増殖をもたらすとともに、その再編を促した。

本書第一章で検討した巡査駐在所とは異なって、都市型警察としての派出所システムは、派出所に警察署から複数の巡査を派出させ、その交替勤務、すなわち見張りと巡回を基本とする〝交番〟体制によって成り立っていた。しかし、担うべき基本的な機能は、駐在所・派出所ともに共通していた。近代警察が採用した行政警察中心主義は、地域社会内部に警察権限を増殖させ、浸透させることを前提としている。警察は戸口調査（戸口査察）によって地域社会の全住民を日常的・網羅的に掌握、監視しようとした。ローラー作戦的な摘発システムの構築である。また、警察は〝周縁〟業界に対する監視を日常化したが、それは他面で癒着現象をも随伴させた。営業警察・風俗警察は関係営業を取り締まりつつ、警察の外延として機能させた。警察は地域社会のなかに、このような〝底面〟をもっていた。『臨検視察必携』の存在は、外勤巡査の視察強化を示唆している。

警察は刑事捜査にあたって、近代になってもかなりの長期にわたって、近世以来の手法を温存していた。地域社会のなかにからまりついた〝周縁〟的存在の活用である。しかし、日露戦後、警察の近代化・合理化をはかろうとする動きのなかで、司法（刑事）警察の〝革新〟も、漸次、すすめられた。勘と密告から、〝科学〟的捜査への転換である。

日露戦後期の新たな都市型矛盾として、「不良少年」と「浮浪者」が浮上した。大都市の人口膨張にともなう人の流動化と非固定化、「浮浪者」の増大は、「戸口」調査の限界を露呈させ、警察の危機意識を深めさせていたといえる。加えて首都東京の「体面」が、「不良」「浮浪」の排除を切実化させたと考えられる。追放・排除すべきか、包摂・陶冶すべきか。そうした錯綜した問題状況のなかに、日露戦後の首都警察は立たされた。その象徴が幻の「浮浪者収容所」であった。

（1）大日方純夫『日本近代国家の成立と警察』校倉書房、一九九二年参照。
（2）大日方純夫『近代日本の警察と地域社会』筑摩書房、二〇〇〇年参照。
（3）人口については、警視庁総務部企画課編『警視庁年表』警視庁総務部企画課、一九六八年による。
（4）この点については、前掲『近代日本の警察と地域社会』、一〇九～一一二ページ参照。
（5）警視庁編『警視庁統計書　明治四二年』警視庁総監官房文書課、一九一〇年、六～九ページ。小濱松次郎『警察行政要義』駸々社、一九〇九年、四五ページ。
（6）警視庁総監官房文書課記録係編『庁史編纂資料』警視庁総監官房文書課記録係、一九三七年、二九ページ。
（7）同前、四一～五一ページ。
（8）同前、六三～七七ページ。
（9）同前、七八～八二ページ。
（10）同前、八四～九六ページ。
（11）前掲『日本近代国家の成立と警察』、一九九ページ。

(12) 宮越正良・矢野元三郎編『臨検視察必携』警眼社、一九一三年、一五～三〇ページ。
(13) 前掲『日本近代国家の成立と警察』、一八七ページ。
(14) 前掲『臨検視察必携』、一三五～一六四ページ。
(15) 同前、八六～一三五ページ。
(16) 同前、四六～六五ページ。
(17) 同前、六五～八六ページ。
(18) 同前、八六～一三五ページ。
(19) 同前、一三五～一六四ページ。
(20) 前掲『警察行政要義』、五九四ページ。
(21) 同前、五九八ページ。
(22) 同前、六一〇ページ。
(23) 同前、六一一ページ。
(24) 同前、六一二ページ。
(25) 以上、警視庁史編さん委員会編『警視庁史』明治編、警視庁史編さん委員会、一九五九年、五一一～五一二ページ。
(26) 警視庁編『警視庁事務要録』警視庁、一九〇八年、七六ページ。
(27) 警察監獄学会編『探偵術問答』松華堂、一九一八年、九～一〇ページ。
(28) 伊原青々園・後藤宙外編『唾玉集　明治諸家インタヴュー集』平凡社〈東洋文庫五九二〉、一九九五年、二五五～二五六ページ。
(29) 前掲『警視庁事務要録』、七〇ページ。
(30) 前掲『唾玉集　明治諸家インタヴュー集』、二五六～二五七ページ。
(31) 前掲『警視庁事務要録』、七〇ページ。
(32) 同前、七一～七三ページ。
(33) 同前、二六三～二六四ページ。
(34) 以下、前掲『警視庁史』明治編、五〇九～五一二ページ。
(35) 同前、五一七～五一八ページ。
(36) 前掲『警視庁事務要録』、一三九ページ、一四〇ページ。
(37) 『慈善』第四編第一号、一九一二年八月。
(38) 前掲『警視庁史』明治編、五三一ページ。

(39) 山本清吉『現代の不良青年　附不良少女』春陽堂、一九一四年。
(40) 阪口鎮雄『不良少年之研究』日本警察新聞社、一九一七年。
(41) 前掲『警視庁事務要録』、一三六ページ。
(42) 前掲『警察行政要義』、一一五ページ。
(43) 東京府編『東京府史』府会篇、第五巻、東京府、一九三一年、二八二～二八六ページ。経緯については、中西良雄「明治末期における『浮浪者』問題対応策の諸相」(『愛知県立大学文学部論集(社会福祉学科編)』五二、二〇〇三年)を参照。なお、永橋為介「一九一〇年代の都市大阪を事例とした『浮浪者』言説の構造」(『ランドスケープ研究』六一―五、一九九八年)も参照した。
(44)『慈善』第二編第三号、一九一一年三月。
(45) 前掲『東京府史』府会篇、第五巻、三六二ページ。
(46)『慈善』第四編第三号、一九一三年一月。
(47) 前掲『東京府史』府会篇、第五巻、四七〇ページ。
(48) 潮恵之輔「都市と救済事業」(『慈善』第五編第三号、一九一四年一月)。
(49)『慈善』第六編第四号、一九一五年四月。

第三章　警察行政と社会運動——鈴木良『水平社創立の研究』を素材に

はじめに

私は、かつてつぎのように書いたことがある。[1]

国家権力はその意思を強制する装置をもつことなしには存立しえない。とすれば民衆は、強制装置とののっぴきならない緊張関係のなかにこそ実在する。この緊張関係を意識するにせよ、しないにせよ、客観的にはそうであると言わねばならない。権力との緊張関係をまぬがれて民衆が自由自在に飛翔しうると考えるのは、無邪気な夢物語にすぎない。とすれば、民衆にとって、強制装置に対する考察は、自らの存在に関する考察と分かちがたく結びついている。

本章では、このような観点から、鈴木良『水平社創立の研究』[2]（以下『研究』と略記し、該当ページを付記）のなかに〈警察行政と社会運動〉の関係を読みながら、警察史研究の視点から社会運動史研究について若干の発言を試みることにしたい。

一　社会運動史研究の史料構造

『研究』では、つぎのような史料論的な提起が行われている。

　これまで、全水創立大会についての叙述は、（中略）運動当事者の文章や回想によっていた。それらは一面の事実を伝えてはいる。が、今日必要なのは、当事者の記述や回想にありがちな誇張や意図的な省略を見定め、全面的で多角的角度からの分析を行うことである。水平運動の一面的美化に終始するのではなく、客観的な事実を確定していくことが求められている。（二三二ページ）

　このような観点から、『研究』では、基本史料として、京都府・同警察部の水平社創立に対する方策を述べた三点の文書が用いられている。「水平社状勢一班《（ママ）》」（一九二二〈大正一一〉年七月、京都府警察部）、「水平運動の情勢」（一九二四年三月調、京都府）、「水平社ニ対スル今後ノ対策ニ就テ」（一九二三年中頃、京都府警察部長中野邦一稿）である。

　一般に社会運動史研究はどのような史料に依拠して行われているのか、社会運動史研究の史料配置を整理してみると、およそつぎのようになろう。まず、第一は、当事者史料である。これには、運動を担った当事者・関係者による記録・文書類、機関紙誌類、日記・書簡・手記・回想類が含まれる。『研究』が「誇張や意図的な省略」がありがちだと指摘するものである。第二は、一般新聞史料である。そして、第三にあげられるのが警察（官憲）史料である。なお、『研究』が「客観的な事実を確定していく」ために依拠しようとするのは、主にこの第三の警察史料である。第一にあげた当事者史料は、警察史料のなかに含まれる場合が少なくない。

警察史料は、さらに情報史料・対策史料・事件史料・総括史料の四つに分けることができる。情報史料は、社会運動そのものや社会運動家に対する監視・偵察の結果を、下部機関（担当者）が上部機関に対して報告したものである。いわば〈報告＝集中〉を主要な契機として成り立っている。これに対して対策史料は、主として上部機関が下部機関（担当者）に対策・施策を指示・指令したものであり、〈指令＝拡散〉が文書作成の主な契機となっている。さらに、事件史料には対策的史料と報告的史料の双方が含まれる。具体的な事件に際しては、報告と対策が交錯し、双方が連動するからである。総括史料は、上記の三者を含みこみながら、情報・対策を総括・分析したものであり、ある種の総合性を特徴とする。『研究』が依拠する史料は、この総括史料にあたるといえる。

では、社会運動史研究が大きく依拠せざるをえない警察史料は、どのようにして成立ち、どのような性格をもっているのであろうか。まず第一は、状況把握のための資料であり、基本的には日常的な監視と偵察によって収集された情報からなっている。第二は、直接的な取締りにかかわる資料であり、抑圧・規制・弾圧などの措置に連動してもたらされたものである。したがって、状況的な性格を色濃くもっている。双方に共通するのは、警察の基本的任務、すなわち社会運動対策（取締り）のために作成された文書だという点である。

警察史料が社会運動史研究の重要史料たりうるのは、社会運動が警察に監視されているが故であり、監視が徹底し、偵察情報が正確であればあるほど、社会運動史研究にとっては好都合になるという皮肉な現実、別言すれば、運動当事者にとってのマイナスが、運動史研究者のプラスに働くという顛倒した現象がそこには生まれている。

たとえば、社会主義者等の動向を仔細に伝えてくれる特高情報は、特高警察による監視・視察体制の〝賜物〟である（特高警察の歴史については、本書第四章を参照）。荻野富士夫『特高警察体制史』[3]によれば、特別要視察人視察体制はおおよそつぎのような経緯をたどって〝精度〟を上げていった。

まず、大逆事件を機として、その翌一九一一年、内務省は「特別要視察人視察内規」を定めた。「視察」対象とする「特別要視察人」として列挙されているのは、無政府主義者、共産主義者、社会主義者、主義伝道者、粗暴・矯激の言動者、脅迫文書の発送者、危険の挙に出るおそれある者、爆発物・危険物の入手利便者、同盟罷工・反抗運動扇動のおそれある者、機密探知の疑いある者、主義に関する文書・図画の刊行・編集者、である。このような広がりをもつ「特別要視察人」は、つぎに「要視察」度、すなわち「視察」の重要度に応じて、甲号・乙号・丙号の三ランクに分けられていた。このうち相対的に「要視察」度が低い丙号は、「準特別要視察人」と称されていた。このような視察情報を集約して作成されたものが、『特別要視察人状勢一斑』である。なお、すでに前年の一九一〇年には、尾行・追跡手順を規定した「要視察人尾行内規」が定められていた。

この「特別要視察人視察内規」は、その後、一九一六年に改定され（改定内容は不明）、さらに一九二一年七月に再改定されている。再改定に際して、視察対象である「特別要視察人」の範囲は、無政府主義者、共産主義者、社会主義者、国家の存在を否認する者に整理され、また、丙号は削除され、甲号・乙号の二ランクに整理された。他方、「特別要視察人」個人を対象としていた「内規」に、新たに「要視察団体」を組み込んで、組織にも系統的な監視・視察の眼を向ける態勢を整えた。すでに一九一九年、思想団体・研究団体に視察対象を拡大していたが、改定「内規」はこれをうけたものであろう。

他方、共産主義者・社会主義者を主な対象とする「特別要視察人」とは別に、視察対象に応じた「内規」が定められていった。一九一六年の「要視察朝鮮人視察内規」制定、一九一七年の「外国人視察内規」制定、一九二一年の「労働要視察人視察内規」制定がそれである。こうした「視察内規」の〝整備〟〝充実〟は、この時期に高揚・活性化した社会運動の状況と相即関係にあったことは言うまでもない。

こうして、警察史料の〝恩恵に浴する〟ことによって、社会運動史研究の深化・発展がはかられるという奇妙な事態が生まれることになる。荻野富士夫編『特高警察関係資料集成』第Ⅰ期全三〇巻、同第Ⅱ期全八巻のなかには、運(4)

動史料として、共産主義運動・無産政党運動・労働運動・農民運動・水平運動・在日朝鮮人運動・国家主義運動に関する重要情報が含まれている。また、廣畑研二編『一九二〇年代社会運動関係警察資料』[5]、廣畑研二編『戦前期警察関係資料集』全四巻[6]も、同様な性格をもつものである。また、警察による偵察・監視・統制の記録が系統的・逐年的に整理・刊行されている。『社会運動の状況』（一九二七～四二年）、『特高月報』（一九三〇～四三年）、『出版警察概観』（一九三〇～三五年）、『出版警察報』（一九二八～四五年）、『出版警察資料』（一九三五～四〇年）、『映画検閲時報』（一九二五～四四年）、などがそれで、社会運動史（さらには出版・メディア・映画史等々）の研究に不可欠な素材を提供する重要史料となっている。

しかし、特高史料が浮かび上がらせる社会運動像に、取締り側からする独特の歪みがはらまれることには、充分な注意が必要である。それらに「客観的な事実」のみが記載されているという保障があるわけではない（この点については、本書第四章を参照）。

二　地域統治の構造と警察行政の連関

鈴木良氏の前著『近代日本部落問題研究序説』[7]には、地域統治と警察の連関について、つぎのような言及がある（以下、同書の該当ページを付記）。

まず、融和政策の発展のなかで、奈良県南葛城郡において、一九二〇（大正九）年中頃から戸主会が設立されたことに言及しているが、そのなかに、大正村鎌田では受持巡査吉田鉄之助を中心に一九二〇年末より戸主会の設立が進められたとの指摘がある（二一四ページ）。食物売買の監督には、駐在巡査・村会議員・在郷軍人・消防団員・青年会員があたったという。また、五条町大島では、連合青年会に対し、五条警察員が指導して「自治警察」を組織したとの指摘もある（二一五ページ）。「衛生其他諸般改善」は「青年ノ行状監督及ヒ区民ノ兇害ヲ未然ニ防グ」として、警防係が犯罪・喧嘩・衛生等の取締りに青年を動員し、部落の中堅層を改善事業に動員したという。

さらに同書は、水平社創立の準備の箇所で、一九二一年末頃から治安対策の性質をもった融和対策が強化されたし（二四〇ページ）、ついで水平社の結成に関して、「水平運動が高まれば、これに対する官憲の取締りも強化された。奈良県水平社創立大会の弁士の演説も全て官憲の手で記録されているのだが、とくに五月以降、水平社の動静は逐一警察の手で報告されている」（二四九ページ）と記している。ここに登場する記録・報告が、すでに触れた情報史料である。

地域統治の構造を考えるうえで、警察行政との連関を押さえておくことは、以下の点から見て欠かせない。(8)

第一に、地域社会における警察の布置状況から見て、地域統治構造の分析には警察の存在を組み込むことが欠かせない。日本近代国家は、その権力執行を保障する装置として、首都に内務大臣直属の警視庁を設置し、地方各府県には内務大臣指揮下の知事のもと、警察本部→警察署→駐在所という警察機構を配置した。この点で、とくに重要なのは、一八八八年一〇月制定の「警察官吏配置及勤務概則」である。これによって、はじめて日本独特の駐在所制度が成立した。それぞれの巡査には受持ちの区域が割り当てられ、巡査はその受持区域内に居住することとなった（実例については第一章参照）。村落では受持区を巡行区とし、一ヵ月に一五回以上巡回することが義務づけられた。当時の警保局長清浦奎吾の言葉によれば、これによって日本全国、地として「警察ノ眼」の見えないところはなく、所として「警察ノ耳」の聞こえないところはなくなったのである。

これは、地域の中心である警察署に警察官を集中させて、随時、巡回・派遣する方式から、警察官を駐在所に分散させて、常時、地域の中に配置する方式への転換を示すものであった。この駐在所システムによって、警察の「カタツムリの触角」は津々浦々にまでのび、警察の網が全国の各地域をおおっていくこととなった。このシステムは、ちょうどこの時期、全国の市町村に及ぼされていった地方自治制とあいまって、末端から国家体制をかためる仕組みとなった。駐在巡査は、村長・小学校長とならぶ〝村の顔〟として、地域のなかに深く根をおろしていった。村役場（村長）＋学校（校長）＋駐在所（巡査）の三者によって、地域統治のトライアングルは形成され、これらが地域における「公」的〝世界〟を構成していった。(9) 前掲鈴木書の受持巡査吉田鉄之助も、そうした巡査の一人だったといえる。

日本の警察が独自であったのは、モデルとしたプロシア警察にはらまれていた自治的性格さえも否定して、「自治」制の外に編成されていたという点にある。村の警察は、村長の指揮下にはない。あくまで、警察本部↓警察署↓駐在所という中央集権的な警察制度の末端に配置されていたのであって、警察からは地域「自治」が完全に排除されていた。したがって、警察組織の中央〈頂点〉と地域〈底辺〉の関係は、一方では〈通牒・指令↓取締り〉の系列に見られるような下向過程として、他方では〈報告・情報↑監視〉の系列が示すような上向過程として編成された。

第二は、日本警察の特性である行政警察中心主義とのかかわりにおいて、警察の存在は無視しがたい。これについては、二点、指摘しておきたい。まず、一つは、警察行政は一般行政から分離されつつ、しかも行政的な機能を中心としたという点である。行政警察としての警察は、一方で、一般行政と密接に連携しつつ、他方では警察行政として一般行政とは明確に区別されるという性格をもった。つぎに言及するような警察の機能は、予防を完璧に行おうとすればするほど、一般行政の領域に介入していかざるを得ない構造をもっている。したがって、ある場合には一般行政と対抗関係を演ずることもあった。その端的な表現は、首都警察機構としての警視庁と、首都の一般行政を担当する東京府との関係にある。東京の場合、知事のもと、つまり一般行政の責任者のもとに警察行政も管轄されている一般の府県とは異なって、東京府とは別個に警視庁が設置されており、警察権は知事から独立していた。したがって、東京府と警視庁との間では、一般行政と警察行政との管轄権限の線引きがなされることになる。

二つ目は、行政警察に中心がおかれたこととかかわって、警察の権限が極めて広闊となったことである。警察の権限が及ぶ範囲、つまり警察の機能がカバーする領域は、民衆生活全般と密接に関連することになった。日本警察の成立当初に定立された行政警察の対象領域は、「権利」「健康」「風俗」「国事」の四つであった。犯罪の予防、安全の確保という観点から、経済的・社会的な諸関係に介入し、さまざまな規制を加えていくこと、身体・生命の維持・再生産に関与し、労働力の安定的な再生産を保障していくこと、国家に対する反逆、反体制的な動向を事前に察知し、その排除・抑止をはかっていくこと、などが目指された。警察活動の中心は、犯罪の捜査・摘発よりも、むしろ政治警察をはじめ、衛生・営業・風俗・芸能などの行政警察におかれ、したがって、警察の権限は極めて広い範囲に及ぶことになったのである。

第三は、警察による地域社会監視システムのありようからして、地域統治に占める警察の役割は大きく、とくにこれは社会運動取締りとの関係で重要である。犯罪が発生したあとに事後処理的に対応する司法警察とは異なって、行政警察の基本は予防にあった。事前の対応、すなわち予防を主眼とする場合、社会の中に探知の網を日常不断にはりめぐらしておくことが要求される。それは、通例、地域社会の内部に配置した警察の最末端である巡査の活動を通じて追求された。各区域内に設置された警察署を前進基地とし、そのもとにある派出所・駐在所を哨所とし、ここを起点とする巡査の日常活動によって、民衆の動静を日常的に監視・掌握しようとしたのである。

民衆動静の日常的掌握は、巡査の配置を前提とし、戸口調査を中軸として推進された。戸口調査とは、地域住民をくまなく警察が調べ上げて、あらかじめ登録しておき、定期的にこれをチェック・修正していくシステムである。このような駐在所制度と戸口調査システムがあいまって、日常的・網羅的な民衆動静の掌握を警察に対して保障したのである。したがって、社会運動と地域構造の関係を考察する際、このような警察による網羅的・恒常的な住民監視と地域管理の存在を念頭におくことは欠かせない。警察は、一般民衆の調査・視察を面として貫徹しながら、そのなかから社会運動家（社会主義者等）を点として炙り出し、監視・視察を徹底させるという、二重の視察システムを稼動させていたのである。

第四に、地域の組織化、地域住民組織のあり方にも、警察は深く関与している。地域における公共的機能は、単に行政機関にゆだねられるばかりでなく、つねに相互協力的な住民動員の契機をともない、そのための住民組織化をうながす。犯罪からの自衛とともに、火災・水害や、伝染病の流行などからの防衛が地域の共同の課題として浮上する。火災に対するものとしては、消防組が組織され、身体・生命の維持・再生産と密接な関係をもつ衛生の領域については、衛生組合が組織されていく。

消防については、各地域それぞれで自治的な義勇消防組が存在していたが、一八九四年、消防活動に従事する地域住民組織の全国統一がはかられ、各地域で設立された消防組は警察の統制と指揮のもとに組み込まれた。消防組は、火防とともに水防も任務とし、さらに平時の警戒・巡邏も職務とした。消防組は地域のなかに根ざした警察の下部組織となり、消防組には警察の補助的活動を担うことが期待されていった。

警察は、行政警察の一環として、地域の衛生行政を管轄していた。この衛生警察を下支えする組織として、一八九〇年改正の伝染病予防法心得書では、市町村が便宜、衛生組合を設けることとしていた。それは、居住する全住民を家を単位として組織し、住民を衛生へと駆り立てるためのものであった。そこでは、地域衛生の構築にむけての住民の相互協力、相互監視が期待されていた。一八九七年三月に伝染病予防法が成立してからは、設置が全国規模で本格化した。末端での衛生行政は、県郡の官吏とともに、警察官の監督・指導をうけて展開されることになり、警察協力組織として機能していくこととなった。

また、米騒動後の一九二〇年前後の時期、警察は全国各地で地域住民の組織化をすすめていた。「民衆の警察化」をスローガンとした警察による「自衛自警」運動がそれである。その際、警察が依拠しようとしたのは、消防組・青年団・在郷軍人会の三者であったと考えられる。この時期の地域統治と社会運動のかかわりを考察する際には、このような動向、すなわち地域のなかに警察活動に呼応する住民組織をつくって、下から治安維持・秩序維持をはかる体制を創出しようとする動きとのかかわりにも注意をはらっておくことが必要であろう。鈴木書の前掲の記述にある大正村鎌田や五条町大島のケースは、こうした脈絡からもとらえることができよう。

このように、地域統治の構造は、警察によって強く規定されていたのである。

三　社会運動の展開と警察行政の連関

つぎに、社会運動のあり方が警察のあり方によっていかに規定されているのかを、『研究』を手掛かりにしながら考えてみることにしよう（同書の該当ページを付記）。

(1) 監視・偵察活動が運動に及ぼす作用

『研究』は、警察の監視・偵察活動が運動に及ぼす作用について、「警察官による尾行、張り番などの干渉はきわめて強かった。その干渉は、親達による運動への参加中止の要請となったのであろう」（一三八ページ）、あるいは、「草深い農村地域にあるこの部落での、全国に向けた水平社創立の動きを止めるには、肉親の圧力や部落内の対立を作り出すことで官憲は効果をあげようとしたのではなかろうか」（一四一ページ）と指摘している。警察活動が直接的な取締り効果にとどまらず、運動に対する社会的な抑制力を作り出していたと見ているのである。

ここから、〈官憲の取締り〉と〈家族・地域の圧力〉と〈運動のあり方〉の三者の関係について、およそつぎのような仮説を引き出すことができよう。まず、警察の尾行・監視は、本来の目的である情報収集機能にとどまらず、尾行・監視に対する運動側の〝自覚〟が運動の展開を圧迫し、抑制させ、ときとして運動の内部に分裂をもたらす機能を〝発揮〟するとみることができる。また、運動内部に警察が潜入させたスパイ（実際には、運動内部から確保した内通者）もまた、情報収集機能にとどまらず、運動に対する〝撹乱〟機能を〝発揮〟したことであろう。

（2）運動の構造と警察の活動の関連

『研究』は、「南梅吉中心の「穏健路線」を水平社に取らせることが官憲の基本方針ではなかったかと思われる」（二五三ページ）と指摘している。警察側の取締り方策は、運動のあり方に直接の影響を及ぼしていた。警察側は、一方で運動に対する排除・弾圧措置を講ずるとともに、他方では、統合・懐柔策を打ち出していく。それは、当局側が運動に対してつねに採用する〝アメ〟と〝ムチ〟の二面策の一端であった。そして、このような懐柔策は、運動の内部に亀裂を生じさせてゆく。「部落内では、日常的に起る侮辱や蔑視を警察と協議して穏便に解決しようとする幹部に対し、これを生温いとして反発する動きも起ってくる」（二五四ページ）。穏健派（有力者）に対する反発である。したがって、穏健派指導部は、大衆的な力に依拠できないことから、社会的権力（博徒）に依拠（資金確保）することとなり、これが官憲による利用と結びついていく（二五七ページ）。「官憲（府市・警察）や博徒＝国粋会が結びついて、早くから水平社の誕生を抑え、懐柔しようとする動きがあった」（二六五ページ）のであり、それが、「青年派と老年派との対立」（二六七ページ）を生み出してゆく。府・府警察部は、「穏健な方法手段」で動く融和団体を育成し、また、部落の有力者を組織して、水平社の活動家に対する攻撃を展開していたのである。

こうして、『研究』は運動と弾圧との対抗的な二元論ではなく、双方に含まれる二つの契機の交錯状況を示唆する。取締り自体に〝アメ〟（懐柔）と〝ムチ〟（弾圧）の両契機が構造化されており、また、運動内部（個人・組織）にも〝妥協〟と〝対抗〟の両契機が発現する。前者のような警察の対応の二重性は、排除・抑圧とあいまった、協調・懐柔による運動の吸収や運動内部からの同意調達としてあらわれる。そして、このような運動に対する警察の同化（統合）と異化（排除）の二重の活動は、運動の側に分断と解体をもたらす要因ともなる。運動内部の構造的な二重性と結びついて、穏健派（幹部・有力者）と急進派の対立をひきおこしていくのである。

京都府警察部長中野邦一稿「水平社ニ対スル今後ノ対策ニ就テ」（『研究』二五五ページ引用部分）を見ると、「部落民解放ノ要求」は「真ニ合理的ノ人類当然ノ要求」としたうえで、「若シ名実伴ハサル点アリトセハ政府ハ断乎トシテ之ヲ制スルノ要アルヲ認ムルナリ」としていることがわかる。即、危険視というよりは、経過観察のうえ、危険と見なした場合に措置をとるという構えを見せていることがわかる。当局側にとっての運動の問題点とは、①差別撤廃に急で、一般民との間に疎隔をひきおこすこと、②直接糾弾を決行すること、③主義的思想を抱持していること、の三点であった。まずは状況を見ながら、「安寧秩序ヲ紊スモノ」があった場合には、治安警察法によって任意解散（強制的禁止）にしようというのである。

部落改善の立場、融和政策の観点から見て、「部落民解放ノ要求」は「当然ノ要求」である。しかし、水平運動対策からすれば、運動手段の〝急進〟性、行動の〝過激〟性、思想の〝危険〟性という点で、取締りをゆるがせにすることはできない。したがって、監視が重視され、それと結びついて、抑圧・分断・懐柔策が打ち出されていくことになる。

これに対して、京都府警察部の場合、『研究』は「大都市京都では水平社結成は常に過激な社会運動ないし社会主義運動と同列視され、官憲は早くから危険の芽を感じていたのである」（二五四ページ）と指摘している。「当初から治安を乱すものとして警戒するのが方針であった」とされ、「他府県とは違った取締り方針が当初から存在した」（二五五ページ）ととらえられている。「奈良県の警察の動きと比較すると、京都府警察部の動きはきわめて組織的であ」り、「奈良県では水平運動への意図的な妨害が当初はほとんど無かったから、県内各地の水平社結成はやや順調に進んだ」（二五八ページ）というのである。では、その差はどこから生まれたのか。『研究』は、これは京都の場合、「社会運動とくに社会主義運動との連絡を警戒していたこととかかわっているため」（二六四ページの注記）ではないかと推測している。

これは、水平運動対策・取締りをめぐる地域間比較の視点とも言うべく、運動側の方針・情況と警察側の方針・情況を照らし合わせながら、地域間の取締りの共通性と差異性を探り、各地域に即した個別具体的な運動と警察との緊張関係を抽出してゆくことの重要性を感知させてくれる。

(3) 運動と地域組織の関係

地域を基盤とする社会運動は、地域組織のありかたとも深くかかわっているが、そうした地域組織には警察とかかわるものが多い。『研究』は、青年会・在郷軍人会と京都府警察の対策とのかかわりを指摘している。官憲と部落富裕層・有力者は協調して融和団体の活動を展開しており（二七七ページ）、青年会長や在郷軍人会長がその中心であった（二七九ページ）。したがって、地域組織には弾圧側・規制側の〝尖兵〟として活用される側面がある。しかし、他方で地域組織は、運動側にとっての反抗・抵抗の基盤ともなった。「村人のなかで活発な動きをしたのは、青年会や在郷軍人会」であり（三〇八ページ）、運動に際しては「在郷軍人、青年会員、消防組等ノ総動員ヲ行ヒ」（三一三ページ）、「村ノ青年会員在郷軍人会員モ水平社同人ニナッテ居ルカラ、スベテ応援」（三一六ページ）に出るといった事態が生まれていた。地域内組織には、このような二面性がはらまれていた。取締り側にとっては、反抗・抵抗の基盤を切り崩していくためにも警察的民衆の養成が要請されたのであり、地域組織を〝活用〟することによって、民衆の警察化をはかろうとしたのである。

(4) 地域支配の構造と政治権力

『研究』は、京都警察の運動に対する構えについて、つぎのように指摘している。

当初、官憲の水平社に対する態度は中立的であった。しかし水平社が拡がるのには警戒の方針を取った。(中略)なおこの時期(注——一九二二年七月頃)では京都府警察部は水平社を取締る対象とは断定してはいなかった。そのため叙述は慎重である。(二五三ページ)

この記述は、二五四ページの記述と矛盾を来たしているように思われるが、それはともかくとして、これは、奈良に関するつぎのような記述とも共通する評価法である。

事件に最初にかかわったのは県警察部田原本分署であった。(中略)(注——分署長の)態度は水平社を取締るというものではなかった。(三三二ページ)

しかし、他方で『研究』は奈良について、「警察権力は既成の秩序の擁護者であった」(三三四ページ)、あるいは「警察や裁判所の態度は、あくまでも既存の支配構造を擁護しようとしたもの」(三三七ページ)であったと指摘している。

社会内部の紛争・対立に対する警察の機能には、対立関係に対して介入し、その仲裁と調停をはかろうとするものがある。その際、公的権力には〝正当性〟が担保されていなければならない。ある意味での中立性が要求されるのである。しかし、その場合でも、本質的には、あくまで階級性が貫かれていく。また、もちろんのことながら、紛争行動を対象として、直接に抑圧・規制・取締りをはかる機能がある。ただし、その場合も、公的暴力の〝安全性〟は、中立性と階級性によって担保される。

四　水平運動と警察行政の関係

（1）直接的対応

警察は運動とどう向き合ったのか、水平運動と警察行政の関係を具体的に見てみることにしよう。奈良県警察部がとった方針はつぎのようなものであった。一九二三（大正一二）年四月八日、奈良県警察部長は各警察署長に対して通牒「水平社員ノ糾弾行為取締ニ関スル件」を発し、「近来ニ至リ彼等ノ行動ハ動《やや》モスレハ団体的威力ヲ籍リ（ママ）」ているとして、「刑法上ノ犯罪」としてこれを取り締まるように指示した。(10)「行動」のあり方に即して「犯罪」と認定し、これを取締りの標準にしようとしたのである。

また、四月一四日には、内務部長・警察部長の連名で、各郡市長・学校長・警察署長に対し、糾弾行為が「場合によりては刑法上各種の犯罪を構成する事ある」として、取締りを指示した。(11) このように、水平運動当初の奈良県における取締り方針は、「糾弾」という「行為」（思想ではなく）に照準をあてたものであった。

ついで五月、内務省は全国の知事クラスを集めて地方長官会議を開催したが、そのなかには、「水平運動ニ関スル件」があった。もちろん〔厳秘〕扱いである。そこでは、まず、「差別撤廃ノ主張其ノモノハ敢テ誹議スヘキニアラサルモ」としたうえで、①「往々ニシテ奇矯過激ノ言辞ヲ弄シ」、②「又ハ多数ノ力ヲ頼ミテ狂暴ナル行動ニ出ツルモノアリ」と、言動と行動の両面からの状況認識を示している。そして、①「言動秩序ヲ紊リ公安ヲ害スルモノアル場合」には「厳正ナル取締」を加え、②「各種要視察人等ノ之ニ接近セムトスル者並ニ水平運動内ニ存スル危険ナル傾向」に対しては「注意警戒」を払うようにとの対策を提起している。(12)

これに対し、京都府警察部の水平社対策について、『研究』は京都府警察部長中野邦一名の文書「水平社ニ対スル今後ノ対策ニ就テ」（以下、〈文書〉）の修正・削除の経緯に即して検討を加えている（二八五〜九ページ）。『研究』はこの文書を一九二三年中頃のものとしつつ、奈良県の水国争闘事件（一九二三年三月一七日）を契機に作成され、六月頃に修正されたものではないかと推測している。

しかし、この文書が何のために作成されたのか、また、削除・修正の意味は何なのかについては、とりたてて言及がない。当初書かれたものには二ヵ所あった「任意解散」・「強制的禁止」という語句が削除され、やはり二ヵ所あった「切崩」関係の言及は、削除ないし「懐柔」に修正されている。一体、その間に何があったのか。

『研究』などに即して事実経過をまとめると、つぎのようになる。二月二三日、京都では国民研究会が発会。三月一七日、奈良で水国争闘事件が発生。四月一一日、奈良県知事・警察部長、水平社幹部と会見して解散を促し、融和団体「大和平等会」への統合を狙うも、もの別れ。四月二八日、京都の国民研究会・三条一心会の幹部、知事に呼ばれて懇談（警察部長等同席）し、六月初めには、国民研究会に授産部が設置される。

この後、六月一二日には、京都府知事が各県知事にあてて「反水平社団体国民研究会ノ社会事業企画ニ関スル件」を通知し、二三日には、国民研究会を中心に全国的な融和団体の統合をはかるための会合が開催され、三〇日には、京都府警察署長会議が開催されている。

国民研究会を中心とする統合策に着手していた京都府警察部は、奈良県の水国争闘事件を契機にこれを本格化させ、その過程で〈文書〉を作成した。では、なぜ、六月になって各県知事にあて「国民研究会」に関する通知を発したのか。

ちょうど六月五日から一一日まで、東京で全国の警察部長を集めて警察部長会議が開催されていたが、あるいはこれとかかわるのかもしれない。『東京朝日新聞』（一九二三年六月八日付夕刊〈六月七日発行〉）では、七日の警察部長会議は秘密会とし、保安取締りに関して協議したが、「得能保安課長より高等警察取締の一般状況の報告あり、之に対し中野京都、内海島根より一、二質問あり、ついで高等警察民衆運動取締に関する件を附議し」たと報じられている。会議の模様はこれ以上わからないが、各県知事宛の京都府知事の通知は、ちょうどこの会議終了の翌日に発せられているから、会議と無関係とは考えにくい。あるいは中野警察部長名の〈文書〉は、この警察部長会議に向けてまとめ上げられる過程において、「国民研究会」活用構想が浮上するなかで、削除・修正が加えられていったのではなかろうか。

(2) 間接的対応

つぎに、警察による水平運動への間接的な対応策を、部落改善とのかかわりに即して見ることにしよう。内務省社会局「部落改善の概況」(一九二二年六月[13])には、つぎのような事例が紹介されている(以下、収録書の該当ページを付記)。

まず、「部落改善に関し特に設置したる職員」として、大阪府は、部落改善に関して、警察部特別高等課の所管事項とし、市内および接続町村の部落七箇所に各一人の警部補または巡査部長を置き、部落内の「公安維持及悪風改善」に当らせ、一人一ヵ月に手当一〇円を給付してきている。そして、こうした警察官の駐在にあたっては、「部落民同化」の必要上、家族があるものは家族とともに居住させることとし、万事の指揮は所属の署長が行って、「警護と同化」とを兼ねて行いつつあるという(三〇ページ)。

また、和歌山県では、東牟婁郡新宮町永山部落の駐在巡査久保広太郎が、同部落の改善に従事して着々その実を挙げた。そこで、「大正九年」(一九二〇年)よりこの久保巡査を巡査部長とし、県下の改善事務に当らせているという。郡町村にはまだ特置のものはないが、社会主事、またはこうしたことに「趣味を有する」郡書記にこれに当らせ、警察署・町村役場は巡査または書記に対して、とくにこれらの事務に従事させるように通牒を発し、督励しつつある

（三一〜三二ページ）。

「部落改善に関する将来の方策及其の計画の概要」としては、京都府について、「部民の指導者」として篤志の小学校教員や巡査等を住込ませ、「同化事業の実行」に腐心中であると記している。また、部落所在地の警察署では、部落改善に志ある巡査を選抜してこれを専任とし（部落改善専任巡査）、常によく部内の状況を査察させ、たえず適当に指導させることを計画している（六二ページ）。

「部落改善を目的とする団体の概況」としては、やはり京都府について、「大正六年の秋」以来、松原警察署長北川警視の援助指導の下に、改善同盟一心会を組織したことが報告されている（八四ページ）。また、和歌山県では、岡町村自彊社について、受持の石橋巡査の考案によって大黒貯金をおこしており、トラホームの公設治療所が巡査駐在所に併設されているという（一三一ページ）。柴崎戸主会については、各種の督励と直接指導のため、南部詰の藤木巡査が同部落内に居住して尽瘁する所が少なくないと報告されている（一三三ページ）。

一方、一九二三年四月一〇日付で榛原警察分署長が警察部長に提出した報告「部落改善ニ関スル件報告」では、つぎのような報告がなされている[14]。

すなわち、内牧村大字桧牧字千本（一二戸、五一人）は、「従来窃盗又ハ賭博等ノ犯罪ヲ行ヒ或ハ生業怠慢ノ不良民多ク」といった状況だったが、受持巡査を督励して改善に腐心させた。受持巡査には、「勤倹ニ意ヲ注キ水平社ノ如キ過激ナル言動ヲ慎ミ決シテ軽挙妄動セサル等」、必要な事項を懇諭させ、さらに戸口調査や巡回の頻度を増やさせて、細かく行動を視察させた。その結果、次第に「警察ノ意ノアルトコロ」を了解し、警察を「信頼」するようになり、青年三名が消防組員への採用の交渉を巡査に申込んだ。

また、同部落の「首脳者」は、「保護者タル警察ニ便リテ安堵シ実業ニ勤ムコト」、「各自又ハ相互ニ相戒メ衛生ヲ守リ組合ノ用アルコト」、「火災消防ハ国家事業ト心得文明ニ伴フ施設ヲ行フハ刻下ノ急務ナルコト」などを講話している。また、誓約している実行要目には、「各地ヨリ如何ナルコトヲ勧誘ニ来ルトモ警察ト相談ノ上ニアラサレバ之ニ賛成又ハ加入セサルコト」、「其ノ（注——連帯貯金の）通帳ヲ警察ニ預ケテ保管ヲ受ケ」、「衛生組合ノ組織ヲ一決シタルヲ以テ其ノ組織方法ヲ警察官吏ニ一任スルコト」など、警察との密接なかかわりを示す項目も含まれている。

おわりに

社会運動を地域との関連でとらえる際に留意すべき点を指摘して、本章を結ぶことにしたい。

第一は、社会運動と地域構造との関係についてである。社会運動に対して、地域はどのような規定性をもつのか。鈴木書が対象とする水平運動のような社会運動と、労働運動・農民運動などの社会運動を比較・対照した場合、地域構造の規定性は、社会運動一般ではなく、それぞれの社会運動に即して検討されなければならないと考えられる。〈運動の場〉と〈生活の場〉との構造的な連動関係のありようという観点から社会運動を見た場合、とりあえず運動は、〈運動・生活複合型〉の運動と〈運動単独型〉の運動に区分できる。たとえば、地主・小作関係を基本とする農民運動の場合、水平運動と同様に、〈生活の場〉と〈運動の場〉が重層化・複合化した運動としてとらえられ、したがって地域構造の規定性は直接的であり、地域の規定度は高くなるといえよう。それに対して、資本・労働関係を中心とする労働運動の場合、もちろん工場の立地地域と労働者の居住地域とが重なったり、運動が労働者以外の地域住民とかかわる場合もあろうが、運動に対する地域構造の規定性は間接的であり、地域の規定度は低いといえよう。その意味で、地域性とのかかわりで社会運動を見た場合、とりあえず〈生活の場〉と〈運動の場〉の関係から、「地域」が規定的な運動と「地域」が副次的な運動とに区分してみることができよう。

第二は、地域区分の相対性と地域間比較の観点についてである。地域といっても、その区分の仕方、地域の範囲の区切り方には、さまざまなレベルがありうる。どこまでを同一な地域として区切っていくのか。その区切り方は、行政区画によるのか、それとも何らかの共通性・関連性を基準として区切ってゆくのか。たとえば、行政的観点からすれば、その地域とは、府県レベルなのか、郡市レベルなのか、はたまた町村レベル、字レベルなのか。あるいは、これを本章のポイントである警察という観点から見れば、その地域区分は、警察本部（府県）レベルなのか、警察署（郡市）レベルなのか、駐在所（町村）レベルなのか。地域という〈場〉を設定する際には、このような〈タテ系列〉の地域区分のレベルに対して自覚的であることが必要であろう。

行政的な地域区分は、行政（警察も含めて）の側からの施策と、それに対する対応という点では、域内での共通度は高くなる。しかし、民衆（住民）の側から見た場合、生活や交流の場が、行政区画と一致しているとは限らないし、区分された行政区画のなかには、当然のことながら、都市的地域と農村的地域など、性格の異なる地域が含まれる場合もある。したがって、地域という概念は便利であるが、融通無碍な要素をもち、ある意味で危険でもある。

ともかくも、こうして一応、地域を区切ったうえで、地域間を比較してみるという〈ヨコ系列〉の観点を導入することによって、地域間の共通性と差異性が浮かび上がってくる。鈴木書の場合は、それが〈京都〉と〈奈良〉の比較として論じられている。水平運動に対する警察の方針・対応であるから、当然、京都府と奈良県という、府県レベルの地域区分がそこではなされていることになる。しかし、ひるがえって考えてみると、京都府のなかでも、奈良県のなかでも、警察署レベル、駐在所・派出所レベルでは、それぞれに偏差があったはずであり、より細分化した地域設定と地域間比較も可能であり、また、必要ともなろう。

第三に、こうした地域設定という観点から社会運動と警察行政の関係を考えた場合、単に地域性だけではとらえきれない問題があることに気づく。当該の社会運動が、当該地域の地域性に即した固有性の高い運動の場合は、運動に対する地域の規定性は高くなるが、全国組織をもつ運動、つまり全国運動型の運動の場合、運動のありようを単純に地域レベルで云々することはできない。たとえば、水平社の場合、全国水平社の方針や路線によって、地域の運動のあり方は大きく左右されていたであろう。しかし、中央の方針や路線がそのまま貫徹されていくわけではない。受け皿となる地域のあり方、個別具体的な運動のあり方によって、変容したり、独自のあり方を示すことにもなろう。

これは、行政（ここでは警察行政）についても同様である。上からの指令・方針の一般性とともに、各レベルでの個別性が検証されなければならない。したがって、運動の側から言えば、全国連動型の運動における〈地域基盤〉と〈中央指令〉の関係、警察の側から言えば、中央集権的警察組織における〈中央指令〉と〈地域実態〉の関係を仔細に検討していくべきことが提起されよう。

なお、社会運動と警察行政のかかわりについては、『研究』に即して運動への社会的拘束要因と監視・取締りの〝効果〟の関係、運動分裂のメカニズムと弾圧・懐柔の〝効果〟の関係（運動内部の上層・下層と穏健・急進の関係）などについて言及した。このほかにも、運動・取締り双方の質・量のあり方とそれらの相互規定関係、紛争と警察の関係（警察が介入し調停することの意味）、改善・融和路線と社会政策・協調主義の関連（警察が〝改善〟を担うことの意味）など、議論してみたい点は多々ある。

（1）大日方純夫『天皇制警察と民衆』日本評論社、一九八七年、「まえがき」。
（2）鈴木良『水平社創立の研究』部落問題研究所、二〇〇五年。
（3）荻野富士夫『特高警察体制史』せきた書房、増補新装版、一九八八年。
（4）荻野富士夫編『特高警察関係資料集成』第Ⅰ期全三〇巻、不二出版、一九九一～九五年。同第Ⅱ期全八巻、同、二〇〇四年。
（5）廣畑研二編『一九二〇年代社会運動関係警察資料』マイクロフィルム版、不二出版、二〇〇三年。
（6）廣畑研二編『戦前期警察関係資料集』全四巻、不二出版、二〇〇六年。
（7）鈴木良『近代日本部落問題研究序説』兵庫部落問題研究所、一九八五年。
（8）以下、大日方純夫『日本近代国家の成立と警察』校倉書房、一九九二年。同『近代日本の警察と地域社会』筑摩書房、二〇〇〇年を参照。
（9）前掲『近代日本の警察と地域社会』、「まえがき」。
（10）「（仮称）水平社歴史館」建設推進委員会編『創立期水平社運動資料』1、不二出版、一九九四年、三六五〜三六八ページ。
（11）渡部徹・秋定嘉和編『部落問題・水平運動資料集成』1、三一書房、一九七三年、二二三〜二二四ページ。
（12）前掲『創立期水平社運動資料』1、一七七ページ。
（13）渡部徹・秋定嘉和編『部落問題・水平運動資料集成』補巻1、三一書房、一九七八年。
（14）前掲『創立期水平社運動資料』1、三五三〜三五七ページ。

第四章

「特高」とは何か
――井形正寿『「特高」経験者として伝えたいこと』を読む

はじめに

『「特高」経験者として伝えたいこと』[1]の著者井形正寿氏は、一九四三（昭和一八）年五月、大阪府の警察官となり、以来、一九四五年一〇月に罷免となるまで、二年五ヵ月間を警察官として過ごした。生まれは一九二一（大正一〇）年であるから、警察官だったのは九〇年の人生にとっては、ほんのわずかな期間に過ぎない。しかし、このわずかな期間こそ、アジア・太平洋戦争が敗戦へと向かい、ついには降伏・占領に至る時期にあたっている。井形氏はこの時期を警察官として過ごし、しかも、都合四ヵ月間は特高警察官として敗戦時の時局に直面した。そして、「特高」であったがゆえに罷免されて、警察界を去ることになった。井形氏は、この時の「特高」経験を伝えておかねばとの思いにかられて、この本を世に出した。その経験は、この本のなかにつぶさに記されている。ごくわずかな期間の限られた経験であるとはいえ、それは、当事者によるかけがえのない貴重な証言である。しかも、証言は、通例の「特高」経験者とは異なって、「特高」のあり方を批判する立場からなされている。

同時に、井形氏のこの本が重要なのは、自身が持ち出した特高蒐集資料によって、戦時下の庶民の抵抗の相を浮き彫りにしてくれることである。日本国家は、敗戦と同時に組織的な証拠隠滅工作を行った。特高文書をはじめとする書類を一斉に焼却したのである。この本で紹介されているのは、井形氏がこっそり持ち出したために焼却をまぬかれ、戦後六十数年間、井形氏が大切に保管してきた反戦投書の実物（写真）資料である。それを支えたのは反戦投書に対する井形氏の強い思いであり、投書の主を訪ねての感動的なエピソードは、この本の読みどころとなっている。また、投書内容を通じて、戦争に対する民衆意識の一端をうかがうことができる。

さらに、取り上げられている軍隊での訓練体験、交番勤務中の大阪大空襲体験、「疎開道路」（空襲による延焼を防ぐため、住民を強制的に立ち退かせて作った空地）に関するエピソードなどは、どれも貴重な証言であり、なるほどそんなことがあったのかと、時代の断面を如実に伝えてくれる。

大阪生まれの井形氏は、一五歳で日本通運大阪海運支店に就職したものの、一九四三年、応募して警察官となった。二二歳の時のことである。日通という会社に「嫌気がさした」からだったというが、同時に、当時、警察手帳を見せれば映画をただで見ることができると聞いたこともあったらしい（映画好きだったから）[2]。当時、映画館や劇場には風紀取締りにあたるための警察官の「臨監席」があったから、そうした警察官の〝特権〟に魅かれたのであろう。

採用試験に合格し、同年五月一日付で採用された井形氏は、警察学校で一般教養と法律の知識の教育や実技訓練などの教育を経て、八月三一日から一九四五年三月末まで、大阪府下の福島署管内の交番巡査として勤務した。つづいて四月二七日からの一ヵ月弱は、福島署の特高係として「使い走り」的な勤務にあたり、その後、大阪府警察局の警務課文書係で勤務し、七月一日からは八尾署の特高係となった。そして、特高として敗戦を迎えて、一〇月四日、一斉罷免の〝憂き目〟にあったのである。

以下、井形氏の「特高」経験の背景を中心にしながら、「特高」の性格と実態を見てみよう[3]。

一　「特高」とは何か――その歴史

まず、井形氏が身を置くこととなった「特高」とは何なのか、その歴史を簡単に紹介しておこう。

特高とは、特別高等警察の略称で、戦前日本の政治警察・思想警察のことであり、こうした名の組織がはじめて警察のなかに登場したのは、一九一一（明治四四）年である。

しかし、近代日本の警察は、明治初めの誕生時から、政治警察を警察の重要な役目としていた。「国事警察」と呼ばれる部門がそれで、自由民権運動などに対抗することが活動の中心であった。その後、一八八〇年代後半には「高等警察」と呼ばれるようになり、帝国議会の開設後は、藩閥官僚勢力の手先として、政党勢力に対抗する役目を担っていた。日清戦争後に労働運動や社会主義運動がおこると、これに対抗する役目も担うようになり、社会運動の高まりに応じてこの側面が強まっていった。そして、日露戦争後、一九一〇年の大逆事件をきっかけに、「高等警察」から社会運動（とくに社会主義）に対抗する役目が分離・独立して成立したのが「特別高等警察」、つまり「特高」である。

一九一一年四月、内務省・警視庁などに特高警察の専従者が配置され、八月には警視庁に特別高等課が設置された。この時、警視庁の政治警察部門は、これまでの高等課（高等係・外事係）と、新設の特別高等課（特別高等係・検閲係）の二つに分けられた。翌年一〇月には、大阪府にも特別高等課が設置された。井形氏が勤務することになる大阪府の特高のルーツである。当時の大阪府特高課の職員は、課長以下一一名であった(4)。

その後、一九一七（大正六）年からは特高警察・外事警察の拡充がはかられ、警視庁・大阪府・兵庫県・長崎県などに外事課が設置されていった。ロシア革命の国際的な影響や、第一次世界大戦の際の国際的なスパイ活動とかかわるものである。こうして政治警察は、高等警察、外事警察、特別高等警察の三つの要素から編成されることになった。また、特高警察の内部は、労働運動の高まりと、朝鮮での民族解放運動の展開に対応して、特別高等・労働・内鮮高等・検閲の四部門から構成されるようになっていった。

一九二〇年代初め、警察と社会主義運動との対抗関係は厳しいものとなり、一九二二年の日本共産党の結成後は、両者の緊張関係がいよいよ深まった。一九二五年四月、治安維持法の成立によって、特高警察は強力な取締りの〝武器〟を手にすることになり、兵庫県・北海道・神奈川県・愛知県にも、相次いで特高課が設置されていった。

以後、一九二六年一月の京都学連事件を手初めに、一九二八（昭和三）年の三・一五事件に至る弾圧を経て、同年六月には治安維持法が大改悪され、最高刑に死刑が導入された。七月には特高警察が大拡充され、全国すべての県の警察部に特高課が設置され、特高警察官の大増員がはかられた。大阪府の特高課も七二名に増員された[5]。このように新しい政治警察部門である特高警察は、一九一〇年代半ばから二〇年代半ばにかけて、社会運動の展開に即応して機構と機能を増殖させていった。そして、一九二九年の四・一六事件とそれにつづく検挙を通じて、共産主義運動に徹底的な弾圧を加え、一九三五年三月の日本共産党中央委員会の解体を転機として、共産主義運動を壊滅させた。取調べにあたって特高が拷問などの残忍な〝手法〟を駆使し、自白や転向を強制して、時として死に至らしめたことはよく知られている。井形氏もこの本のなかで、そうした特高のあり方にたびたび言及している。

他方、国家主義運動が台頭してくると、その取締りも特高警察の新しい課題となってきた。一九三二年、特高警察は大拡充され、警視庁では特高警察部門を官房主事の所管から独立させて特別高等警察部とした。その中心となる特別高等課には、左翼運動を対象とする第一係とともに、右翼運動を取締りの対象とする第二係がおかれた。ただし、特高警察は思想的には国家主義運動とまったく同一の基盤のうえにたっていた。したがって、国家主義運動に対する取締りは、法令違反の行為・行動だけにとどめ、むしろ指導の任にあたろうとした。なお、この時、特別高等警察部は特別高等課のほかに、労働・内鮮・検閲・外事・調停の各課から編成されるようになり、外事と調停も特高警察の役目となった。

大阪では一九三二年、陸軍特別大演習のため昭和天皇が来阪したのを機に、特高課の大拡充がはかられ、課員は一〇五名となった。大阪府警察部の特高課には思想係、労働係、内鮮係、検閲係、庶務係が置かれ、各署にも特高係が置かれていた(6)。

一九三六年一〇月には、大阪府警察部に朝鮮人の渡日管理を担当する朝鮮総督府警務局保安課出張所が設置され、特高課の内鮮係と連携して在阪朝鮮人の調査と情報収集にあたった(7)。

一九四三年一二月、大阪府内務局警察部は内務局から独立して警察局に昇格した。治安部がそのもとに置かれ、特別高等警察課、外事課、刑事課、経済警察課がこれに所属した。一九四五年前半の時期、この特高課と各警察署の特高係を合わせて、大阪では九百名以上が特高業務にあたっていたのではないかと考えられている(8)。一九四一年末、五九五人であった各署の特高係は、その後、増員され、敗戦時には七三三人だったという。こうした各署の特高係のなかの一人が井形氏だったのである。

一九四五年初頭、労務統制の整備、内鮮警察の充実、特高関係の強化を柱として特高警察の大拡充がはかられた。大阪府でも同年二月、特別高等警察課が特別高等第一課と第二課に分けられ、第二課は朝鮮・台湾出身者関係の事務と「処遇改善」・「保護指導」にあたった。それは、日本最大の朝鮮人集住地である大阪の特徴に対応するものであった(9)。井形氏がこの内鮮警察と如何にかかわったのかは、後述する。

一九四三年一月、警保局は、流言蜚語は戦時下の治安に及ぼす影響が極めて大きいとして、その未然防止と早期発見につとめ、厳重に取り締まるように指示した(10)。一九四五年八月、警保局保安課第一係がまとめた「最近に於ける不敬、反戦反軍、其他不穏言動の状況」(「極秘」謄写版刷(11))によると、反戦反軍的な言動は一九四四年以後、急増している。この資料は、生活の逼迫を訴えて戦争停止を願うものなどに加えて、戦禍の悲惨さを訴えて降伏を願ったり、軍部・官僚は自分たちは安全な特等席にいながら、無意味な抗戦の犠牲を国民に強いているといったものが多くなってきたとしている。

では、警察はどのようにして流言蜚語をキャッチしたのであろうか。京都府警察部が一九四五年頃に発行した一般警察官のための特高活動のマニュアル、『特高警察実務必携』は、職務中たると否とを問はず、〝不穏〟な民心をかぎだすため、つねに耳をそばだて、ひそかなささやきをも逃すなと指示している[12]。また、警保局保安課第一係がまとめた「最近に於ける不戦、反戦、反軍其の他不穏言動の概要」は、工場事業場、駅などの共同便所、街頭の塀壁、電柱などの落書、取締官憲・新聞通信社、出征遺家族などにあてた投書、各種会合の席上における言辞などに目を光らせ、民心を探ることを要請している[13]。

井形氏がその内部で身をもって体験することになったのは、このようにして権限と組織を最大限に膨張させていった戦時体制下の、最後の時期の特高であった。そして、前述のような反戦投書もまた、こうした活動によって特高のもとに集約されていったのである。

二　誰が「特高」となったか——人と精神

井形氏は一般企業に勤めた後、希望して警察に入り、交番勤務を経て特高に〝抜擢〟されたと書いている。文学青年として培ってきた素養による〝文才〟（文書作成能力）が〝買われた〟のであろう。では、一般に特高となったのは、どのような人々だったのか。

特高警察官の宮下弘はその回想記のなかで、「日本の特高というのは、通常の警察業務とは異なる特別の研修や訓練を経た要員で構成した政治警察とか秘密警察というのではないのです」と語っている。[14]また、大橋秀雄も「特高係は警察の一部門で、所属長に任免され、刑事係や交通係と同じで、特別な地位や権限をもってはいなかった。上官や検事の指揮・命令を受けて法律にもとづいて執務する」のだと記している。[15]特高関係者は、戦後、口をそろえてこのように語っている。そこに特高の責任を免れようとする意識があったことは疑えないが、しかし他面、井形氏の例が物語っているように、彼らが主張する通りの実態があったことも確かであろう。そして、そこにこそむしろ近代日本の警察組織の独自性があったとも考えられる。

近代日本の警察は世界でもまれな極度の集権性と予防中心主義的な性格をもって、一八八〇年代後半に確立された。その集権と予防の中心になったのは政治警察である。したがって、日本の場合、特高警察はそれまでの警察組織や警察機能から分かれ、発展することによって誕生・成長していった。一九一一（明治四四）年に誕生した特高警察には、警察組織に人員を供給する仕組みを通じて人員の補充がはかられていった。

特高に人員が供給される仕組みを見てみよう。特高の内部構造については、その二重性がしばしば指摘されている。エリート官僚としての上層部と、叩き上げの警察官による下層部の二重構造である。この点について、警保局保安課長などをつとめた清水重夫は、「（特高課長は）ほとんど全部有資格者です」、「特高課長というのは、若手のうちの優秀なものが選ばれたのですよ」と語っている。[16]警察組織が学歴社会・階級社会であったことについては、井形氏も指摘している。[17]実際、「庁府県特高外事課長一覧表」[18]によれば、一九三八年三月時点の全国の特高・外事課長は五八人であるが、四〇歳未満が八九・七パーセントを占めている。また、卒業大学は三六人が東京帝国大学であり（六二・一パーセント）、大学卒業の記載がない者は九人に過ぎない（一五・五パーセント）。さらに高等文官試験合格者は五二人となっている（八九・七パーセント）。

これに対して宮下弘は、「特高課員の大部分は中学さえ卒業していなかったと思います」と、一般の特高課員の学歴について回想している。[19]宮下も、一九〇〇年に生まれて、高等小学校を卒業し、職工などとして勤務した後、人員整理で解雇され、「ただで法律を習うにはどうしたらよいかと考えていたら、たまたま巡査募集の広告が新聞に出た」ことがきっかけで、一九二〇年に警視庁に入ったと述べている。そして、派出所勤務を経て、一九二九年、警部補として本庁特高課に抜擢されることとなったのである。ある意味で、井形氏と共通しているとも言える。最初、福島署の交番巡査として勤務していた井形氏が、なぜ同署の特高係となったのか、その経緯を見てみよう。[20]

井形氏は一九四三年八月から一九四五年三月末まで、福島署の外勤巡査として交番に勤務した。外勤巡査は、朝、本署で「訓示」を聞いた後、各担当の交番に向い、二四時間勤務に入る。「訓示」とは、署内で情報を共有するため、次席警部などが管内全体にかかわる事件や、指名手配の案件を読み上げるもので、外勤巡査はそれを警察手帳に書き留めていた（第七章参照）。情報のなかには、特高警察にかかわるものも多く、特別要視察人（特高が監視・取締り対象とした人物）や、朝鮮半島から渡航してきた人物などの動静を含んでいた。

交番での日々の仕事は、朝、まず紙を集めることだったという。紙不足で報告書を作成するための紙がないので、近所の事務所や工場に行って、使用済みで裏が白い紙をもらうのである。外勤巡査には、通常の勤務日誌とは別に、担当区域内のさまざまな情報を警察署に報告する「申報」の提出が義務づけられていた。どこのだれが不穏な動きを見せている、「反戦的な言辞をどこでだれが耳にした」、どこどこに不審な物資がある、といったことを報告するのである。

「申報」は、街のなかで見聞した情報が元になるが、井形氏の場合、担当地域を一軒一軒戸口調査（家を一軒ずつ訪問して行う調査）をし、そこで聞き取った事情などをもとに申報することが多かったという。井形氏は戸口調査を「一生懸命」やり、申報を毎日のように提出した。もともと文学青年だったため、文章を書くのも速く、記載する情報の量も多かったらしい。戸口調査に行くと、働き盛りを兵隊にとられた生活苦の家族がいたり、いろいろな愚痴も聞く。生活物資に関する配給制への不満なども少なくなかった。そうした声を、聞き出して申報した。反戦的、厭戦的な動向、言辞に対して、特高警察は厳しい取締りを行っていた。

こうしたなかで、井形氏は申報の多さ（毎月、署内でトップの成績だったという）で注目されるようになり、一九四五年四月二七日、外勤巡査から福島署の内勤に「引き上げられた」。そして、その新たな職務が特高係だったのである。

つぎに他の地方についても、警察の末端にいた特高警察官の場合を見てみよう。岩手県の角田一郎は高等小学校を卒業して、一九三六年に岩手県の巡査となり、三九年一二月、巡査部長試験に合格、特別高等課勤務を命じられている[21]。栃木県の小地主の次男青木彦四郎は、旧制中学卒業後、裁判所の雇員を経て、一九三七年、同県の巡査となり、ほどなく警察署の特高主務となった後、一九四〇年からは本部特高課で勤務している[22]。富山県の農家出身の岩本善信は、高等小学校を卒業後、一九三五年に巡査となり、二年間の派出所勤務を経て、特高内勤にかわっている[23]。岐阜県の恩田勝利は、旧制中学卒業後、家業の紙卸商をついでいたが、一九三五年、巡査となり、派出所での外勤六ヵ月を経て、警察署の特高係に〝抜てき〟されている[24]。

萱場軍蔵は、「私のおるときには、内務省の若い役人で特高になりたがるものが多かった。優秀だという人は非常になりたがったものです」と語っている[25]。また、彼は府県の特高課長が使っている巡査は普通の巡査だったのかとの問いに、「そうです。特高講習というのを絶えず受けておりまして、そういううちの優秀な人は警保局の内務属になって来るのですよ。ほんとうの選ばれたエリートです」と答えている[26]。

大橋秀雄も、「一般警察官の多くは、特高係に抜擢されることを希望し、特高はあこがれの的であった」と書いている[27]。これらを裏づけるように、特高の部署についた警察官たちは、「待望の内勤で、当時は羨望の視察係である」[28]とか、「当時、特高係になることは、人のせん望するところでもあった[29]」などと、後年、回想している。いわば「特高」は、〝憧れ〟の的だったと言える。

彼らはいずれも、「特高」を一つのポストとして勤務しながら、昇任試験を経て巡査部長、警部補など、警察の階級社会の階段をのぼっていったのである。[30]

では、特高警察官はどのような組織のなかに組み込まれていたのであろうか。井形氏は福島署の特高係の構成・人員配置を思い起こしている。[31] 一九四三年八月、配属された当時の福島署には、特高係が一〇人ほどいたという。また、責任者（主任）は警部補であり、そのもとで係員は共産主義者・無政府主義者・国家主義者（右翼）などを担当する「思想」と、朝鮮半島出身者で内地にいる人々を対象とする「内鮮」に分かれていたという。その後、井形氏は一九四五年七月一日から、八尾署の特高係として勤務したが、八尾署の特高係は五人で、主任のもと、井形氏は、「内鮮」、「思想」、「同和」を担当したという。[32]「同和」は福島署にはなく、部落問題への対応がその任務であった（八尾署での勤務の実際については後述）。

大阪以外ではあるが、特高の配置例を見てみよう。永野若松は一九二八年から課長をつとめた香川県の特高課の陣容について、警部三人、警部補三人、巡査部長一五、六人という数字をあげている。[33] また、各警察署にも一人ぐらいいたと語っている。さらに彼は、一九三二年一月警視庁の特高課長となるが、当時の警視庁の特高課の陣容について、「二百数十人も課員が居たでしょうね」と語っている。一九三二年から青森県の特高課長をつとめた北村隆によれば、同県の特高課のスタッフは、係長の警部一人と、警部補二人、巡査部長四人、巡査が二、三人で、ほかに外事関係で警部・巡査部長・巡査それぞれ一人の計三人がいたという。[34] また、各警察署にはそれぞれ特高係がいて（青森警察署の場合、警部補一人、巡査部長二人、巡査二人程度）、特高警察事務については県の特高課長が直接指揮していたということである。

一九四〇年一一月、長野県特高課が作成した「特高関係警察官名簿[35]」によれば、警察本部の特高課には、課員として庶務六人、思想第一、二人、思想第二、三人、労働農民二人、内鮮宗教二人、検閲二人、外事三人、時局対策三人、計二三人が配置されている。警察署配置の特高関係警察官としては、松本署の計九人が最も多く、長野八人、上田・上諏訪・飯田各七人から、最低二人まで、県下二九警察署に合計一一二人が配置されている（兼任も含む）。

一九三五年五月の「特別高等警察執務心得」（後述）第一〇条は、「特高警察ハ其ノ性質上全国一体ト成リ統制アル活動ヲ為スヲ必要トスルヲ以テ、常ニ本省トノ連絡ニ留意スルハ勿論、各庁府県（北海道庁、警視庁、各府県ヲ指ス）相互間ニ於テ緊密ナル連絡共助ヲ為スニ努ムベシ」と規定している。[36] 一九二八年の大拡充以後、内務省（具体的には警保局保安課）を頂点として、各府県（東京は警視庁）特高課から、底辺の警察署の特高係に至るまでの、ピラミッド型の特高警察組織が、全国の社会運動のうえにのしかかっていたのである。

井形氏は、警察官となって最初の四ヵ月間、警察学校で教育を受けた際、校長が「われわれは天皇陛下の警察官」だと、しきりに言っていたと書いている。[37] この「陛下の警察官」意識は、どのような経緯で登場してきたのであろうか。

一九二〇年代に警察講習所長をつとめていた松井茂は、「陛下の警察官」観念をもっとも早く、意識的に提唱した人物である。たとえば一九二九年一一月、警察協会主催の警察講習会で、「我国の警察官は天皇陛下の警察官であると同時に、七千万国民の為めの警察官である」と強調している。[38] この「陛下の警察官」意識は、一九二〇年代、「大正デモクラシー」期の天皇制をめぐる危機意識の中で警察界に登場し、国体論の強調と符節をあわせて三〇年代に定着がはかられていった（序章参照）。

こうした「陛下の警察官」意識の強調とかかわって、特高警察官のエリート感情がかきたてられたと考えられる。一九二九年、浦川秀吉は特高警察官に対して、「建国の本義に目覚める事が第一」だと述べ、「悪むべき国体への叛逆者を殲滅するのだと云ふ一大覚悟の下に起つべき」だと強調している。[39] また、横溝光暉も「警察官吏の中で特高の任に在る者ほど思想的に進んでゐる者はあるまい」と書いている。[40] 特高警察官は共産主義との対決を通じて、「国体」の擁護者としての自己意識を肥大化させたのである。宮下弘は警視庁特高課の印象を「明るかったですね。とにかく天下国家の仕事をしているんですから」と語っている。[41]

一九三五年五月制定の「特別高等警察執務心得」[42]は、特高警察はつねに「国体ノ本義」に関し「確固不抜ノ信念」をもってその任務にあたらなければならないと規定している。また、警保局作成の『特高警察草案』（一九三九年頃[43]）も、特高警察はさまざまな警察部門のなかで最も重要な事務の一つであり、「崇高絶対の国体の本義」を永遠に守り、あわせて国家社会全体の安寧秩序を保持することを任務とするのだから、これ以上、崇高重要な事務はないとしている。一九四二年頃に作成されたと考えられる大阪府警察部の『特高警察に於ける視察内偵戦術の研究　主として捜査初心者のために[44]』も、「序説」の冒頭で、特高警察の基本的任務は「国体秩序＝光輝ある我が国体を直接擁護するための防犯警察たることを本領とする」ことにあるとしている。特高警察は「国体擁護の尖兵たる任務を完遂」しなければならないというのである。

三　「特高」の手口とすそ野

つぎに、特高係の勤務実態について、井形氏の記すところを見てみよう。[45] 前述のように外勤巡査は、毎朝、本署で行われる訓示が勤務の出発点だったが、特高係の職場はそれとは異なって、随時、主任から個別に指示を受けてそれを遂行するものだったという。また、特高係の仕事の仕方には、交番から上がってくる申報を重視する者、積極的に外に出ていく者、強引に容疑者を引っ張ってきて取り調べる者など、それぞれ個性があったらしい。

管内には特高が「マークしている人々」、すなわち「特別要視察人」がおり、視察・内偵の対象となっていた。思想や行動を「不穏」「過激」と見なしていた人々や、労働争議・小作争議にかかわった人々がそれであり、朝鮮・台湾の人々も含まれていた。警察には、これらの人々について、それぞれの人間関係や動向などに関する調査資料が備えられており、交番から申報や戸口調査にもとづく情報があがってくれば、これに加えていた。各交番には戸口調査にもとづく台帳（短冊状の戸口調査簿）があり、そのカーボンコピーが本署にも届けられていた。本署の台帳は、たとえば朝鮮人で共産主義者なら、「鮮共」「鮮共甲」「鮮共乙」などといった記号をつけて分類されていた（「甲」はとくに注意を要する人物）。また、特高係は、このような「特別要視察人」だけでなく、代議士など政治家も「視察」対象としており、その言説などを把握していたという。警察署内では特高係の部屋は署長室の隣にあり、警察署長との関係が強く、署長が代議士に会いに行く場合や、重要な工場などに署長が出向く場合には、特高係が随行したらしい。

井形氏の担当分野の一つに前述した「内鮮」関係の業務があった。井形氏が〝「内鮮」の仕事〟にどのように従事していたのか、井形氏の記すところを見てみよう[46]。政府は植民地の人々を徴用などで強制的に日本に連れてきて働かせたが、それ以外はなるべく内地に入らせないようにしていた。そのため、若者が船員となって日本行きの船に乗り込み、日本に着いた後に脱船して内地に入る「脱船渡航」を厳しく取り締まっていた。警察署の朝の訓示でも、「脱船渡航」の取締りが指示され、交番でも戸口調査を厳重にすることが指示されていた。そこで、福島区内に校舎があった関西大学などに出向き、朝鮮出身の学生が正規に渡航してきた者かどうかを調べていたという。上司から、区内の大阪商業学校に行って、「朝鮮人の成績をなるべく落とす工作をして来い」と指示されたこともあったという。また、朝鮮半島出身の徴用工の人々を監視することも仕事の一つであった。福島区にあった角一ゴム会社の徴用工が住む寮に、徴用工たちが工場に出ている昼間、立ち入って、一斉に私物検査をしたりした（井形氏自身はこれには動員されなかったと書いているが）。『中央公論』『改造』など「左翼がかっている」雑誌を所持している者を見つけて

「引っ張っていく」ことが目的であった。

つぎに、一九四五（昭和二〇）年七月、八尾署に異動してからの井形氏の特高勤務の実際を見てみよう。(47) 井形氏は同署に赴任するなり、主任から「どいた事件」を担当してほしいと言われたという。当時、八尾には、未解放部落の地域があり、赴任の前月、八尾の警防団がこの地区を通過する際、空襲で騒然とする人々のなかで「どいた！　どいた！」と叫びながら急いだところ、これを「どえった」と聞いたその地域の人々が、差別だと怒って大乱闘になりかけた。この事件を解決して両者の宥和をはかれというのである。そこで、井形氏はこの地区の長老と目される人と、警防団のリーダー的な人にそれぞれ会い、説得を試みたが、長年にわたる差別問題が土台にある事件だったため、簡単にはおさまらなかったという。そのうち戦局が悪化して、「どいた事件」への対応どころではなくなったらしい。

「思想」を担当していた際には、逸見吉三という「特別要視察人」の無政府主義者に対して、なぜ徴用に応じないのか「脅してこい」と主任に指示されたという。しかし、二四歳だった井形氏は、五〇歳の逸見に逆に説教されるかたちでまくしたてられ、説得に失敗した。困って先輩の警察官にこぼしたところ、「そこは天ぷら報告やろ」と言われたという。「天ぷら報告」とは、視察内容に「衣」をつけ、いかにも首尾よく視察を行ったように見せることを指す隠語で、この助言により、井形氏は「本人は非常に反省し明日からでも徴用に行きますと言っている」と報告したらしい。視察の実際と報告とが必ずしも同一ではないことを物語るエピソードであり、特高資料のなかに、こうした「天ぷら報告」的要素が含まれている可能性を示唆している。第三章で言及した社会運動史研究の史料構造とかかわって、注意しておきたい。なお、井形氏は、「特別要視察人」として、印刷業を営んでいたNを共産主義者だとして担当していたが、どのような中身を話したのか記憶がないと書いている。

また、特高は一般に、尾行などを含め、「特別要視察人」に気付かれないよう密かに「内偵」することを任務としているが、井形氏自身は、これを経験しなかったという。相手に接触して、その思想や行動に関する情報を聞き出すことが主な任務だったようである。

「不穏文書」の検閲は、特段、専門のスタッフがいたわけではなく、「特別要視察人」あての郵便物を、郵便局の協力を得て、配達前に署に確保し、特高係が検閲していたらしい。封をした部分の糊をお湯や水にひたして溶かし、自然にはがれるのを待って、内容を検閲し、その後、手紙を元通り封筒に入れて糊付け・封緘し、それを郵便局経由で配達させたという。信書の秘密を完全に無視した特高活動の実態を物語るものである。

井形氏は先に触れた「特別高等警察執務心得」について、「特高の憲法」だったと書いている。[48] これは、一九三五年五月に内務省が定めたもので、共産主義運動を壊滅させ、国家主義運動との新たな関係にはいった時期の特高のあり方をよく示している。その第一条では、特高警察の主な任務を、国家存立の根本を破壊し、もしくは社会の安寧秩序を撹乱しようとするような各種の社会運動を防止鎮圧することであると規定している。存在そのものを否定すべき〝国家破壊〟と、運動現象に取締りをむけるべき〝社会撹乱〟の二つに対象を設定したのである。これは以後、特高警察に関する各種の規定・解説の基本になっていった。

一九三九年頃に警保局が作成した『特高警察草案』は、特高警察こそは「皇国警察」の大使命に直接した極めて重要な任務であるとして、その内容を「国家国体の衛護」と「社会の安寧秩序保持」の二つに定めている。[49] 共産主義取締りに主軸をすえてきた特高警察の役割は、その基本な性格を引継ぎながらも、国家・社会秩序の破壊一般へと拡大されていったのである。

では、特高はどのような手法で目的を実現しようとしたのであろうか。井形氏が記しているように、特高は取締り対象者を「特別要視察人」と呼び、つねに目を光らせて「視察」＝監視していた。[50] そのための手引きが「特別要視察人視察内規」である。[51] 最初に定められたのは一九一一年六月で、この時、無政府主義者、共産主義者、社会主義者、土地復権を唱える者のほか、どのような名称を用いるかにかかわらず、国家の存在を否認する者などを特別要視察人として、つねに監視のもとにおき、名簿によってその動静を掌握しておこうとする体制が成立した。

先に紹介した「特別高等警察執務心得」は、「視察」はなるべく「内偵」の方法により「表裏両面」にわたって徹底を期さなければならないと命じ、「視察内偵」の際は、その意図を相手方に察知されたり、不用意に警察上の機密を口外するようなことがないように注意せよ、と指示していた。井形氏が言及している「潜入」活動[52]も、そうした活動の一端を示すものであろう。特高係の同僚のHについて、井形氏はつぎのように記している[53]。このHは、突然職場に出て来なくなり、「失踪した」などと説明されていたが、戦後の公職追放中、たまたまHに会った際、なぜ「失踪」したのかを尋ねてみたところ、Hは「特命を受けてある企業に潜入していた」と答えたという。此花区にあった住友系の企業にもぐり込んで、そこで働く人々が当時の国策に対してどのように感じているのかを捜査していたというのである。それは、秘密の指示によるものだったらしい。

大阪府警察部の『特高警察に於ける視察内偵戦術の研究』(以下、『研究』)は、先に触れたように「防犯警察」が特高警察の本領であると主張していた[54]。「内乱外患に関する罪の前段階的な反国家的社会的集団犯罪の未然に於ける防止禁圧乃至早期芟除《さんじょ》のための活動」こそが「任務の基本」だというのである。そのためには、「視察内偵」による「特高情報の蒐集」が不可欠であり、「特高感覚」の錬磨・体得が欠かせないと主張している。では、当面する視察内偵の対象は何か。この『研究』は、思想犯転向者、合法無産団体、教育機関・調査機関・研究機関、海外帰住者および他所からの転入者、左翼運動と諜報活動の関係、風評聴込みと他犯の取調べ、集団前科集団視察、の七点にわたって視察内偵の対象をあげ、それぞれについて検討を加えている。

では、どのような「手段」で視察内偵を進めたらよいのか。『研究』は「視察圏内にある要視察者の捜査」について、所在の確認、本人の生活環境、本人の団体所属関係と通信関係、読書傾向、本人の抱懐する意嚮見解、の五点をあげている。また、「視察圏外にある容疑者」の発見方法については、容疑地点における張込と尾行(書籍店・古本屋・喫茶店等々の普通張込、交通機関内または工場出退時刻の流し張込)、業者に対する臨検(旅館・アパート・遊廓、その他)、個人に対する臨検検索(盗難被害現場の臨検、出火場の臨検、天災・火災避難時の家財の監視勤務、伝染病発生の消毒立会、泥酔者保護などを〝活用〟した臨検検索)、戸口調査および外勤勤務の特高警察化(これについては後述)、特殊職域にある者との連絡(会社の人事課員・労務課員、居住地の町会役職員等々からの知識・認識を「うまく特高視察に援用」)、の五点をあげている。

井形氏の本や『研究』には言及がないが、特高は独自に調査・視察活動を進めるとともに、運動内部にいるスパイから情報を吸収していた。特高官僚の中村絹次郎は、後年、「われわれは巡査千人よりいいスパイ五人ほしい。制服着た巡査が何人いたって、党の中核はつかめんわな。党の中央委員会に入っているのを二人もつかんでいりゃあ、きのう何やった、いつ何やる、それでパッと捕まえる。だからほしいのはカネ、機密費です」と語っている。[55] 中村配下の宮下弘は、「わたしたちはS(スパイの頭文字)といっていたが、Sを養成して組織に送り込むというようなことはしていない。しかし、活動していて一定の部署をもった者が没落する、あるいは転向する、それから検挙されて考えが変わった、というようなのが、Sになるんですね」と語っている。[56] そして、このようなスパイ駆使の成果をふまえて、「誰を捕まえようとおもえば、いつでも捕まえられる状態にはあったですね。昭和七、八年(引用注――一九三二、三年)ごろには」と、誇らしげに当時を回想している。

特高警察官が配置されていたのは警察署レベルまでである。井形氏も、福島署や八尾署の内勤としてこれを担当していた。しかし、福島署での交番勤務の体験について井形氏が記しているように、警察の末端組織である交番自体が、特高の機能を担っていた。[57] 〝筋金入り〟の特高である宮下も、どう情報をとるのかとの質問に対して、「いちばん初歩的なのは、交番から注意報告があがってくることがありますね。(中略)自分の管轄のどこそこの家はどうも人の出入りがはげしくて、得体のわからぬ人間が多い、住人の職業も不定である、というような報告を出すと、それにもとづいて私服が内偵探索する」と答えている。[58] 全国あらゆる地域に配置された末端の警察組織（駐在所・派出所）が、住民に対する網羅的・日常的な監視・偵察機能を担っていたのである。

一九二九年以後、特高関係の例規が急増しており、これは、特高大拡充後、駐在所・派出所レベルにも特高機能が強く要請されてきたことの一端を示している。このことは、三・一五事件と四・一六事件を経た一九二九年以後、全警察官の〝特高化〟が提唱されたことを考えあわせると重要である。この年八月、纐纈彌三（七月まで警視庁の特別高等警察課長）は思想問題は警察取締りの最も重要な対象であり、一般警察官にも特高警察事務に関する知識を注入することが必要だと主張している。[59] 一二月、三島誠也（内務事務官）も「先づ警察官は特高に関する知識を涵養しておかねばならぬ」、「特高の仕事は特高課員許りであると思ふは大きな誤りであつて、外勤巡査の特高化と云ふことは非常な（ママ）大切なことである」と強調している。[60] その際、彼らが口をそろえて期待を寄せたのが、戸口調査であった。

この全警察官の〝特高化〟は、一九三五年以後、とくに戦時体制下でさらに新たな意味内容をもちながら強調されていった。たとえば前述のように、大阪府警察部の『特高警察に於ける視察内偵戦術の研究』（一九四二年頃）[61] は、外勤が行う戸口調査ほど自由に、かつ洩れなく市民それぞれに接触する機会はないとして、戸口調査および外勤勤務の「特高警察化」を提唱している。「比較的素質の良く熱意ある巡査には更に特高感覚を与へて之を遂行せしむれば、必らず有力な特高捜査の契機」が与えられるというのである。京都府警察部作成の『特高警察実務必携』（一九四五年頃）[62] も、特高警察の対象が要視察人や要視察団体であり、また、特高警察は特高専務員の仕事で一般警察官とは縁遠い存在であると考えていたのは一昔前の考えだとして、「外勤警察官は特高警察官である」と明言している。こうして、井形氏が警察に入った頃には、特高概念の肥大化にともなって、警察組織そのものが巨大な特高組織となっていたのである。

四　大阪府警察局「特高関係資料」と福島警察署

すでに触れたように、井形氏は一九四三（昭和一八）年八月三一日から一九四五年三月末まで、大阪府下の福島署に交番巡査として勤務し、ついで四月二七日から一ヵ月弱、福島署の特高係として勤務した後、大阪府警察局の警務課文書係で勤務し、ついで七月一日、八尾署の特高係となった。したがって、一九四五年五月から六月にかけて、警務課文書係として大阪府警察局に勤務していたことになる。井形氏は、この警務課文書係について、府警察局長の秘書で、事務方のような仕事も兼ね、警察局の文書を作成・管理する部署だったとしている[63]。そして、府庁の各セクションに書類を回したり配ったりする作業をしてみて、当時、大阪府庁に入っていた部署のおよそ八割近くが、警察関係者によって担われていることに気づいたと書いている。職業安定所、勤労動員所などの労働行政をはじめ、衛生行政や度量衡の検定などまで、もとは巡査部長や警部補だった人がやっていたという。井形氏は、「これはたしかに警察国家だな」と感じたという。

それはともかくとして、ちょうど井形氏が警務課文書係として警察局に勤務していた時期にほぼ該当する時期の大阪府の特高関係資料が、防衛省防衛研究所付属図書館で発見され、復刻・刊行されている[64]。これは、大阪府警察局治安部特別高等第一課思想第三係が集めた資料で、一九四五年四月二七日から七月一日にかけて作成（発信）された資料八三点が収録されている。うち七四点は大阪府各地の警察署長が大阪府警察局長宛に提出した報告である（他に特高第一課長宛の報告が七点）。

復刻版の解説によれば、報告書は大阪府警務局からの調査指示で報告したものと、各署の特高係や特高課員が管轄内で自主的に収集した情報を報告したものの二種類に分けられるという[65]。また、報告の内容は多岐にわたるが、空襲に関係するものが最も多く、三九点に空襲に関係する報告が含まれており、その中でも最も多いのが、出勤率の落ち込み・長期欠勤者に対する調査であるとされる。[66]つぎに多いのが学徒動員・勤労動員にかかわる報告と、朝鮮人に関する報告で、いずれも九点となっている。また、流言蜚語や防諜にかかわることも各所で触れられているという。

これら警察署長の報告七四点のなかには、福島警察署長が大阪府警察局長に提出した文書二点が含まれている。六月四日付の「空襲後ニ於ケル罹災者状況竝ニ人心ノ動向ニ関スル件」（以下、「空襲後の状況報告」）と、六月二八日付の「敵襲下ノ工場出勤率調査ノ件」（以下、「工場出勤率調査」）である。ともに井形氏が転出した後の福島警察署の文書ではあるが、ほとんど同時期のものである。仮に井形氏でないとしても、当時、福島署に所属していた特高たちの活動を署長名で集約した（あるいは外勤巡査の特高的活動をも含めた）ある種の〝成果物〟とみることができる。したがって、当時（一九四五年六月頃）の福島署の特高活動の一端をうかがうため、この二点の報告文書を見てみることにしよう。

まず、六月四日付の「空襲後の状況報告」を見よう。福島警察署長名で提出されたこの文書は、六月四日一二時現在の管内の状況を大阪府警察局長に報告したものであり、六月五日付の「大阪府特高課思想第三係」の受理印が捺され、「特秘受」の受理番号が記されている。報告書の構成は、「一、被害状況」「二、人心ノ動向」「三、工場出勤状況」「四、半島人」「五、外国人」「六、要視察人」「七、流言蜚語紛争事件」からなり、これに「罹災救護ニ対スル意向」として、「イ、内地人」三人、「ロ、工場」四人（記載箇所に混乱があるので整理した）、「ハ、外国人」一人、の発言が付されている。さらに右欄外に「工場班」の記載がある文書「災害工場従業員ノ言動」（四人の言動を記載）五枚分が折込で添付されている。井形氏の本に出てくるような朝鮮人の状況については、「四、半島人」のところで報告されている。

この資料から、警察（福島警察署）の特高は、空襲後の人心や民間の意向に警戒の念を抱き、その把握につとめていたことがわかる。井形氏の体験から類推するに、特高係は管内のさまざまな〝機関〟や〝関係者〟に接触してその状況や言動を〝取材〟し、これを署長に報告しており、署長はこれをまとめて大阪府の警察局長に報告していたと考えられる。

つぎに、六月二八日付の「工場出勤率調査」を見てみよう。「福島警察署長」「地方警視之印」が捺されたこの文書は、管内の一八重要工場に対し、六月一五日の大空襲後の出勤率を「内査」した結果を、大阪府警察局長（直接には特別高等第一課長）に報告したものである。七月二日付の「大阪府特高課思想第三係」の受理印（「特秘受」の受理番号を記載）が捺されている。

この報告には、管内の一八工場についての出勤状況の表が付されているが、そこには、井形氏が寮に立ち入って朝鮮人徴用工の私物検査をしたと記している角一ゴム株式会社も含まれている。「重要度」は「監督」で、「製品名」は「航空部品（ゴム製品）」、空襲前の在籍者は、職員九五、工員三四八、学徒一四一、女挺七四、計六五八となっている。朝鮮人の徴用工は、工員のなかに含まれていることになる。平均の出勤率（％）は、職員が七六、工員が四五、学徒が六八、女挺が五三、全体が六五で、「榎本鋳造鉄工」に比べるとかなり高い。また、「欠勤延人員数」は、職員の病欠が八〇、工員の病欠が二五〇、行先不明が八〇、学徒の病欠が一五、行先不明が六〇、女挺の病欠が一〇、行先不明が六三、となっている。

この「工場出勤率調査」は、警察・特高が工場における労働者確保に強い関心を抱き、その調査にあたっていたことを具体的に示している。こうした情報を工場に即して実際に調査・収集していたのが、福島警察署の特高であった。

地域住民の動静や工場の状況などに関する情報は、特高係→警察署長→大阪府警察局長という流れにそって集約されていたが、これはもちろん福島警察署にとどまらず、基本的には大阪府下の全警察署に共通する流れであったに違いない。いや、これに類する「人心」把握の特高システムが、質と量、あるいはその種類に差異はあるとしても、全国的に作動していたものと考えられる。

では、このようにして大阪府警察局長のもとに集約された空襲下の地域状況は、どう扱われたのであろうか。それを直接に裏づける資料はないが、一九四五年の大阪空襲当時、大阪府警察局警務部警備課情報係であった警部補の書類綴がそれを示唆している。[67]そこには、一九四四年一二月一九日から一九四五年八月一日にかけて、府警察局が府下の各警察・消防署から蒐集した情報が綴られており、それらのうち、「警備親」の番号がつけられた文書は警備課が作成したものである。これらは、基本的に「極秘」扱いで、大阪府知事から内務大臣以下、大阪関係の軍のトップ、近隣府県長官（各課・署・隊・署長）などに送られている。

これらとは別に、この警部補の書類綴には「特高参考書類」という扱いで綴られているものが三点ある。「第一次大空襲時の人心の動向第一報」「第一次大空襲時の人心の動向第二報」「空襲下の在住朝鮮人の動向」がそれで、これらは特高課の情報収集にかかるものである。[68]しかし、前者の「警備親」扱いの文書のなかにも、「治安状況」や「民心ノ動向」に関する項目があり、「一般人心ノ動向」「各種要視察人」「流言蜚語」などが取り上げられている。これらは特高情報にもとづくものであり、「民心ノ動向」については、「一般民心」「罹災者」「有識者層」とあわせて、「鮮人層」の動向に強い関心が注がれている。特高の関心の所在を如実に示すものということができる。

ちなみにこれらの書類綴によれば、井形氏が福島署に在職中の一九四五年三月の第一次空襲の際、福島署管内では一〇九九戸が全焼、三五戸が半焼し、死者一二、重傷一九、軽傷一〇二、行方不明三、罹災者四〇二九と報告されている。[69]また、二月末の戸数二万四〇三六戸、人口八万六五六四人に対して、三月末調べの空襲罹災の戸数は一一三四戸、人口四三四五人で、残戸数率は〇八八となっている。[70]

五 「特高」の〝解体〟と〝横滑り〟

一九四五（昭和二〇）年八月、特高警察官として敗戦を迎えた井形氏は、一〇月四日、特高警察官の一斉罷免により警察から〝追放〟され、「依願退職」となった。『大阪府警察史』によれば、罷免警察官は一〇月四日付で休職処分となり、必要な整理期間をおいて「依願免官」という形式がとられたという。[71] しかし、井形氏の場合、実際の経緯は、つぎのようであった。[72]

井形氏は、一〇月五日、いつものように電車で八尾署に向かう途中、上本町駅の売店で『毎日新聞』を買ったところ、その紙面を見て驚愕した。「マッカーサー　特高警察一斉罷免」。特高警察などの罷免とともに、治安維持法以下の弾圧法規の廃止、政治・思想犯の釈放、思想弾圧機関の廃止などを内容とする人権指令が発せられたのである。井形氏が、「『全国三五〇〇万人の特高警察』が罷免されるとあるけど、まさかぼくのような下っ端はこれには入ってへんやろ」と自分に言い聞かせて本署まで行ったところ、ＭＰ（憲兵）が立っていて、「お前、井形か」と言われた。そして、「今日をもって一斉罷免だ。即、私物を持って帰れ。署内に長時間滞留してはいかん」と通告された。「一片の辞令もなく、新聞発表（新聞辞令）だけで私は罷免されたのである」と、憤懣をこめて井形氏は書いている。

しかし、もともと日本政府には、敗戦後も特高警察を廃止しようとする意志は毛頭なかった。井形氏も指摘するように、[73] 特高解体の前日になっても、山崎内相は、「思想取締の秘密警察は現在なほ活動を続けてをり、反皇室的宣伝を行ふ共産主義者は容赦なく逮捕する、また政府転覆を企む者の逮捕も続ける」などと語っていたのである。[74]

一〇月四日、占領軍の断は下った。政治的・公民的・宗教的自由に対する制限を除去するため、治安維持法・思想犯保護観察法・国防保安法・軍機保護法などの弾圧法を廃止すること、政治犯をただちに釈放すること、思想警察その他一切の類似機関を廃止すること、内務大臣・警保局長・警視総監などの警察首脳部、すべての特高警察官、および弾圧活動に関係ある官吏を罷免することが指令された。人権指令である。

政府は何とか特高の温存をはかろうとして抵抗したが、結局一三日、内務省と地方庁の警察首脳部一〇六人が一斉に罷免された。翌一四日には地方庁の特高警察関係者約四八〇〇人が罷免された。こうして特高警察の機構と人員は、ついに〝消滅〟したのである。しかし、「特高」は本当に消えてしまったのであろうか。

井形氏は、事前に事情を察知して追放を逃れた特高がいたと書いている。[75]「たまたま特高係に配置されたまま一〇月四日を迎えた」井形氏に対して、同じ特高警察官であっても、事前に事情を察知し、一〇月四日まで在職していなかった者は追放を免れたというのである。井形氏は、いくつかの県の警察本部などで幹部級の者が、それを意識したと思われる人事によって異動し、まんまと警察に勤務しつづけた例があると聞いていると書いて、そのようなことが許されていいのだろうかと怒っている。また、追放解除後、公安調査庁や当時内閣に設置された調査室（後の内閣調査室）など、いわば「古巣」に戻った元特高がいたと証言している。[76]福島署の先輩にも、内閣調査室発足時、その幹部になった人がいたという。特高はいわばそのまま戦後の公安警察に横滑りしたというわけである。

一九四六年二月二二日、関西地方の軍政部長はアメリカ人記者マーク・ゲインにつぎのように語っている。[77]

私の管轄下のある県では、十四人の警察署長のうち七人まで戦時中特高関係にいた男だった。五ヵ月前、我々は特高関係の連中を追放する指令を出したが、日本側ではどうしたか知らないがともかくそれを事前に嗅ぎつけた。そしてその指令が出る直前この連中は辞職した。日本側は、これで彼らの履歴は無傷だと主張する。日本政府はすぐさまその連中を警察署長に任命した。

井形氏が書いているように、罷免の対象が一〇月四日現在の在職者に限定されていたため、この抜け道を利用して追放を逃れたのである。しかし、序章で明らかにしたように、その背後にはGHQの〝意向〟があった。一九四六年一一月二七日、元特高の秦重徳はゲインに対してつぎのように語っている。[78]

現在我々仲間のほとんど全部が重要な職に復帰しています。文部省にいるものも厚生省にいるものもいます。労働局長もその一人です。商工省にいるものもいます。農林省には、薪炭課長もいれて六、七人いるでしょうか。

特高警察官は権力機構の中に〝生き残った〟のである。しかし、〝生き残った〟のは人間ばかりではない。一九四六年一月二日、「破壊的分子を監視する機関」がなくなったのは困ったことではないか、とゲインは山梨県大月署長に尋ねている。これに対して署長は、それはたいしたことではない、なぜなら、特高関係の仕事は県庁の公安課に引き継がれたから、と説明している。[79] 公安課にいるのはもとの特高係長であった。

前年一二月一九日、警保局には公安課が新設され、各府県には「公安」警察が誕生していた。特高警察は機構の面でも、新たな任務をおびて〝生き残った〟。一九四六年に入ると、日本政府は各種の大衆運動に対する抑圧態勢を公然化していく。五月には、第六章で見るようにマッカーサーが「暴民デモ」禁止を声明する。そして、一九四七年六月には、特高追放が大部分解除され、元特高警察官が警察に再採用されていくのである。[80]

膨大にいたはずの「特高」たちは、ほとんど口を閉ざしたまま戦後の日々を送り、過去を闇に閉ざしてしまった。その意味で、井形氏の本はかけがえなく貴重な証言だと言える。

おわりに

本章が手掛りとした井形氏の「特高」経験は、三五年間に及ぶ特高警察の直接的な歴史からすれば、最末期の、しかも局所的なそれに過ぎない。しかし、それを通じて、「特高」なるものの特徴とあわせて、警察と警察官のありようが浮かび上がってくる。それを本書各章と関連づけながら考えてみよう。

まず、本章で扱った特高警察を、序章で略述した近代日本警察の軌跡のなかに位置づけてみることにより、特高警察と近代日本警察の関係性、およびそれぞれの特徴が明らかになってくるに違いない。

そのうえで、井形氏の経験が、個別的な巡査誕生の経緯と、「特高」警察調達のあり方を示唆している点に注目したい。前者については、時期と状況はまったく異なるが、本書の第一章・第七章に登場する各巡査の場合と重ね合わせてみることができる。また、後者の「特高」調達のあり方は、第七章で扱う「公安」調達のあり方と類比可能であろう。すなわち、外勤警察官としての情報蒐集・報告活動の精勤度が、「特高」ないし「公安」の資質として見出され、新たな職務に進ませたことを推測させる。では、「国体」が〝消滅〟し「陛下」が象徴に代わった後、「陛下の警察官」精神と「国体」擁護者意識はどうなったのか。「公安」のあり方ともかかわって、気になるところではある（これらについては、第七章で考えてみる）。

特高そのものについては、その一般性とともに、大阪の特性にも注意をはらっておきたい。大阪は、本書第二章で扱った東京と対比されるべき巨大都市である。第二章では扱わなかったが、第二章の時期、特高警察組織はまず東京に登場した。そして、その翌年、大阪にも特高警察組織が出現する。それは、東京・大阪という地域が、特高が対象とする事態の集中的な発現地だったからにほかならない。ただし、それだけでなく、井形氏の回想が示唆するように、大阪の場合、朝鮮半島からの渡航者や在日朝鮮人社会に対する監視がとくに重要な課題であったことは、想像に難くない。なお、第二章に該当する時期から米騒動前後にかけての大阪警察の特徴的な動向については、飯田直樹氏の研究を参照されたい[81]。

本章では井形氏の経歴とかかわらせつつ、空襲下の大阪警察の動向を特高の活動と関連づけて紹介したが、これを本書第五章が扱う空襲下の東京警察の状況に重ね合わせてみたい。第五章で扱う警察官の担当は外勤警察・経済警察であるが、戦時下・空襲下の大阪でも、特高警察だけでなく、外勤警察・経済警察をはじめとする諸活動が展開されていたことは言うまでもない。

なお、井形氏の「天ぷら報告」に関する証言は、本書第三章で言及した特高資料を用いる際に肝に銘じておくべき注意点を、あらためて喚起させるものとなっている。

（1）井形正寿『「特高」経験者として伝えたいこと』新日本出版社、二〇一一年。
（2）同前、六九ページ。
（3）以下、井形氏が記すところに、大日方純夫『近代日本の警察と地域社会』（筑摩書房、二〇〇〇年）で明らかにしたことを組み込みながら叙述を進める。同書第九章「特高警察の機構・機能と構造」（二〇〇～二二九ページ）と重複するところもあるが、ご了解いただきたい。
（4）塚崎昌之「解説」（『大阪府特高警察関係資料――昭和二〇年』〈十五年戦争極秘資料集　補巻41〉不二出版、二〇一一年）。
（5）同前。
（6）同前。
（7）同前。
（8）以下、同前。
（9）同前。
（10）荻野富士夫編『特高警察関係資料集成』第二三巻、不二出版、一九九三年、一四五ページ。
（11）荻野富士夫編『特高警察関係資料集成』第二〇巻、不二出版、一九九三年、三四三～三五〇ページ。
（12）同前、五七九ページ。
（13）南博・佐藤健二編『近代庶民生活誌』第四巻（流言）、三一書房、一九八五年、四三七ページ。
（14）宮下弘『特高の回想』田畑書店、一九七八年、二四九ページ。
（15）大橋秀雄『ある警察官の記録』みすず書房、一九六七年、三〇ページ。
（16）『清水重雄氏談話速記録』内政史研究会、八〇ページ。

(17) 前掲井形書、七三ページ。
(18) 荻野富士夫編『特高警察関係資料集成』第一九巻、不二出版、一九九三年、三一三ページ。
(19) 前掲『特高の回想』、六一ページ。
(20) 以下、前掲井形書、七三〜八〇ページによる。
(21) 淵真吉編『署長の履歴書』第一篇、警察文化、一九六六年、三三一ページ。
(22) 同前、一〇四ページ。
(23) 淵真吉編『署長の履歴書』第二篇、警察文化、一九六六年、一五九ページ。
(24) 同前、一六六ページ。
(25) 『萱場軍蔵氏談話速記録』内政史研究会、四〇ページ。
(26) 同前。
(27) 前掲『ある警察官の記録』、二〇九ページ。
(28) 前掲『署長の履歴書』第一篇、二五六ページ。
(29) 前掲『署長の履歴書』第二篇、一〇五ページ。
(30) 前掲『近代日本の警察と地域社会』、二〇七ページ。
(31) 前掲井形書、八三ページ。
(32) 同前、九七ページ。
(33) 『永野若松氏談話速記録』内政史研究会、九ページ。
(34) 『北村隆氏談話速記録』内政史研究会、一三ページ。
(35) 前掲『特高警察関係資料集成』第一九巻、三三一〜三三五ページ。
(36) 『現代史資料』四五、みすず書房、一九七三年、四五一ページ。
(37) 前掲井形書、七一ページ。
(38) 『警察講話集』警察協会、一九三〇年、三ページ。
(39) 『警察思潮』第二巻第一一号。
(40) 同前。
(41) 前掲『特高の回想』、六〇ページ。
(42) 前掲『現代史資料』四五、四五一ページ。
(43) 前掲『特高警察関係資料集成』第二〇巻、三九四ページ。

(44) 前掲『特高警察関係資料集成』第二〇巻、五二二ページ。荻野富士夫『特高警察関係資料解説』(不二出版、一九九五年)は、特高の視察内偵戦術に関するこの解説書を、大阪府特高課のベテランが管下警察署の特高課係向けに執筆した指導書であろうと推定している(二三五ページ)。
(45) 以下、前掲井形書、八四～八六ページ。
(46) 同前、八六～九〇ページ。
(47) 同前、九七～一〇三ページ。
(48) 同前、九二ページ。
(49) 前掲『特高警察関係資料集成』第二〇巻、三八六ページ。
(50) 前掲井形書、八四ページ。
(51) 同前、九四ページ。
(52) 同前、九四ページ。
(53) 同前、九四～九五ページ。
(54) 前掲『特高警察関係資料集成』第二〇巻、五二二ページ。
(55) 前掲『特高の回想』、三二四ページ。
(56) 同前、一〇八ページ。
(57) 前掲井形書、七四ページ、八五ページ。
(58) 同前、七一ページ。
(59) 『警察思潮』第二巻第八号。
(60) 『警察思潮』第二巻第一二号(「特高警察研究号」)。
(61) 前掲『特高警察関係資料集成』第二〇巻、五四一ページ。
(62) 同前、五五三ページ。
(63) 以下、前掲井形書、九五～九六ページ。
(64) 前掲『大阪府特高警察関係資料――昭和二〇年』。
(65) 以下、前掲塚崎「解説」による。
(66) この報告をもとに、佐々木啓「総力戦の遂行と日本社会の変容」(『岩波講座　日本歴史』第18巻、岩波書店、二〇一五年)は、「空襲を受けた地域では、警察によって、工場から逃亡している人間がいないか調査され、欠勤率の動静についてのチェックがなされた」と指摘している(九七ページ)。

(67) 松原市史編さん室編『大阪空襲に関する警察局資料』Ⅰ・Ⅱ、松原市役所、一九七六年・一九七七年。
(68) 同前Ⅰ掲載の「解説」による。
(69) 同前Ⅰ掲載の三月一九日付「第一次大阪大空襲第二報」、三五ページによる。
(70) 同前Ⅰ掲載の四月一二日付「第一次大阪大空襲第三報」、六六ページによる。
(71) 大阪府警察史編集委員会編『大阪府警察史』第三巻、大阪府警察本部、一九七三年、三八ページ。
(72) 前掲井形書、一一六〜一一九ページ。
(73) 同前、一一七ページ。
(74)『朝日新聞』一九四五年一〇月五日付。
(75) 前掲井形書、一二〇ページ。
(76) 同前、一二三ページ。
(77) マーク・ゲイン／井本威夫訳『ニッポン日記』上、筑摩書房、一九五一年、一〇八ページ。
(78) マーク・ゲイン／井本威夫訳『ニッポン日記』下、筑摩書房、一九五一年、一九三ページ。
(79) 前掲『ニッポン日記』上、八〇ページ。
(80) 荒敬『日本占領史研究序説』柏書房、一九九四年、三〇ページ。
(81) 飯田直樹『近代大阪の福祉構造と展開』部落問題研究所、二〇二一年。

第II部

戦中から戦後へ

——警察官の「日記」を読む

第五章　ある警察官の戦中——綱川警部補の「参考簿」（1）

はじめに

ここに「参考簿」と題された三冊の資料がある。更紙半裁分（B四版大）を横に閉じたもので、一冊目は一八〇枚ほどの用紙の表裏に、一九四四（昭和一九）年八月二三日から四五年四月二〇日までの分が、日を追って、日記の形式で、鉛筆ないしペンによってびっしりと記されている。ペン書きのうち、赤インクの部分は、後にふれるように、空襲関係の記事が中心である。二冊目は一九四五年四月二一日から敗戦の日八月一五日までの記録で、七五枚程度がそれに当てられている。書き方は一冊目と基本的に同じである。ただし、いったん使用しはじめて中断していたものを逆側から使ったらしく、反対側の表紙には「控帳　綱川　昭和十九年一月十七日」と書かれており、中には一〇枚程にメモ風な記載がある。三冊目は一九四五年八月一五日の敗戦の日から四六年一一月二日までの記録で、筆記具は一・二冊目とは異なって筆を基調としている。二三〇枚程度のうち、前半三分の二ほどは表側のみの記載である。

この日記形式の記録の書き手は綱川信廣で、当時、警視庁管下の月島警察署の警部補であった。「参考簿」から類推するところでは、綱川は一九二六年三月九日に栃木県から上京して、四月に警視庁巡査を志願し、同年六月一四日、警視庁巡査として警察練習所に入所したらしい(1)。その後の経緯は不明であるが、一九四四年八月二三日、警部補に任じられて本章の舞台である月島署に赴任した。当時の同署の警察官数は判然としないが、やや前の時期、一九三八年

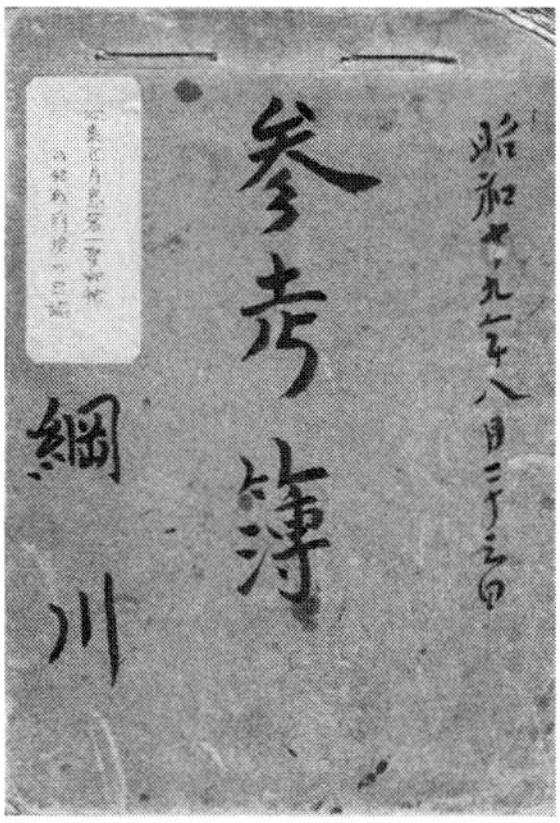

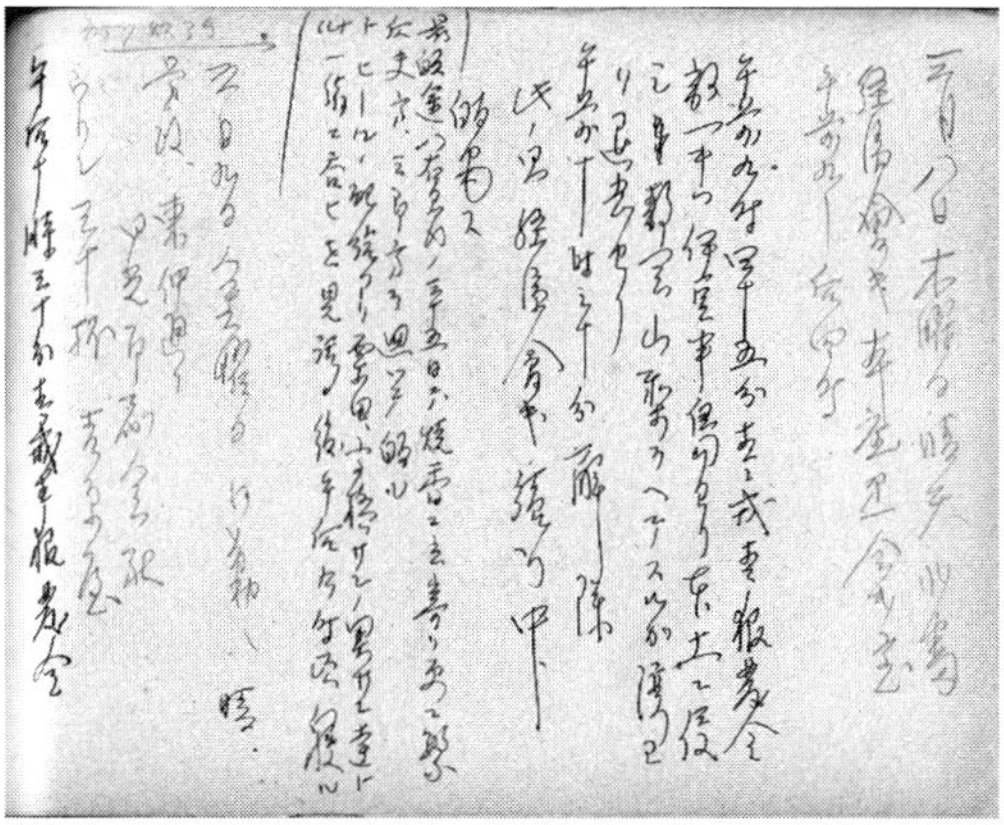

の場合、後述のように、警部（署長）のもと六人の警部補がいたから、綱川はそうした署長直下の警部補の一人だったことになる。

月島警察署が管轄する月島地域は、現在、東京都中央区に含まれるが、その大部分は近代になってからの埋立てで誕生したものである。「参考簿」は、綱川が警部補に任じられて月島署に赴任した一九四四年八月二三日から筆を起こしており、そこに記録されているのは、戦中から敗戦後にかけての時期である。以下、一警部補の日記にあたる「参考簿」を読みながら、本章とつぎの第六章で、この警部補の戦中・戦後体験とあわせて、戦中から戦後にかけての時期の地域社会と警察のかかわりを探ってみることにしたい[2]。本章と次章の両章を通じての問題設定をまとめて提示しておくことにする。

第一に、国家にとっての警察機能のありようを、時代状況とのかかわりで具体的に明らかにしてみたい。本論で見ていくように、この時期の綱川の担当業務は、保安警察・外勤警察・経済警察の間を推移した。とくに経済警察は戦中・戦後を通じての中心的な業務であった。本章では戦時下、とくに戦争末期の、次章では敗戦直後の時代性とかかわらせながら、警察のありようを明らかにし、それを通じて社会状況を照らし出してみることにしたい。とくにこの時期の統制経済と警察機能のありようを探ることを通じて、国家・警察と社会・民衆の関係に迫っていきたい。経済政策・経済状況がいかに警察のあり方、警察の活動とかかわっていたのか、両者の関連性を解明していくことになる。

第二に、国家における基盤権力のあり方、基礎構造のあり方を、警察に即して解明してみたい。具体的には、警察署（本章においては月島署、次章においては月島署と深川署）の機能を解明することを通じて、中央（警保局）・都（警視庁）と末端（派出所）の間の中間に位置する警察機構、すなわち中間機構としての警察署の機能を探っていくことになる。綱川が署長直下の警部補であり、署長のもとで担当部署に責任を負う主任の位置にあったことから、警察署そのものの機能や地域社会における役割を探るための具体的な素材たり得ると考えられる。

第三に、国家と社会の関係、地域をめぐる権力編成のあり方に対して、具体的な地域に即した警察の活動実態を追究することを通じて迫ってみたい。綱川が勤務していた地域、「参考簿」に映し撮られているのは、都市・東京の下町地域（勤務地の中心は月島で、一九四六年五月からは深川）である。この地域は、工場地帯・倉庫地帯であり、在日朝鮮人社会（枝川）も存在した。このような地域特性を通じて、国家と社会の関係の一端を明らかにしていくことにしたい。

第四に、警察の人的編成における警部補としての位置をおさえながら、警察官個人に光をあて、その個人史に接近してみることにしたい。「参考簿」は第七章で扱う警察手帳、すなわち警察官の公的な勤務記録とは異なって、一警察官の私的な記録、すなわち日記としての性格を色濃くもつ資料である。したがって、「参考簿」の分析を通じて、警察活動の主体としての警察官個人に即して、その社会観や思想・信条にも可能な限り迫ってみたい。その意味で、直接には警察活動にかかわらない記述にも目をとめていくことにする。

第五に、戦中から戦後にかけての時期の国家・社会編成と警察のあり方の検討を通じて、近代と現代の関係、すなわち、戦中・戦後の連続と断絶のあり方を具体的に検証していくことにしたい。本章と次章を通じての課題である。それは、戦中から戦後にかけての時期の、〝犯罪〟と〝事件〟に投影された時代像・社会相も浮かび上がらせることになろう。

以上の課題設定のもと、本章では一九四四年八月二三日から一九四五年八月一五日までの時期を扱う。

一　月島警察署保安主任

（1）勤務の概況と月島署の概況

綱川信廣が月島署の警部補に任じられたのは、一九四四（昭和一九）年八月二三日のことであった。二四日、警視庁の本庁で事務引継を行った綱川は、二五日、同署の保安主任に任命された。この日、新たに部下となった福田巡査は、自動車関係の調査に従事している。また、佐藤巡査部長は、占業関係の組合を組織する準備や、自動車を除く輸送組合の活動能力の調査にあたっていた。

翌二六日、占業組合の組織に関して、長谷川という人物が月島署を訪れている。関係者であろう。二七日、綱川は非番であったが、福島巡査は興行場の取締りと野犬狩りを行った。二八日、料理飲食店組合の関係者が来訪。当番の二九日には、午前一一時から午後一時半まで、担当区域内の事業所、石川島造船輸送部・旭倉庫・関東工作機械月島工場を挨拶をかねて視察した。三〇日は非番であったが、午前中、前日に引きつづいて乾倉庫・日本倉庫・食糧営団輸送事務所を視察し、午後は本庁へ赴いている。夜は午後七時から占業組合組織化のための会合である。そして三一日、小運搬業組合・浴場・三ツ井倉庫・興行場・石川貯炭場・国民酒場などを視察した。なお、この日午前中、交通事故が一件あった。

以上が、「参考簿」から伺い知ることができる綱川警部補の、月島署赴任一週間の勤務にかかわる主な記述である。これをもう一度整理しなおすことによって、彼が担当する職務の領域を類推してみよう。第一は、工場・倉庫・運輸などの経営・事業とのかかわりで、①関東工作機械月島工場のような製造・製作関係、②旭倉庫・乾倉庫・日本倉庫・三ツ井倉庫といった倉庫関係、③石川島造船輸送部・食糧営団輸送事務所、自動車関係の調査、自動車を除く輸送組合の活動能力の調査、小運搬業組合といった輸送・運輸関係があげられる。第二は、営業とのかかわりで、①占業組合の組織化、②料理飲食店組合・国民酒場のような飲食店関係、③興行場の取締り、④浴場、といった記載が目につく。第三は、交通や路上に関するもので、交通事故と野犬狩りの記載があった。

一九四四年八月、綱川は保安主任に任ぜられた。当時、警察署の中の役割分担はどのようになっていたのであろうか。そして、保安係はどのような領域の業務を担当していたのであろうか。『月島警察署史』ではその様子が判然としないため、(3)隣接の『築地警察署史』を見てみると、一九四二年一二月の改革で、各警察署には警務係、警防係、情報係、特高係、刑事係、保安係、労政係、経済係の八つの主管が置かれ、保安係の中は営業係と交通係に分けられていたらしい。(4)このほか、警部補を長とする外勤係があり、甲・乙・丙の三部に分かれていたという。その後、一九四四年二月には保安主管の交通係は廃止され、経済主管に輸送係が加わった。さらに一〇月にはこれが独立して、輸送主管輸送係となっている。各係の担当事務については、一九二七年時点のものしか記載がないが、それによれば保安係の担当は、建築警察、風紀警察、営業警察、交通警察、銃砲刀関係、工場・職工・徒弟警察、その他の保安警察であった。(5)月島警察署の場合も、おそらくこれと大差ないか、同一であろう。先に見た綱川「参考簿」の記載は、工場・営業・風紀などといった点で、この枠組みと合致していると見ることができる。

つぎに、綱川の活動を見ていく前提として、このころの月島警察署の概況に簡単にふれておくことにする。月島署は佃島・月島・晴海の一帯を管轄していたが、図2は一九三九年の「大東京中央明細図」からこの地域を抜き出したものである。(6)

図の真ん中が佃島・新佃島・月島地域で、下側は晴海町である。月島の中央部、月島通四丁目（×印の箇所）に月島警察署はあった。なお、図の上側は明石町・小田原町などの築地地域、右側は越中島町などの深川地域で、いずれとも橋で結ばれている。

月島警察署が管轄する月島地域[7]は、中央区内有数の工業地帯である[8]。もともと月島は、佃島南方の海中の洲に過ぎなかったが、一八八五年頃から埋立てが始まり、一八九二、九三年頃には埋立て事業が竣工して、約一五万坪の人口島月島が誕生した。やがてここに相次いで工場が進出し、工場街が形成されていった。一九四三年現在、月島地帯にあった主要な工場としては、造船業の東京石川島造船所（従業員数七一一六人）、起重機製作の安藤鉄工所（四七三人）、化学工業用機械の石井鉄工場月島工場（三六七人）、電機計測器の日本測定器（三六〇人）、機械製作の月島機械（三四六人）、鉄柱製作の巴組鉄工所（三一六人）、綿麻帆布縫工加工の広瀬商会月島工場（二一四人）、計器製造の帝国測定器製作所（一一三人）、バネ製造の月島スプリング製作所（一〇七人）、などがあげられる。一九三九年一月には、内務省令で月島地区は工場地帯に指定され、東京の軍需工場地帯の一中心となった[9]。

図２：月島署の管轄地域
（「大東京中央明細図」から）

月島警察署の管内には、一九四四年一二月末現在、七三一七世帯、二万七二二七人が住んでいた（なお、うち「外地人」は九三世帯、三四二人[10]）。管内は工場地帯のため、飲食店が多く、そのほとんどが数名の女性を雇っていたという[11]。一九三九年三月末時点での諸営業の数は、特殊飲食店二八、飲食店一三四、理髪業四八、髪結業二七、代書業二、氷水店五七、となっている。[12] また、自動車の台数は一九三五年末で約二〇〇台となっている。[13] 内訳は、乗用自動車の自家用が一四、営業用が六三、貨物自動車の自家用が五、営業用が五〇、小型自動車が六〇で、そのほかに牽引自動車八、ロードローラ一、自動自転車八、があった。[14]

この地域を管轄する月島署の人員は、一九三八年時点では、警部（署長）のもと、六人の警部補、九人の巡査部長、七五人の巡査と、一般職八人の合計九九人からなっていた。[15] 綱川は、その中の一人ということになる。

なお、綱川「参考簿」によれば、綱川の赴任から一週間後の九月一日、署長の移動があり、月島署では署長の南一世警部が勇退して、新任の署長には警視庁輸送第二係長であった警視高橋運吉が就任している。綱川は二日、新任署長の挨拶を聞き、一六日夜には第一国民学校で催された新旧署長の歓送迎会に出席している。

九月三日、出勤した綱川は担当事務に関する管内の状況把握にあたった。おそらく全日を費やしたのであろう。この日の「参考簿」には、「保安主管管内情勢調査」とだけ記されている。そして六日、「保安主管管内情勢報告」を作成している。

以後、保安主任として、彼はどのような事務を担当し、実際にどのような活動に従事していったのであろうか。先にあげた分類の第一、工場・倉庫・運輸などの経営・事業とのかかわり（製造・製作関係、倉庫関係、輸送・運輸関係）、第二、営業とのかかわり（占業組合の組織化、飲食店関係、興行場の取締り、浴場）、第三、交通や路上に関するものに沿いながら、追っていってみることにしよう。

（2）経済統制と輸送——業者・工場とのかかわり

業者・工場などとの関係では、まず第一に、金属回収に関する業務があげられる。九月二日、綱川は築地署で開催された金属回収打合会に出席し、九日には、京橋区役所での金属回収に関する打合会にも出席している。おそらくそこでの打合せと指示をうけてのことであろう、一〇日には金属回収関係の呼出状を発送し、一一日にも「返リ金属」、つまり回収金属に関する指令を各工場に出している。ただし、指令の中身はわからない。そして一三日、「返リ金属回収」関係について関係業者を呼出して指示し、二九日には「金属非常回収」に立会って、十五頓を回収している。これらに対するものであろうか、一〇月一九日には、金属回収による褒賞との記載がある。二八日、「返り材蒐集方」に関する築地・京橋・月島三警察署の打合せが京橋区役所で開催された。その後、一一月四日には白金回収打合会がもたれ、八日の「参考簿」には「白金回収関係」と記されている。白金については、兵器資材とするため、すでに九月一日から全国的に回収を実施しており、一〇月一〇日には軍需省が白金の回収を強化するため、物資統制令にもとづく省令「白金製品等の譲渡に関する統制に関する件」を公布していた（一五日から実施）。これを受けての措置であろう。

つぎに工場の視察関係では、九月二〇日、自動車修理工場を視察し、二一日には石川島工場を視察している。一〇月一八日には、工場主その他に関する調査打合せを労政係と行い、二三日には、生産増強推進班全体会議が開催されている。

第二に、輸送業者とのかかわりについては、まず、陸上小運搬月島支部に対する指導があげられる。前述のように、すでに八月三一日の視察の折、小運搬業組合にも立ち寄っていたが、九月五日には、午後六時から開催された支部の例会に出席している。場所は支部長の山形順吉方である。一〇月一日には、支部の総会が開催されている。

一方、輸送業務それ自体については、九月一四日午前九時より開催の経済輸送保安の懇談会（於、築地本願寺講堂）に出席している[16]。二一日には先にふれたように石川島工場で工場滞貨の実情を調査する。そして、二七日には、佐藤部長が陸上小運搬月島支部の山形順吉と陸上小運搬の非常対策について交渉をすすめる。その後、一〇月二五日には、長谷川巡査が工場滞貨の輸送に関して、「築地建」および「石川島」と交渉し、三一日の築地署での輸送強増交通事故防止運動会議の後、一一月四日には、月島管内の滞貨一掃に関する陸上小運搬と工場主の懇談会が開催されている。そして、一一月六日の工場滞貨調べ、九日の非常輸送に関する山形との打合せ、一一日にも非常輸送の打合せとつづく。

第三に、輸送とかかわって、この時期、潤滑油に関する取組みも目立っている。一〇月四日の「参考簿」には、輸送関係者の潤滑油節約講習会の件、輸送関係捜査事項三件、といった記載がある。実際、六日には宇井巡査に潤滑油講習会に関する呼び出しの手続きをとらせている。そして、七日には佐藤部長が潤滑油講習会について築地の運送業者と打合せ、八日にも講習会の準備のため各業者（自動車）を召集して打合会をもっている。さらに一二日にも打合せをもったうえ、一三日、潤滑油消費節約講習会が開催される。当日は、署長の訓示、土屋輸送部長の挨拶の後、担当の車両課長、整備課長らが講義した。その内容は、発動機の構造、自動車の検査と点検の要領、車両の保存とその運用、潤滑油の取扱いと節約方法などについてであった。二六日には、八つの工場に対して潤滑油の節約を指示している。

（3）営業取締り

営業関係で最も多いのは、飲食物営業の取締りである。一九四四年一二月末現在、月島署管内には、飲食店営業者が八七人おり、うち七九人が「飲食店」（内訳は、西洋料理三、中国料理二、寿司屋一〇、蕎麦屋七、喫茶店一二、その他四五）、八人が「特殊飲食店」（内訳は、西洋料理五、喫茶店二、その他一）となっている。[17] 特殊飲食店とは、一九三三年一月の警視庁令「特殊飲食店営業取締規則」が取締りの対象として規定した飲食店のことで、「洋風ノ設備ヲ有シ婦女カ客席ニ侍シテ接待ヲ為ス料理屋又ハ料理店」を指す。[18] 洋風の設備がなくても、その業態により特殊の取締りを要すると認めた場合にも適用された。

九月七日からは三日間にわたって管内の飲食物営業に対する一斉取締りを実施している。八日に「乙部飲食物一斉取締」、九日に「丙部飲食物一斉取締」とあるから、甲・乙・丙に三区分して実施したのであろう。一〇月三日からは軍人援護強化週間であったが、赤城巡査が月島通り飲食店八軒につき臨検を実施している。

一〇月一八日には雑炊食堂三軒を視察したが、その状況について「燃料の不足を来し居るを認められるも、業者において対策考究中」と「参考簿」に記している。「雑炊食堂」とは、この年四月、東京都がビヤホール・デパート・喫茶店などを利用して開設したもので、玄米のおかゆに野菜・魚肉などのはいった雑炊を提供していた。東京では、すでに四月、三五五軒が六〇万人分を販売していたという[19]。

一方、五月からは、酒なら一合、ビールなら一本などを建前として、東京では「国民酒場」が開設された。三五区内は警察署単位で一～三ヵ所として一〇四ヵ所開設され[20]、六月には一二六ヵ所が開かれていた[21]。この「国民酒場」について、「参考簿」は一〇月一七日、台湾戦果により国民酒場に特配を実施し、一八日にも、台湾東海域戦果により国民酒場に酒の特配した旨を記している。大本営は一〇月一二日・一三日の台湾沖航空戦で大戦果をあげたと発表したが、これにかかわる「特配」であろう（ただし、実際の「戦果」は、大破重巡一、軽巡一、小破空母、その他撃墜八九機に過ぎなかった）。二〇日には、特配に関係して国民酒場の取締りを実施している。

警察の管轄下にあった営業関係では、理容業に関する記載が何ヵ所かにわたって登場している。まず九月一六日、「理容術業」として、つぎのように記載されている。

西仲通五ノ五関根綱
女結髪二十三人
二十人

午后二時迄ノ営業トシ
西河岸通リテ
組合長、花里

また、九月二二日には、つぎのような記載がある。

月島西河岸二ノ三
組合長　花里キヱ
副　三宅道江
結髪営業者十五名
従業員　五名
計　二十名
営業時間午前七時ヨリ午后二時

いずれも理容・美容への統制にかかわるものである。警視庁では一九二七年六月、「美容術営業取締規則」を制定して、「美容術営業」を警察の管理下においた。(22)この取締規則は、試験制度の採用に対応し、また、規定の厳密化などをはかるため、一九三〇年七月に改正された。(23)それによれば、「美容術営業」とは、「頭髪、鬚髯ノ剪剃、結髪、染毛、癖毛直シ又ハ美顔術ヲ為ス営業」のことで、営業のためには所轄警察署に願い出て許可を得なければならなかった。これは、主として衛生上の観点からの規制措置であり、営業者と従業員に対しては、清潔を保持するための遵守事項が事細かに定められていた。警視庁が認可する営業者組合を警察署単位に設置し、その組合区域内の営業者はこれに加入しなければならなかった。強制加入の制度である。

綱川の記載から、女結髪たちも組合を組織しており、戦時下、午前七時から午後二時までと営業時間に規制が加えられていることがわかる。その後、一〇月一日には、理髪業組合長と顧問二名が来署し、「結髪業者勤労報《（奉仕）》シ」に関して懇談・打合せしている。四日の「理容術営業者」の来署も、同様な趣旨にかかわるものであろう。

このほか、すでに見たように、赴任早々の時期には、占業関係の組合に関する記載が散見していた。ただし、八月三〇日に「午后七時ヨリ管内占業組合組織」とあって以後には見当たらない。すでに警視庁では、一九二一年四月、占業に対する取締規則を定めていた[24]。「占業者取締規則[25]」によれば、「占業者」とは「他人ノ依頼ヲ受ケ易、人相、骨相、手相、九星、運勢其ノ他ノ占法ニ依リ将来ノ吉凶禍福ヲ判断スルコトヲ業トスル者」のことで、占業者は開業の三日前までに、①本籍・住所・氏名・年齢、②業務所の位置（主として業務を行う場所）、③見占の方法、④料金額、に履歴書を添えて管轄の警察署に届け出なければならなかった。また、占業者は認可を得たことを示す木札を携帯しなければならず、料金額を客の見やすいところに掲示しなければならなかった。そして、占業者が「公安ヲ害シ若ハ風俗ヲ紊ス」虞があると認めたとき、警視庁はその就業を禁止することができた。占師もまた警察の管理統制下におかれていたのである[26]。月島署管理下の「占業」は、一九四四年一二月末現在、一一人であった（警視庁管内全体では二七三四人[27]）。

興行場については、一〇月一五日、「興行場取締状況視察」とあるが、その中身は不明で、また、これ以外に目だった記述はない。月島署管内には、「常設映画興行場」が二ヵ所（二ヵ所あわせて入場定員四一一人）、「演芸・観物」が一ヵ所（入場定員一一七人）あったようなので、これらに対する取締りであると考えられる[28]。一九四四年中の映画の興行日数は二ヵ所あわせて六五七日、興行回数は一五六四回、入場人員は二万三一二五六人（一日一場平均三五一人）である。また、演芸・観物の興行日数は三一〇日で、興行回数は三一〇回、入場人員は二万四二一〇人（一日平均七八人）となっている。

なお、浴場に対する取締りについては「参考簿」に具体的な記載がなく、その状況はわからない。一九四四年一二月末現在、月島署管内には浴場が一三あったから、[29]当然のことながら、それらは一九二〇年九月の警視庁令「浴場及浴場営業取締規則」[30]にもとづき警察の管理・統制下におかれていた。すなわち、浴場営業をしようとする者は、氏名・本籍・住所・年齢、浴場の名称、浴場の地名番号、薬物類を用いる場合はその名称・成分・用法・用量・効能、営業時間、電気設備がある場合はその設計書、入浴料などを記し、所轄の警察署に届け出て認可を受けなければならなかった（変更の場合も同様）。公安を害し風俗をみだすおそれがあると判断したときや、衛生上支障があると判断したときなどは、営業を許可せず、また、営業者には、営業時間、入浴料など警察からの指示事項の掲示、浴槽・脱衣室の管理・衛生などの遵守を義務づけていた。警察は風俗・衛生・安全などの観点から、浴場の管理にもあたっていたのである。

⑷ 交通安全と犬

道路・交通関係については、交通安全についての意識啓発活動が目につく。九月二六日には、午前一〇時から正午にかけて、国民学校で交通事故関係の書類を配布したとある。

一一月五日には、交通安全防止運動の実施に関し、工場・町会やその他の指導者に協力を要請するための打合会を開いている。そして、六日からは交通事故防止輸送力増強週間である。この日、第一、二、三の各国民学校の生徒に対して交通事故防止の紙芝居を実施したが、その最中に警報が発令され、中止となった。そこで、翌七日、再度、交通事故防止運動のための紙芝居を、国民第一、二、三学校で実施している。八日は、晴海女学校と第三国民学校で紙芝居を行い、交通防止運動実施状況について管内を視察している。九日は第三国民学校と幼稚園で紙芝居。そして、一一日には、第一国民学校で輸送増強交通事故防止講演会を開催し、千五百名が集まって盛会だったという。

狩猟の許可と猟銃の管理も警察署保安係の業務であった。九月二七日には、「狩猟免状　乙種一等七〇　二等四〇　三等一八」と記載されており、二八日には、「狩猟免許証十三枚」とある。いずれも狩猟免許の交付申請数を示すものであろう。一〇月四日には猟友会員が来署しているが、用件はわからない。そして、六日には佐藤巡査部長が築地警察署に赴いて猟友会関係の会合に出席し、あわせて免許証の下付を受けているようである。

八月二七日の「参考簿」に、「野犬狩　福島巡査」とあることはすでにふれた。その後、一〇月五日には、区役所で畜犬繋留に関する会合がもたれており、その内容に関しては、つぎのように記されている。

十月一日ヨリ都令ニ基キ畜犬ノ繋留命令示達
畜犬ノ診断ヲ行フ
廃犬献納ノ奨励

そして、一〇月二一日には、「野犬狩及畜犬ノ検診、買上」「野犬二四、買上一一」と記載されている。なお、「参考簿」にはその後、一二月二九日に「野犬狩」、一九四五年三月三日に「犬ノ買上、一四頭」との記載がある。

ここで、警察による犬狩・犬取締りについて、少しく触れておくことにしよう[31]。これは、すでに一八七一年、東京に取締組（ポリス）が設置されたときにさかのぼる。その時に定められた取締規則では、病犬があれば速やかに打ち殺すことが命じられており、その後、一八七五年に行政警察規則が定められた際にも、路上に狂犬がいればこれを打ち殺し、戸長に連絡して片付けさせるようにと規定されていた。病犬・狂犬の殺害と処理は、成立早々から警察官の任務だったのである。その後、警視庁レベルでの犬対策は、一八八一年五月の畜犬取締規則以後、本格化した。一九二一年三月に定められた警視庁令「畜犬取締規則」によれば、犬を飼養する者は、その頭数、名称、種類、牝牡の別、毛色、年齢、特徴を記載して三日以内に所轄の警察署に届け出て、「畜犬票」の交付を受けなければならなかった[32]。「畜犬票」がないものは「野犬」とみなされた。また、仔犬を分娩したとき、譲渡もしくは飼養をやめたとき、所在不明となったとき、斃死したときなども、三日以内に警察署に届け出なければならなかった。噛みつくおそれのある畜犬は繋留・口綱などをすべしとしていたが、一九二五年八月には、狂犬病予防のため、畜犬の繋留が命じられている。

そして、戦時体制下の一九四一年四月、警視庁の食肉営業取締規則が改正され、アザラシ、食用ガエルなどの肉とあわせて、犬の肉も食用として販売できるようになった[33]。他方、一九四四年五月、東京都は狂犬病の流行を理由として、六月いっぱい犬の徘徊を禁止するとの措置をとった。さらに六月二九日には徘徊禁止を九月末まで延長し、ついで九月三〇日には当分の間禁止とした[34]。その結果、犬の徘徊は以後も全面禁止されていく。そのうえ、一〇月一日からは、都内から犬を連れ出すことも、他県から連れ入れることも禁止された（一一月三〇日、軍用犬と猟犬は除外された）。犬の〝行動の自由〟は完全に奪われ、〝違反〟した犬は捕獲され、ただちに処分されることとなった（抑留期間は従来三日間であったが、一九四四年九月一日から一日間となった）。警察署の構内で薬殺された犬は化製所に送られ、身の部分は肥料に化製し、原皮は陸軍の被服廠へ送られたという[35]。一一月一日から一二月末にかけては、警視庁が野犬の特別捕獲と買上げを実施し、成犬は一円、子犬は五〇銭で引き取った[36]。また、一二月からは全国的に畜犬献納運動が展開されていく[37]。こうして、従来の狂犬病対策に加え、戦時下、軍需皮革用として、あるいは食用として、しきりに犬の捕獲・献納政策が推進されていた。このように、綱川「参考簿」の犬に関する記述は、この時期を直截に反映する重要な意味をもっていたのである。

(5) 切迫する戦局——空襲と応召

九月一九日は夜六時三〇分から八時まで警戒管制、八時から八時四〇分まで空襲管制、八時四〇分から九時三〇分まで警戒管制と、三度にわたって灯火管制が発せられた。そしてその深夜、東部地区に警戒警報が発令された[38]。綱川「参考簿」には、つぎのように記載されている。

午后一時二十五分
第一種警戒警報発令
綱川小隊――第一小隊
伝令　関巡査
第一分隊小野寺部長　飯塚要　阿波根　関口　福島　本橋
第二分隊望月部長　中沢　多田　大庭　宮根　竹沢
午后一時編成終了
午后二時警戒警報解除サル

すでに九月一一日、図上の防空訓練で綱川は現場指揮隊長に設定されていた。これにもとづいて、綱川小隊として行動したのである。また、この日、東京都と神奈川・千葉・埼玉各県下では、いっせいに軍官民連合の灯火管制訓練が実施された[39]。これについて「参考簿」はつぎのように記している。

九月一九日、灯火管制
（1）午后六時三十分――八時警戒管制
（2）午后八時――同八時四十分空襲管制
（3）午后八時四十分――九時三十分警戒管制

その後、防空訓練に関しては、一〇月一〇日、防空実地訓練、一四日、防空綜合演習とつづき、一九日には東京・神奈川地区の軍官民連合警備防空訓練が予定されていたが、雨天により延期となり、二四日に実施されている。そして、一一月二日、綱川は「参考簿」につぎのように記す。

本警報発令時、月島八丁目日本測量器製作所四周年祝賀式挙行参列ノ為メ午后一時十五分同式場ニ臨席シ式開会間モナク空襲?《ママ》、警戒警報発令サレ直チニ本署ニ引返ス。途中月島橋付近ニ来タルトキ都内各地高射砲陣地ヨリ一斉ニ砲門ヲ開キ敵キ激撃ノ砲火ヲ発ス。其ノ状況極メテ緊迫セリ。戦局ノ弥《いや》カ上ニモ緊迫セルヲ感ス。帝都民心ノ慌タル状景ヲ見ル。将来充分落付ヲ望マルモノト思料ス。

全面空襲の危険が迫りつつあったのである。したがって、一一月五日には、「敵帝都空襲モ本格的様相ヲ示シ来タリ厳戒ヲ要ス」と記さざるを得ないのであった。

一方、戦局の切迫は、警察署の中にも波及していた。巡査たちも召集に応じて、次々と戦地へ送り出されていったのである。(40) 月島警察署では、九月一〇日、少年係の小林巡査に応召の通知があり、一四日には千葉に入営する予定の旨、「参考簿」に記している。また、一五日午前十時からは本多川巡査の壮行会が催された。一〇月二日は経済係の六本木巡査の応召に対する歓送会である。

二　月島警察署外勤主任

一九四四(昭和一九)年一一月一一日、綱川は保安主任にかわって外勤主任に任じられた。ただし、一両日はこれまでの仕事の継続らしい記事がつづいている。一二日には午前七時半、月島八丁目のロータリーに馬車・リヤカー・

手車を集合させているが、これは「非常輸送」とあるから、滞貨の輸送にあたらせたのであろう。この日、月島・京橋・築地・砂町・吾嬬署は、いっせいに管内の陸上小運搬業者を動員して工場滞貨の輸送を実施したらしく、午後六時、「成果ヲ挙ケ終了」している。一三日も、前日に引つづいて工場滞貨の非常時輸送にあたっている。なお、一三日にはこうした記事につづいて、赤インキでつぎのように記している。

中華民国主席汪精衛当六十六年、本年三月ヨリ病気ノ為メ名古屋帝大病院ニ於テ加療中ノ処、十一月十日午后四時二十分薨去ス。遺骸ハ十二日空輸南京、同氏ハ孫文ト共ニ支那革命ニ貢献シタルモノ、今時大戦ニ於テ重慶政権蒋介石ト別レ日華和平ニ協力シタルモノ、大戦中同氏ノ逝去ヲ哀ム。

綱川における政治情勢への関心を示すものであろう。このような時局関係の記載は、やがて翌年五月あたりから頻出するようになるが（後述）、これは、その先駆けともいえよう。

さて、一四日からは、いよいよ外勤が勤務の主軸となる。午後一二時から一時の間、立番中、不審者に尋問しようとしたところ逃走したので、これを追跡して逮捕した。深川に住む四〇歳の男で、煮干六貫目と三〇〇円を所持していた。綱川が外勤主任としてかかわった最初の〝事件〟である。ついで一五日午後四時三〇分、不審尋問したところ、千葉県松戸の四八歳の男で、小麦粉三貫目とサツマイモ三貫目を持っていた。いずれも戦時下の食料難を彷彿とさせる〝犯罪〟であった。なお、この一五日には、三越ホールで警察講演会が開かれたようである。

一一月一六日には、戸口査察と火元一斉取締りを実施し、一七日にも、日勤八名で、八時三〇分から一一時三〇分まで、火元一斉取締りを実施している。なお、午後は錬武にあてられている。一八日は、防空服装強化徹底に関する件と火元一斉取締りに関して繰合操練を実施している。一九日の防空強化日には、日勤の八名が警防係とともに防空活動の指導である。二二日は非番であったが、消防の打合会がもたれている。こうして、防火・防空関係の活動に中心がおかれていることがわかる。

さて、一一月二三日は新嘗祭の祭日であったため、綱川は栃木県の綱川の実家に疎開している家族のもとに向かった。そして翌二四日、子供たちとともに国民学校に行き、先生に挨拶して、授業の様子を見学していたところ、午前一一時五五分、警戒警報が発令され、五八分には空襲警報となった。

綱川はただちに帰京することとし、午後四時の列車で戻った。日記には、その間の情報として「帝都上空ヲ旋回爆撃、多少ノ被害アリト云フ」と記している。実は、この日の空襲は、東京初の大空襲であった(41)。警視庁の史料によれば、B29七〇機は爆弾二三四発、焼夷弾一三五発を投下し、これによる死傷者は五五〇人を数えていた。

二五日、綱川は出勤したが、この日も午前一一時二三分に警戒警報が発令され、午後〇時五〇分に解除されている。以後、警戒警報発令の記事が目立つようになり、二六日には午後一時四分警戒警報発令として、「敵キ伊豆方面ヨリ一キ帝都上空ニ来襲、空襲警報発令サレズ、待ヒ命令アリ、午后一時十五分頃敵キ一キ月島上空通過、キカン銃発射ス」と記されている。

二七日には、理髪業者が勤労奉仕を実施したが、この日の警報の発令状況を、綱川はつぎのように記している（空襲関係の記事は原則として赤インクで記されている）。

午後〇時三分、警戒警報発令「敵キ小笠原島上空飛翔中ナリ」
午後〇時五三分、空襲警報発令「敵機八キ編隊ハ京浜地区ニ侵入中ナリ」
午後一時、横須賀鎮守府発令　空襲警報
午後一時一〇分、東部軍情報「敵ハ雲上ヨリ爆撃中ニシテ尚西方ヨリ侵入中」
午後一時四〇分、東部軍情報「敵キハ雲上ヨリ爆撃焼夷弾ヲ盲爆中」

午後二時一五分、東部軍情報「本土ニ侵入スル敵キハ各地区ニ無差別爆撃、東南方洋上ニ脱シタリ、一部ハ帝都外関ニアリ、相当警戒ヲ要ス」
午後二時四〇分、東部軍情報「目下京浜地区上空ニ敵キナシ」
午後三時四分、関東地区、東部軍司令官発令空襲解除
午後三時三〇分、警戒警報解除

また、この日、警視庁は「敵機ハ撃退サレタ、帝都ノ護リハ鉄桶タ（ママ）、次ノ空襲ニ備ヘテ更ニ頑張レ」と告示した。五時半には警視総監の訓示もあった。

二九日も空襲関係の記事で埋められている。この日の深夜一一時二五分、警戒警報が発令され、ついで同四五分、空襲警報が発令された。そして、これらは、日があらたまった三〇日の午前二時四五分と三時一五分にそれぞれ解除された。綱川は警報発令中の一時四五分に出署した。亀戸・大島・砂町・小松川・太平・日本橋方面に火災が発生し、相当多数の焼夷弾・爆弾が投下された。午前三時五五分、ふたたび警戒警報が発令され、四時一〇分には空襲警報も発令された。四時三〇分、芝浦方面に火災発生。同じ頃、所管内の月島五丁目二番地島村吉松方前の露地に焼夷弾バンド一個が落下したが、被害はなかった。五時一三分、空襲警報解除。綱川はこの日発せられた各方面の告示・指令なども、「参考簿」に記載している。警戒警報は五時五五分に解除され、六時、ようやく帰宅命令が出た。この空襲は、東京に対する初の夜間空襲であった[42]。いったん帰宅した綱川は、三〇日午前一一時、出勤した。亀戸の被害状況の現場を視察したが、被害は「相当ノモノ」だと記している。

以後も綱川は、警戒警報・空襲警報が発令されるたびにこれを記し、また、空襲をめぐる情報を赤ペンで逐一、克明に書き付けている。それは、あたかも何かにつかれたかのごとくである。空襲は、一二月にはいるとほぼ連日のよ

うに繰り返され、その結果、日記のスペースがほとんど空襲関係の記事でうめられるようになっていく。赤字の記述が異様にふくれあがっているのである。

「大詔奉戴日デアリ大東亜戦争勃発第四週年紀念日」の一二月八日、綱川は「戦局ノ重大ナルハ勿論ナルモ本月ニ入リ敵キ来襲ハ日ヲ追ツテ熾烈化シテ来タ」と書く。九日の日記には、「日ニ三回宛々《ずつ》ノ警戒警報発令サレ殆ト勤務モ一定セス」とある。一一日には、「昨夜半ハ二回ノ空襲アリ、敵キハ各一キ宛来襲シ、第一回ハ砂町、第二回品川方面ニ焼夷弾投下サレタ」が、被害は僅少であったという。そして、一二日、「宵ヨリ三回ノ空襲相当疲レタ」と書く。年末も空襲はやむことがない。二九日、「毎日毎夜空襲年末ナシ」、三〇日、「昨夜ノ三回ノ空襲ニテ相当疲労ス」。こうして、一九四四年は相次ぐ空襲のなかで暮れたのである。

綱川は、一一月二〇日、その日の勤務の重点として、総監訓授の徹底と、不良青少年工の指導取締りを記している。おそらく訓授の際に提起されたその日の目標事項であろう。翌二一日には、前日と同じ総監訓授の徹底と、生活必需物資の一斉取締りを重点にあげている。このような「重点」の記載は、一二月に入ると、毎日記されるようになる。一二月一日の重点は、工場防火指導徹底と、空襲時における一般市民の言動指導取締りの二つで、実際にこの日、日勤のメンバーとともに工場防火週間の一斉指導取締りにあたっている。二日も同じ重点が掲げられている。三日は、工場防火週間指導取締りだけが重点となっている。四日には工場防火週間指導取締りに従事しているが、重点は灯火管制の徹底に関する件と、訓授指示事項具現に関する件の二点であった。

以後、重点には、灯火管制の徹底、訓授指示事項の具現、工場防空態勢の強化、防空態勢の強化、輸送力の強化促進、工場窃盗の防止、不審尋問の励行、灯火管制の徹底、防空資材の整備などがあげられていくが、一二月の半ば以後には、これらとはやや異質な重点が目立っている。一二月一三日の重点の一つは、「半島人ノ思想動行察知並ニ指導ニ干スル件」であり、一四日は「朝鮮人思想動行察知並指導ノ件」、一五日は一三日と同様となっている。また、一六日には「各種要視察人ノ視察内偵ニ干スル件」が挙げられ、一七日・一八日も同様である。二三日から二五日にかけては、「各種要視察人ノ視察徹底ニ干スル件」が重点となっている。第四章で扱ったような特高警察とかかわる視察事項の徹底がはかられているのである。なお、重点ではないが、二六日には、「甲部特高主任教養　共産主キ者ノ干与セル労働争キニ就テ」と記されている。

年が明けて一九四五年一月一日の「参考簿」は、つぎのようである。

本新年ハ昨夜来ヨリ三回ノ空襲アリ。午前五時二十五分ノ警報解除ニヨリ引続キ新年ノ祝ヲ為ス。宮川氏来訪ス。戦時下本年家族疎開シ居リ単独ノ新年ヲ迎フ。午前十時役所ニ於テ新年ノ拝賀式挙行。重点　大東亜戦争完遂。

重点は、一二月のような具体的な警察活動に即したものから、「大東亜戦争完遂」といった全般的・一般的なものに変わった。年頭のゆえであろうか。正月三が日の重点は「大東亜戦争完遂」である。一月六日の「士気昇揚」、七日の「紀律ノ振粛」も抽象的である。

しかし、一〇日以後は、ふたたび戦時下、空襲下に対応する具体的なテーマが重点となっている。隣組防空の強化、空襲下における経済事犯の取締り、生活必需物資の犯罪予防検挙、空襲下における部民の言動視察、防空資材の整備・強化などがそれである。また、二二日には「工員ノ欠勤防止並ニ遅刻早退ノ取締リ」、二五日には「防空的戸口警察ノ徹底並ニ促進」といった重点もある。それは、第四章で見た空襲下の大阪警察の動向と共通している。

さて、二月半ば以後、また空襲が激しさを増すようになる。一六日の「参考簿」には、つぎのように書かれている。

本日ノ空襲ハ早朝ヨリ連続的ニ小型艦上編隊関東地区各方面ニ波状攻撃ヲ為シ開戦以来ノ大空襲ナリ。愈々戦争ノ苛烈ナルヲ認ム。此分デハ容易ニ警報ハ解除トナルマイ。夜間ノ空襲アルモノト予測サル、。

このような状況のなかで、「空襲下ニ於ケル部民ノ動向視察」が重点課題とされていったのである。空襲下の綱川の記述（月島署の動向）を、第四章で扱った大阪の状況と比べてみると、両者の間にかなりの共通性があることに気づく。

一九四五年二月二〇日、綱川は外勤主任を免じられ、経済主任兼輸送主任にかわった。経済警察の性格と機能は、序章において見た通りである。

三　月島警察署経済主任

(1) 経済情勢への対応

二月二〇日、経済主任兼輸送主任となった綱川は、早速二二日、アルミニューム回収の件について、工場主を呼び出して供出について命令した。そのうえで、二三日には、管内の経済関係の有志者のところに挨拶廻りに行っている。二月二四日、食糧営団の非常物資の疎開に関する打合会に出席。二七日には、午後一時から築地運送月島出張所と石川島造船運輸部に赴いて「輸送行政警察」に従事している（従事した中身はわからない）。また、食糧配給のためであろうか、三時からは炊餐隊の編成会議に出席している。三月一日には、蜜柑の配給を実施し、軍需資材に関して調査している。二日には、アルミ回収関係の調査結果や軍需資材調査の整理をした。

二月二七日、綱川は、応急米の配給を受ける者が目立って多くなったと書いている。二八日も「応急米」との記載があり、三月五日にも、米の不足により応急米を受ける者が相当多数となる、と記している。「応急米」とは一体、何か。

一九四一（昭和一六）年四月一日から、一般家庭用の飯米は、通帳による定量割当配当制が実施された。その際、一家庭内に多数の子女や労務者などを擁する家庭、または他府県から不時の、相当期間滞在の来客などがあった場合、この定量配給では不足する場合を考慮し、その救済策として設けられたのが警察による応急米制度であった[43]。東京では、一般消費者に対しては警察署・派出所・駐在所が、学生・生徒・労務者の寄宿舎などに対しては警視庁（経済警察部）が、この警察応急米を取り扱った。毎月、経済警察部から各警察署に対し月間の需要量を割り当て、署長の管理下、各営団配給所にこれを保管させた。一般消費者に対する交付の取扱いは、旧市域では警察署が行った。交付は初め証明書制度によっていたが、一九四三年六月二〇日以降、申請者に家庭用米穀通帳を提示させ、その家族員数や次回の配給予定日などを考慮して必要量を査定交付していた。警察署では警察応急米の支給事務を経済係が担当した[44]。

　配給制は一九四一年末までに全国のほとんどの地域で実施された。しかし、一人当たりの配給量は少なく、アジア・太平洋戦争開戦前後の時期には、とくに都市部で飯米の不足が深刻化した。こうしたなかで、比較的大きな役割を占めたのが、この警察応急米だったとされる[45]。

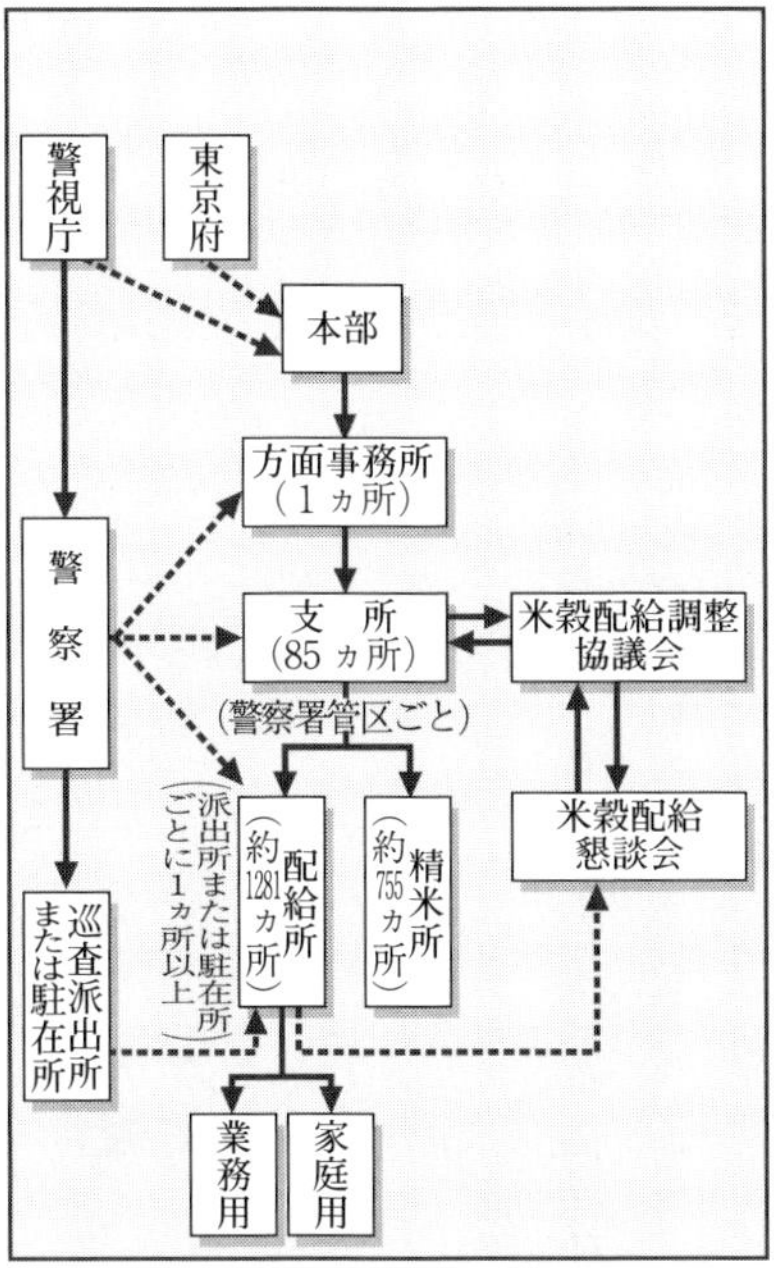

図3：東京府における米穀配給機構

　警察応急米は、警察署が管理し、その配給は警察署長発行の「警察応急米配給証明書」によって行うことになっていた。東京府（東京都）における配給機構は、図3のように[46]、（東京府）→本部→方面事務所→支所（警察署管区ごと）→精米所・配給所（派出所・駐在所ごとに一ヵ所以上）という行政系統と、警視庁→警察署→巡査派出所・駐在所という警察系列が並置されており、警視庁は本部に対して、警察署は方面事務所・支所・配給所に対して、派出所・駐在所は配給所に対して、権限をもっていた。

経済主任兼輸送主任として、綱川がこのような活動をしているときも、頻繁に襲う空襲が生命と生活を脅かしていた。三月五日の空襲では、「砂町被害状況二千五百戸ノ焼」となり、三月九日から一〇日にかけては、かつてない大空襲が東京を襲った。東京大空襲である。そのすさまじさを再現するため、かなり長くなるが、九日の「参考簿」から書き抜くことにする。

○時十五分、空襲警報発令、敵キ帝都上空ニ三キ来襲、投弾ス。

○時二十分、タイヒタイヒ、石川島上空投弾、門前仲町方面、最低空高射砲甚ク発射、砂町上空侵入、B29更ニ投棄、更ニB29品川方面ニ侵入、当地区警戒ヲ要ス。キケン区域ヲ脱ス。敵ハ大編隊ニテ百キ、次ノ敵キ砂町上空、永代橋、富岡町付近大火災。敵キ更ニ深川上空又来襲、後続部隊アリ。大編隊ノ爆音聞ユ。関東々部京浜地区ニアリ。当地区警戒、高射砲盛ニ発射、敵キ上空ヨリ芝方面ニ進ム。当地区絶対警戒。

○時四十分、新佃島ニ落下。当地絶対警戒〳〵〳〵、機関銃掃射アリ。敵侵入盛ニ投弾、深川方面、敵上空〳〵〳〵、未タ当地区ニ投弾ナシ。当地区絶対警戒〳〵、当地区危険区域ヲ脱ス。高射砲盛ニ発砲ス。深川方面大火災、永代方面目下視界内ニ敵キ三キアリ。日本橋方向ニ於テ盛ニ投弾、麻布方向ニモ火災発生ス。芝、火災何ヶ所、無数、本所深川一帯火ノ海ト化ス。糧米廠、不動尊、平野町。

光田署長○時四十分出署。御台場上空ヨリ当地区上空ヘ、五号地石川島ニ投弾、第二石川島、当地区警戒〳〵、火災発生ス。カンシ所真上、高射砲発射、投弾、当地区安全、築地本願寺方面投弾、石川島ノ火災ハ目下炎上中、高射砲盛ニ発射、当地区絶対警戒、絶対警戒、タイヒ〳〵、警戒〳〵。麹町方向ニ丸ノ内方向敵キケキツイ中。本願寺、二号地ニ多数落下、第二小隊長トシテ現場ニ出動シ、火災西大風ニ煽ハレ、麹町、京橋、本所、深川、城東地区火ノ海ト化ス。築地署管内モ隅田川際迄焼キ尽ス。月島署管内ハ月島十丁目、十一丁目、東河岸迄一角全部焼失ス。三百戸余全焼、焼死者十名、罹災民約二千名。

三月十日午前九時頃交代ス。

火災ハ依然トシテ燃ヒ続ケツ、アリ。城東深川、本所方面物凄キ勢デ燃ヘツ、アリ。

一一日、月島署管内の避難者二千人は、月島第二国民学校と佃島国民学校に収容された。一二日、綱川も罹災者の救護にあたったが、そのさまはつぎのように記されている。

何レモ夫ヲナクシ妻ヲナクシ、親ト別レ子ト別レタル者バカリ誠ニ気ノ毒ナリ。火災ノ情況ヨリ推定シテ生存者ハ幸福ト云フベキモ、多数ノ者何レモ火傷セルモノ多シ。

綱川は一三日・一四日も罹災者の救護にあたっている。したがって、詳細な大空襲の経過記録は、「十日ヨリ十六日ノ間空襲事務多忙ニツキ記憶ニヨリ記載シタルモノ」と「参考簿」に記しているように、後日にまとめて記述したものである。四月二日には、「管内河川ニ空襲被害ノ溺死体相当浮ヒ上ル、三月十日ノ死者ハ如何ニ多数デアリシカ、想像サレル」と記している。

四月一日は、月島署管内の強制疎開が開始され、翌二日には、疎開相談所の設置について佐藤巡査部長に指示している。また、四日には、疎開荷物輸送相談所の開設について、町会長、挺身隊、陸上小運送業の代表者を集めて対策の打合会を開いた。そして、五日、疎開荷物相談所を開設する。

四月二一日からは、応急米代用の短麺の配給が実施された。九六袋が入荷したらしく、配給比率は二分の一、または三分の一とすると記されている。しかし、業務用の味噌・醤油の現物がなく、入荷の見込がないということで、都

民食堂は休業となった。なお、都民食堂とは、前年一一月二五日に雑炊食堂を改称したものである。(47)

四月二四日、松元・六本木両巡査は、管内の業務用の醤油引取方について奔走し、佐藤巡査部長は、これらの輸送に関して月島機械・月島自動車への交渉をすすめた。また、この日、隠退蔵物資の取締りを実施し、係員には取締調査の継続を命じて、倉庫業者の方面を調査した。

二五日にはウィスキーと日本酒が入荷し、営業を開始した。また、この日、強制疎開従事者に対して、とろろ昆布の配給があり、翌二六日、町会等に配給して、疎開従事員に配布するように指示した。同じ二六日には、食糧営団の精米所の存置に関して相談があり(前日二五日に「営団ノ精米所延期願証明」と記載があるが、内容は不明)、二七日、「食糧営団精米所存置問題」に関して区役所に出張して区長と交渉し、さらに東河岸の川喜多所有自動車車庫を見分して、精米所設置に適当であると判断している。二八日には業務用の醤油四六樽を千葉県から引き取っている。

五月三日午前一〇時から正午まで、労政係の主催で職域配給協議会が開かれた。議題は、商業報国会の勤労奉仕の件、戦災地金属回収方の件、食糧営団精米所の件であった。これをうけての実践であろうか、五日には、商業報国会の金属回収と、戦災地区の金属整理が行われ、六日には、挺身隊が戦災地処理による金属の回収を実施した。七日・八日も同じく挺身隊による戦災地での金属回収作業であり、これは一〇日をもって打ち切られた。

五月九日には、配給と炊餐隊の防空従事員に対する実費の支給に関して、蓮沼巡査部長が区役所と打合せており、米穀配給所精米所設定の件について、渡辺という人物が来署したりしている。一一日から一三日にかけては、子供服(罹災品)を罹災者に販売している。

五月一八日、綱川は輸送主任を免ぜられ、経済主任専務となった。二〇日には経済事件の未解決書類を整理し、二一日には注意報告の処理にあたっている。

六月二日には、係員が外食券者と食堂関係の指導にあたった。三日には、酒が一五樽入荷し、五日、国民酒場に一五樽の特配があった。そして、六月四日には、本庁で経済主任会議があった。六日には、飲食店業者の整備に関する会合と、係員の打合せがあった。

綱川はこのように以後も経済主任としての勤務に従事していくが、その関心は戦局そのものの行方へと強く傾斜していったようである。四月下旬以降、しばしば国際情勢や戦局に関する記載が「参考簿」に登場するようになり、主に日常の勤務と空襲関係の記事から構成されていた「参考簿」の雰囲気が変わってくるからである。

なお、六月八日、綱川は盲腸炎を発病して医師の診察を受け、一一日から様子を見つつ、その後、静養につとめ、ようやく七月下旬、回復に向かい、三〇日から出勤している。二ヵ月近く病気だったのである。その間の状況を、つぎのように記している。

病臥中、殆ド毎日二、三回ノ警報発令サレ、且ツ二、三回置キニ空襲アリタルモ東京ニ被害ナシ。田舎ニ行ツテモ同様空襲アリ。宝積寺駅、清原飛行場、宇都宮等ノ被害、七月七日ノ烏山等ノ被害ヲ目撃ス。戦局、農村ノ空気、極メテ憂慮スルノ状況ニアリ。

綱川は静養のため、六月二八日、郷里の栃木県に向かい、七月二九日に帰京しているが、帰省中に宇都宮とその近隣地域に対して行われた大規模な空襲に遭遇していたのである。

(2) 戦局・時局への関心

三月二一日、「戦局ノ重大サヲ日増ニ濃クナルノ感アリ」と書いた綱川は、「硫黄島十七日全員玉砕」との大本営発表を受けて、「敵ニ受タル損害三万三千、我方（三万位）ノ損害モ之又甚大ナルモノト思料ス」と書いていた。戦局の行方に関心を強めたのであろう。そして、四月五日、午後七時の報道として、「小磯内閣総辞職、沖縄本島上陸戦局極メテ重大危機ニ至ル。政戦共ニ容易ナラサル状態ナリ」と記し、翌六日、「内閣総辞職ニ伴へ《ママ》大命降下鈴木貫太郎大将」と書く。

さて、「昭和十九年八月二十三日」に始まった綱川の「参考簿」第一冊目は一九四五年四月二〇日で終わり、第二冊目は「昭和二十年四月二十一日」から始まる。その冒頭、一九四五年四月二一日の記事は、つぎのように書き出されている。

二、三日ノ曇天ガ晴レ愈々春日和、沖縄戦局重大化スルト共ニ独乙戦局之又生死ノキロニ立ツ。米英ソ軍ベルリン総攻撃ノ火蓋切ラル。世界大戦欧洲ノ一角枢軸陣営今後ノ作戦ハ？

沖縄戦をはじめとする戦局の帰趨への関心と、ヨーロッパ情勢、とくにドイツ・イリアの敗勢への関心がその中心である。業務関係の記載は、こうした情勢記事の合間に〝埋没〟してしまったかの感がある。そして、五月八日には、ついにドイツが無条件降伏する。九日の「参考簿」には、つぎのように記されている。

独デーニッツ総統五月八日午后十二時一分米英ソ三国ニ対シ無条件降伏。欧洲戦局終末ヲ遂ケタリト雖戦後処理如何、敗戦国ノ前途悲惨タルヲ見ル。日本戦争局面ヲ観察スルニ楽観ヲ許サス。大東亜戦是カ非デモ勝チ抜カネバナラヌ。独無条件降伏ハ苛酷此ノ上モナキ状況ニアリ。独乙国民情察スルニ余リアリ。

一方、日本そのものの戦局については、空襲の激化や、沖縄戦の状況に懸念を深めつつも、戦争遂行への意志を書き付けている。たとえば、四月三〇日の記載はつぎのようである。

本年モ既三分ノ一ヲ過ス。戦局愈々重大ナリ。本年一月ヨリ敵空襲熾烈ヲ極メ殊ニ三月九日夜ノ大空襲以来四月十五日ノ空襲ニ於テ帝都ノ模様一変ス。戦災者相当多数ニ昇リタルモ之等ノ人心極メテ平穏志気愈々旺盛ナリ。戦ハ必ス勝ツ。今一段ト戦意昇揚生産ノ増強ニ力ヲ效サネハナラヌ。

しかし、空襲の惨禍は覆いがたい。「参考簿」の記載を追ってみよう。五月二六日、ほとんど丸の内・銀座の繁華街は焼失し、二五日の空襲被害は極めて甚大である。二八日、被害は極めて甚大なるものがある。三一日、本年に入ってほとんど毎日、空襲に空襲の日を送り、わずか五ヵ月間に帝都・六大都市の様相は全く一変した。沖縄戦局の重大化とともに本土空襲も一層の度を加え、来襲機数は二十、三十、五十、百、二百、三百、四百、五百、六百と激増してきた。被害も相当増大する傾向にある。「将来更ニ容易ナラサルノ時、一億国民今一段ノ憤激ヲ以ツテ敢闘ヲ要ス」。六月一日、大阪に四百機来襲し、相当被害があった（住吉区）。沖縄戦はいよいよ重大化している。三日、一昨日は大阪に、昨日は九州に大挙来襲し、沖縄戦もまた重大な局面となっている。「戦局愈々容易ナラサルヲ覚ユ」。八日、沖縄戦、いよいよ重大段階に入る。

以後、しばらくは国際情勢や戦局がらみの記載はなくなるが、八月にはいってふたたび登場する。八月九日、ポツダム会議による米英ソからの無条件降伏の申し入れを日本側が拒否した結果、ソ連側から通告があり、ソ満国境で戦端を開いた。「愈々戦局重大ナル局面ニ入ル、国家ノ総力ヲ揚ケ之レカ戦争完遂ニ邁進セネバナラヌ」。一一日、「広島市及長崎市ニ対スル新型爆弾ノ威力、言語ニ絶スルモノアリ」。原爆投下。そして、ついに八月一五日である。この日朝、「玉音放送」を聞くようにとの指令があった。綱川は二冊目の「参考簿」の最後に、敗戦の感懐をつぎのように書き記している。長くなるが、片仮名を平仮名にし、一部、漢字を仮名にあらためて、そのまま書き抜いておくことにする。

正午、天皇陛下御自ら今時戦争、我に利有らざるところから、やむにやまれず涙を含んで二千六百余年の歴史を、皇国護持、国民をしてこれ以上戦禍を受けしむるの非なるを思召し、大慈大愛の御聖慮により和平に関する大詔喚発、ラヂオにより一億国民に玉音を放送遊さる。恐懼《きょうく》の極なり。有史以来初めての事なり。大東亜戦争勃発以来三年余、必勝の信念を以て戦い来るといえども、敵米英ソ支のポツダム宣言、原子爆弾、ソ連の宣戦布告等により戦局一変し、光輝ある我が皇国もこれにより二千六百年前に戻る。誠に残念なり。

今時敗戦の原因は原子爆弾、ソ連の宣戦布告ありといえども、よって来たるものは政府指者一億国民の戦局に対する認識と努力の欠除し居たる結果なり。

上御一人に対し奉りての不忠と、祖先に対する不孝の罪、誠に以て万死に値す。しかりといえども、本土に於ける戦災は空襲による災害のみにて、罹災戦禍甚大なりといえども、敵兵上陸することなく、兵禍なくして和平に入るは、ひとえに陛下の御聖断にあり。重ねて畏き極みなり。

これを思いたる時、一億国民、日本民族の再発足、而して赤子我孫にこの怨を晴らさんことを只今より胆に命ず。今日よりは再出発、戦災の復興に民族の繁栄の存す、艱苦に堪え、倍加する努力と屈辱を晴さんことを担い、陛下の御軫念《しんねん》に副い奉らんことを期す。

原因　一億国民の結束足らず

指導者の指導力の軟弱、職域奉公の欠除

闇取引による国民の経済の堕落

このように、変わらぬ天皇崇拝の思いのなかで、敗戦への慚愧《ざんき》の念をかみ締めつつ、復興と復讐を誓っているのである。「参考簿」二冊目の本文の記載は、以上をもって終わっている。

おわりに

本章では、月島署の警部補、綱川信廣の戦中の記録「参考簿」を読み解きながら、戦争末期の地域社会と警察のかかわりに迫った。彼は、月島署において、最初（一九四四年八月から）保安主任として、ついで（同年一一月から）外勤主任として、その後（一九四五年二月から）経済主任兼輸送主任として勤務した。このように担当が推移したため、「参考簿」に登場する警察の勤務内容に、一貫性があるわけではない。

しかし、本章の冒頭で提示した第一の課題、すなわち、国家にとっての警察機能のありようを具体的に明らかにするという点では、それはかえって有効だともいえる。綱川の活動は、戦時下、とりわけ戦争末期の時代性とのかかわりで、警察機能が地域においていかに発動されていたのかを実態に即して浮かび上がらせている。とくに保安主任としての保安警察のありようは、地域社会と警察の密接な関係を考えるうえで重要である。飲食物業や理容業をはじめとする営業取締りは、その重要な職務であった。戦時下の〝犬〟の問題も興味深い。外勤警察は、事件や犯罪に直面してこれと〝対峙〟する部署であるがゆえに、その犯罪のあり方には、戦時下の食糧難のさまが投影されていた。防空・防火活動も、外勤警察の職務であった。それともかかわって、空襲が本格化するにつれて、空襲関係の記事が「参考簿」に頻出するようになった。それは、空襲そのものの深刻さとともに、それへの対応が警察活動にとっても重要な職務になっていたことを物語る。

戦時下の警察、とりわけ空襲とのかかわりという点では、同時期を対象としている本書第四章、外勤警察という点では、後の時期ではあるが外勤巡査を扱う本書第七章、さらに、経済警察については、戦後の経済警察そのものを扱う本書第六章と、それぞれ比較・対照してみることにより、時代の構造との関係で警察機能のありようが明らかになろう。

つぎに、第二の課題とのかかわりでは、綱川が警部補であり、署長のもとにあって担当部署に責任を負う存在であったことから、警察署の機能が具体的に明らかになった。警察は国家の施策の実行を保障（強制）する権力である。そのための最前線の執行装置が警察署であり、国家権力の最前線機関として地域のなかに配置され、さまざまな許可権限を担っていた。保安警察という点では、直接には、占業組合の組織化や、小運搬業組合・料理飲食店組合・理髪業組合との関係など、各業者が警察の管理統制下で組合を組織し、内部統制をはかっていたことがわかる。また、綱川は他署・他機関（区役所）との打合せや懇談などに参加しており、当然のことながら組織間のヨコの連携がはかられていたことがわかる。

第三に地域性という点で、本章が対象とした月島署は、東京の湾岸部、墨田川河口の埋め立て地に位置する工場地帯・倉庫地域であることから、工場や倉庫に対する調査・視察や交渉、運輸業者に対する指導・取締りなどが重要な職務になっていた。これは、第二の課題である警察署の機能ともかかわる。

第四の個人史という点では、残念ながら綱川の出自や、一九二六年六月に警視庁巡査になってから一九四四年八月に警部補となるまでの閲歴は、現在のところまったく不明である。その時代性からして、「陛下の警察官」たるべき精神が養成され、また、要請されただろうことは想像に難くないが、具体的なことはわからない。たしかに「参考簿」から強い天皇崇拝の思いを感得することはできる。他方で、時局や戦局への関心を書き留めていることが「参考簿」の特徴となっており、とくに戦局が行き詰まるなかで、その度は高まっている。敗戦を経て、それがどう推移していくのかは、次章につながる追究点となる。なお、個人史という点で、綱川は一九四四年八月、栃木県大里の妻の実家に家族（妻子六人）を疎開させ、以来、一九四六年三月までは単身で勤務している[48]。

第五に、戦中と戦後の関係性という点では、次章で明らかにするように、経済統制は戦時だけでなく、戦後も継続していた。戦時経済統制から戦後経済統制への推移のなかで、経済警察が如何に機能したのかについては、本章で明らかにした警察応急米の存在に注目しておきたい。

（1）「参考簿」三冊目の一九四六年六月一四日の記載による。
（2）このようなアプローチが、近年関心が高まっている「エゴドキュメント」研究の動向に通じることについては、本書の序論で言及した。
（3）月島警察署史編集委員会編『月島警察署史』警視庁月島警察署、一九七六年。
（4）築地警察署史編集委員会編『築地警察署史』警視庁築地警察署、一九七三年、四五二～四五三ページ。
（5）同前、三四七ページ。
（6）東京都中央区立京橋図書館編『中央区沿革図集［月島篇］』東京都中央区立京橋図書館、一九九四年、一六ページに収録。
（7）月島地域の地理的な配置や内部構成については、前掲『中央区沿革図集［月島篇］』に収録された各種の地図を参照した。
（8）以下、中央区役所編『中央区史』中巻、中央区役所、一九五八年、一二三四～一二四〇ページ。
（9）前掲『中央区沿革図集［月島篇］』、六三ページ。
（10）『第五十四回　警視庁統計書　昭和十九年』警視庁、一九四六年、八六～八七ページ。
（11）前掲『月島警察署史』、三〇六ページ。
（12）同前、三〇六～三〇七ページ。
（13）同前、三〇八ページ。
（14）同前、三一〇ページ。
（15）同前、二九三ページ。なお、同書二九三～二九四ページは、一九四五年の月島署の警察官数を、署長（警視）一人、警部一人、警部補九人、巡査部長二一人、巡査一五一人、一般職二一人、合計一九五人としているが、これは『第五十五回　警視庁統計書　昭和二十年』（警視庁、一九四八年）に依拠したものと考えられ、敗戦後、一九四五年一二月末時点の人数である。
（16）一九四四年四月、警保局長は輸送警察の運営方針を全国に通達し、警察の取締りによって輸送の増強をはかろうとした。輸送関係業者などに対しては、「警察力ヲ背景トセル強力ナル現場指揮」が必要だというのである。警視庁管内、および月島警察署管内の「輸送警察」の状況は判然としないが、埼玉県の場合は、この指示をうけて警察部長を会長とする陸上小運搬業連合会を組織し、荷車・荷馬車・トラックなどを総動員して、物資輸送の円滑化をはかったという（埼玉県警察史編さん委員会編『埼玉県警察史』第二巻、埼玉県警察本部、一九七七年、二一四ページ)。また、神奈川県戸塚警察署管内の場合、六月一日に業者一四三名、台数一八〇台をもって、陸上小運搬業統制組合戸塚支部が結成されていた(神奈川県警察史編さん委員会編『神奈川県警察史』中巻、神奈川県警察本部、一九七二年、四七四~四七五ページ)。目的は滞貨の一掃にあった。

(17)前掲『第五十四回　警視庁統計書　昭和十九年』、一二〇~一二一ページ。

(18)『警視庁事務年鑑　昭和八年』警視庁総監官房文書課記録係、一九三九年、一六二~一六三ページ。

(19)東京百年史編集委員会編『東京百年史』第五巻、東京都、一〇七〇ページ。なお、「雑炊食堂」については、『東京大空襲・戦災誌』編集委員会編『東京大空襲・戦災誌』第五巻、東京空襲を記録する会、一九七五年、一七七~一八〇ページも参照。

(20)『昭和史全記録』毎日新聞社、一九八九年、二九四ページ。

(21)前掲『東京百年史』第五巻、一〇七二ページ。

(22)警視庁史編さん委員会編『警視庁史』昭和前編、警視庁史編さん委員会、一九六二年、八五七~八五九ページ。

(23)『警視庁事務年鑑　昭和五年』上巻、警視庁総監官房文書課記録係、一九三九年、二一六~二二一ページ。

(24)『日本警察新聞』一九二一年五月一五日。

(25)『加除自在　警視庁令全書』大日本行政学会、一九三八年、九二~九三ページ。

(26)警視庁保安課のある警部は、占業者の一言一句、一挙手一投足は依頼者に甚大な影響を及ぼすので、占業者が地位を悪用したり、医療を妨げたり、射幸心を煽って遊惰の情緒を誘うなどして、ついには犯罪を犯す動機ともなりかねないと、取締りの必要性を強調している(岩崎正行「帝都に於ける占業者の種々相」『警察新報』一九三五年三月号)。

(27)前掲『第五十四回　警視庁統計書　昭和十九年』、一〇九ページ。

(28)以下、同前、一一四ページ、一一六ページ。

(29)同前、一〇九ページ。

(30)前掲『加除自在　警視庁令全書』、一二一~一二七ページ。

(31)以下、今川勲『犬の現代史』現代書館、一九九六年、八四~八七ページ。

(32)以下、生石真雄編『各種営業取締法規』第一巻、生文社、一九二九年、一七六~一七九ページ。

(33)同前、一二〇ページ。

(34)以下、同前、一二二~一二三ページ。

(35)同前、一二七ページ。

(36)同前、二一〇ページ。

(37)西田秀子「アジア太平洋戦争下　犬、猫の毛皮供出献納運動の経緯と実態」(『札幌市公文書館年報』3、二〇一六年六月)によれば、一九四四年秋、軍需毛皮の兎が不足したことから、軍需省・厚生省が飼い犬の毛皮供出献納を都道府県知事あてに通牒し、全国で犬の毛皮供出献納運動が展開された。畜犬（飼い犬）の供出買上げと献納、野犬の掃蕩によって集めた犬の毛皮を、兵士の防寒着や航空服・航空帽の材料にしようとしたのである。なお、同論文によれば、北海道の場合、早くも一九四三年四月に犬の毛皮の供出が始まり、一九四四年五月には海軍側の要請により飼い猫もこれに加えられたという。

（38）東京都中央区立京橋図書館『中央区年表』昭和時代Ⅳ、一九八〇年、一五八ページ。

（39）同前、一五八ページ。

（40）神奈川県の場合、一九四四年三月現在、約七五〇名の警察官が応召し、一九四五年八月の敗戦時には九一〇名にのぼっていたという（前掲『神奈川県警察史』中巻、四五六ページ）。また、埼玉県の場合、満州事変以来、敗戦までの応召警察官数は七七四名であった（前掲『埼玉県警察史』第二巻、二〇六ページ）。

（41）前掲『警視庁史』昭和前編、一〇二六ページ。

（42）東京都公文書館百年史編集係編『東京百年史』別巻・年表、東京都公文書館百年史編集係、一九七九年、六六二ページ。

（43）以下、『東京都食糧営団史』東京都食糧営団史刊行会、一九五〇年、八三一〜八三四ページによる。

（44）前掲『築地警察署史』、四七六ページ。同書によれば、一九四二年三月、警視庁防犯部が「警察応急米運用要綱の臨時緩和について」を通達して、放出基準を広げる緩和措置をとったため、応急米の放出量が急増したという（一九四二年二月に二三・二一四キログラムだった警視庁管下の警察応急米放出量は、三月には七七・四六八、四月には四六・五八二になっている）。

（45）以上、赤澤史朗「太平洋戦争下の社会」（藤原彰・今井清一編『十五年戦争史　3』青木書店、一九八九年）、一八〇〜一八一ページ。また、佐賀朝「戦時下都市における食糧難・配給・闇」（『戦争と平和：大阪国際平和研究所紀要』二―二、一九九三年）は、都市部における労働者家庭の主食不足に対する第一の補填方法として、警察応急米の支給をあげ、配給米では足りない場合や臨時の入用の際、最寄りの警察署の証明により特配が受けられるものである、と説明している。同論文は、川崎市や大阪市の場合を参照しつつ、「手加減一つで増減」するこの警察応急米は、都市の米不足緩和に対してかなり大きな役割を果たしたと見ている。

（46）松田延一『日本食糧政策史の研究』第二巻、食糧庁、一九五一年、二三六ページ。

（47）前掲『東京百年史』別巻・年表、六六三ページ。

（48）次章（第六章）で扱う「参考簿」三冊目の一九四六年八月一五日付の記事による。

第六章　ある警察官の戦後――綱川警部補の「参考簿」(2)

はじめに

本章では、前章につづいて警部補綱川信廣の「参考簿」の三冊目を読み解きながら、一九四五（昭和二〇）年八月の敗戦から翌四六年一〇月にかけての時期の、警察と地域社会の関係に迫ってみる。前章で明らかにしたように、第一に、国家にとっての警察機能のありようを、時代状況とのかかわりで具体的に明らかにすること、第二に、国家の基盤権力・基礎構造のあり方を警察、具体的には警察署に即して解明すること、第三に、具体的地域における警察の活動実態の追究により地域をめぐる権力編成のあり方を解明すること、第四に、警察官という主体のあり方、個人に即してその個人史に接近してみること、第五に、国家・社会編成と警察のあり方の検討を通じて戦中・戦後の連続と断絶のあり方を具体的に検証することを、本章でも検討課題としたい。

第一について、本章が扱う時期は敗戦直後からの約一年二ヵ月間であり、国家という点では、占領というかつて経験したことがなかった国家的転換に遭遇した時期にあたる。政治・経済・社会の変動に直面した警察が、どのような様相を呈したのかを探っていくことになる。第二については、前章の月島署だけでなく、本章では深川署も加わる。そして、地域社会における警察署の機能とあわせて、警視庁本庁と警察署というタテの関係と、警察署相互間のヨコの関係についても検討してみることにしたい。第三については、月島・深川地域の特徴とかかわって、どのような警察活動が重点化されていたのかを考えてみることになる。第四に関しては、前章と同様、警察の活動に直接には関係がないと考えられる記述についても紹介していくことにしたい。

第五については、少しく説明しておく必要がある。綱川は戦中の一九四五年二月から戦後の一九四六年五月まで月島署の経済主任であった。原朗氏は、敗戦直後の臨時軍事費の支出急増によるインフレーションの爆発、軍需生産の停止による失業者増と復員者の帰還、農村の凶作などによって、戦後初期、経済危機が深刻化し、一九四五年末から翌年春にかけて食糧危機がいっそう深まっていったとしたうえで、つぎのように指摘している。[1] 統制経済は戦時だけで終わるものではなく、一九四五年の敗戦から一九五〇年頃に大部分の統制措置が解除されるまで、戦後統制がつづいていた。そして、この四〜五年間の戦後統制においても、統制の手法は基本的に変わらなかったというのである。すなわち、原氏は「一九三七年から一九五〇年までの一四年間は一続きの時期」であり、「戦時統制と戦後統制」には多くの点で類似点がみられるとしている。序章で述べたように、戦時経済統制の貫徹をはかるべく、経済警察が本格化したのは一九三八年であった。では、この戦時統制にあたった経済警察は、戦後統制の時期にはどうなったのか。本章では（次の第七章でも）、戦後統制と警察の関係を具体的に探ることを通じて、戦時と戦後の連続と断絶の問題を考えてみることにしたい。

戦後の経済警察については、金守香氏が「日本の警察史には、一九三八年から一九四八年まで存在した経済警察というものがある」として、一九四五年から同年末までの1期（主たる対象が定まらない放任期）、一九四六年一月から同年末までの2期（経済統制再開・取締り開始期）、一九四七年からの3期（取締り本格期）の三つの時期に区分している。[2] 戦後の経済警察と「経済犯罪」に検討を加えたはじめての成果であり、本章で扱っているのは、その1期から2期の半ばに該当する時期である。ただし、金論文は一九四八年三月、警察法の施行によって経済防犯課が廃止され、経済警察事務が他部署に移管されたことをもって、経済警察制度は廃止されたとしているが、次の第七章で明らかにするように、その後も戦後統制は継続しており、本書は経済警察機能はその後も存続していたという立場をとっている。

なお、一九四五年一二月末現在の月島署の警察官数は、署長（警視）一人、警部一人、警部補九人、巡査部長二一人、巡査一五一人、であった。(3) 綱川は九人の警部補の中の一人ということになる。

一　敗戦直後の激変のなかで――経済主任・保安主任兼務

（1）敗戦と占領の開始――政治・社会と警察の変化

「参考簿」の三冊目の表紙に、綱川は「昭和二十年八月十五日　和平再建」と記した。そして、本文冒頭をつぎのように書き出している。

昭和十六年十二月八日　勃発
昭和二十年八月十五日　再建
国体護持和平建設
昭和二十年八月十五日　水曜　晴天　日勤日
正午和平ノ大詔喚発

「大詔喚発」と、それをうけての彼の感懐は、すでに前冊に記していた（第五章参照）。こうして、綱川の〝戦後〟が始まった。

八月一六日、鈴木内閣が総辞職し、一七日、東久邇宮内閣が成立した。それは、綱川にとって、まさに「肇国《ちょうこく》以来ノ事」であった。一七日、彼は「大詔喚発和平ニ対ス。国内状勢極メテ重大、生産方面ノ機能全ク停止ス」と書いた。八月二〇日には、「戦争終結ニヨル一般民衆ノ動向極メテ平穏ナルモ、戦後処理問題ニツキ不安アルモノノ如シ」と書いている。依然として彼は月島署の経済主任であった。戦後の経済情勢に対処しなければならない。しかし、同時に民衆の動向や社会情勢も気になる。これらについては、後に詳述する。

八月二三日は、綱川の「月島署赴任一周年」であったが、「此間事務成績、戦局ノ苛烈ト熾烈ナル空襲下ニ在リシ為メ思フ様ニ実績挙ラス」と書かざるを得なかった。九月二日、綱川は「大東亜戦遺憾乍《ながら》敗戦ス」と書いて、この間の経緯を振り返っている。「八月十五日ノ大詔喚発ニヨリ戦争終結シ、二十日比島マニラニ於テ停戦仮会議、三十日マッカーサー元帥厚木ニ来朝ス、本日降伏条文調印式、横浜沖米艦ミズーリ号上ニ於テ挙行」となったのである。この日も、「米艦上キ数百機帝都上空ヲ朝カラ飛翔」していた。まさに、「戦勝ト敗戦ノ差天地ノ如シ」であった。

一〇月六日、「東久邇宮内閣」は「総辞職」した。四日、ＧＨＱは政治的・公民的・宗教的自由に対する制限を撤廃するように日本政府に指令し、東久邇宮内閣はこの人権指令にこたえることができず、総辞職したのである。綱川は六日の「参考簿」に、「敗戦ノ浮キ目如述（ママ）ニ物語ル」と記し、「終戦後早ヤ内閣瓦解、日本ノ将来安スルニ余リアリ」と嘆息している。この日、「幣原喜重郎男」に「大命降下」した。七日、綱川は「僅カ三四日ノ内ニ内閣ガ変リ、銀座方面ニハ各種ノビラ戦前ニハ到底見ル事ノ出来サルモノアリ」と書き、「日本再建ト云ヒ、将来ハ相当ノ大変革ヲ見ルナラン」と予測した。「警察部内ニ於テモ特高事務、情報事務何レモ停止トナル」。実際、「大変革」は警察にも及んでいた。前述の一〇月四日の覚書で、ＧＨＱは思想警察の全廃、特高警察全員の罷免などを指示していた。

一〇月九日、「幣原内閣」が「成立」した。一〇日には「日比谷公園」で「無産党ノ集会」があった。この日、政治犯が釈放され、自由戦士出獄歓迎人民大会の来会者が日比谷・銀座方面をデモ行進していたのである。

八月三〇日、マッカーサーが厚木飛行場に到着した。そして、九月七日、「米軍進駐」は「明日ニ迫」った。月島警察署では、「事態即応ノ為メ日勤非番員共待機寮ニ於テ午后六時ヨリ待機」した。待機寮とは、月島警察署の単身者用警察寮である。(4) そして、八日、米軍は東京に進駐し、「原町田ヨリ代々木、麻布三聯隊」にやってきて、月島署管内の「四号地方面」にも進駐した。(5) 四号地とは晴海地域のことである。(6) 九日、「四号地需品廠第三国民学校ニ進駐シタ」ため、「米兵」が「町内ニポツ〳〵見受ケラ」れ、「警戒警備モ容易」ではない。「四号地進駐兵二名」が来署した。

米兵がらみの〝事件〟も発生している。九月一二日には、「新佃西町二ノ一三」の「第六綜合配給所」に、「午後五時過」、「米兵四名」が「来店」し、「ビール四本各々四本持去」った。「最初タバコ」を「一ドル紙幣」で買ったらしい。これは、「大塚主任」から「午后六時三十分」に「届出」があったものである。一〇月二一日には、「午后九時三十分頃」、「朝潮橋立番員」の「上野市郎」が、「泥酔セル米兵」に「殴打」された。「米兵」「二名ノ内一名」は「傍観」していた。朝潮橋は月島と晴海の間の橋である。

一〇月四日のGHQの指令をうけて、警保局は六日、各府県に特高課・外事課・検閲課の廃止を指令し、七日には「政治犯」釈放の決定を通知した。第四章で見たような特高の追放は、当然のことながら月島署にも及んだ。一〇月一二日の「参考簿」に、綱川は「マッカーサ司令部指示ニヨリ警視庁（各府県警察部ヲ含ム）特高部干係職員ノ罷免具体化サル」と書いた。「参考簿」によれば、月島署では、小川特高主任、関谷巡査部長、大塚巡査の三名が「犠牲」となり、八月一五日以降に任命された吉村・鈴木の両名は元の勤務に戻ることになっている。また、情報係員は清水巡査部長と山崎・新橋の三名が警務係に所属し、「署長秘書」にあたることになっている。「敗戦」の結果、「官庁の機構モ逐次変化シツヽ」あった。一四日の「参考簿」では、特高主任と係員の五名が休職になったとあり、小川主任、関谷巡査部長と、大塚・吉村・鈴木の三巡査の名が記されている。吉村・鈴木両巡査も罷免を免れなかったのである。綱川は「敗戦ニヨルトハ云ヒ同情ニ堪ヘヌ」と記している。一五日には、「小川主任外四名」の「御別ノ会」が催された。

一〇月一七日は祭日の「神嘗祭」であったが、「敗戦ニヨリ之又戦前ト模様一変、国旗ヲ掲クル家庭更ニナシ」という状況であった。一一月三日の「明治節」も、「敗戦ノ結果何ノ喜モ」ない。そして、人々の生活事情は、つぎのような状況のなかにあった。

鉄道ハ買出シ列車ヲ出シ都民ノ食糧緩和策ヲ取ル。各個人ガ買出シヲセネバ生活シ得ヌ。食糧ノ事情ノ逼迫セルニ連レ国民生活ノ不安益々増大スルハ勿論、重要主要物資ノ統制経済ハ既ニ破綻シタルノ如キ現状ナリ。政府アリヤ、国民ノ生命ハ将来如何ニナラン。

このような食糧事情の逼迫と統制経済の破綻に対し、綱川ら月島警察署の警察官がどう対処していたのかを次に追っていくが、その前に、「小川主任」のその後と関連するとおぼしき「参考簿」の記載に目をとめておくことにする。

翌一九四六年一月八日の「参考簿」には、「小川氏RＡ　就職方ニツキ柴田方ニ行ク」、「島田元署長　小川氏ノ就職ノ件ニツキ交渉アリ」と記されている。「RＡ」とは、内務省・警察の指示によって設置された「特殊慰安施設協会」(RＡＡ)を指すものと考えられ[7]、「島田元署長」とは一九四三年一月から同年一〇月まで月島警察署長だった島田廣吉であろう[8]。

一九四五年一〇月二日の「参考簿」には、「鈴木幸八氏安田氏ノ両名ニツキ管内慰安施設干係ニツキ交渉ス、成立不能」と記されており、この時点では「交渉」が成立しなかったらしい。しかし、一二月二二日には「小林検事　RA協会招待会ナルモ出席セス」と記している。そして、年明け一月七日の「矢沢氏RＡ　就職方ニツキ柴田方訪問ス」につづいて、一月八日にも「小川氏」の「RＡ」就職に関する記載がある。一月三〇日にも「柴田方ニ行ク　矢沢氏用件」と記されている。「矢沢氏」も元同僚であり[9]、「RＡ協会」側の「柴田」という人物に就職を依頼していたものとみられる。ＲＡＡの設置に警察が関与していたことは明らかになっているが、以上のことから、両者は設置ばかりでなく、人員面でも〝連携〟していたものと考えられる。

(2) 敗戦直後の経済情勢と経済警察

一九四五年八月一七日、綱川は「参考簿」に「生産方面ノ機能全ク停止ス」と書いた。八月一九日には、「外食者ニ対スル配給」につき、「外食券食堂主体ニ配給」している。「乾パン二袋　米及代替物十五日分」で、「新定量ニヨリ配給ノ事」と記している。翌二〇日には、「外食券食堂調理責任者」を召集して、「十五日繰上米配給ノ処理ニ就テ営業ノ注意」をしている。

一九四一年四月一日から六大都市で米穀配給通帳制と外食券制が実施された[10]。勤務の都合で家庭からの通勤ができなくなった者は、米の通帳に証明書を添えて配給所に申請すれば、一日一人三枚のわりで外食券が交付され[11]、業務用米の支給を受けている外食券食堂で食事をとった。一九四四年二月には、東京都がビヤホール・百貨店・大喫茶店などを利用して雑炊食堂を開設し、一一月二五日には、これを都民食堂と改称していた[12]。一九四五年六月、東京では従来の都民食堂が「外食券食堂」に切り替えられ、約六〇〇軒が一斉に店開きした[13]。このような外食券と外食券食堂の制度は、食糧事情が逼迫するなか、戦後も継続していたのである。

綱川は九月一一日、「外食券食堂従業員」に対し、「(1)食堂観念、(2)食糧消費保管、(3)燃料干係、(4)従業員ノ心得、(5)外食券ノ取扱、(6)衛生干係」などについて指示している。

一〇月二三日には、「都民食堂」の「食糧物資消費保管並ニ衛生措置」について「指導取締」を実施し、一一月七日にも、「都民食堂干係」の「指導取締」にあたっている。

一方、九月一四日には、「国民酒場改組」につき、「税ム署間税課長」が来署し、一五日、「築地竹亭」で「国民酒場解散式」が行われている。綱川は一六日の「参考簿」に「国民酒場改正、三百人分一ケ所」と記し、一七日には、「国民酒場改組」により、「業者従業員民衆」に対して「運営ニ対スル注意」をしている。

国民酒場とは、戦時中につくられた行政指導的な大衆酒場のことで、酒類は統制販売制であったが、一九四四年、大蔵省が業務用酒の半分は重要産業労務者用に、あとの半分は都会地の一般勤労者用に回すことにしたため、後者用の大衆酒場が「国民酒場」の名でつくられた[14]。酒場の数や一人あたりの飲酒量は制限されていた。

八月二〇日、綱川は前述のように、戦後処理問題について一般民衆には「不安」があるようだと書いていた。その最大のものが食糧問題であり、それを保障する配給のあり方であった[15]。同日の「参考簿」に綱川は、「米穀配給（十五日繰上）ニ就テ配給方法ニ就テノ注意」と書いている。八月二二日には、六本木巡査が「米穀繰上配給ノ件」について各配給所の指導にあたっている。

九月二〇日に綱川は、「配給所干係」の「指導取締」を実施し、係員が綜合配給所の「指導取締」にあたった。「状況」を「視察」したところ、「主食物代替ナク目下配給中止、副食調味料ハ円滑」という状況であった。九月二一日には、渡辺食糧営団支部長から「米穀配給状況」の報告があった。

一〇月三日、月島警察署長は警視庁官房主事に対し、「食糧事情ニ関スル意向聴取方ノ件」という文書を提出し、町会長二人の「言動」を報告している[16]。綱川ら署員による「聴取」活動を踏まえたものであろう。この報告用紙の余白には、「食糧事情ハ急迫シ、此ノ分デハ暴動ガ起ルデハナイカト心配ダ」と手書きされている。誰が記入したのかは不明だが、問題の深刻さが物語られていると言えよう。

一〇月二〇日にも「米穀配給所」を指導し、三一日には午前一〇時から、区役所で「綜合配給所配給推進協議会」が開催された。一一月六日には、「米穀配給干係」につき、区役所に行って「食糧営団」と「交渉」し、七日には「米穀配給干係」について「指導取締」を行っている。一一月一〇日にも、「綜合配給所」を「指導督励」し、また、渡辺支部長に対し「鰯自由販売」に関して「注意」している。

綜合配給所とは、一九四五年六月二一日、情報局が各配給統制組合の末端機構を徹底的に整理・統合する方針を明らかにしたことをうけ、東京都が設置したもので、七月一日を期して米穀配給所が一斉に綜合配給所となった。青果・鮮魚・調味料・乾物の各配給所が整理され、綜合配給所が主要食糧をはじめ、生鮮食品・保存食品・酒類・塩・調味食品・菓子その他の食品から家庭燃料に至るまで、食生活関連の必需物資を取り扱うこととなった。(17)

しかし、一一月半ば、綜合配給所は廃止されることとなった。一四日、「綜合配給所廃止ニ干シ区役所ニ於テ会キ」が開かれ、一九日には、「綜合配給所干係ニツキ指示」し、午後三時からは区役所で「綜合配給所廃ニ依ル魚貝青カ物乾物配給所新設協キ会」が開催されている。なお、その間、一六日に綱川は署長とともに「町会綜合配給所」を視察し、「経済情報」を作成している。また、一七日には大須賀巡査が「配給所」の「指導」にあたっている。

政府は一一月一七日、生鮮食料品に対する公定価格制と配給統制撤廃を臨時閣議で決定し、一一月二〇日、魚・野菜の統制が撤廃されて、東京の市場でも野菜のせりが復活した。(18)

一一月二〇日、「生鮮魚貝青果物ノ価格統制」は「撤廃」された。綱川は「参考簿」に、「入札ニヨル価格相当高価ニナルモノト予想サル。今後ノ成行キ重視ス」と記した。この日、大須賀・遠藤両巡査が配給所の「指導取締」にあたっている。

一一月二〇日午後四時二〇分、「経済部長」から「生鮮食料品ノ公定価格並ニ統制撤廃ニ干スル件」について、つぎのような指令があった。


生鮮食料品ノ公定価格並ニ統制、本日ヨリ撤廃セラレタルヲ以テ、各署ニアリテハ積極的取締ハ行ハサルモノトスルモ、其ノ後ノ情勢ニ付モ詳細推移ヲ視察スルト同時ニ、左ノ諸点ニ留意シ之カ情報ヲ当分ノ間毎日経済第二カ生活係ニ提出セラルベシ。

1．各配給機関（従来ノ配給統制組合）ノ市場員ヨリ荷引後各家庭ノ配給状況配給ハ強制ノモノニアラザルヲ以テ強制配給、情実販売、横流等ノ有無

2．業務用ノ消価状況特ニ外食券食堂、旅館下宿等需給干係

3．市場俄《にわか》露店街頭売、行商其ノ他産地ヨリノ持込販売状況

一一月二二日には、「配給所員ノ会合」をもち、「今後ノ対策」について「指示」している。参加者は「川辺支部長以下二十名」であった。二三日には、「統制廃止ニヨリ生鮮食料品相当出廻リタルモ、相当ノ高価ニヨリ消化力極メテ弱シ。今後ノ入荷価格ノ面、如何ニナラン」と記し、一一月三〇日には、「食料事情益々逼迫スルノ傾向ニアリ」と記している。

綱川は「参考簿」に、一〇月一〇日「応急米ノ代替、カン詰二百六十六瓦（一キロ）」と記し、一〇月一一日には、「益々食糧事情容易ナラサルモノアリ。管内ノ応急米受配者益々増加、食糧難切実ナリ」と記している。また、一一月五日には、「食料事情急迫ス。応急米モ保有ナシ」とあり、一二日には「食糧事情日毎ニ逼迫ス。将来如何ナル事態発生スルヤモ難斗《ばかりがた》シ」と記されている。そして、二〇日には、「応急米ヲ出ス事ニシタ。食料事情生活面日ヲ追而逼迫スルノ情勢ニアリ」と記されている。

警察応急米制度については前述したが（第五章参照）、その後、食糧事情の逼迫にともなって重要性を増していき、終戦後は、従来の「継ぎ米」という観念から、名実ともに「治安米」としての性格に変化するに至ったという[19]。すなわち、食糧事情の急迫にともなって都下の各警察署の応急米はますます増加していったのである。

九月三日、蓮沼・岩田両巡査が「工場事業場」の「官支給資材」の「横流」について「内偵」し、四日には六本

木・蓮沼両巡査が「工場」を「内偵」していた。おそらくはそれを踏まえて、六日、綱川は「工場ニ於ケル物品ノ隠匿処分」を「内偵」した「結果」を検事局に報告している。九月七日には、「林兼冷蔵庫」の調査、一七日には、係員が「工場調査」にあたっている。九月二一日には、「管内倉庫」の「食糧在庫調へ」をしている。

敗戦直後の時期、食糧をはじめとする生活物資の欠乏によって、人々の生活は未曽有の危機に陥っていた。[20] この時期の食糧危機は深刻であり、食糧闘争は戦後日本の社会運動の出発点だったとされる。[21]

一一月七日、全国の警察部長を集めた会議で、内務省警保局経済保安課は「経済警察の運営」と「食糧事情深刻化に伴ふ治安確保」について、つぎのように問いかけた。[22]

戦時下で発足した経済警察については、組織運営に対する非難が強く、終戦後、統制を撤廃すべきだという声が高まり、戦時経済の保持を使命とする経済警察の任務は終了したとも考えられるが、では、完全に廃止すべきか否か。将来、統制法規が逐次廃止され、経済警察も縮小されることは確実である。

警保局経済保安課はこう問いかけたうえで、しかし、統制規則は一挙には廃止すべきものではなく、むしろある部面では逆に強化を要するものもあると自答している。犯罪にしても、経済犯罪に対する憎悪感は他の犯罪より強烈であり、食糧輸入問題に対しても、その前提として生産並びに配給統制を軌道に乗せるとともに、闇の取締りを強化すべしとの連合軍の要求もあり、要するに経済統制を全面的に廃止することは不可能である。では、この新時期に際して経済警察は如何に反省し、如何に脱皮すべきか。

警保局経済保安課のこの文書は、警保局では経済警察所管事項と行政警察課所管の刑事警察関係事項をあわせて防犯課とし、現在、経済保安課が所管している輸送と労政を行政警察課に移管する予定であり、同様の意図から、警視庁でも経済警察部を保安部に名称を変更する予定だとしている。また、現在、経済警察は多種多様な機能をもっているが、その縮減をはかるとしている。すなわち、「指導」については、原則として全面的に停止する。「検挙」については、米麦諸などの主食糧に関する違反検挙に重点を集中する。「情報」についても、「従来一切の事象を対象」として広汎に情報を収集していたのを改め、重点主義を徹底する。このように述べて、機能の縮減と重点化をはかりながら、食糧事情の深刻化に対処し、治安の確保をはかろうとしていたのである。ただし、指導面の停止は「矛を一時収むべしとの意」であって、「一度収めたる矛を断乎として抜く」必要があるとしている。それは、「従来経済警察が独善的に出張り過ぎたる指導活動の態度」を「自ら慎」んだものだというのである。

(3) 経済事犯の取締り

八月二七日、綱川は「幽霊人口　詐ギ事件」の「被疑者」(月島西河岸通りの工場主青木)に対する「聴取書」を作成した。「幽霊人口」については、一斉取締りとかかわって後述するが、『警視庁史』は当時の「幽霊人口」の状況を次のように説明している。[23]「疎開先からの復帰者、復員軍人、海外からの引揚者は連日おびただしい数に上り、区役所や市町村役場では、それらの者の転出入届の整理に追われ、そのうえ戦災によって都民世帯票などあらゆる台帳類を焼失したこともあって、本人の申告や届出の正不正を確かめる余裕は全くなかった」。こうしたなかで、食糧の受配等に不可欠であった住民登録に際し、不正または二重登録を行い、「米穀をはじめとする生活必需物資の不当配給を受けるというより、むしろ詐取し、飽食あるいはこれを横流しして暴利をむさぼるものが少なくなかった」というのである。綱川の「聴取」対象となった「被疑者」も、これに該当すると考えられる。

同じ八月二七日、六本木・遠藤両巡査が「蒲団干係捜査」のため、千葉県に出張した。捜査対象は、船橋市の西村・稲葉(女性)と津田沼町の三橋(女性)・梅田の四人である。二八日には、三橋と稲葉についての「聴取書」を作成している。前日の捜査にもとづくものであろう。二九日には蓮沼(巡査部長)が船橋市の西村から「聴取リ」、三〇日、西村に関する「意見書」を作成している。そして、三一日、「蒲団経済事犯三件」を検察のもとに「送致」

した。

九月七日には、月島通り三丁目の第三食堂で盗難事件が発生している。前日入荷した外食券者の「カンパン」三〇袋が、午後九時から七日午前五時の間に盗難被害にあったのである。八日には、月島通り九丁目の外食券食堂第五経営所で「カンパン」二箱（百個）が盗まれた。前日午後九時からこの日午前五時の間のことである。

九月末から一〇月はじめにかけて、綱川らはほぼ同時に四件の経済事犯の検挙ないし対応にあたっている。①まず、九月二四日、松元巡査が、「漬物経済事犯」として、京橋区小田原町の「主犯」二人（木工業の北沢、食料品販売業の山本）と「売子」である杉並区下高井戸の元会社員秋山を検挙した。「犯罪事実」は、「沢庵」（マル公）「小売一〆目二、四〇」を、「神奈川県大船町漬物商岩崎某」から「数量百十五樽　十六〆五百匁　価格一樽八十五円　計九千百二十五円」で仕入れ、これを　販売「六十七樽（残四十三樽）　価格一〆目弐拾円」で販売したというもので、「違反」は「八千二百五十四円四十銭」となっている。

九月二六日、松元・遠藤両巡査が大船で捜査し、大船町の食糧品配給所の瀬崎という人物のところに、「本月初旬午后四時頃」、北沢・山本の両名が伊豆からの帰途と称して来訪し、神奈川県二宮町の「漬物屋」岩崎に「漬物ノ売買」を紹介したことが判明した。そこで、二八日、「漬物闇取引違反者」として「岩崎外四名」を取り調べ、山本・北沢・秋山の「各ヒキ者」を「放免」した。

九月二八日には、この「漬物闇取引違反者」とは別に、②「諸ノ闇取引違反者」として「元大塚大尉」を取り調べ、③「蒲団蚊帳ノ闇取引」に関しても「佐藤ノ処理方」を「督励」している。そして、二九日には、大塚についての「甘藷干係」を「処理」し、「漬物干係違反者」の山本を取り調べている。一〇月二日には、「沢庵漬物違反者」の岩崎を「聴取」し、三日には北沢・山本に対し、「沢庵漬ノ経済違反聴取リ」をしている。八日には、④「幽霊人口被疑者」の高梨に対して「聴取リ」をするとともに（「幽霊人口」については前述）、「沢庵事件」の岩崎の「意見書」

を作成し、九日には、同じく「沢庵事件」の北沢と山本の「意見書」を作成している。

そして、一〇月一〇日、「カヤ、フトン」一名（佐藤）、「タクワン」三名（岩崎・山本・北沢）、「幽霊」一名（高梨）、「以上四件」を「送致」したのである。

一〇月二八日付『朝日新聞』は、「恐るべき闇値」との見出しで、警視庁経済第三課が調査した一〇月現在の闇価格の最高値を報じているが、それによれば、沢庵漬は基準価格二円に対して闇値五円、甘藷は基準価格一円二〇銭に対して闇値五〇円となっている（いずれも一貫匁）。まさに「恐るべき闇値」であり、「闇」にかかわる経済事犯が多発していたのである。綱川も一一月一日には「甘藷ノ闇取引」を取締り、五日には福島巡査が「甘藷違反」を取り調べている。

こうした「闇」取締りとあわせて、この時期、綱川の「参考簿」には、メチルアルコールの取締りに関する記事が頻出している。一〇月九日には、「メチルアルコールヲ飲ミ死亡シタルモノアリ、最近酒類不足ノ折リカ、ル事件頻発ノ情況ニアリ」と記されている。一〇月二〇日「メチルアルコール一斉取締」、二二日も「メチルアルコール取締」、二二日も「メチール取締」、二三日も「メチルアルコール一斉取締」である。一一月一三日には、月島署管内の東中通りで真田という人物の「メチルアルコール中毒事件」が発生し、一七日には、この「メチール中毒事件」の「処理」に関し、真田の妻を聴取している。(24)

二　月島警察署経済主任専務

(1) 経済関係の調査と取締り

一九四五（昭和二〇）年一二月一日、綱川は保安主任兼務から経済主任専務となった。

一二月三日には「経済事犯」として、「興亜物産」の田川と、西仲通りの小平を「取調べ」ている。四日には、大須賀巡査が杉並区高円寺の堀池を、増和巡査が西仲通りの鳥井を、遠藤巡査が西仲通りの山本を、それぞれ取り調べている。五日には、「経済事犯人」として東仲通りの小坂井を「検束」し、これについて本庁と打ち合わせている。六日には遠藤・大須賀両巡査が小坂井と吉岡を取調べ、七日には久野という人物が出頭し、また、吉岡の聴取りをしている。八日には大須賀・増和両巡査が埼玉県の「豊岡物産会社」を捜査し、また、吉岡は放免されている。九日には久野・吉岡を取調べ、一〇日には小坂井の聴取りと久野・吉岡の取調べ、一一日には小坂井が放免となり、田川という人物を聴取している。また、一二日には、月島新佃東町の塚口を「釘ノ闇」で取調べている。一三日には「漬物干係」で葛飾区の梓沢を取調べ、一四日には久野の聴取り、一六日には吉岡の聴取りを行い、一七日、「経済事犯」の「処理」は「大体結了」した。一八日には「事件ノ意見書」を作成し、一九日・二〇日・二一日もこれを継続して、二一日、「経済事犯七件」を「結了」し、「明日七件送致」することとした。

こうして経済事犯の摘発・取締りにあたっていた間の一二月一二日、「経済警察」は廃止され、「生活課」と改称されていた(25)。前述のような警保局の方針が具体化していったのである。同日午後一時より本庁で「経済主任会議」があり、増和巡査が出席した。当日の「参考簿」に綱川は、「経済警察廃止　生活課ト改称　官制近ク発表　都民生活ノ安定確保　主食米麦　軍ノ放出物資取締リ」と書いた。

一二月一四日付の『読売新聞』は、警視庁経済警察部では、近く機構改正に伴い保安部生活課と新しく看板を取り換え、従来の闇摘発方針から一八〇度の転換を行って、都民生活の保護相談と退蔵物資の街頭進出を積極的に促進することになったとして、一二日の生活主任会議でもできるだけ検挙摘発の権力発動を避けることに決定したと報じている。

一二月一三日の綱川の「参考簿」によれば、月島署「生活係」の役割分担は、庶務：遠藤、情報：増和、食糧物資：大須賀、となっている。一二月末時点の月島署の生活係の人員は、警部補一人（すなわち綱川）と、巡査部長一人、巡査五人の総勢七人であった。[26] ちなみに、警視庁による各警察署の警部補・巡査部長・巡査の区分は、「外勤」「警備」「警務」「会計」「助教」「捜査」「記録」「看守」「防犯」「交通」「生活」「保安」「予備」「その他のもの」となっている。[27]

一二月二三日には、「酒屋干係」者を「二十名召集」し、「配給防犯干係」について「指示」している。また、この日から、「外食々堂」は「十銭値上」となり、「三十銭」が「四十銭ニ値上」となった。二五日には、「外食々堂長会ギ」が開かれ、また、「生鮮食料品」の「一斉取締」で、二五日から二九日まで、午後二時から三時まで巡視することになっている。食糧事情は依然として厳しい。二六日の「参考簿」に、綱川はつぎのように記している。

各種物資ハ都内各地ニ入荷スルモ相当高値ナリ。主要物資、米ノ入荷一八、〇〇〇俵ノ内殆ト半分、食糧難ガ近日中ニ迫ラントス。歳末ニ際シ誠ニ困ツタモノダ。

こうして経済主任として経済関係の取締りにあたるとともに、一二月下旬には、管内の「不良」の「一斉取締」に従事している。一二月一四日付の『朝日新聞』は、凶悪犯罪の激増に備え、警視庁では終戦後初の不良一斉検挙を二二日夜から当分の間実施すると報じている。取締りの重点は、最近の凶悪犯行がピストル、匕首《あいくち》、棍棒などの凶器を持っているものが多いので、これを持っているものは容疑者として検挙するという強硬なもので、このため立番以外の警察官一万五千を総動員、全部私服で第一線に出動させるという。

月島署でも、一二月二二日、「午后六時ヨリ十一時迄」「管下一斉不良狩」を実施し、綱川は二三日、「昨夜ノ不良狩」のため「十二時迄居残リ」している。二四日付の『朝日新聞』は、警視庁では二二日夜六時から一一時まで、管下七〇署を総動員して抜打ち的な不良検挙を実施したと報じている。検挙数は五六一件で、窃盗の二三四が第一位、以下、挙動不審一四一、泥酔二八、詐欺七、賭博荒七、横領六、剽盗三、脅迫一、傷害一、掏摸《すり》一、器物破壊一となっており、男女とも未成年者が大半を占めているという。

一二月二七日にも、月島署は「午后二時ヨリ后八時迄　不良一斉取締リ」を実施した。二九日付の『朝日新聞』が、警視庁では二七日午後二時から夜八時まで、第二回不良一斉検挙を行い、その網にかかったものは三二八名だったと報じているから、月島署の取締りもその一環だったのである。三〇日の「参考簿」にも、「不良一斉取締ヲ為ス」と記されている。「不良一斉取締」は翌年一月にも実施されている。

(2)「敗戦第二年目」の社会と経済

一九四五年一二月三一日の「参考簿」に綱川は、「大晦日デ公私共多忙ナリ」として、「本年最后ノ歳末警戒　午后五時三十分—午后九時迄」と書き、末尾につぎのような所感を記した。

日本肇国《ちょうこく》以来曽テナキ大変転ノ年ヲ送ル。昭和二十一年ノ元旦ヨリ更ニ大変革ヲ来スナラン。

そして、一九四六年、「敗戦第二年目」の正月を迎えた。

元旦ニフサワシキ上天気ナリ。敗戦第二年目ノ正月、戦勝国ナラバノ感情極メテ深シ。然シ昨年ノ正月ニ比シ平穏ナリ。町会モ正月気分モ多少見受ラル、。

一月六日には、つぎのように記している。

戦前、戦時、敗戦ト云フ変化セル正月、全ク人生観空シキモノアリ。政治思想一般、社会情勢、国民生活面、総テカ容易ナラサルモノアリ。本年ハ如何ニ処シテ行ク？

翌七日には、「◎政局不安トナル」と記し、九日にも、「政局愈々不安定トナル」として、「各地方長官辞職スルノ状勢トナル」と記し、「食料事情益々逼迫スル」と書いている。一一日にも、「食料事情逼迫ス」と記されている。さらに、二〇日の「参考簿」には、つぎのように記している。

正月ナルモ敗戦日本ニハ戦前ノ如キ気分更ニ無シ。一般社会、世相、日一刻ト変化アリ。今日ト明日ノ模様全ク想像シ得ス。特ニ食糧事情、燃料事情ハ逼迫シ居リ、其他一般経済面ニ於テモ相当ノ悪化ヲ示シツ、アリ。

綱川は、その「相当ノ悪化ヲ示シツ、」ある「経済面」に対応すべき月島署の経済主任である。では、「逼迫」する「食料事情」に、綱川は、警察はいかに対処していたのであろうか。

一月一一日には、蓮沼巡査部長とともに「干係業者」の「調査」にあたっている。一二日には、遠藤・関口両巡査が「倉庫干係」の調査をし、「乾倉庫　塩　一二八、〇〇〇叺《かます》」「日本　澱粉　五、〇〇〇袋」「営団　乾パン　一九二〇函　缶詰　六〇箱」の在庫を確認している。また、増和巡査は「生活情報」を「蒐集」している。一四日には、「地代家賃」を調査し、増和巡査からは「月島キカイ争議ノ報告」があった。一五日にも、「地代家賃調査」を実施している。二〇日は、「四号地木材干係調査」である。

一月一八日、午前中（一一時から）主任会議があり、また、本庁生活課の菊地警部補が来署して、「管内一般状勢」について「懇談」している。二〇日、「特ニ食糧事情、燃料事情」は「逼迫」している。その他の「一般経済面」も「相当ノ悪化ヲ示シツ、」ある。二八日には、「区検」の八木検事が来署し、午前一〇時より列席した刑事・生活・防犯の各係員に対して「訓示」した。翌二九日は、午前一〇時から「監督会キ」があり、「相当ノ意見」が出た。本庁からは「監察付」が来署し、午後一時に終了した。同じ二九日、「貧困者調査」を実施し、三〇日も、係員の巡査、遠藤・大須賀・増和が「生活貧困者調」に従事している。また、三〇日には、本庁生活課からの来署があった。

二月七日は主任会議があったが、綱川は「参考簿」に「明朗親切迅速ノ方針ニテ警察行政運営ニ当ル」と記している。

前述の一月一一日、「参考簿」には、「西仲通リ露店業者、追々盛況ヲ呈シツ、アリ」と記されている。その西仲通りの青木という人物が、「警察ト露店幹部ガ結託シテ金儲ノ道具ニスルキカ、幹部打倒」と主張したらしく、一月一六日、これを「説諭処分」に付している。一七日には、「露店一斉取締」を行い、「組合幹部」と大須賀巡査がこれにあたったらしい。露店の取締りについて、『警視庁史』はつぎのように説明している。(28)

一九二六年二月に制定された交通取締規則は、第一四条で露店は所轄警察署が指定した区域内でなければ出すことができないと規定した。戦後の一九四六年二月五日、警視庁令をもって臨時露店営業取締規則を制定し、主として経済警察の立場から露店に対する取締りを実施することとし、併せて露店の自治統制の強化、販売価格の正常化などを図るため、各地域に組合を結成させ、その地域の出店は組合代表に一括許可し、組合員の自粛によって取締りの効果を上げようとしたが、これがかえってボスの台頭やその勢力を助長させ、露店の明朗化阻害の原因となった。

以上は『警視庁史』の説明であるが、月島署の露店取締りに関しても、このような警察側の措置があったものと推測される。西仲通りの青木の〝不平〟は、こうした「警察」と「露店幹部」の「結託」にかかわるものであろう。

一月二三日には「露店一斉取締」とある。二五日の記載「一斉取締リ　遠藤、大須賀、増和、関口」も、露店取締りに関するものであろう。二七日には、本庁から「一斉取締干係」の来署があった。二月六日付『朝日新聞』は、警視庁が一月二三日から五日間、主食街頭販売の一斉取締りを断行したと報じているが、以上は、そうした警視庁全体にかかわる措置の一環であろう。一月三〇日には、「本庁生活課」から「来署」があり、「露店干係」の「調査」を行っている。

二月三日付『朝日新聞』が「蔓る浮浪業者に〝追放令〟露天商の取締規則六日から適用」と報じているのは、前述の臨時露店営業取締規則の施行にかかわるもので、『警視庁年表』には、「経済警察の立場から取締開始（闇市の公認）」と記載されている。[29]『朝日新聞』のこの記事によれば、氾濫する都内の露天商は推定六万といわれ、いずれも法外な高値で商っているが、警視庁では、これを正道に引き入れようとして臨時露店営業取締規則を設定し、施行するという。従来、露天商については、交通上の制限以外は取締りの法的な根拠がなく、組合の自主的な運営にまかせてきたが、この規則によって取締りに法的な根拠が与えられた。狙いは、露天商を許可営業として〝闇市〟に出没する浮浪業者を抑えること、指定地域を設けて、組合の「自治的価格操作」を推進することなどにあったという。同紙で警視庁生活課の担当者は、つぎのように語っている。

　放任されてゐた露天商の取締りに警視庁が乗出したわけで、今後は〝闇市の一掃、明朗化〟に都民の期待に背かぬやう強力に業者を指導する。

二月九日の「参考簿」には、「露天仮承認九十七名　承認スルコト、ナル、二月六日以前」と記載されている。この日、大須賀・関口両巡査は「調味料干係」の指導にあたり、遠藤巡査は、「主要物資取締指示作成」にあたっている。

一月二四日、政府は次官会議で配給外隠匿物資の管理強化を決定し、悪徳業者を臨検で徹底追及すること、一般の投書や申告を歓迎することとした。[30]二月一二日には、警視庁が隠退蔵物資の一斉取締りを開始した（一六日まで）。[31]月島署では、二月一〇日、「隠匿物資調査方」につき、「聯合町会」を通じて「回覧板」を出している。そして、一二日は関口・大須賀・岩田の三巡査、一三日は大須賀・関口・遠藤の三巡査が、分担して「隠匿物資」の「内偵」にあたっている。一四日は、大須賀・関口・遠藤・岩田の各巡査が「隠匿物資一斉取締」に従事し、一五日もこの四人が「隠匿物資取締」を実施している。一六日は、これに増和巡査が加わった五巡査が「隠匿物資ノ取締」にあたっている。

『朝日新聞』(二月一三日)によれば、隠退蔵物資摘発の第一日、警視庁では生活課員と各署の係官十数名で一斉に視察内偵に繰り出し、めぼしい倉庫・事務所・納屋などをしらみつぶしに捜査しているが、初日の調べでは、各署とも獲物はなかった、という。しかし、二月一六日、警視庁ではこの日一日で各地の工場倉庫から一〇〇〇万円分の隠匿物資(繊維製品)を摘発したらしい[32]。

(3) 金融緊急措置令と物価統制令

① 金融緊急措置令と新円切換

二月一七日、政府は金融緊急措置令と日銀券預入令を緊急勅令で公布した。GHQの指令にもとづくモラトリアム法令で、総合的なインフレ対策の一環であった[33]。二月一七日現在で預金などの金融機関の債務を凍結し、三月三日を期して旧円と新円を切り換え、一人一〇〇円に限って新円との交換を認め、それ以上の旧円(五円券以上)はすべて金融機関に預け入れさせて、既存の旧円預金ともどもこれを封鎖することにした。同時に、臨時財産調査令、食糧緊急措置令、隠匿物資等緊急措置令などが緊急勅令で公布施行された。食糧緊急措置令は、主食の供出に対する強権発動を規定したもので[34]、農民に対するものであるためか、綱川の「参考簿」には特段の記載はない。この日、綱川は「参考簿」につぎのように記している。

昨十六日、金融緊急措置令、勅令ヲ以ツテ発令サル。インフレ防止ト新円交換限度以外ノ資金封鎖、経済ノ根本的立直シ、一大変革事ナリ。

「一大変革事ナリ」の箇所は朱字である。「変革」措置に対する受けとめ方の大きさを物語っている。この日は二時から署長会議があり、また、大須賀・増和・遠藤の三巡査は、「経済情報」の「蒐集」にあたっている。綱川は、「今後ノ経済界ハ如何ニ変遷スルヤ、事重大ナリ」と、その所感を「参考簿」に記した。したがって、翌一八日は、「金融緊急措置令ニヨリ一般民心動行」の「視察内偵」である。そして、その結果として、「金融措置令ニ基キ一般社会状勢相当ノ変化ヲ認ム」と記し、つぎの四点をあげた。

第一ニ、小額紙幣ノ雲隠ニヨリ生必物資購入不如意。外食食堂ノ剰米ニ困リ預証デ運営。

第二、風呂屋ノ入浴困難。為メニ浴券発行。

第三、小額紙幣。例ハ五円札ヲ十円デ買フ。

第四、露店ノ状況。生必物資其他相当売行トナル。

こうした状況に直面して、「今後ノ推意《ママ》如何ニ」と記すのである。

二月一九日も「一般民心ノ動向視察内偵」にあたっている。二〇日は、「露店干係」を処理し、「旭倉庫ノ東宝関係物資調」のため係員を呼び出している。また、「萩原支部長」に対し「食肉干係」で来署を求めている。そして、「参考簿」には、「金融緊急措置今後一般経済情勢変化ノ兆アリ」と記し、また、「一時的現象トハ云ヒ一般物価高騰ス」と記している。

二月二一日には、関口巡査が「マッチ配給干係」「米屋ノ干係調査」にあたった。二二日には、午前一〇時から、

「金融措置ニ干係」して「管内郵便局長会議」が開かれ、また、増和・大須賀両巡査は「管内状勢視察情報蒐集方」に従事している。二三日には、増和巡査が「米ノ闇取引」について、月島通の貸船業らを取り調べている。一方、綱川は午後〇時三〇分から三時まで管内を巡視し、「金融措置ニ干スル情報蒐集」にあたっている。

二月二五日は、新円と旧円の交換開始日である。遠藤巡査が郵便局の「警戒」にあたり、翌二六日は増和巡査が「郵便局警戒」を担当している。「旧円引換最終日」の三月二日は、郵便局が「相当混雑」した。綱川は二八日の「参考簿」に「二月モ本日ヲ以ツテ終ル。新円引換、百証紙デ困ル」と記し、三月一日のところに「経済統制再出発　今後ノ国民生活ニ如何ナル現象ヲ生スルカ」と記している。「経済統制再出発」が何を指すのか、判然とはしないが、後述のように三月早々、その「再出発」が出現した。

②　物価統制令と露店取締り

三月二日、政府は閣議で物価体系の確立と価格統制の方針を決定し、三月三日、それまでの価格等統制令（第二次世界大戦勃発による諸物価上昇を抑制するため一九三九年一〇月に公布施行）を廃止して、物価統制令（勅令）を公布施行した。(35) インフレ対策として、諸物価を統制し、暴利や不当取引を取り締まることを目的としたものである。戦前基準年（一九三四〜三六年平均）に対して物価が一〇倍、賃金が五倍に算定されたため、都市勤労者は窮乏化し、さらに公定ルートに乗らない闇物資を購入するため「たけのこ生活」(36) を余儀なくされたという。

この物価統制令によって、鮮魚介・青果物が再統制されることになった。(37) 三月三日の「参考簿」に棚川は、「新円干係ニヨリ各種物資曇隠ス」、「生鮮魚貝蔬菜類殆ト入荷セス」、「経済ノ再統制ニヨリ今後国民生活ハ如何ニ展開スルヤ見透シ付カス」と記した。

三月四日、午前一〇時より本庁で「生活主任会ギ」があり、午後四時に終了した。この日の「参考簿」には、「経済再統制ニ基因シ生果物魚類ノ入荷殆トナク、且ツ米ノ配給遅延ニヨリ応急米受配者日々増加ノ傾向ニアリ」と記載されている。米の配給の遅延によって、前述したような応急米に対する需要がいよいよ強まっていたのである。

応急米については、三月一五日に「不正事件」も発生している。新佃東町の女性（四三歳）が、応急米の「受配」に関し、「四口」を「八口」に「改竄」した「事犯」である。三月一八日には、「食糧事情逼迫シ、応急米ヲ売《ママ》ヒニ来ルモノ相当多クナル」と「参考簿」に記している。

一方、「生果物魚類」については、三月五日、各巡査が管内の「生鮮魚貝情報」の「蒐集」にあたり、六日には、「生鮮魚貝」と「生果物」の入荷状況、「薪炭」の配給状況、「一般商店ノ物価面」、「露店干係」の「情報其他」の把握にあたっている。七日には、「管内生鮮食糧品干係」の業者に対する「指導取締」を行っている。経済の再統制が生鮮食料品の流通を阻害していたのである。

三月九日は、「東京大空襲ノ一周年」である。綱川は一年前を思い起こして、「明十日ノ状況ヲ偲ブ時、戦慄セサルヲ得ヌ」と書き、また、帰宅後、「大塚君ト昨年今晩ノ大空襲ノ模様ヲ語リ合フ。当時ヲ偲ブ時、全ク目ノ辺リニ浮ヒ出ル」と記している。「大塚君」とは、大塚巡査部長のことであろう。そして、この日の「参考簿」に、自らが当面している経済情勢をつぎのように記すのである。

> 二月十六日経済緊急勅令発令セラレタル後ノ経済面、誠ニ面白カラザルモノアリ。米ノ値上、調味料薪炭鉄道運賃等値上、政府施策ガ再統制ト逆行スルノ鑑アリ。国民生活面ハ如何ニナル？　生鮮食料品出廻悪シ。外食券ノ偽造行使者横行ス。

この日、増和巡査は「外食堂ノ視察」と「捜査」に従事している。偽造の旅行者外食券が都内で氾濫して外食券食堂が混乱し、警視庁は三月七日正午までに数万枚を押収したという(38)。こうした事態に関連した視察・捜査であろう。

三月一二日には、遠藤巡査が「生鮮青果ノ配給状況」の「視察取締」にあたっている。なお、この日、警視庁は、野菜の価格表示の厳重実施を警告し、目方のあいまいな「一山売り」を禁止している。[39]

三月一三日、午前一〇時より署長室で監督者の会議があり、それぞれの意見が聴取された。三月一五日には、小売商の物品販売に関する「英文価格表示方」について、各業者に指示しており、翌一六日には、大須賀巡査が「英文価格表示方」について、関係業者を指導している。駐留するアメリカ人のための対応措置であろう。

一方、大須賀・増和両巡査は三月一五日も「生鮮食糧品取締」にあたり、一八日には、増和巡査に「生鮮魚介生果物ノ家庭消ヒ面ノ情報蒐集方」を「指示」している。三月一八日には、「東亜水産会社」の「支配人」が「魚特配ノ件」に関し来署しているが、鮮魚類の配給に関するものであろう。

三月一八日には、午後四時から京橋区長官舎で「三署生活主任打合会」が開かれているが、三署とは京橋区内を管轄する築地・京橋・月島の三警察署のことであろう。綱川は月島署の主任として、これに出席した。三月一九日は、午後一時、管内の米配給所と生鮮生果業者の支部長・班長の来署を求め、再統制とその運営指導面ついて指示し、懇談している。前日の「三署生活主任打合会」を踏まえたものではないかと考えられる。三月二〇日には、大須賀巡査が生鮮魚介の取締り、増和巡査が塩干物の価格調査にあたっている。

前述のように、二月二〇日には、露店関係の処理にあたっていた。二月二七日、「露店干係ニヨリ坂巻氏」と記載されているが、その内容は判然としない。三月一四日には、大須賀巡査が「露店干係」の「取締」にあたっている。三月一五日の「参考簿」には、「露店出店地域」について、西仲通りの一―一から五―五には、オデンの屋台が二〇、アメとミカンを販売する露店が一五、出店しており、違反はないが、「経済困難」と「物資入手難」で困っているという趣旨の記載がある。三月一六日の「参考簿」にも、「露店取締ノ件」との記載がある。なお、四月一四日には、「露店干係」の「身元調」をしている。

ここで、月島の露天商の状況について、若干、説明しておこう。[40] 埋め立てによって成立した新開地の月島では、一九〇六年から一二年にかけて露天商が拡大し、月島一号地、とくに西仲通りに商店が集中したという。内店とならんで、夕方から夜の一一時ごろまで、道路の中央にさまざまな露天が出た。一九一九年には露天商の親睦組織である月露睦会が結成され、一九三三年には常設露天京橋月島商業組合に発展したが、当時の組合員数は一四一人であったという。

二月二四日付の『読売新聞』は、東京都は来月一五日を期して一斉に実在調査を実施し、「幽霊人口」を一掃する予定だと報じている。主要食糧をはじめ、生活必需品を正しく公平に都民に配給するため、都では食糧緊急措置を機会にいよいよ幽霊人口の本格的取締りにのり出すというのである。食糧の闇横流しなど配給機構の裏をくぐる「悪の温床」となる都の幽霊人口は昨年一二月一日の人口調査で一四万二五七一人にのぼり、その後ますます増加の一途をたどっている。そこで、警視庁の一斉戸口調査と並行して、三月一五日午前零時を期し都民実在員調査を行う。従来は都の人口調査によって「幽霊人口をあばいてゐた」が、今度は「都の都民実在員調査人員」と「警視庁の戸口調査人員」を照合して、正確に幽霊人口を調べ上げることになったというのである。

戸口調査とは、派出所の外勤巡査が担当区域内の各戸に出向いて調べるもので[41]、これにもとづいて台帳が作成されていた。在住者の員数・属籍・身分・氏名・出生地・生年月日、戸主もしくは一家の長の職業、他のところにいる者の所在と事由などを調べることになっており、資産の有無、所得の多寡、職業の勉否、性質の善悪、素行の良否、生計の様子や家族の折合い、近隣の風評、既往の経歴、交際の広狭、出入人の良否などを把握することも求められていた。管轄内の住民を警察的な観点から類別し、監視するための手段だったのである。

つづいて『読売新聞』は、三月五日付の「一罰百戒の摘発示達」という記事で、経済統制を乱す悪質犯罪者について、警視庁は三月四日に生活主任会議を開き、「大物の早期検挙、幽霊人口の徹底的探索」など、「配給面の闇と金融面の違反者に対する一罰百戒の強力な検挙強行方針を示達」し、近く全署長会議を開いて徹底を期すると報じた。そして、三月一五日、『読売新聞』は、今日、警視庁では、幽霊人口をなくし配給にからまる経済違反を取り締まるため、都の不実在調査と並行して、管下全警察署の外勤巡査を総動員して一斉に戸口調査を行うと報じた。

このような警視庁の方針に沿ったものであろう、綱川は三月一三日午後二時から三時三〇分まで、管内の勝鬨橋・九丁目・月島橋の各巡査派出所を巡視して、担当の外勤巡査に対し、「幽霊人口一斉調査」について指示している。また、三月一六日も、午後七時三〇分から一〇時にかけて、西仲通・相生橋・朝潮橋の各派出所などを巡視し、「見張」や「立番」に従事している外勤巡査に対し、「一斉戸口警察ノ件」を「督励」している。三月一九日にも、午後四時から五時にかけて、勝鬨橋・月島橋の巡査派出所を「巡視監督」し、「幽霊人口査察ニツキ指導」している。

こうした取り組みのなかで摘発したのであろうか、三月一九日、綱川配下の遠藤巡査が、星と林という人物の「幽霊不正加配ノ件」を取り調べ、二二日、綱川は、「幽霊人口被ギ者」林を「聴取」し、書類を作成している（林については、四月九日に「勾引状」を執行している）。また、二四日には、星を「聴取」している。

警視庁では主要食糧関係の取締りを強化し、とくに隠退蔵米麦の摘発、幽霊人口による不正受配の一掃に努め、三月一五日から二三日までの間、一斉戸口査察による幽霊人口の取締りを行った結果、つぎのような状況が判明したという[42]。

実施世帯七六万四〇九七世帯、実施人口二九八万四五八四人、違反件数一六一六件（二一六四人）、違反人員一〇万三四七六人、送局件数一六九件（二〇三人）。

一方、警保局は三月二〇日、大消費地における食糧需給の状況はいよいよ逼迫の一途をたどっており、治安上、不測の事態を惹起するかもしれないなどとして、管下の警察の主力を動員して取締りにあたるようにと通達した[43]。消費地においては、幽霊人口や偽造外食券による不正受配、ならびに食糧の不正隠匿などの取締りの徹底をはかれというのである。

なお、綱川は前年八月二三日に栃木県大里の妻の実家に家族（妻子六人）を疎開させて、以来、単身で勤務していたが、三月二六日、郷里に帰省して、三月三〇日、家族とともに帰京した。

（４）一九四六年四月の物価・食糧と政治

①　物価統制令にもとづく取締りと遅配

三月二日に制定された物価統制令にもとづいて、四月はじめ、月島署では一斉取締りを実施した。第一日目の四月一日は「丙部」が担当して、午後零時から四時にかけて実施し、違反者は三七件あった。四月二日は「甲部」の担当で、「第一号物資及露店小売店其他」の違反が一五件あった。「乙部」が担当した四月三日には、「第二号物資」の違反一七件があった。四日は「下駄草履取締」を「丙部」が実施した。また、この日の「参考簿」には、「違反十七件タバコ違反」と記載されている。五日は「甲部」による「一斉取締」で、違反は一一件だったようである。これらの一斉取締りをふまえ、四月六日には、「一斉取締ニ対スル整理」をしている。これにつづいて、四月一五日からは、第二次の一斉取締りを実施し、同日は一一件、一六日は一四件、一七日は四件、一八日は一〇件、一九日は一七件、二〇日は一一件の違反があった。そして、この「第六日目」をもって、第一次・第二次の「物価統制令違反一斉取締」は終了した。

一方、四月四日には、前述のように「タバコ違反」との記載があったが、六日には、岡田という茨城県の人物を「タバコ専売法違反」で聴取しており、また、同日、「タバコ違反で、新佃東町の橋本という人物からも聴取している。九日にも「煙草ノ違反聴取リ」との記載があり、一三日にも深川枝川町の人物を「タバコ違反」で聴取し、一五日には月島通りの佐藤という女性に関する「煙草違反」の書類を作成している。一六日には、「煙草違反　専売法　四十九条　五十条　五十七条」という記載がある。

一九〇四年三月制定の煙草専売法は「私ニ煙草ヲ製造シ又ハ製造ノ準備ヲ為シタル者」を取り締まることとし、これにより煙草の密製造などが犯罪となった。こうした煙草密造に関する犯罪は戦後、急激に増加し、大量の葉たばこが産地から都会に流れて、都会では半ば公然と密造が行われていたという。(44) 一九〇四年三月制定の煙草専売法は、第四九条で「煙草売捌人ニ非スシテ製造煙草ヲ販売シ又ハ販売ノ準備ヲ為シタル者ハ十円以上五百円以下ノ罰金ニ処シ其ノ犯罪ニ係ル製造煙草ハ之ヲ没収ス」、第五〇条で「第二十三条又ハ第二十四条ニ違反シタル者ハ五円以上三百円以下ノ罰金ニ処ス」、五十七条で「第三十四条第一項ニ違反シテ製造煙草ヲ所持シ譲渡シ又ハ譲受ケタル者ハ煙草売捌人ニ在リテハ百円以上千円以下ノ罰金ニ処シ其ノ他ノ者ニ在リテハ十円以上三百円以下ノ罰金ニ処シ其ノ犯罪ニ係ル製造煙草ハ之ヲ没収ス」と規定していた。第二三条は煙草小売人に対する規定、第二四条は煙草売捌人に対する規定であり、第三四条第一項はこの法で認めた場合のほかは葉煙草や承認を得ていない製造煙草などの所持・譲渡・譲受を禁じたものである。

すでに警視庁では、一九四六年三月二七日・二八日の二日間、煙草闇売りの一斉取締りを行って、七〇〇〇本以上を摘発したという。(45)

主食である米の配給は遅延を重ねていた。東京都内の食糧事情について、四月一日現在の主要食糧の保有量は、営団保有が日数でわずかに二・八日分、政府所有を合わせた場合は五・八日分で、配給遅延箇所は五四一箇所中二七三配給所であった。(46) これに対し、警視庁としては、配給遅延は治安に直接影響するので、各署に督励して積極的に家庭配給の状況、都民の動静などを把握し、精米所・配給所の整備に留意し、その他、関係方面との連絡を密にし、営団等の措置を指導督励し、犯罪の未然防止につとめた。四月九日、綱川は「参考簿」に「一般的ニ主食ノ配給遅レ、誠ニ困ツタモノノタ。配給遅延、五日乃至十日」と書いている。

四月一七日午前一〇時から、本庁四階の教場において「東京都緊急食糧対策樹立方針会議」が開催された。この日午後四時、営団支所の各配給所主任を召集して、「対策防犯情報蒐集方」を指示した。一八日より、「警察応急米廃止」のため、朝の「事務」は「閑散」となった。また、この日午後二時には、「外食々堂主任」を召集し、「主食ノ対策」を指示した。二一日、「食糧事情」は「愈々逼迫」し、二二日には、「警察官ノ生活設計樹ツヤ如何」と歎息せざるをえなかった。

四月二四日、警保局長は警視総監と各庁府県長官に宛てて、「主要食糧一斉取締実施要領」を発して、五月一日から二〇日までを実施期間として、米麦その他主要食糧の一斉取締りを行って、その徹底をはかることを要請した(47)。

四月二四日、主食遅配に何日耐えられるか警視庁が調査し、半月以上は飢餓状態で治安上問題と結論づけたと新聞が報道したという(48)。また、東京の食糧事情が悪化し、都内五四三ヵ所の米穀配給所全部で、この日で平均六日の遅配が生じていた(49)。

② 政治と社会の状況

四月一〇日、新選挙法による衆議院選挙が実施された。遠藤・増和・柴原の三巡査は、「何レモ選挙取締」にあたった。綱川はこの日の「参考簿」に、つぎのように記している。

終戦後ニ於ケル日本再建民主主義、総選挙実施、国民ノ総意、如何ナル人物、如何ナル政党ガ勝チ得ルヤ？一般国民ノ選挙熱極メテ低調ナリ。選挙民ノ男女年令低下ニヨリ相当数増加シタルモ投票率モ果シテ？　選挙人名簿杜撰ニヨリ投票権ナシ。

四月一一日、「総選挙ノ開票状況」について、「京橋区優勢」として、「森廿四郎」「浅沼稲次郎」「山口シズヱ」「野中参二」「鳩山一郎」という名を記している。

四月二二日、幣原内閣が総辞職した。一ヵ月にわたる空前の「政権空白期」のはじまりである(50)。この日の「参考簿」には、朱字でつぎのように記されている。

昨年十月九日東久迩宮内閣ノ後ヲ受ケテ内閣ヲ組織シタルモ、政策ニ於テモ何等成ス所ナク、且ツ総選挙ノ結果ニヨリ各政党ノ打閣運動トニヨリ強硬ニ政権維持ニ努メタルモ、遂ニ総辞職ノ止ムナキニ至ル。

△幣原内閣総辞職

四月二五日、綱川は幣原内閣が総辞職して三日が経過したにもかかわらず、各政党がまとまらず「何タル有様」かとして、つぎのように書いている。長文にわたるが、綱川の政局観・時局観を物語るものとして、その要旨を掲げておくことにする。

今回の総選挙によって選出された議員は、いずれも「詐欺的手段」によって出た「欺瞞政治家」である。ことに各政党の指導者のごときは、「日本国民」として、はたまた「代議士」として捨て置きがたい人物である。日本現下の状勢は、敗戦と食糧危機とによって「国民一般」は「飢餓線上」に追いつめられつつある。「日本再建ノ重大時局」なのに、各政党は政権獲得に狂奔し、政争ばかりをしている。何たることか。国民を代表して選ばれた議員である以上は、政党政派にこだわることなく、各党が協力して速に安定政権を樹立して、難局を収拾し、国民生活の安定をはかることこそが真の政治家であり、代議士である。この点から見ても、幣原内閣を再現して、再解散により民意を問うことも、再建日本に貢献するところが少なくないと考えられる。一日も早く安定政権が確立され、危急を告げつつある国民生活の安定をはかることを希望する。国民はどの政党でもよい。要は生活の安定と国家再建にある。

綱川は「参考簿」にこのように書いたが、四月二七日になっても、「新政権樹立ニ至ラス」、これに対し綱川は、「何タル様ヤ甚タ遺憾ノ極ナリ」と書いている。

四月三〇日、「戦争犯罪人第一級二十八名」が「極東国際軍事裁判所ニ於テ起訴」となった。「食糧事情」は「益々逼迫」している。しかし、「内閣未成立」である。綱川は、「代議士連何レモ資格ナシ」と怒っている。

五月一日は「第十七回メーデー」で、「十何年振リノ事」である。綱川は「参考簿」に「労働者達赤旗ヲ先頭多衆運動スルモ、敗戦日本ノ現況ニアル際、各人ノ心境？」と書いている。「食糧危機、飢餓線上ニアル今日」、単なる運動で解決することはできない。幣原内閣の総辞職からすでに九日が経過したが、新政権の樹立には至らず、「明日ノ生命如何ニ継ガン」と、綱川は記している。

五月一二日に自由党総裁の鳩山一郎が公職追放令をめぐって辞任し、後任の総裁が吉田茂となる模様となった。しかし、幣原内閣総辞職後半月余を経過したにもかかわらず、各党派が競い合っていて新内閣が成立しない。こうした政治状況に対し、綱川は国民の食糧事情が逼迫し、困難を極めているのに、各政党はこれを忘れて政争ばかりしていると、怒りをこめて歎息している。国民にも責任があるとはいっても、総選挙によって選出された代議士、すなわち政党人は何をしているのか。「甚タ以ツテ遺憾千万ナリ」と記すのである。

結局、五月一六日に吉田茂に組閣が命じられ、二二日に吉田内閣が成立することになるが（後述）、その間に、綱川の身にも、大きな変化が生じていた。深川署への転勤である。

三　深川署への転勤——外勤主任として

（1）食糧事情の深刻化

一九四六（昭和二一）年五月六日、綱川は本庁に出頭し、鳥居坂署への転勤を命じられた。警部補二九名、巡査部長五七名の異動の一環である。鳥居坂署と月島署に挨拶し、管内の関係者にも挨拶した。月島署には一年一〇ヵ月在任したことになる。翌日も管内有志への挨拶や、事務引き継ぎを行っている。八日は転勤後初の宿直である。管内を巡視したところ、比較的狭隘であった。鳥居坂署が管轄しているのは、麻布区のうちの飯倉町・飯倉片町・鳥居坂町・赤坂町などの一帯である。九日には、「主食糧一斉取締」を実施し、「益々食糧干係逼迫ス」と記している。

ところが、五月一四日午後四時、管内巡視中、警務係から連絡があり、署に帰ってみると、警務課が間違えて鳥居坂署への転勤となったものだという。そこでこの日付で深川署へ転勤することになった。一九四六年一〇月一日現在の『警視庁職員録』によれば、同署には、署長（警視）と警部一人の次に、綱川を含む一〇人の警部補の氏名が記されている。(51) 綱川は、「月島ヨリ深川ヘハ凡ユル角度ヨリ幸ナリ」と、これを喜んでいる。深川は隅田川をはさんだ月島の対岸である。

なぜ警視庁警務課がこのような重大なミスをおかしたのか。その理由は判然とはしないが、五月二八日に鳥居坂署と六本木署が統合されて麻布署が新設されているから、(52) これに関連して生じた〝混乱〟だったとも考えられる。

五月一五日、深川署で転勤を挨拶し、翌一六日、乙部外勤主任を命じられた。配下の巡査部長は四名、巡査は三七名で、交番は九ヵ所、警備出張所は四ヵ所となっている。一九四五年一二月末時点の人数ではあるが、深川署の「外勤」の人員は、警部補三人、巡査部長九人、巡査八一人となっているから、(53) その人員を三分割して勤務にあたっていたのであろう。これまでずっと従事してきた経済関係の職務に代わって、外勤が綱川の本務となった。したがって、活動内容も変化する。変化した勤務に触れる前に、これまでの活動と継続する経済面に関し、外勤としていかにかかわっていたかを見よう。

五月一八日、翌日は「食糧メーデー」が予定されていた。そのため翌日は午前七時に現場を交代するようにとの示達があった。「日勤員」は「特別勤務」、他は「一般勤務」である。(54)「食糧事情」は「愈々逼迫」している。月島地区では午後六時頃から八時頃まで、応急食糧（非常用の米麦）の配給があった。「十九日食糧メーデーノ事態ニ備ヘテノ配給」であろう。

五月一九日は「食糧メーデー」の当日である。[55] この日の「参考簿」に、綱川はつぎのように記している。

吉田新内閣大命降下以来四日ヲ経過スルモ未タ成立セス。食糧事情インフレ失業問題等時局極メテ重大ナル秋《とき》、吉田内閣成立スルト雖モ此ノ難局打開ハ容易ナラサルモノアリ。

綱川は、「食獲得人民大会警戒部隊」の「第二小隊長」となった。[56]「重点」は、「食糧獲得大会ニ処スル部民動行察知ノ件」である。「食糧メーデー」は午後四時、「無事終了」した。[57] 綱川はこの日の「参考簿」に、さらにつぎのように記している。

吉田外相組閣ヲ断念シタ。今後ノ成行益々容易ナラサルモノアリ。議会召集シタルモ之又開会ニ至ラス。食糧、インフレ問題ト相続、日本ノ将来ハ如何。

五月二一日、「吉田内閣成立ス。今後政局如何[58]」。二二日、「食糧事情、益々逼迫ス」。そして、二四日、「正午」。

天皇陛下刻下食糧事情ノ逼迫セルヲ軫念《しんねん》遊バサレ、一般国民ニ対シ之カ食糧危機突破ト国民食生活ノ方途ニツキ録音ニヨリラジオヲ通シテ放送遊ハサル。誠ニ畏キ極ミナリ。

綱川は「参考簿」に赤字でこう記した。この日、天皇は食糧事情に関し、「乏しきを分かち（中略）家族国家の伝統に期待して食糧難を克復」とラジオ放送したのである。[59]

五月二一日の「参考簿」に、「三ツ井倉庫　仲山巡査部長外四名」「浜園倉庫　森部長外六名」とあるのは、「隠匿物資」の摘発に関するものであろう。門前仲町でも「隠匿捜査」をしているようである。二二日には、八木橋巡査部長が「農林倉庫」の「監督」にあたっているが、「重点」は「隠匿物資ノ摘発」であった。二七日にも、「隠匿物資」

の「臨検」に六名があたっている。三一日は、「重点　規律ノ振粛　隠退蔵物資ノ摘発」と記されており、六月八日には、「日勤員隠退蔵取締」との記載がある。

五月二〇日付の『読売新聞』は、警視庁生活課では、二〇日から民間人の全面的な協力を求めて隠匿物資の大摘発を来月いっぱいまでやるとともに、主食移動取締り、幽霊人口の撲滅を徹底的にやると報じている。摘発にあたっては、管下各署の関係係官を動員して臨検班を編成する一方、新聞で公告し、ひろく民間から投書や情報を集めて、その提供者を調査員に嘱託して摘発につとめるというのである。該当する摘発物資は主食、繊維製品、石油製品に重点をおき、摘発の目標は会社、工場、倉庫、事業場、軍関係施設、製米製粉業者、輸送業者のほか、主食に限り旅館、料理屋なども含み、主として大口消費者だという。おそらく、こうした警視庁の方針に即して、深川署でも隠匿物資の摘発に取り組んでいたのであろう。

六月一三日、「食糧事情」は「愈々逼迫」している。「一般」は「勿論」だが、「警察官ノ食生活ト治安維持ノ問題」は、一体どうなるのか。綱川はそうした思いを「参考簿」に記している。

七月一七日は、本庁の露店一斉取締りで、仲山巡査部長以下の一〇名がこれにあたった。八月一日には、日勤員が「武器一斉取締」と「露店一斉取締」に従事し、前者では一五名、後者では九名を検挙したようである。この「露店一斉取締」は、全国的な取り組みの一環であった。七月二七日、内務省は闇市粛正のため、八月一日から全国一斉に取締りを開始することを全国に通牒し[60]、八月一日、全国一斉に闇市の取締りを実施して、不法占拠物を破壊した[61]。悪質業者による主食やみそなどの闇取引・横流しの取締りが全国一斉に開始された（八・一粛正[62]）。

八月八日の「参考簿」に「上野ノ事件ニ付応援三名出ス」とあるのは、八月六日、上野の青空市場で警官三〇人と露天商約五〇人が乱闘した事件にかかわるものであろう。八月九日にも上野署に巡査六人が向かっている。警視庁ではすでに五月三〇日、上野広小路の露店三、五六〇店の一斉取締りを実施し、一六一名を検挙していた[63]。

八月九日、警視庁は上野の青空市場に閉鎖命令を出した[64]。八月一〇日には渡辺巡査部長ほか九名が上野署を応援し、一二日・一三日も巡査部長と巡査九名を派遣している。以後、一六日、一九日にも、巡査部長が上野署を応援しているが、二六日には「上野署応援二十五日デ打切リ」と記載されるに至っている。しかし、二九日午後七時、上野署露店取締りに関し、「応援部隊」として巡査部長以下五名が派遣されている。

こうして、深川署転勤後も、外勤担当として厳しい食糧情勢に対応していた綱川であったが、八月三一日には、「食糧危機モ大体突破ノ見込ミ立ツナラン」と書くに至っている。「マ司令部ヨリノ放出物資」が「相当量」あることが、そう思わせているのであろう。

八月二三日、GHQがアメリカから輸入した大豆約七〇〇トンから製造したみそ・大豆油・豆腐の配給を政府に指令していた[65]。九月四日には、GHQが近くアメリカから到着する主食代替食糧（缶詰、小麦粉など）一万六千トン余の受領を指令している[66]。

（2）事件・事故と取締り（1）

① 犯罪の摘発・検挙

もちろん、以上見てきたような隠匿物資の摘発、露店取締りとあわせて、綱川らは外勤にかかわる犯罪の摘発・検挙も進めていた。綱川が深川署に転勤して早々の五月一六日、朝鮮人に関する事故の届出があった（後述）。また、弁天町の交番巡査が、査察中、東陽町の木工業の中川（山形県寒河江町出身）と、木場の木工所の富松いう人物の二人が、白米四升を持参しているのを発見して同行・検束し、また、住吉の稲田巡査が、埼玉県北足立郡の人夫が砂町の東京亜鉛会社から針金を窃盗したとして同行・検束している。

五月一九日には、担当の巡査が、賭博犯四人を検挙し、また、豊住橋の木煉瓦二〇〇個を盗んだ窃盗犯を検挙している。二二日には、材木置き場から木材を馬車一台盗んだ窃盗犯が連行されている。二五日にも、材木置き場から木材八本を盗んだ男が連行されている。

こうしたなかの五月二八日、深川警察署で〝一大事件〟が発生した。綱川は、「午前四時頃、留置場破　金子巡査外一名」と書き、つづいて八人の人物の氏名と年齢を記したうえで、「大失敗」と朱書している。五月三〇日付の『読売新聞』は、この事件について、五月二九日午前四時四〇分ごろ、深川署留置場から朝鮮生まれの強盗容疑者の朴ほか八名が看守のすきを見て逃走したと報じている。

この事件については、後日、綱川も処分されている。八月二日の「参考簿」にはつぎのように記されている。

△五月二十九日午前四時、金子巡査看守補欠勤務ノ隙ニヨリ留置人八名逃走セラレタル事案ニツキ、七月二十九日付ニテ官吏懲戒令ニ依リ一ヶ月月俸百分ノ一ヲ減ス。監督不行届ニ依ル。誠ニ残念ナリ。

六月一一日には、午後三時三〇分頃、農林省倉庫警備中の小暮巡査が、休憩中、拳銃の手入れをしていた際、誤って一発、暴発するという事件があったが、人畜に被害はなかった。

七月六日の「参考簿」に綱川は、七日午前一二時三〇分から一時三〇分の間に、昭和容器株式会社藤新六方に五人組のピストル強盗が侵入し、家人を脅迫して現金三万円、銘仙蒲団地六匹、砂糖五百匁を強奪して逃走するという事件がおこったと記している。蚊帳の吊手を切り、電話の送話器を破壊、金庫、机の抽斗《ひきだし》、押入れなどを物色したものだという。『読売新聞』（七月八日付）は、七日午前二時ごろ、深川区毛利町の昭和容器株式会社方に、二二、三歳でいずれも白靴の拳銃五人組が侵入し、現金三万円と衣類数点を強奪逃走したと報じている。綱川は七日の「参考簿」に、「午前二時五十五分頃強盗事件届出アリタル為メ臨場、緊急警戒実施督励シタル為メ一睡モセス相当疲労ス」と記している。

七月八日には、朝の午前三時頃、留置人が看守二人の頸を絞め、逃走を企てたものの、未遂に終わるという出来事があった。七月一二日には、前日、船内から塩五貫目くらいを盗んだとして、住所不定の男を梶原巡査が連行してきた。

七月一四日は、一一日につづいて麦・馬鈴薯の一斉取締りであった。パン違反、麦違反、薯《いも》違反の三件を検挙している。七月二三日も、麦・馬鈴薯の一斉取締りである。七月二一日、警視庁は米・麦と同様、じゃがいもについても、一般の持ち運びを制限する警視庁令（都主要食糧移動制限規則）を施行していた[67]。

七月二〇日には、日勤員二七名が「不良青少年一斉取締」にあたっている。七月二一日には、梅木巡査が「パンパンガール」四名を連行し、七月二八日には、篠塚巡査が「パン〳〵ガール」二名を連行している。なお、九月四日には、午後七時から「パン〳〵ガール狩」を占領軍の「七聯隊ト協力」して実施している。八月二八日、GHQ命令の性病対策として、初の全国一斉街娼取締りが行われており[68]、これと関連するものかもしれない。

七月二九日には、日勤員一五名が「農業生産資材」の「一斉取締」を実施している。七月三〇日、中島巡査が窃盗犯人を連行し、薗田巡査が窃盗犯人四名を連行した。

八月一一日の「参考簿」には、三件の「事故」が記載されている。①一二日午前二時五十分頃、薗田巡査が米兵に暴行を加えられ、かつ「拳銃ノ悪ギ」をされて、実砲一発を紛失。②本所署管内の強盗事件で、午前三時四〇分から五時、緊急警戒。③第七騎兵隊に三名の「窃盗被ギ者」が侵入し、米兵に発見されて、一名が射殺され、一名逮捕、一名逃走した事件。この三件である。

②　在日朝鮮人・台湾人関係

前述のように転勤早々の五月一六日、朝鮮人に関する事故の届出があった。枝川[69]町の倉庫に朝鮮人（青年自治隊）二〇名が来て電線や生ゴムを奪い、また、弁天町の銘酒店に朝鮮人二〇名が自動車で来て、店の妻に暴行を加えたという事件らしい。

七月二〇日、午後三時より九時三〇分まで、枝川町の「朝鮮人聯盟」において「朝鮮建国促進青年同盟員十一名監禁事件」の「警戒警務」についた。隊員は一一名で、他の日勤員は待機していた。綱川はこの日の「参考簿」に、朱字でつぎのように記している。

一、台湾人ト日本人露店ノ問題ニツキ渋谷新橋ニ於テ乱闘相続キ世相雑音タリ。

二、朝鮮人聯盟ト促進同盟間ニ於テ紛争惹起シ相当先鋭化ス。

「一」は、七月一九日、渋谷駅付近で警官と台湾省民が拳銃を撃ち合い、死傷者が四三名にのぼった渋谷事件などを指している。華商・露店間の争いが原因だったという。[70] 当時、渋谷駅の周辺には台湾人の経営する衣料品・ゴム製品・食糧品など、統制品・禁制品を扱う業者が密集していた。[71] 渋谷警察署では、七月一七日・一八日の両日、一斉取締りを実施した。一八日、渋谷署では不測の事態に備え、隣接各署から百数十名の応援を得て、厳重な警戒態勢をとった。その背景には、新橋駅前の日本人露店商松田組と台湾人との利権をめぐる紛争・対立があった。一六日には、松田組側が渋谷区内の台湾人経営の喫茶店を襲撃して台湾人との間で乱闘事件が発生し、台湾人約一千人が一八日・一九日、新橋の松田組事務所、警視庁、渋谷警察署などを襲撃するという情報が流れていた。こうしたなかで、一八日、警視庁は前日につづき延べ三百五十余名の武装警官を渋谷駅前の露店街に出動させ、禁制品を取り締まった。[72] 一九日には台湾人が渋谷署を襲撃し、二八名が検挙された。[73] この事件で警察官一人、台湾人五人が死亡した。七月二二日、非番員は渋谷署の「応援」にあたっており、「渋谷署事件悪化ス」と記されている。二四日には「渋谷八木橋」と記されて入り、二六日には、八木橋巡査部長が日勤を免除され、渋谷署の「応援」にあたっている。二八日は仲山部長が渋谷署の応援である。

「二」は、在日本朝鮮人連盟（朝連）と朝鮮建国促進青年同盟（建青）の対立にかかわるものであろう。一九四五年八月の植民地支配からの解放後、各地で多くの在日朝鮮人の団体がつくられ、一〇月にはそれらを結集して在日本朝鮮人連盟が組織された[74]。この朝連はまもなく日本共産党の指導方針のもと、左翼的な色彩をもつようになった。他方、民族主義的な見解をもつ青年たちは、別個に朝鮮建国促進青年同盟を結成し、さらに一九四六年一月には、朝連から離脱した保守的な人々が新朝鮮建設同盟（建同）を結成した[75]。

七月二一日の「参考簿」には、「后六・五〇、枝川朝鮮聯盟監禁者十一名皈ル」と朱書されている。この頃、枝川町の一帯には、朝鮮人一四四世帯、五九三名、日本人一四一世帯、九六一名が雑居しており、朝鮮人は現在の中央区・江東区を合わせた「在日朝鮮人連盟支部」をはじめ「民主青年同盟青年行動隊」「婦人期成同盟」などを結成して、民族的意識が強く、かつ反政府的行動が激烈な反面、酒の密造と闇行為によって生活しており、つねに警察が警戒対象にしていたという[76]。

八月八日の「参考簿」には、「八号地夜鮮十名位上陸」とあり、朝鮮人関係の記事と考えられるが、内容はわからない。八月九日に「八号地」として、三名の巡査名が記されているのは、これとかかわるのかもしれない。

九月一日、綱川は「参考簿」に、「関東大震火災二十三年紀念、敗戦ニ因リ朝鮮人聯盟其他ノ団体ニ於テ、曽テノ虐殺事件ヲ被害者ノ大法要ヲ宮城前広場ニ於テ行フ。変レハカハル世ノ様トナル」と記した。

(3) 敗戦一年を顧みて

六月一四日は、綱川が二〇年前、警視庁巡査となって警察練習所に入所した日である。「大正十五年三月九日」に上京し、四月に警視庁巡査を志願したという。彼は感懐をこめて、「参考簿」につぎのように記した。

役所ニ於ケル勤メモ相当変化アリ。私生活ハ勿論、政治経済文化、日本国体ニ至ル迄殆ト凡テガ大変化ス。二十年ヲ契機トシテ今後ノ方針樹立セズンバ将来ハ如何ニナルヤ。

六月三〇日には、「本年モ半歳ヲ終ル」として、「此ノ間国家、社会政府日常生活、勤ノ干係等各種各様相等ノ変化アリ」と記している。

七月一三日は「お盆」である。「戦前はお盆景気で相当賑かなりしも大東亜戦となり、昨年の空襲により更に敗戦等の浮気目を見て、今年のお盆は極めて颯風景《ママ》」である。ことに「食糧不足、悪性のインフレ等」のため「誠に世相」は悪い。

七月二〇日には、これまでのサーベルに代わって警棒を着用することになった思いを、つぎのように朱字で記している。

警察ノ佩刀、明治維新警視庁創設以来警察官ガ警備ノ伍、警察ノ魂トシテ佩用シ来タレルモ、今次大戦ノ敗戦、ポツタム宣言履行ニ基キ永年間愛用シ来タレルモノヲ今七月二十日ヲ以テ返納シ、之ニ換ツテ警務ニ当リ警棒授与サル（部長巡査警棒拳銃、警部補拳銃）。午前八時佩刀返納、警棒授与式挙行ス。世ノ変遷ハ如何共難成。

世の変遷はいかんともしがたい。「平和日本建設ニ警棒ニ托シテ精進セン」と記すのである。警部補以上は拳銃と警棒を携帯し、巡査・巡査部長は警棒を携帯し、勤務の際には拳銃も所持することとなった。なお、この日から夏の白服となった。二六日には「警棒ノ教養」、つまり警棒の扱いに関する講義があり、二七日には「警棒操作」の「訓練」があった。

七月二六日、「東京裁判」が「再開」され、日本の「侵略行為」が「暴露」された。「議会」も「三十日延長サレ」、

「政局」は「極メテ混屯」としている。七月二八日、「社会情勢モ日毎ニ変化」している。

七月二九日には主任会議があり、「八月一五日勤務制度改正ノ件」、「派出所警備出張所（駐在）改廃ノ件」、「農林倉庫警戒ノ件」が議題であった。七月三一日、主任会議は、「少年警察官ノ指導ニ就テ」であった。少年警察官とは、戦争にともなう警察官の応召・退職による欠員に対処するため、警視庁が一九三八年一一月に採用した制度であり、満一七歳以上、二〇歳未満の者を採用し、警察署に配置して、受付・会計・電話などの内勤事務にあたらせていた(77)。この少年警察官は、一九四六年八月三〇日に廃止となっている。主任会議の一ヵ月後のことである。

八月一日、「敗戦一週年」が「近ク来ル」。「B29三十機」が「帝都」と「主要都市」に「来翔」した。八月五日は、「住吉神社」の「宵祭」で、「十年振ノ御祭」である。しかし、「敗戦ノ浮目」は「祭ニモ影郷（ママ）」を及ぼしており「戦前ノ如《ごとき》祭気分」はない。月島は幸いに戦災を受けなかったため、「神輿其他祭礼用品」が現存している。

綱川は、八月一四日の「参考簿」に「昨年ノ今日、大東亜戦休戦準備、茲ニ敗戦一年ヲ経過ス」と書き、そして、「朝夕秋風立ツ」非番の八月一五日、「敗戦一年ヲ顧ミテ」、朱字でつぎのように記すのであった。かなり長いが、戦中と戦後を対照した彼の総括的文書と見ることができるので、現代の用語に直して以下に掲げよう（錯綜している元番号は整理）。

一、昭和一二年七月七日夜、「支那事変」が勃発し、以来、政府・軍部は日本躍進の夢を見て「支那大陸」への「侵略行動」に移り、「大東亜共栄圏確立」の名のもとに戦いを続けて来たうちに、欧州においてはドイツ対英仏ソの第二次大戦が勃発、「東西大国」において戦いを宣告した。昭和十六年十二月八日に至るや、「世界ノ風雲」急転し、日本は米英に戦いをいどみ、ここに「全世界ノ第二次大戦ノ火蓋」が切られる。

当時、日本の陸海空軍はいずれも優勢なりしも、戦いが長期にわたるや、次第に戦力は低下し、昭和十八年二月頃から南方諸地域の占領箇所から「転進」するのやむなきに至り、昭和十九年五月には、南洋サイパンをはじめ、フィリッピンその他も奪還され、ついに昨二十年夏には沖縄を占拠されるに至り、空襲は三月四日以降、連日全国都市に大挙来襲、被害をこうむった。つづいて八月六日広島市の原子爆弾、つづいて長崎にと投下され、これにより「人類未夕曽テナキ日本々土ノ大中小都市」がほとんど灰燼となる。

八月九日、ソ連がソ満国境より戦端を開き宣戦布告、ドイツは五月に敗れ、日本の戦力も遺憾ながら壊滅に瀕す。

八月十、十一、十二、十三、十四日の連続大空襲では我方の戦闘能力なく、残念ながら敗戦の「浮目」を見るに至る。八月八日、九日、御前会議でついに八月十四日、「聖断」が下り、「戦争目的大ナル犠牲ヲモ全部放棄」し、八月十五日正午、「天皇陛下ノ無条件降伏ラヂオ放送」により、昭和十二年七月七日以来十年間にわたる長き戦争、即ち「世界第二次大戦」も、降伏により「終幕ヲ告グル」に至る。「呼嗚何ニ例ヘン。陛下国民、山川草木、何レモ生ヲ亨クルモノ此非運ヲ嘆カサルモノナカリシヤ」。

八月十五日、鈴木内閣総辞職、後継内閣東久邇宮殿下。マッカーサー元帥、日本占領総司令官として「来朝」す。つづいて（各国）連合軍無血上陸。幣原内閣、本年四月二十二日総辞職、総選挙、吉田内閣組閣。

二、経済面

食料不足により応急・加配米の廃止（二月）、五月、主食糧はほとんど欠・遅配により国民の生活、極度に窮迫す。マッカーサー司令部の好意による連合国からの主食糧輸入放出で辛じて生命を維持す。六、七月の食糧危機も突破す。

三、金融面

終戦後、極端な悪性インフレとなり、国民の日常生活を脅かされるに至る。本年二月十七日、食糧・金融・

物価各勅令公布され、従来の紙幣を二月二十五日より三月五日まで新円と全部切り換え、一人当り百円を生活費とし、生活費五百円を限度とされる。

四、思想面

終戦により言論・出版・宗教関係の各法令の撤廃により、思想界、極めて活発となるも、乱脈なり。戦争当時弾圧を受けつつあった共産党一派の台頭、首魁でソ連に逃避していた野坂三次《ママ》の帰国をはじめ、服役中の共産党員の釈放、旧政党の解体変化も甚しい。

五、戦争犯罪人検挙

東条大将をはじめ陸・海・空軍首脳者、政界・財界・思想界の指導者等多数、マ司令部より指名、検挙さる。東条元首相自殺未遂、近衛文麿自殺、その他多数戦争責任を感じ自決したものあり。

六、復興面

大部分焼失され、生活機能なきためと、資材不足、食糧不足その他あらゆる復興機能がないため、ほとんど見るべきところなし。

七、生必面

昨年十一月頃から東京各地区、すなわち新橋、銀座、上野、神田、浅草、渋谷、千住、その他に通称青空市場なる露店商、勃興す。八月に至り新橋、渋谷、上野の順に露店商の統制違反、その他の事案発生により、いずれも禁止さる。

八、私生活面

昭和十九年八月二十三日、国家の要請により家族妻子六名を大里の妻の生家に疎開させる。昭和二十年八月十五日、終戦となったため手元に戻す予定であったが、家屋がないために十一月二十七日、八ツ木に転居す。

二十年三月十日の大空襲により家屋焼失す。亀戸に永住したるも、これにより友人・知人みな四分五裂となる。時に月島署に五月五日まで起居す。五月五日より月島西河岸通三ノ五鈴木幸八方の本宅を監督寮として借り受け、生計す。本年三月三十日、家族を全部引揚げる。五月六日付で深川署に転勤す。

終戦後の変化は一日ごとに違う。今後の日本再建は何？　国民一人の私を去っての努力のほかなし。

紀元二千六百余年の歴史は昨年八月十五日を以て一変し、終戦を一紀元として一年が経過したが、敗戦の浮き目は日々深刻なものがある。八月十四、十五日は連合国軍将兵は終戦紀念日として休がある。日本国民の心構えは如何。敗戦といえども、連合国マ司令部の好意たるや、敗戦国民に対しかつて敵である我々日本人に食糧を与え、生命線を維持させるとは、情愛、正義人道の権化とも言うべし。我々国民同志、大いに反省するところあるべし。

ここには、警察官として時代の激変を経験した一人の人物の時代認識と戦争観・社会観・人生観が語られている。天皇崇拝と敗戦への痛惜の念は一年前とは変わっていないようであるが、ＧＨＱへの評価が一変していることは興味深い。

（4）事件・事故と取締り（2）

「参考簿」を見ていると、綱川の書きぶりが八月半ばからやや変化しているのがわかる。八月一八日、身体の具合が悪く、早く帰って一日休養し、医師の診察を受けている。翌日、勤務制度改正に伴う派出所員の詰替えのため、病気をおして出勤したが、無理をしたため、夕方から身体の具合が悪く、医師の診察を受け、署の主任を呼んで種々話をしている。二〇日も体調が悪く、休暇をとって静養している。二一日も休養したが、身体の具合はよくなった。以後、家族に関する記事や私的な事柄に関する記載が増え、趣味の釣りに関する記載も目立っている。勤務に関する記載は、その間に記載される傾向が強まっている。それは一〇月に入っても同じだが、以下、そうした記事のなかから、勤務にかかわる特徴的な記載を抜き出してみる。

九月九日、「猿江二ノ六」のアルコール会社で集団強盗事件が発生し、犯人の大半を検挙した。九月一〇日には、午後一時から二時、「住吉ノアルコール会社」の「強盗事件参考教養」と記載がある。「猿江」と「住吉」は隣接しているので、同じ強盗事件に関するものであろう。ただし、「参考教養」の内容はよくわからない。「強盗事件犯人検挙ニヨリ看守巡査増員」とあるのも、この事件に関するものであろう。なお、同日、「不審尋問」により堀内・谷田部両巡査が「窃盗犯人」を連行している。

九月一三日には、「アルコール事件干係」により「待キ員」を置き（巡査五名、監督者交代一名）、また、「石川島干係」により「豊ス」を「三人勤ム」としている。この日、梶原・新井両巡査が賭博犯三名を検挙したが、新井巡査は不審尋問にあたって威嚇射撃をしようとした際、実砲一発を遺失している。こうした巡査たちの活動を踏まえてであろう、綱川は「志気昂揚、実績上ル」と記している。

九月一五日は、「国鉄争議」のため、午前八時から午後一時三〇分まで待機している。九月一〇日、国鉄総連合の闘争委員会が、首切りの撤回を要求し、一五日に二四時間ゼネストを実施することを決定していた[78]。ただし、一四日、国鉄総連合と運輸大臣との間で人員整理案を解消する協定が成立し、ゼネストは中止となっている[79]。

九月二一日は「不良一斉取締」のため午後三時まで勤務し、午後五時から一〇時までの「不良一斉取締」で一三名を検挙している。この日、警視庁は午後五時から終戦以来最も大がかりな全管轄下の「不良狩り」を行っており[80]、綱川らの活動もその一環であったと考えられる。九月二六日付の『朝日新聞』は、敗戦後の街を横行する不良・暴力団が、復員者などを新たな陣容に加えて勢力を強化しているので、内務省では九月上旬に開かれた全国刑事課長会議で一斉取締りを指令したと報じている。この記事によれば、各府県では徹底を期し、慎重に内偵をつづけてほぼ完了したので、全国一斉に取締りを開始し、二五日までに警視庁、大阪、福島の三庁府県から、まず検挙の報告があって、検挙人員はすでに二三三六名に達しているという。

一〇月五日は、「新聞ゼネスト干係」で「待キ」となり、「丙部員」は京橋署の応援に向かった。九月二六日、新聞通信放送労組は、「読売・北海道両新聞争議要求貫徹」などを掲げて、一〇月五日にゼネストを決行すると発表し、(81)この日、日本新聞通信放送労組放送支部は、読売争議解決・協約締結などを要求してストに突入していた（放送争議(82)）。綱川は「ゼネスト足並揃ハズ」と書いている。

一〇月一五日の夜、枝川町の辰巳倉庫で「集団窃盗」が発生し、「百五十屯ノ舟デ八名来集」して来たのを発見して、「一味」を「一網打尽」に検挙した。この事件を、一〇月一九日付の『読売新聞』は、一六日午前一時ごろ、深川区枝川町の辰巳倉庫を開成丸（一五〇トン）に乗った一〇名の賊が襲い、罐詰六七九トン（一七三九八個）を盗み出しそうとしているのが発見され、非常ベルで深川署枝川町派出所へ急報して、駆けつけた武装警官隊に全員検挙されたと報じている。

一〇月二四日の当番の折の「重点」は、「電産争議」に関する「情報蒐集」であった。一〇月一九日、電産労組は「全国五分間停電」ストを午後六時から七時の間に実施して、三日間続行し、二三日にはこれを再開。三菱製鋼、日本特殊鋼などの主要工場への送電を午前八時半から正午まで停止した。二四日、政府は電産ストの中止を勧告する声明を発表し、電産労組は交渉再開を決意して、工場への送電停止の中止を指令した。(83)

一〇月二七日には、「放送スト解決ス、ラジオ放送開始」と朱字で書いている。一〇月二五日、前日午後一〇時二〇分の放送スト解決で、日本放送協会全職員が就業していた。(84)

以上見てきた「国鉄争議」「新聞ゼネスト」「電産争議」に関する記載には、この年夏以降、新たな局面にはいった労働運動の状況が反映されている。マッカーサーの「暴民デモ」声明後、吉田内閣は労働運動に対する対決姿勢を明確にした[85]。このような情勢のなか、労働運動は「十月闘争」を展開していた。国鉄労組は九月一五日に国鉄当局の首切り計画に対してストを決行して、計画を撤回させた。新聞労連労組のストライキ闘争は、ＧＨＱの圧力で一部にとどまったが、一〇月闘争の中心となったのは電産争議であった。

一〇月三一日、雨倉巡査が強盗犯人を検挙し、重野巡査が火災を早期に発見した旨の記載があるが、具体的な勤務実態に関する「参考簿」の記事はこれが最後となっている。

おわりに

本章では、警部補綱川信廣の「参考簿」に即して、敗戦直後からの一年二ヵ月間の警察の状況を追ってみた。冒頭に記した五つの課題を踏まえてそれを整理しておくことにしたい。

まず、第一に警察機能のありようと時代状況の関係について。帝国憲法体制のもとにあった戦前国家の警察は、序章で見たように、また、つぎの第七章で触れるように、戦後改革の結果、日本国憲法体制のもとにある戦後国家の警察に編成替えされた。したがって、戦後・占領期は警察の組織編成から見た場合、一九四七年五月の日本国憲法施行をうけた同年一二月の内務省解体と警察法の制定によって二分される。すなわち、占領前期の警察は、一方で占領政策によって顕著な〝牙〟を抜かれ、さまざまな規制をうけながらも、なお組織的には戦前警察の組織・権限を継承していた。内務省警察が存続し、警視庁が本来の意味での首都警察としていた時期であり、本章で扱った綱川の「参考簿」に投影されているのは、この時期の警察の一つの姿である。

警察署レベルでの特高の〝追放〟や、闇取引などの経済事犯の取締りは、いずれの警察署においても見られた事態であろう。経済犯罪の具体相には、この時期の社会状況が屈折して投影している。警察の民衆運動・社会運動に対する対応機能という点で、この時期、警察が主要な取締り対象としたのは食糧闘争であったが、綱川の担当からして「参考簿」からそれを直接的に検出することはできない。しかし、経済警察を主要な職務としていたがゆえに、逆に食糧暴動・食糧闘争に対する深刻な危機意識を如実にうかがい知ることができた。また、間接的ながら、占領初期の闇市をめぐる紛争や、在日朝鮮人・台湾人と警察との緊張関係の一端も、浮かび上がってきた。幽霊人口の取締りもこの時期の重要な活動であり、その際、警察による戸口調査が〝威力〟を〝発揮〟したようである。

綱川の「参考簿」からうかがうことができる戦後初期の経済警察の状況は、ある意味で一般性をもつものであり、綱川と同類の警部補や、そのもとにある担当巡査が、全国各地で、その地域性や個別性をはらみながらも、経済警察を推進していただろうことは疑いない。綱川の場合、食糧消費地である都市部がその勤務地であり、それに即した経済警察の展開がみられたが、食糧生産地である農村部では、主食の供出に対する強権発動を規定した食糧緊急措置令（一九四六年二月）の執行が重要な課題だったはずであり、農村地域に即した経済警察の実態解明が必要となろう。

第二に、警察署の機能について。綱川は主任という立場から、警視庁本庁の主任会議に出席したり、本庁と連携する際の警察署側の窓口となっている。また、各種の一斉取締りなど、警視庁管下の警察署全体の取組みの一環として、しばしば集中的な一斉取締りが遂行されているが、これは、月島署・深川署とも同様である。上野事件や渋谷事件の場合のように、警察署の枠を越えた応援体制がとられていたこともわかる。

第三に、地域に即した警察活動について。月島署管内には米軍の進駐地があったことから、米兵がらみの〝事件〟が発生していた。また、月島という地域特性とかかわって、露店取締りや倉庫業をめぐる隠退蔵物資取締りは重要な職務であった。一方、深川署については、木場との関係から材木の盗難にかかわる事件が発生しており、また、交通手段とのかかわりで、海からの船による犯罪が発生している。そして、何よりも在日朝鮮人の集住地（深川区枝川）

とかかわる〝事件〟が深川署の特徴となっている。

第四に、警察官という主体のあり方について。綱川はいうまでもなく天皇制国家のもとで警察官となり、精神形成をとげ、警察活動を展開してきた人物である。その精神の核が、「陛下の警察官」として形成されてきただろうことは、想像に難くない。しかし、「参考簿」が重要なのは、単なる警察活動だけでなく、綱川の時代認識と戦争観・社会観・人生観などを記していることである。そこから、警察官として時代の激変を経験した一人の人物の認識のありようが浮かび上がってくる。「敗戦一年ヲ顧ミテ」に記したように、天皇崇拝と敗戦への痛惜の念は変わっていないが、ＧＨＱへの評価が一変していることは興味深い。

第五に、戦中・戦後の連続と断絶について。警察機能の面から見た場合、戦時統制から戦後統制へと経済統制は連続していた。しかし、経済警察という点では、戦時からの連続面とともに、戦後に即した変化も認めることができる。戦後の食糧危機に対応した諸措置をめぐる経済警察の実態は、綱川の「参考簿」に浮き彫りにされており、それは、基本的に戦前から継続した警察組織のもとで推進されていた。ただし、「経済警察」は「生活」警察へと、ある種の〝衣替え〟がはかられたのである。なお、戦時に引きつづいて、いや、戦後の食糧事情の逼迫から、いよいよもって警察応急米の存在が重要な意味をもっていたことが、具体的に明らかになる。

ところで、綱川は本章で扱った時期以降も、もちろん警察官であった。戦後改革のなかを警察官として過ごしていったはずであり、一九五四年八月の『警視庁職員録』には、神楽坂署の警部補として記載されている。したがって、一九四七年一二月の警察改革にも直面したはずであるが、もはや「参考簿」はなく、また、資料類も手元にないため、それを知ることはできない。なお、『自警』[86]によれば、綱川は一九五九年春に神楽坂署を警部補で退職し、一九八四年六月、八二歳で死去している。

（1）原朗「戦後五〇年と日本経済」（『戦後五〇年の史的検証』〈年報・日本現代史　創刊号〉一九九五年）。
（2）金守香「戦後の経済警察と『経済犯罪』」（『中央大学政策文化総合研究所年報』第二一号、二〇一七年）。
（3）『第五十五回　警視庁統計書　昭和二十年』警視庁、一九四八年、二ページ。
（4）月島警察署史編集委員会編『月島警察署史』警視庁月島警察署、一九七六年、二九〇ページ、三四七ページ。
（5）『朝日新聞』一九四五年九月九日付の記事「極めて平穏の裡に　連合軍、帝都進駐」は、八日の朝、連合軍のトラック、ジープが、原町田から根岸、府中、調布を経て、東京に入って来たとし、一四五〇名が代々木練兵場に到着し、一五〇名が米国大使館に入り、一五〇名が帝国ホテル、二〇〇名が第一ホテルに到着、三三〇名が月島埋立四号地に到着したとしている。東京都中央区役所編刊『中央区三十年史』上巻（一九六〇年、五〇二～五〇三ページ）によれば、接収された月島四号地（晴海町）は、「レシーバー・アイランド」として米軍の使用に供されることとなった。月島地域では、このほか、一一月に中央食糧営団倉庫が「GHQランドリー」として、翌年一〇月、乾倉庫が東京陸軍病院（明石町の聖路加病院を接収）の倉庫として、それぞれ接収されている。
（6）月島地域では一八九〇年代以来の東京湾浚渫事業によって月島一号地・月島二号地が誕生し、ついで一九一三年に三号地（現在の勝鬨方面）、一九二九年に四号地（現在の晴海）の埋め立てが竣工した（前掲『月島警察署史』、五六～六三ページによる）。
（7）八月一八日、内務省は全国の警察に対し「外国駐屯軍慰安施設」を整備するように指令、一定の区域を限定して営業を許可し、この区域の設定は警察署長が行うこととした。また、警察署長はこれらの営業について積極的に指導を行い、設備の充実を速やかにはかるように指示していた（村上勝彦『進駐軍向け特殊慰安所RAA』筑摩書房〈新書〉、二〇二二年、一四～一七ページ）。同日、東京では警視庁が東京料理飲食業組合などの幹部を招き、特殊慰安施設協会（RAA）を組織し、八月二六日、RAAが正式に発足した（前掲『中央区三十年史』上巻、五〇六～五〇七ページ）。
（8）前掲『月島警察署史』、四〇七ページ。
（9）「参考簿」の一九四五年四月二七日に「矢沢主任、小川主任」とあり、また、綱川が輸送主任を免ぜられた五月一八日には、「任輸送主任矢沢警部補、事務引継」と記されている。
（10）『近代日本総合年表』岩波書店、一九六八年、三二六ページ。
（11）『江戸東京学事典』三省堂、一九八七年、八八九ページ。
（12）前掲『近代日本総合年表』、三三八ページ。
（13）講談社編『昭和　二万日の全記録』第7巻、講談社、一九八九年、九四ページ。
（14）『日本大百科全書（ニッポニカ）』（小学館）による。
（15）警視庁官房情報課がまとめた「各種情報綴」には、九月末から一〇月はじめにかけ、警視庁管下の各警察署長から提出された報告がまとめられており、それぞれの地域の動向や、多種多様な人物の〝声〟がそのまま収められている（栗屋憲太郎・中園裕編

『敗戦前後の社会情勢　第四巻　経済状況に見る民心動向』現代史料出版、一九九八年に収録）。内容は経済関係の事項が中心で、そのなかから食糧問題に関する題目を月日順に列記すれば、つぎのようである（警察署名を付記）。九月二八日、「管内に於ける応急米の支出状況に関する件」（目白）、一〇月一日、「蔬菜類の入荷状況に関する件」（巣鴨）、「東京都青果物配給統組の動向に関する件」（築地）、二日、「管内農作物の情況に関する件」（葛飾）、「最近に於ける食糧事情並意向聴取報告」（三河島）、三日、「魚介類の入荷状況に関する件」（築地）、「食事情に関する意向聴取方の件」（月島、これについては後述）、四日、「魚介卸売人業界の動向に関する件」（築地）、「食糧事情等に関する言動報告の件」（本所）、「本年度甘藷の収穫予想と供出割当に関する件」（町田）、「蔬菜逼迫に対する部民の意向聴取報告」（三河島）、五日、「食糧問題に関し消費者の意向聴取に関する件」（荏原）、「復員軍人疎開転入者の増加に伴ふ食糧事情の急迫化に関する件」（葛飾）、「経済生活に関する意向」（武蔵野）。

(16) 前掲『敗戦前後の社会情勢　第四巻　経済状況に見る民心動向』、三四七～三四八ページ。
(17)『東京都食糧営団史』東京都食糧営団史刊行会、一九五〇年、七八〇～七八二ページ。
(18) 前掲『昭和二万日の全記録』第7巻、一七二ページ。
(19) 前掲『東京都食糧営団史』、八三三ページ。
(20) 歴史学研究会編『日本同時代史1　敗戦と占領』青木書店、一九九〇年、二一三ページ。
(21) 梅田欽治「戦後社会運動の出発」（五十嵐仁編『「戦後革新勢力」の源流』大月書店、二〇〇七年）、二二ページ。
(22)『終戦後の経済取締概況』国家地方警察本部刑事部防犯課、一九五一年、九〇～九三ページ。
(23) 警視庁史編さん委員会編『警視庁史』昭和中編（上）、警視庁史編さん委員会、一九七八年、八五六～八五七ページ。
(24) 一九四六年一一月一三日の新聞報道によれば、東京都内のメチルアルコール死亡者は、終戦後一年で三八四人という（前掲『昭和二万日の全記録』第7巻、三二二ページ）。
(25) 警視庁総務部企画課編『警視庁年表』（警視庁総務部企画課、一九六八年）では、「一二月六日　経済警察部を廃止し生活課を設置」となっている。
(26) 前掲『第五十五回　警視庁統計書　昭和二十年』、三ページ。
(27) 同前、二～三ページ。
(28) 前掲『警視庁史』昭和中編（上）、八四九～八五〇ページ。
(29) 前掲『警視庁年表』、一四七ページ。
(30) 前掲『昭和二万日の全記録』第7巻、二〇二ページ、二〇四～二〇五ページ。
(31) 同前、二一〇ページ。
(32) 同前、二一〇ページ。

(33) 以下、「世界大百科事典 第2版」(平凡社)による。
(34) 強権供出、供出阻害の煽動者に対する厳罰、不正受配の絶滅、生鮮食糧品の再統制などがその骨子であった(東京歴史科学研究会現代史部会『日本現代史の出発』青木書店、一九七八年、五四ページ)。なお、食糧緊急措置令の施行過程については、小田義幸『戦後食糧行政の起源』慶應義塾大学出版会、二〇一二年、一二三〜一四一ページを参照。
(35) 以下、「日本大百科全書(ニッポニカ)」(小学館)による。
(36) 竹の子の皮をはぐように、衣類などの持ち物を売って生活費にあてる暮らしをさす。
(37) 前掲『警視庁年表』、一四九ページ。
(38) 前掲『昭和二万日の全記録』第7巻、二二六ページ。
(39) 同前、二二六ページ。
(40) 以下、武田尚子『もんじゃの社会史』青弓社、二〇〇九年、三七〜五六ページによる。
(41) 戸口調査については、本書第二章を参照。
(42) 前掲『終戦後の経済取締概況』、九四〜九五ページ。
(43) 同前、一〇一〜一〇二ページ。
(44) 日本専売公社専売史編集室編『たばこ専売史』第2巻、日本専売公社、三九〇〜三九一ページ。
(45) 前掲『昭和二万日の全記録』第7巻、二三二ページ。
(46) 前掲『終戦後の経済取締概況』、九四〜九五ページ。
(47) 同前、一〇二〜一〇三ページ。
(48) 前掲『昭和二万日の全記録』第7巻、二四二ページ。
(49) 同前、二四二ページ。
(50) 前掲『日本現代史の出発』、六五ページ。
(51) 『警視庁職員録』自警会、一九四七年、八〇ページ。
(52) 前掲『警視庁年表』、一五一ページ。
(53) 前掲『第五十五回　警視庁統計書　昭和二十年』、二ページ。
(54) 日勤員は午前九時から午後五時までの八時間勤務で、通常、戸口査察、臨検視察、警戒取締り、教養、演武などを行い、臨時の取締りがあれば、これにあたった(警視庁史編さん委員会編『警視庁史』大正編、警視庁史編さん委員会、一九六〇年、一七七ページ)。当番は二五時間勤務で、午前八時から翌朝九時まで派出所に勤務し、交替後は非番として休養した。
(55) 五月一日の戦後初のメーデーにつづいて、この日、皇居前広場には約二五万人が集まり、飯米獲得人民大会(いわゆる食糧メーデー)が行われた(前掲『日本同時代史1　敗戦と占領』、二二七ページ)。
(56)「参考簿」に挟み込まれている「食糧獲得人民大会警戒部隊編成表」によれば、部隊は中隊(中隊長は署長、副官は警部)・小隊(三小隊からなり、小隊長は警部補)・分隊(各小隊二分隊からなり、分隊長は巡査部長)・隊(巡査)から編成されている。
(57)前掲『終戦後の経済取締概況』は、この「米よこせ町民大会等の陳情デモ事件」について、「食糧事情の極度の逼迫は配給米の遅延、警察応急米の廃止、主食の取締強化等によって都内貧困者の生活を、どん底に追い込み窮状打開のため」、五月一二日、世田谷区民が行動をおこしたことから説明している(九八ページ)。なお、同書は五月一九日の警備態勢・警備配置について、本庁、所轄署(麹町・丸の内・愛宕・表町)、皇宮警察部の計一八一五人で警備にあたったとしている(一〇〇ページ)。
(58)五月二〇日、マッカーサーは「多数の暴民によるデモと騒擾に対し警告を発する」との声明を発したため、この日予定されていたデモは中止され、吉田内閣は二二日に成立した(前掲『日本同時代史1　敗戦と占領』、二二七～二二八ページ)。
(59)前掲『昭和二万日の全記録』第7巻、二五六、二五七ページ。
(60)同前、二八〇ページ。
(61)下川耿史編『増補版 昭和・平成家庭史年表』河出書房新社、二〇〇一年、一七七ページ。
(62)前掲『昭和二万日の全記録』第7巻、二八〇ページ。
(63)前掲『警視庁年表』、一五一ページ。この上野署における第一回の一斉取締りについては、当時、上野署の次長だった大橋秀雄が『ある警察官の記録』(みすず書房、一九六七年)のなかで、警視総監の内務大臣・各府県長官宛報告文書を抜粋して記述している(八七～九二ページ)。その文書で、警視総監は「事件の概要」をつぎのように報告している。

終戦後に於ける鮮台華人に依る各種不法行為は特に激増し、治安上大なる障碍となりつゝあるが、最近上野広小路附近の露店街に於ては此等鮮台華人等が露店取締規則を無視して多数出店、専ら禁制品を販売し、然も暴力又は集団の威力を以て警察取締に対抗する等、経済秩序は勿論、治安維持上放任し難き状況であったので、所轄上野署にあっては五月三十日午前十時を期して強力なる警備布陣を以て断乎之が一斉取締を行ふに至ったのである。

この時、上野署は管下の警察官をもって制服の警備部隊を編成するとともに、本庁の応援などを得て私服部隊などを編成したという。その後、上野署では隣接署から応援を得て昼夜警備を実施し、集団巡回して長期取締りを実施したというから、以下の深川署からの応援もその一環であろう。
(64)前掲『昭和二万日の全記録』第7巻、二八六ページ。
(65)同前、二九〇ページ。
(66)同前、二九六ページ。
(67)同前、二七八ページ。

(68) 同前、二九〇ページ。
(69) 枝川については、枝川で暮らしていた朝鮮の人々の側からの記録である江東・在日朝鮮人の歴史を記録する会編『東京のコリアタウン　枝川物語』増補新版（樹花社、二〇〇四年）を参照。
(70) 前掲『昭和二万日の全記録』第7巻、二七八、二七九、二八四ページ。
(71) 以下、前掲『警視庁史』昭和中編（上）、七二二〜七二七ページ参照。
(72) 前掲『昭和二万日の全記録』第7巻、二七八ページ、二八二〜二八四ページ「闇市の興亡」。
(73) 前掲『警視庁年表』、一五二ページ。
(74) 以下、前掲『日本同時代史1　敗戦と占領』、二四〇ページによる。
(75) 一九四六年一〇月、朝鮮建国促進青年同盟と新朝鮮建設同盟が合同して在日本朝鮮居留民団となった（民団）。
(76) 前掲『月島警察署史』、三七六〜三七七ページ。一九四八年四月には、枝川町事件（枝川町の朝鮮人方に立ちまわった集団窃盗事件の主犯の検挙をめぐり、警察側と朝鮮人側が対立、九名を逮捕・起訴した事件）がおこっている（この事件については、『月島警察署史』、三七七〜三八四ページ、および前掲『警視庁史』昭和中編（上）、七二八〜七三四ページ参照）。以上は、いずれも警察側の立場、取締りの観点からの記述である。枝川の朝鮮の人々の側の状況については、前掲『東京のコリアタウン　枝川物語』、および朴慶植編『在日朝鮮人関係資料集成〈戦後編〉』第二巻（不二出版、二〇〇〇年）収録の在日朝鮮人連盟関係資料を参照。
(77) 前掲『警視庁史』昭和前編、一二一〜一二四ページ。
(78) 前掲『昭和二万日の全記録』第7巻、二九六ページ。
(79) 法政大学大原社会問題研究所編『社会・労働運動大年表』Ⅱ、労働旬報社、一九八六年、五二ページ。
(80) 前掲『昭和二万日の全記録』第7巻、三〇〇ページ。
(81) 同前、三〇一ページ。
(82) 同前、三〇二ページ。
(83) 以上、同前、三〇八ページ。
(84) 同前、三〇八ページ。
(85) 以下、前掲『日本同時代史1　敗戦と占領』、二四四〜二四六ページによる。
(86) 警視庁職員の知識啓発・武道奨励・品性陶冶と相互の親睦のために一九一九年に設立された自警会の機関誌。

第七章　警視庁巣鴨警察署巡査の警察手帳

はじめに

本章で検討するのは、警視庁巣鴨警察署に勤務していた巡査成澤登の四冊の警察手帳である。成澤は山形県東川田郡出身で、一九四八（昭和二三）年六月一日、警視庁巡査として警察学校に入り、修了後、巡査として現場の勤務についた。四冊の警察手帳をここでは便宜的に、一九四九年九月八日から一二月二二日までのものをA、一九四九年一二月二二日から五〇年四月二五日までをB、一九五〇年四月二四日から九月二八日までをC、一九五〇年九月二八日から五一年一月二二日までをDと呼んでおくことにする。

警察大学校監修の『全訂新版　警察実務教本（昭和二十四年版）』は、警察手帳について、「職務上必要な事項（職務以外の事項を記載してはならない）を細大漏らさず、日記体で順序よく記載しておき、上申、復命、諸報告、書類の作成等職務上万般に渉つて利用しなければならない」と説明している。[1]また、一九五〇年一〇月三日、国家地方警察本部次長が発した「外勤勤務概則」は「第二十三」で、警察手帳についてつぎのように規定している。[2]

外勤警察官は、勤務中取り扱つた職務事項及び警察上必要な事項のすべてを、即時明確に警察手帳に記載しておかなければならない。

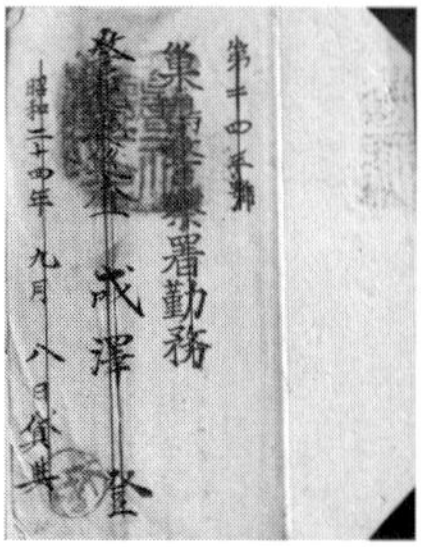

A

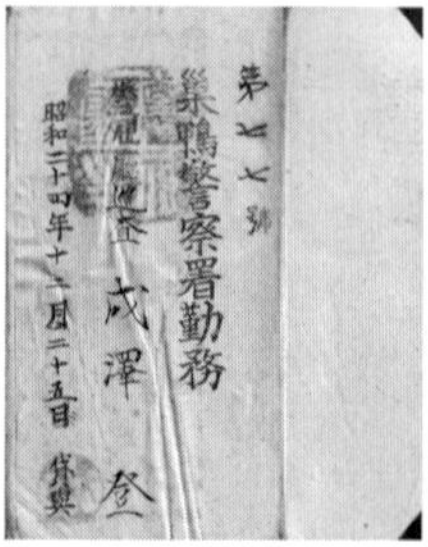

B

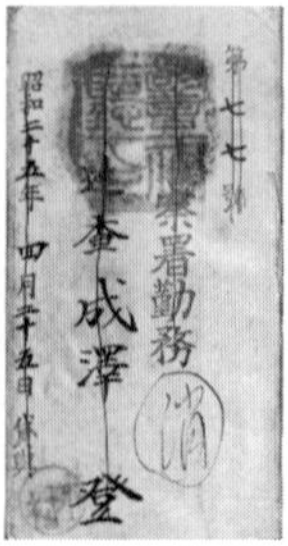

C

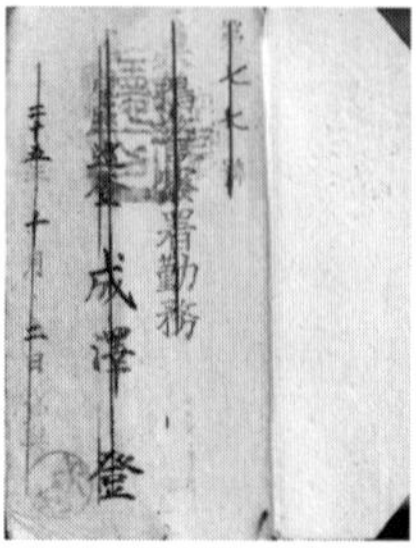

D

署長や外勤幹部は外勤警察官の「監督巡視」にあたって、警察手帳を検閲し、職務事項や警察上必要な事項についての取扱状況やその内容を監督することになっている。成澤巡査の警察手帳の記載内容も、基本的にこれらの趣旨と一致する。

四冊とも厚紙の表紙からなり（表紙をカバーに挟み込む形式で、タテ一一センチメートル、ヨコ六センチメートル）、警察手帳Aは、表紙に「第十四三号　巣鴨警察署勤務　警視庁巡査成澤登　昭和二十四年九月八日貸与」という記載があるが、これらすべてが線で抹消されている（「二四三」は朱字）。裏表紙には「十二月二十五日検閲」とあって、署長・次席・主任・部長の各押印がある。B・C・Dも基本的に同じ様式である。これは、前掲の『全訂新版　警察実務教本』が、差換え用紙の余白がなくなった場合、所轄長の検閲を経て、内扉を納付して新しい用紙を受け、旧用紙は各自が保存すると記していることと符合する。[3]

四冊とも表紙を繰ると、冒頭に「宣誓書」と「警察官心得」が印刷されている（内容については後述）。A～Cは手帳内部の記載面が上下で区切られていて、上方に日付・曜日・天候などを記載し、下方に勤務内容などを記載するようになっているが、Dには上下の区切りがない。

この四冊の警察手帳に記載されている一九四九年九月八日から一九五一年一月にかけての時期は、占領政策が民主化から社会運動の弾圧に転換し、レッド・パージに至る時期[4]に対応している。本章では、占領期の末端警察の活動実態をこの警察手帳から探り、一巡査の活動がこうした全体状況といかに連動・連鎖していたのかを明らかにしていってみることにしたい。

なお、警察手帳に記載されている勤務状況を、当時発行されていた必携・手引書などと適宜、対照させながら叙述を進めることにする。個別的な成澤巡査の勤務を、全体的・一般的な勤務指針のなかで捉えてみるためである。

一　警視庁改革と警察学校期の成澤巡査

(1) 警察法と警視庁

警察手帳の内容的検討に移る前提として、この時期の警視庁の制度的な仕組みについて概観しておこう。戦後、占領下の警察制度改革によって、明治初期に設置されて以来の警視庁のあり方に、ある種、大きな変化が生じていたからである。

設置以来、警視庁は東京の警察ではあるものの、首都警察としての独自の位置が与えられ、内務省直属の国家警察として、その性格を維持・展開してきた。敗戦後も内務省は国家警察としての警視庁の存続をはかろうとしていたが、一九四七（昭和二二）年九月のマッカーサー書簡によって、自治体警察と国家地方警察の二分化と公安委員会制度の導入などによって、警察組織の分権化を徹底させる方向が明確になり、警視庁もこの枠組みのなかで組織的に改変されていくことになった[5]。

序章で見たように、一九四七年一二月一七日、警察法が制定公布され、翌一九四八年三月七日から施行された。警察法は第五一条から第五三条で「特別区に関する特例」を規定した[6]。これにもとづき、東京では、東京都知事のもとに、三人の委員からなる東京都特別区公安委員会が設置され、特別区を管轄する警視庁を管理することとなった。警視庁では、同法の施行に先立つ一九四七年一二月二六日、特別区（二十三区）を除く三多摩の三市と、人口五千人以上の一九市街地的町村を、それぞれ自治体警察（自警）とし、その他の地域を国家地方警察（国警）東京都地区警察署・支所に組織替えすることとし、一九四八年一月六日から試験的にこれを実施した。[7] 一方、警視庁そのものは特別区（二十三区）を管轄する自治体警察として、特別区公安委員会のもとに置かれることとなった。名称は創設以来のままであるものの、性格は国家警察ではなく自治体警察として位置づけられ、管轄区域も旧東京市域に狭められた。[8] かくて、警察法施行の前日、一九四八年三月六日、旧機構の警視庁の廃庁式が行われ、翌日、新警視庁が発足したのである。

一方、警察法の制定にあわせて、一九四七年一二月六日、東京都内の警察官定員が自警・国警含めて七七七八名増員され、総定員は警視庁二万四五八八名、国警一〇六二名、三多摩地区自警九四六名となり、この人員確保のため、緊急増員として八六五三人の警察官が採用された。[9] この緊急増員にともなって、一九四八年一月、警視庁では新任警察官の教育期間を五六日、総時間三八四時間とし、警務（服務）、刑事警察、点検礼式教練、逮捕術の術科面の教育を行うこととした。緊急措置として二ヵ月間を新任教育にあてたのである。

(2) 警視庁警察学校の成澤巡査

一九四八年二月一〇日、警察法の施行にともなって、警視庁の警察練習所は警視庁警察学校と改称され、五月二〇日、東京都特別区公安委員会規則にもとづいて警視庁警察学校設置規程が制定された。[10] 成澤登巡査が学んだのは、この警察学校である。

この年、GHQは六月三〇日までに一万二九〇名の警察官を採用するように覚書で指示し、警察官の「緊急増員」（大増員）がはかられた。[11] 警察法施行と同時に制定された「警察官教養規程」（国家地方警察訓令）は、「警察法の精神に則り、民主警察の本質と警察責務とを自覚し、厳正な紀律と旺盛な士気とを保持せしめ、品性資質の陶冶、学術実務の修習及び体力技能の錬磨により、全人格的教養の向上と実力の涵養とに努め、以て公正明朗且つ能率的に職務を遂行し得る警察官を養成する」ことを「警察教養の目的」とした（第一条）。そして、これにもとづき、初任教養の修業期間を六ヵ月と規定した。しかし、緊急増員にともなう警視庁の新任警察官の教育期間は、依然として二ヵ月間だったようである。

警視庁警察学校の時の成澤登の手帳の冒頭には、次のような宣誓書が印刷されており、彼はこれに日付（六月一日）と本籍（山形県東川田郡渡前村大字荒俣）・氏名を記入して、警視総監田中栄一に対し誓約している。

宣誓書

私は日本国憲法及び法律を忠実に擁護し、命令条例及び規則を遵守し、その組織又は綱領が警察職務に優先して、それに従うべきことを要求する団体に加入せず、何ものにもとらわれず、何ものをも恐れず、何ものをも憎まず、良心のみに従つて、公正に警察職務の遂行に当ることを厳粛に誓います

この手帳の記載時期は、「昭和二十三年」六月一日から八月一日までで、主な内容としては、一九四八年六月一日から七月二七日までの「訓示」（警部による「代訓」）ないしその「要旨」が記されている。

冒頭、六月一日には、「訓示」として、「志願当時の決意を新にし入校時の感激を思ひ初期の目的を達成せよ。初一念を貫け」と記されている。六月三日、朝の点呼の際、加藤教頭[12]は、ヘレン・ケラーが近く訪日することになったとして[13]、「諸君はこれらの苦しみを持たぬ身体に不自由のない立派な体を持つてゐるのであるからどんな事でもやって出来ないことはない」と、ヘレン・ケラーを引き合いに出して、「しっかり努力しなければならない」と訓示している。六月四日には、「警察は軍国主義の延長ではない。只管教官助教の教へる事を実行すればよい。それは理論ではなく実際なのである」と訓示されている。

六月五日には、「教育勅語の朗読が禁止されても、その内容の良さに変りはない」「警察官として体すべき事、かくあるべき事が遺憾なく現はされてある」として、これを体得する必要性が強調された。相応の変化を指摘しつつも、基本的には従来通りの警察のあり方がそのまま維持されているといえる。六月六日は、午前九時から午後五時まで外出が許可された。外出に先立って、「時間を厳守せよ」「金銭の浪費を慎め」「食物に気をつけよ」「司法権がないとい ふ事を自覚せよ」「巡査としての体面を忘れるな」という「注意事項」があった。いずれも常識的な注意である。

その後についても七月二七日まで、「訓示」の題目や内容がメモされているが、倹金貯蓄について、人間味を持つとともに規律に徹底しなければならない、正確に判断して迷わず進むことが大切である、警察官は運動神経が敏感でなければならぬ、正しい生活態度が現在の諸君の生活である、自分の精神を形の上に具現する気持ちでなければならないなど、基本的な心構えや常識的な注意がほとんどである。

七月八日の訓示の題目は「民主々義国家の警察官について」であるが、「民主々義とは人民の人民の為の人民による人民の政治である」と記されているだけで、警察改革による新たな警察官像をうかがい知ることはできない。

成澤は手帳の七月二七日のつぎのページに、「教養予定表」としてつぎのような日程を記している。おそらく八月にはいってからの後期の「教養」教育の予定であろう。

二日、警邏、交通、警務、捜査
三日、生活、警邏、警務、訓育
四日、警務、警邏、保安、次席
五日、実務、体育、生活、防犯
六日、訓授、生活、訓育、捜査

七日、交通、警備、次席、渉外
八日、警務、警邏、警備、看守
九日、訓授、会計、警邏、少年、生活

七月二九日は「謝恩会」で、田中教官からの餞《はなむけ》の言葉は、「一、健康に留意せよ、一、誘惑に負けるな（金、女、酒）、一、よく反省をせよ」であった。こうして成澤巡査は警察学校を修了した。

手帳の七月三一日のところには、「午前、警部、警ら等ニ申告」「手帳ニ署長印を押捺」「午后大巡行、各派出所廻り、四時退署」と記載されている。実務修習先の警察署で警部や警邏関係者などに挨拶し、署長に警察手帳に押印してもらったのであろう。午後は各派出所をまわったようである。八月一日は、「交通訓練（実務）」で、「交通主任」から「訓練故取締は行はず　交通指導訓練を行ふ」との指示があった。手帳の日付を追った記載は以上で終わっている。なお、末尾には、「高き理想の心の玉を　磨きし庭を今立出でて」で始まる警視庁警察学校の卒業歌の歌詞が記されている。

この手帳とは別に、成澤巡査は「警視庁警察学校第一部」と記したメモ帳を残している。その冒頭には、「田中教場」として「田中秀一教官」「木島定七助教」、「熊本教場」として「熊本章教官」「石川勉助教」の名が記されている。「第一部」とは、新任警察官の教育訓練にあたる警察学校の組織である。

この手帳には、六月二一日以後のメモ的（断片的）な記載があるが、内容から見て、上記手帳のための下書き的なメモであると考えられる。なお、上記手帳には該当する記述はないが、八月二日の「警邏」、八月五日の「生活主任」「経済統制と経済情勢」「捜査、主任」「管内特殊事情、交通ヒンパンにして管外よりの出入りが多く、窃盗、すり等多い」といった記載は、前述の「教養予定表」の日程に対応するものであろう。

その後に、「見張勤務　申送事項」「立番」などに関するメモがあり、つづいて「応援歌」の書き抜き、「試験問題」の項目、「宣言」の書き抜き、親族・関係者の住所・生年月日などの記載がある。

また、表紙に「警務一部　田中教場　成澤登」と記したA5判のノートが残されており、冒頭には、「警視庁処務細則」にもとづいて、警視庁の組織的な編成（総務部・警務部・警備交通部・刑事部・保安少年部のそれぞれの課の編成など）が記載されている。さらに、これにつづいて「服務規律」「忌引日数」「携帯品」「事務処理」「呼出」「応接（民衆処遇）」[14]「懲戒」などに関する記載がある。「携帯品」のうち「手帳」については、「月一回以上検閲、内勤は三ヶ月一回」として、手帳への記載の仕方（記載様式）を表示している。

このノートの末尾には、警察法第一条の「警察官の責務」の書き抜きや、第二条の「行政管理」「運営管理」に関する記載がある。

また、成澤巡査のもう一冊のメモ帳の表紙には、「東京都豊島区西巣鴨四ノ三〇〇　巣鴨警察署第二寮　成澤登」「東京都港区芝田村町六ノ九　警視庁警察学校第六二六期」と記されているが、中身は六月から一〇月にかけての郵便の発信・受信を記録した「発受信録」「通信録」が中心である。

成澤巡査は巣鴨警察署の巡査として勤務していたが、残された以上のような警察学校の時期の資料と、警察手帳Aの間に約一年の空白があるため、実際にいつから現場の職務に従事したのかは判然としない。

警察手帳Aの冒頭には、「宣誓書」と「警察官心得」が印刷されている（B～Dも同様）。「宣誓書」は前述のように、警察学校時の手帳の冒頭にあったものである。「警察官心得」は、「綱領」「職務」「応接」「行状」の全一七ヵ条からなり、警視庁警察官としての「心得」が記されている。このうちの「応接」は、前述のA5判のノートに記されていた「応接（民衆処遇）」に該当する。

この「警察官心得」は、警察改革によって従来の「警察訓律」が実情にそぐわなくなったため[15]、警視庁がとりあえず一九四八年五月七日に制定したもので[16]、冒頭の「綱領」は、つぎのように変更されている。

第一条　首都治安確保の重責を自覚し、全力をあげてその崇高なる使命の達成に努めなければならない。
第二条　職務の遂行に当つては、誠実に法令に従い、特に、憲法に保障する基本的人権の尊重に努めなければならない。
第三条　規律を重んじ、礼節を尊び、常に信義と敬愛をつくして警察一体の実をあげなければならない。
第四条　清廉簡素堅く身を持し、常に名利をしりぞけて職務の公正を保持しなければならない。
第五条　学識、技能の修得と心身の鍛錬に努め、常に首都警察官として欠くることなきを期さなければならない。

しかし、「職務」「応接」「行状」の内容は、基本的に「警察訓律」を踏襲しており、とくに「警察訓律」の「民衆処遇」の三ヵ条の内容は、「民衆ニ接スルニハ懇切丁寧ヲ旨トスベシ」以下、ほとんど「警察訓律」の「応接」と同じである。

二　四部制勤務とその実際（一九四九年九月〜五〇年一月）

巣鴨警察署の管轄区域は、豊島区の駒込一〜六丁目、巣鴨一〜七丁目、西巣鴨一〜四丁目である。図4は、一九五一（昭和二六）年刊行の『昭和二十六年　警視庁事務年鑑』の冒頭に掲載されている「警視庁管轄区分図」で[17]、警視庁（自治体警察）の管轄範囲が、前述のように特別区（二十三区）に限られていたことがわかる。図中の①〜⑦の数字は、一九五〇年九月、従来の監察官にかわって設置された方面本部（七方面区）の管轄範囲を示したもので、巣鴨署は第五方面本部に属していた[18]。図5は、巣鴨署とその周辺警察署の部分を拡大したものである。

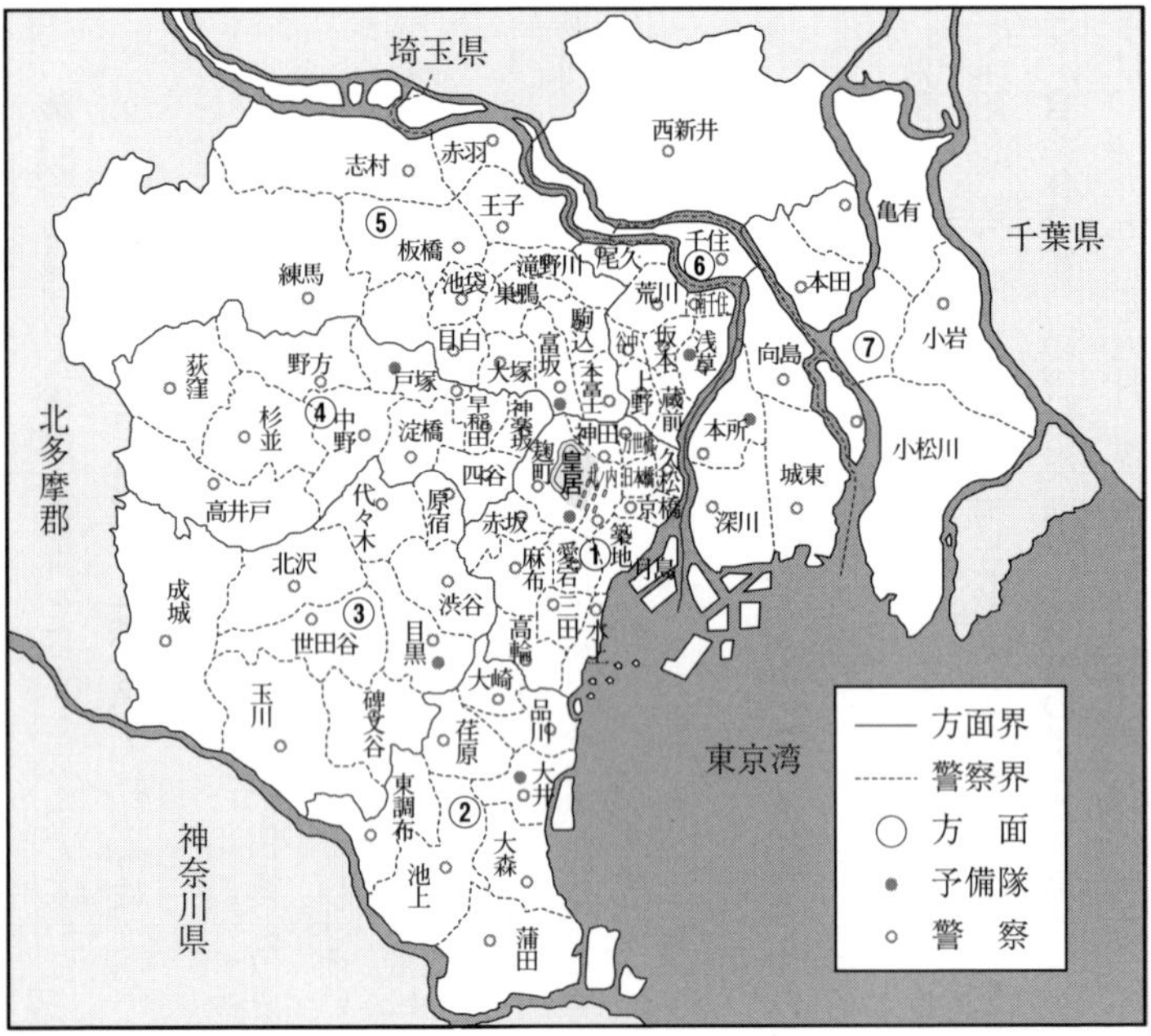

図４：警視庁管轄区分図

図6は、一九四七年発行の「大東京区分図豊島区詳細図」[19]から、巣鴨署の管轄地域を中心に抜き出して作成したものである。

中央を東西に走っているのが山手線で、東（右）側から駒込駅・巣鴨駅・大塚駅までの三駅が巣鴨署管内の駅であり、その西（左）側に池袋署管内の池袋駅がある。また、荒川車庫前から早稲田に至る都電の三二系統が管内を通過しており、管内の大塚駅前からは錦糸町駅前に至る一六系統、巣鴨車庫前からは田村町一丁目に至る三五系統が出ている。その路線図は図7の通りである（一九五〇年五月一日現在の「電車案内図」から抜粋）。なお、王子駅前から出る一九系統も駒込駅前を通っていた。

これら都電のうち、現在も運行しているのは、三二系統にあたる都電荒川線だけで、向原・大塚駅前・巣鴨新田・庚申塚・新庚申塚といった駅が管轄範囲に含まれている。

当時、巣鴨警察署は図6の右寄り中央、染井霊園の南側にあたる巣鴨二丁目に位置しており、真性寺

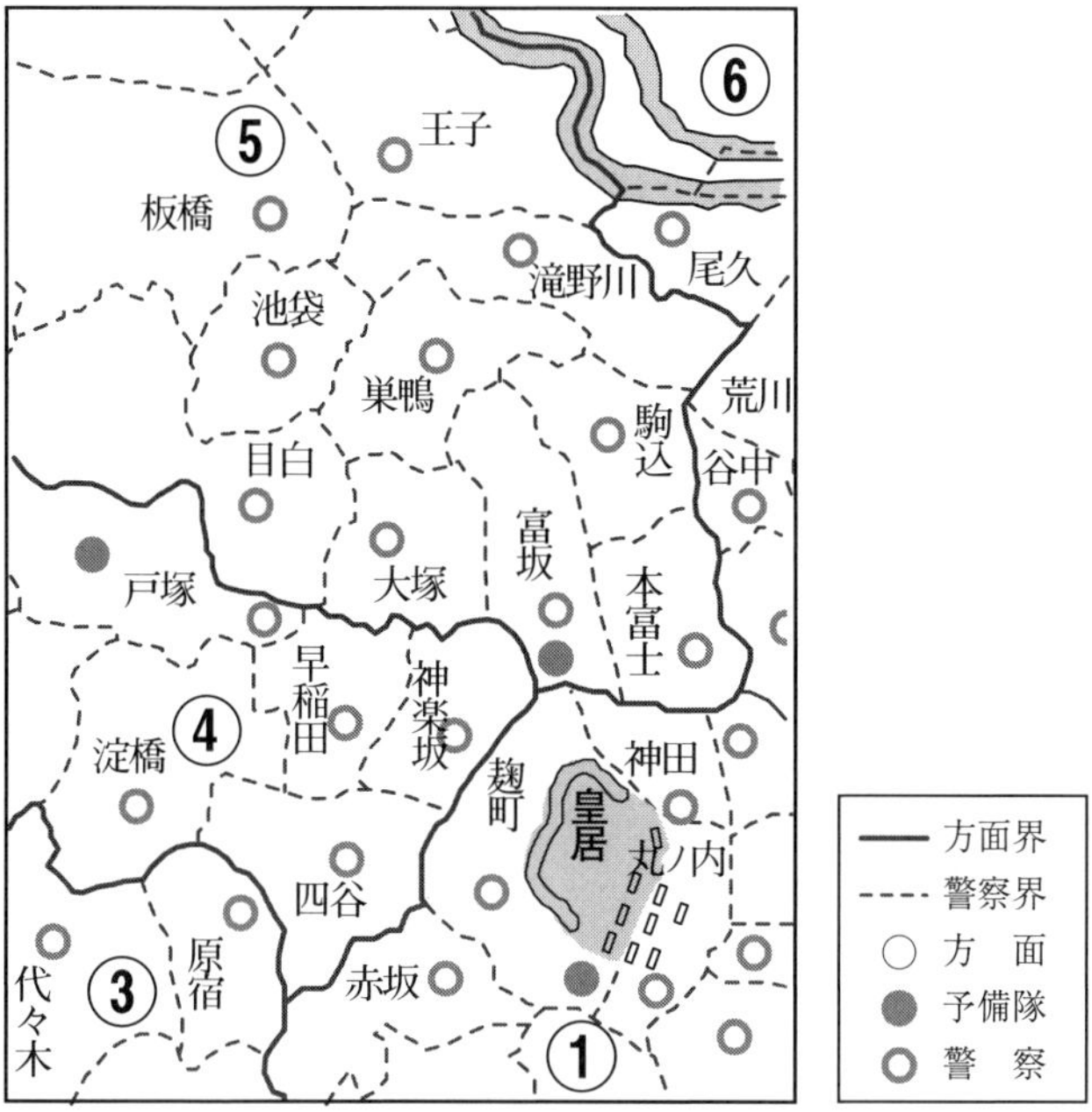

図５：巣鴨署と周辺の警察署

と高岩寺（とげぬき地蔵）の間あたりにあった。

やや時期は後になるが、巣鴨警察署の定員（一九五一年度）は、警視（署長）一、警部二、警部補一二、巡査部長二三、巡査一七一、計二〇九人で、他に一般職員一三人がいたから、合計は二二二人である[20]。また、ちなみに、一九五一年時点の管内の世帯数は一万六二二二戸、人口は六万四〇七二人で、警察が取締り対象とする営業数は、質屋一九、古物商二二〇、料亭六三、料理屋七八、カフェー二、キャバレー・ダンスホール〇、ダンス教授所一、遊技場八四、遊戯所三、であった[21]。

成澤巡査はこの巣鴨警察署で外勤勤務を担当していたようである。外勤勤務は勤務場所によって、派出所勤務（都市部の要所に設置された派出所を拠点とし、交替制勤務によって受持区域を担当し、立番、見張り、警らなどに従事）、駐在所勤務（警察署から離れた地域に設置された駐在所を拠点とし、駐在制勤務により受持区域を担当して、警らなどに従事）、署所在地勤務（警察署を本拠とし、受持ち区

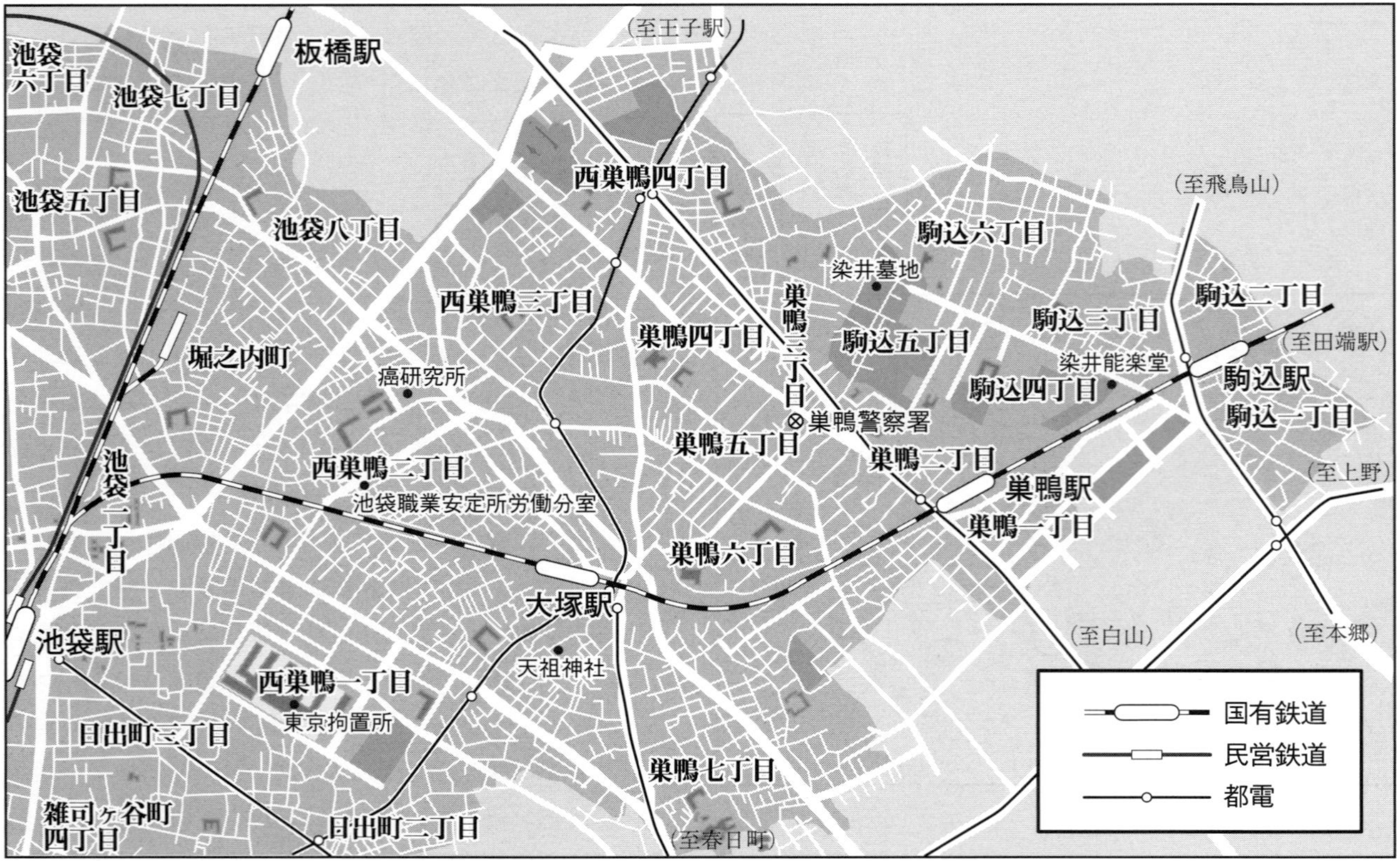

図６：巣鴨署の管轄区域（「大東京区分図豊島区詳細図」から）

域の警らなどを担当）に分けられる[22]。巣鴨警察署における成澤巡査の勤務は、手帳の内容から判断して、署所在地勤務に該当するのではないかと考えられる。

当時、警視庁の勤務制度は、一九四七年八月一日の一部改正によって、「日勤」「第一当番」「第二当番」「非番」の四部制となっていた[23]。日勤は午前九時から午後四時までの七時間勤務で、勤務内容としては受持査察、一斉取締り、警戒警備、教養、体育などとなっていた。第一当番は午前八時から午後六時までの一〇時間で、昼間の派出所勤務、第二当番は午後五時から翌朝九時までの一六時間で、夜間の派出所勤務、非番は午前九時から翌朝九時までの二四時間で、「休養」にあてることになっていた。

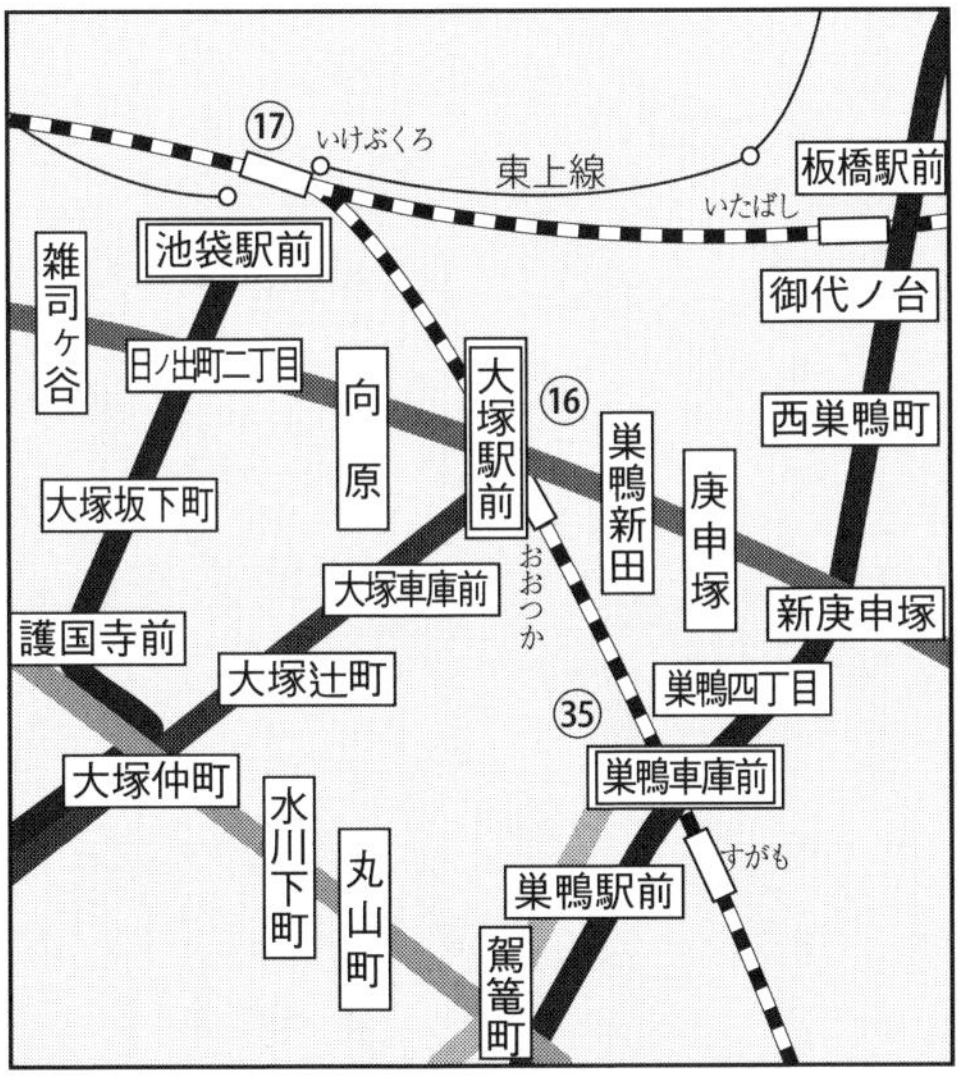

図７：巣鴨署管内の鉄道路線

(1) 一九四九年九月八日からの一ヵ月
——成澤巡査の勤務概況

成澤巡査の勤務の様子をうかがうため、警察手帳Aの冒頭、一九四九年九月八日から一〇月七日にかけての一ヵ月間につき、警察手帳の記載内容を見てみよう。警察手帳では人物について、基本的に姓名はフルネームで、住所は番地まで記載されているが、以下では、姓名は省略してその属性のみを「」で記載するか、必要に応じて「 」に入れて姓のみを記し、住所は適宜省略して表示することにする。

九月八日は「日勤」であり、手帳には「朝鮮人連名《ママ》解散に伴い待機」「第一次警備態勢発令」と記されている。前述の

「日勤」の勤務内容のうちの「警戒警備」に該当する。この日、日本政府（法務府特別審査局）[24]は在日本朝鮮人連盟（朝連）と在日本朝鮮民主青年同盟（民青）に対し、「団体等規正令」の第四条の規定を適用して解散を命じ、また、第一一条・第一二条の規定にもとづいて中心人物を公職から追放した[25]。強制解散は朝連の中央総本部と府県本部・支部・分会、計一八八三単位、民青の中央総本部と府県本部・支部・分会、計八一三単位に及び、公職追放に指名されたのは、朝連一九人、民青九人、計二八人だったという。これに対応すべく、巣鴨署でも「警備態勢」がとられたのであろう。なお、団体等規正令については後述する。

翌九日も「日勤」で「第一次警備態勢に依る待機」であるが、午後三時三〇分からは、「監督者対所在地野球試合」が実施されている。前述の勤務内容の「体育」にあたるのであろう。一〇日も「日勤」で「第一次警備態勢に依る待機」。一一日は「週休実施」で休暇をとっている。一二日の「日勤」の際にも「第一次態勢」がとられているが、午前中は「書類整理」、午後は一時過ぎに西巣鴨で「出火場警戒」にあたっている。そして、一三日の「日勤」の際には、午後〇時三〇分から「野球準決勝」があり[26]、また、「第一次警戒態勢」が解除された。その後、午後四時から地検に被疑者を「押送」（護送）して、午後八時に退署している。

九月一四日の「日勤」の際は、私服で宮島巡査とともに「駒込地区」で「経済一斉取締」に従事している。午前一一時一五分、「大工見習」一七歳を取り調べ、午後二時二四分には、練馬区の「プレス工」一七歳（女性）を派出所に同行して取り調べている。一時に自宅を出て上板橋—池袋を経由し、一時三〇分に駒込に着いたらしく、押麦六升、精米一升を持っていた。また、午後二時三〇分には、福島県の無職二〇歳を駒込車庫前から派出所に同行しており、磐越東線船引駅から郡山に出、大宮を経由して駒込に来たということで、大豆一斗五升とリュック一、提鞄一、手提鞄一を持っていた。そのほか、糯米《もちごめ》三升位、小豆二合位、精米五升を持っていた神田神保町の法政大学生二一歳を同行して取り調べるなどしている。

当時、警察は経済警察関係として、主食や物価の取締りにあたっていた。一九五〇年発行の『警邏必携』は、食糧管理法（一九四二年）にもとづく関係法令として、食糧管理法施行令（一九四二年）、食糧管理法施行規則（一九四二年）、食糧管理法の施行に関する件（一九四七年）、主要食糧検査令（一九四二年）、主要食糧検査令施行規則（一九四二年）、食糧緊急措置令（一九四六年）、食糧緊急措置令施行規則（一九四六年）、食糧確保臨時措置法（一九四八年）、食糧確保臨時措置法施行令（一九四八年）を列挙している[27]。同書は、「犯罪態様別適用条文」を「生産者」「公団役職員」「加工業者」「消費者」「輸入（移入）者」「指定業者」「所有者」「農業資材取扱業者」「土地、農業用施設の有権者」「市町村長」「其の他（何人も）」に分けて詳細にリスト化しているが、これはいかに広汎な経済関係の行為が取締りの対象となり、〝犯罪〟として扱われたのかを如実に示している。「駒込地区」で取り締まられているのは、おそらく食糧の「輸入（移入）」にかかわるものであろう。食糧管理法は第一一条第一項で、政府の許可なく米麦の輸出・移出・輸入・移入を行うことを禁止し、また、第三二条で違反者に対する罰則を定めていた（三年以下の懲役、または三万円以下の罰金[28]）。

成澤巡査による取締りとかかわって重要なのは食糧管理法施行規則である。一九四二年六月に公布された同規則は、戦後の一九四七年一二月に全面改正されたが、その際、第一五条で、法令による業務や許可・指定をうけた場合を除いて米・麦・馬鈴薯などの主要食糧を輸送することを禁止した[29]。列車を利用した食糧産地への買出しを取り締まることがその趣旨であり、それまで犯罪とならなかった行為が取締りの対象となった[30]。警察はこれをうけて、後述のような列車内での取締りとあわせて、主要駅での取締りを本格化したのである。

九月一五日の「当番」は、巣鴨・大塚の「張込場所」での「巡察」で、一六日朝まで取締りにあたった。夕方六時二〇分、「天祖神社祭典興業場」で「喫煙中」だった「本郷中学一年」一八歳と、「文京高校一年」一七歳に「厳重説諭」している。いずれも管轄区域内の私立学校の生徒である。また、天祖神社は大塚にある旧巣鴨村（現在の巣鴨・

西巣鴨・北大塚・南大塚・東池袋二―五丁目・上池袋一丁目）の鎮守で、例大祭の時期にあたる。つづいて午後七時一五分には、茨城県の「農」二九歳、茨城県の「無職」二五歳（女性）、栃木県の「農」四〇歳を取り調べている。その後、午前二時から三時にかけては出火場の警戒にあたり、午前五時四〇分には、大塚駅で文京区に住む「無職」一九歳と、静岡県の「会社員」二四歳を取り調べ、午前六時には、都電・大塚駅で豊島区雑司谷の「販売」業二〇歳を取り調べている。

一七日の「週休実施」後、一八日はまた「当番」で、同夜から翌一九日にかけて「張込場所」で巣鴨・駒込方面の「巡察」にあたっている（内容は省略）。

九月二〇日は「日勤」で、警察手帳にはこの日の「訓授」内容が記載されている。「訓授」とは、署長が署員に対して、執務上、および監督指導上、必要な事項などについて、訓示・指示することであり、以下でも、「日勤」の際には「訓授」内容が記載されている。

この日の訓授の第一は、「四谷署管内殺人傷害」に関するもので、警察手帳には、八月一七日に神宮プール付近で発生した事件の概略について、被害者名、兇器、捜査要領、兇器所持者の人相などが記されている。第二は、「少年犯罪検挙週間実施について」で、二二日から二八日にかけて、「一般犯罪少年」を「対象」とし、「十四歳未満で刑法にふれる行為をした少年」、「少年の健全な育生を阻害する行為ある成人の犯罪」を取り締まることになっている。場所としては、「質屋、古物商、その他故買の恐れある場所」、「外食券食堂、喫茶店その他飲食店」、「遊技場、ダンスホールその他」があげられている。「訓授」によって、他の警察署管内で発生した事件に関する情報共有や、警視庁全体の取組みに関する趣旨・方針の徹底などがはかられていることがわかる。

九月二一日の「当番」の際は夕方から翌二二日朝にかけ「保安・経済協力飲食営業取締」に従事した。対象は「①無許可営業」、「②風俗営業取締法違反、食品衛生法違反、飲食営業臨時規整法」であり、「許可番号、許可種類、営業場所、住所氏名、違反内容及び証拠蒐集」を行うことになっている。午後七時には駒込の「乾物商」を、七時四五分には駒込の「軽飲食店」（七月二九日許可）を取り調べ、八時一五分には西巣鴨の「飲食店」を派出所に「同行」して取り調べている。手帳には「九月七日付金一〇〇〇円納付の豊島保健所納付書あり、コップ一、箸一、コップ受一、皿一、豆腐一丁二〇円、焼酎一杯四〇円、三杯」と記載されている。午後八時四〇分には、西巣鴨で「今川焼」を「一皿四ヶ四皿陳列」して「一皿二〇円」で販売しているものを取り調べ、また、精米八升を所持していた千葉県印旛郡の「無職」を「同行」している。五時四〇分に成田線の小林駅を出て、日暮里を経由し、駒込に来たらしい。

二三日の「週休実施」後の二四日の「当番」は、大塚・向原における「巡察」であった。重点は、「1、職務質問の励行」、「2、少年犯罪の検挙」であり、「張込場所」で午後九時三〇分、豊島区の「工員」二〇歳を、午後九時四〇分、西巣鴨の「無職」四〇歳を、午前一時五分、文京区氷川下町の「自動車運転手」二五歳を、午前四時二〇分、文京区宮下町の「工員」二九歳を、それぞれ取り調べている。

二四日の重点の最初に「職務質問の励行」があげられているが、『警邏必携』は、「職務質問」（不審質問）について、「異常な挙動と認められる者、周囲の状況からどうしてもおかしいと思われる者、或いは何か犯罪に関係があると思われる者、その他六感で何となく納得のゆかない者を呼び止めて質問することである」とその意義を説明している[31]。そして、職務質問によって端緒を得、犯罪を予防し、犯人を検挙するため、「この職務質問をどん〳〵励行」することに専念しなければならないと強調している。質問事項の規準は、行先地、出発地、用件、本籍地、出生地、住所、職業、氏名、年齢、携帯品、身体捜検、不審の点の究明、などであった[32]。そのうえで、同書は「質問実施上の注意事項」や「不審者の発見方法」（挙動・所持品・着衣・言語からの発見要領）などについて詳細に説明している[33]。

二六日は「日勤」で「訓授」があった。訓授の第一は、「強殺事件の被害品捜査について」であった。八月二一日午後一一時三〇分、場所は丸の内トキワ工業前の番号不明自家用自動車で、品川区南品川の通称「ミツチヤン」という女性がハンドバックを奪われた。バックの中身は不明で、「捜査要綱」として、「1、遺留品、拾得物の取扱い有無」、「2、古物商質屋に対する買取入質の有無」、「3、職務質問による該品の発見」が指示された。第二は、「目白署管内強盗未遂について」で、九月二四日午前一時五分、豊島区長崎の女性三〇歳が被害にあい、犯人は白のYシャツで、一見小柄であるが、他は不明とのことであった。第三は「人事院規則の制定について」[34]であり、一〇二条（政治的行為の制限）に関する「取締要綱」として、「1、みだりに基本的人権の侵害にわたらないこと」、「2、意識的計画的違反者の検挙に重点をおく」、「3、証拠の蒐集」、「4、令状による逮捕を原則とし、止むを得ざる場合現行逮捕とす」が示された。このほかに、この日は指示として三点、「1、桜井健二発行の雑誌（快楽）（防犯部長）」、「2、捜三課長手配、（住）浅草公園十三号、無職四〇歳」、「3、本日勤務（少年係）」が示された。「1」は風俗・出版取締りに関するものであろうか。「2」の内容は不明であるが、対象となっている人物は朝鮮人らしい。前述のように、他署管内の事件に関する情報共有や、取締りの課題・注意点に関する趣旨の徹底がはかられている。

九月二七日は「当番」で夕方から翌二八日朝にかけて大塚・向原を「巡察」し、「張込場所」で、午後六時三〇分、文京区の「工員」二二歳、豊島区の「工員」二三歳を取り調べている。午後八時一五分には大塚駅で、豊島区の「無職」の女性三六歳を、午後九時〇分には西巣鴨で、文京区の「事務員」二五歳を、午後一〇時一〇分には大塚駅で、板橋区の「会社員」二八歳を、午後一〇時三五分には大塚駅で、豊島区の「無職」の女性二一歳を、それぞれ取り調べている。

二九日の「日勤」の際は、「点検操練」と「御警衛勤務」に従事した。皇太后の凸版印刷来訪に対する警備である。訓授の際の指示は、つぎのようなものであった。皇太后は午後一時〇分に大宮御所を出発し、一時一七分から一時二〇分三〇秒の間に管内を通過して、一時三〇分に板橋に着く。その後、三時三〇分に板橋を出発して帰途につき、三時三九分三〇秒から三時四二分に管内を通過して、四時〇分に大宮御所に帰着する。皇太后の「略式御列」は「報—

前駆―御料車―供奉者―列外―署長―御料車―青色箱型紋章」で、「御道筋」は「明治通―掘割―板橋」であり、「連絡所」は庚申塚派出所である。なお、高松宮と三笠宮も約二〇分遅れて板橋を出発する。

九月三〇日から一〇月一日にかけての「当番」の際は大塚・向原での「密行」で、「張込場所」は大塚駅と西巣鴨小学校であった。午後八時一〇分に豊島区巣鴨の「工員」一七歳を取り調べ、午後八時二〇分には巣鴨の新築空家で「遺留品」（衣類三点）を「発見」している。一〇時には巣鴨駅で板橋区志村小豆沢町の「大工」四一歳を取り調べている。

「密行張込」について、前掲の『警邏必携』は、つぎのように説明している。[35]

もっぱら犯人検挙を目的として、制服警察官が私服に変装して為す職務である。外勤巡査は制服勤務を原則とするが、犯人を検挙する目的で一般人を装いながら一定の区域を隠密に巡行し又は一定の重要な地点に潜伏し、その間極力職務質問あるいは要所を検索して警戒に当たるのであるが、この勤務が密行張込である。

一〇月二日は「週休実施」。三日の当番勤務は巣鴨・駒込方面の「張込場所」での「巡察」であった。重点は、「1、職務質問の励行」、「2、各種犯罪の検挙」、「3、警備情報の蒐集」となっている。午後六時五〇分、染井墓地で駒込の「大工」を、九時、駒込の四七歳を、一〇時一五分、巣鴨車庫前で板橋区板橋の「会社員」三一歳を、一〇時三〇分、巣鴨駅前で文京区の「女給」二一歳を、午前五時一〇分、駒込で北区西ヶ原の二三歳を、午前八時一五分、巣鴨で北区滝野川町の人物を、それぞれ取り調べている。

三日の重点の最初は「職務質問の励行」であるが、前掲の『警邏必携』は密行張込について、「職務質問を励行しないときは、「仏作つて魂入れず」になつてしまうから、極力職務質問を励行しなければならない」と強調している。[36]

重点の三番目に「警備情報の蒐集」があげられているが、一九四九年四月に発行された『公安・警備警察原論』は、

「警備情報」について、「警備のための必要欠くべからざる基礎的要素であり、警備実施がその本体の活動であるとすれば、それは昆虫における触角の作用をなす前提活動である」と説明している。[37] 同書は「警備警察」について、「公共の安寧秩序を維持するため、災害、騒擾などの場合に、犯罪の予防及び鎮圧を直接目的として、その具体的な対象に備える一種の組織立つた警察活動をいう」と定義している。[38] より具体的には、災害の場合の犯罪予防・鎮圧とあわせて、「暴動や大衆運動に備えてその多数の威力を背景に行われる種々の不法越権行為を対象」とするものだというのである。[39] 警備の〝触角〟機能が「巡察」の重点になっていた。

前掲の『警邏必携』も「警備情報の必要性」を強調したうえで、「情報蒐集上の対象」として、「一　連合国の対日管理施策の強化に対する影響部面の動向並にこれを繞《めぐ》る国民の動向（例えば軍人の恩給停止に伴う軍人の動向、公職追放による該当者の動向等）」、「二　軍国主義者、極端なる国家主義者、急進分子、直接行動者等の動静並に秘密団体、禁止団体、解散団体の動向」、「三　解放在留民の不逞行動及びこれを繞る一般民心の動向」、「四　暴動、騒擾の基因となる虞のある急迫せる経済、社会、政治、食糧、失業、生活、その他著しく人心を刺戟する諸問題とこれをめぐる各方面の動向」、「五　人心を惑乱する流言、造言の状況並びに、これを繞る各方面の影響及び動静」、「六　常に衆《(ママ)》を背景とする各種社会運動の活動状況並びに、これに対する反対運動、対立運動の状況及びこれらの運動を繞る一般民心の動向」の六項目をあげている。[40]「三」は在日の朝鮮人・台湾人の動向に関する情報蒐集である。

一〇月五日は染井能楽堂を訪れる「皇太子殿下」の「御警衛」であった。訓授では「警衛向について」、皇太子が午後三時に出発して三時二〇分に駒込通りの染井能楽堂に到着し、帰りは五時に出発して、六時に「還啓」するという予定が示されており、交通専務員と駒込派出所が「御道筋」の警衛にあたることになっている。なお、染井能楽堂は山手線の駒込駅の近く（図６の地図の右側、駒込駅の左側）にあり、戦災をまぬかれた能楽堂として、戦後、盛んに能・狂言が演じられていた。

この一〇月五日には、「防犯係協力」として、新田・向原方面の巡察勤務に従事している。午前一一時に西巣鴨で、池袋の小山電機株式会社の「電工」二一歳が、会社の用で小切手と現金を所持しているのを取り調べ、一一時三〇分には同じ西巣鴨で、埼玉県大里郡の「鳥商」一八歳を取り調べている。午後一時二〇分には、「ガン研三階」から、本籍群馬県で住所不定の「無職」の女性二〇歳を派出所に同行している。五月に本籍地の実家を家出し、北区赤羽の人物の世話で池袋の中華料理現代軒で女中となり、さらに住所氏名不詳の男の仲介で墨田区寺島町の「電気商丸田」の女中となったが、一〇日位で同所を出て池袋駅付近で「闇の女同様」の生活をしていたという。少年係まで同行し、少年係は家出人として墨田区寺島の丸田に引取方を通知した。なお、「ガン研」とは、西巣鴨二丁目にあった癌研究所のことである。

一〇月六日から七日にかけての「当番」の「巡察」は、染井・駒込方面で実施した。午後二時に出署して、染井・駒込方面を「巡察」している。重点は「1、職務質問の励行」、「2、各種犯罪の検挙」であった。午後六時一〇分、巣鴨で板橋区の「雑貨商」二七歳を、午後九時三〇分、駒込車庫前で北区の「学生」二二歳を、午前五時二五分、染井墓地で北区の「工員」二〇歳を、それぞれ取り調べている。

以上が警察手帳の記載から見た一ヵ月間の成澤巡査の勤務内容である。

(2) 警察手帳A――その後の特徴的な記載

警察手帳Aに即して、その後の特徴的な記載を追ってみよう。

一〇月八日の訓授では、一〇月一日より当分の間の「主要食糧加工業者の取締について」指示があった。一〇月一四日の訓授では、「水産物加工業者の取締について」の指示があったが、一八品目統制（登録店舗・許可店舗）、数量、価格の表示、横流し、量目の不正、価格の表示、などがその内容である。依然、経済統制が重要な課題だったことがわかる。前述のように、九月一四日には「経済一斉取締」、九月二一日には「保安・経済協力飲食営業取締」に従事していた。

営業取締りの主要な手段は臨検視察であった。臨検視察とは、「警察許可営業者が、平素如何に関係法令を遵奉しているかを、警察官が各営業所・事業場・工場・店舗等につき、実地に臨場検査する法令に基く強制手段」であり、「営業警察上最も主要なる作用」とされている。(41) また、単に営業取締りの手段であるだけでなく、「保安、衛生、風俗、その他凡ゆる点の観察」を行い、もし法令に違う者があれば、たとえ軽微であっても、決して「漫然看過」してはならないとされている。臨検視察の対象は、保安警察上では、質屋、古物商、銃砲火薬類の製造・販売業者、銃砲刀剣等の許可所持者、遊技場など、風俗警察上では、料理店、カフェー、キャバレー、ダンスホール、ダンス教授所、特殊飲食店、ダンサー、ダンス教師、待合業者、遊技場など、であった。

一〇月一五日の当番の際は、五時に出署し、保安係に協力して、午後六時から一〇時まで、風俗営業の一斉取締りを行っている。飲食営業臨時規整法・風俗営業取締法違反がその内容であり、取締り対象は「1、料亭、料理屋」、「2、軽飲食店（喫茶店・カフェー・露店・ダンスホール等）」である。取締りの重点は、「1、無許可風俗営業、風俗営業法」、「2、客引、標識不掲示、名簿の不掲示」、「3、料亭以外の芸者招致」、「4、軽飲食店のカフェー類似行為」であった。「違反者発見の場合は答申書を以て証拠の一となす」ことを方針とし、大塚駅・駒込・庚申塚で取締りにあたっている。

これは、前述の臨検視察の風俗警察上の取締りにあたる。前掲の『警邏必携』によれば、飲食営業の取締りは、飲食営業臨時規整法（一九四九年）と同施行規則（一九四九年）によって実施することになっており、主食食糧の闇取引を防止し、その有効な活用を促進することを取締りの目的とした。(42) 無許可営業、営業許可の虚偽申請、営業の無標示、指定主食の不正提供、料理の無券提供、外食券の闇譲渡受所持、統制額換え、主要食の闇売買などが取締りの内容であった。また、風俗営業の取締りは、風俗営業取締法（一九四七年）にもとづくもので、無許可営業、無届違反、条例違反などを取り締まって、「風俗犯罪の防止及び善良の風俗保持」をはかることを目的としていた。[43] 取締りの対象は、待合、料理店、カフェー、その他客席で客の接待をして、客に遊興・飲食をさせる営業（第一号業種）、キャバレー、ダンスホールその他設備を設けて客にダンスをさせる営業（第二号業種）、玉突場、麻雀屋その他設備を設けて客に射幸心をそそる虞ある遊技をさせる営業（第三号業種）であった。

成澤巡査はこの夜の取締りで、午後九時二〇分、西巣鴨の「飲食店かすみ」を「従業員名簿不掲示」で、午後九時三〇分、同じく西巣鴨の「喫茶店若葉」を「軽飲食店標式不履行」で取り締まり、また、「密行」により、一二時〇五分、大塚駅で新宿区諏訪町の「女給」三〇歳、新宿角筈の「社交喫茶ミス・東京」の「女給」二七歳を取り締まるなどしている。

一方、一四日の訓授では、「外国人登録令の違反者の退去」について指示があった。その内容について成澤巡査は、「登録証明書提示義務、違反の現行犯、その後密入国の有無を徹底追及、一四歳以上の登録証明書には必ず写真を付してある、不法入国者は国籍の如何を問わず強制送還するものである」と記している。一九四七年に制定された外国人登録令は、第一〇条で「外国人は、常に登録証明書を携帯し、外務大臣の定める官公吏の請求があるときは、これを呈示しなければならない」と規定していた。また、これとかかわって、第一三条では「第十条の規定に違反して登録証明書を携帯せず又は登録証明書その他の文書の呈示を拒否した者」は、「一年以下の懲役又は禁こ及び罰金を併科することができる」となっていた。[44]「外国人登録証明書」の裏面にも「注意事項」として、本証明書を常に携帯すること、警察官・警察官吏などの請求があるときは、本証明書を提示することと記されている。[45] この訓授は、当時、外国人登録令違反者の取締りが重要課題だったことを物語っている。

一〇月二六日の訓授の際には、「集団行進及集団示威運動に関する条令《ママ》について（百十条令）」指示があり、「四十八時前に届出を要する（警備課）、百名を標準とする、それ以下でも取締る時がある」という説明があった。「条令」とは、一〇月二〇日に公布・即日施行された「集団行進及び集団示威運動に関する条例」（東京都公安条例）のことであろう。[46] 同条例は第一条で、「道路その他公共の場所で集団行進又は集団示威運動を行おうとするときは、公安委員会に届け出なければならない」と規定し（学生・生徒などの遠足・修学旅行・体育・競技、通常の冠婚葬祭など慣例による行事は除外）、第二条で、主催者に対し、主催者の住所・氏名、行進・運動の日時・進路・場所、参加予定団体名と代表者の住所・氏名、参加予定人員、行進・運動の目的・名称を、「集団行進又は集団示威運動を行う日時の四十八時間前まで」に届け出ることを義務づけていた。届出先は公安委員会であるが（第一条）、実際に、規定に違反したり、第二条の規定による時間までに届け出なかったり、届出事項に違反したり、規定に従わないで行われた集団行進・集団示威運動を取り締まる権限は警察署長にあった（第四条）。[47] 参加予定人員の数（集団行進・集団示威運動の規模）についてはとくに規定がないが、「百名を標準とする、それ以下でも取締る時がある」という訓授での説明は、警察側の運用基準を示したものであろう。

また、同日の訓授では、「行列による通行の制限について」も指示があり、成澤巡査は「通行の制限」について、「新橋—銀座—上野　車道の行列による通行の禁止　時間的制限」と記している。

一一月七日の訓授では、「不穏計画の惧ある詐欺指名犯人手配について」言及があり、二六歳の人物の人相が提示され、「徳田球一暗殺」のため「匕首《あいくち》」を携帯しているとの説明があった。「徳田球一」とは、もちろん日本共産党書記長の徳田球一のことである。徳田は前年七月、右翼のテロで負傷しているから、そうした状況と関連するものであろう。

一二月一九日の訓授では、「ＧＩ相手の売春事犯の検挙にＭＰ等から売春婦の引渡を受けたときの取扱い方について」の指示があった。「ＧＩ」とはアメリカ兵の俗称で、衣服その他が政府の支給品（government issue）だったためこう呼ばれた。また、「ＭＰ」とはアメリカ陸軍の憲兵のことである（Military Police の略）。ＧＨＱは占領当初から性病対策を重視し、街頭で該当者を一斉に逮捕して検査をする「狩り込み」（パンパン狩り）を行っていたが、一九四八年九月、性病予防法が施行されてから、東京では警視庁防犯部保安課性病取締班の担当となった。しかし、ＭＰが主導する実態もつづいていたという。この訓授はこうした状況とかかわるものであろう。

また、この日（一九日）の訓授では、「強盗殺人犯人指名手配について」も指示があったが、これは朝鮮人四人の指名手配に関するものであった（いずれも、本籍・住所・名前・年齢が記されている）[48]。

以上は警察手帳Ａの記載にかかわるものである。つぎに警察手帳Ｂ以降の記載に移ろう。

三　三部制勤務とその実際（一九五〇年一月～五〇年一〇月）

警視庁では、一九五〇（昭和二五）年一月二五日、外勤勤務の日勤制を廃止して、三部制に切り替えた[49]。ＧＨＱの勧告によって、一九五一年までに従来の交番を中心とする勤務から米国式のパトロール制に切り替えることとなり、その導入準備として警視庁警察署巡査勤務規程の一部改正を行ったのである。これによって「第一当番」（午前八時三〇分から午後六時までの九時間三〇分、原則として昼間の派出所勤務に服し、必要により諸警戒取締り等の特別勤務に服する）、「第二当番」（午後五時から翌朝一〇時三〇分までの一七時間三〇分、夜間のみ派出所勤務に服する）と、「非番」（休養）の三部制となった。

この三部制になってからの警察手帳Ｂ（冒頭部分を除く）と、警察手帳Ｃ、および警察手帳Ｄの最初までが、以下の検討対象である。

（1）「列車警乗」と「経済一斉取締」

この時期の記載でまず目をひくのは、「列車警乗」である。一九五〇年一月三〇日午前九時、本庁の第一会議室に集合し、二月一五日の信越線上野—直江津間の「列車警乗の件」に関する打合せがあった。

「列車警乗」とは、警察官が列車に乗り込んで警戒・取締りにあたることであり、一九二二年に開始された「移動警察」がその先駆であった[50]。この「移動警察」の制度は、専務車掌も列車内で司法警察官の職務を行うことができることなどから、一九二七年に廃止されたが、一九四七年六月、「列車警乗」の名で復活した。戦後、列車の運行数の激減や買出しなどの乗客で列車は混乱を極め、また、車内で暴行・脅迫などの犯罪行為が多発していた。こうしたなかで、一九四七年一月、内務省・警視庁は東海道線と山陽線の一部で試験的な「警乗」を実施し、内務省は六月一日から全国主要線の列車全部で「警乗」を実施することにしたのである。警視庁では、担当区間・担当列車にそれぞれ警察署を指定して、輪番で「警乗」を実施していた。同年末、内務省の計画による全国的な「警乗」は一応打ち切られたが、治安が悪化するなかで、一九四八年七月から再開されていた[51]。

一九五〇年二月一五日は、成澤巡査の「列車警乗」の当日である（以下、警察手帳Bによる）。乗車するのは、上野二二時五〇分発、翌朝八時二七分直江津着の信越線六一一列車で、「警乗室」は前から五両目にある。午後一一時五五分、群馬県碓氷郡の「農」二四歳を「無札乗車」で取り締っている。本人は、赤羽線四番線ホームで池袋行電車内にオーバーと財布を遺失したと述べたが、「取調べ曖昧にして虚言多し」として、車掌が横川駅で駅員に引き継いでいる。本日の「窃盗被害」は「一件（黒短靴）」であった。直江津駅前の古川屋で休息し、午後七時三〇分直江津発の六一二列車に「警乗」した。途中、午後一〇時五分、長野市の「パチンコ店手伝」の「褁」を取り調べて、「外国人登録証所持」を確認している。列車は一七日の午前四時五〇分に上野駅に着いた。

『終戦後の経済取締概況』は、「昭和二十四年中の主要食糧を繞る治安状勢」について、この年、すなわち一九四九年は終戦後の「最盛期」であったと書き、その一因として、「列車取締がその主因をなすものであることは勿論である」と書いている。[52]「列車警乗」には、経済関係の取締りという機能が期待されていたといえる。

警察手帳Bでも、三月八日以降、「経済一斉取締」に関する記載がたびたび登場している。この日は、午前九時五〇分、都電巣鴨駅前で茨城県石岡の「洋裁業」五三歳を、精米約一斗七升を所持しているとして取り調べている（朝七時頃自宅を出て、常磐線石岡駅から日暮里を経由して巣鴨に至った）。また、午後〇時四〇分には、江東区（本籍栃木県）の「無職」女性三〇歳を取り調べている（前日、午後四時頃、自宅を出て、千葉市蘇賀町の「会社員」の妻二七歳のところに行き、この日午前一〇時一五分頃、蘇賀駅を出て秋葉原を経由して巣鴨に来た）。

三月一〇日午後六時からの経済一斉取締りでは、「無許可店・主食買」を対象とし、六時五〇分、巣鴨「音羽ずし」の「竹脇」を「明日」呼び出すことにし、七時四五分には、巣鴨の「大熊」を「営業標式の不掲示」で取り締まり、また、「飲食営業（軽飲食店）」の「菅原」女性を「無許可店」として取り締まっている。さらに八時には、巣鴨の「川崎」を「すし　二〇〇円」「酒二本　二六〇」で取り締まっている。

三月三〇日の経済一斉取締りでは、「飲食営業」を対象とし、「1、主食提供」、「2、無許可営業（標示不掲示を含む）」を重点的に取り締まっている。この時も、午後七時四〇分、巣鴨「音羽ずし」の「竹脇」四〇歳を「場所提供者」として「明日九時呼出」としている。「客」として六人の姓名を記し、「焼酎一升持参、一合入りコップ六個、お盆一枚提供」と書いている。「無許可営業」と見なしたのであろう。

これは、一九五〇年四月二四日から九月二八日にかけての警察手帳C、九月二八日からを対象とする警察手帳Dの一〇月までの時期も同様で、四月二六日には、「無許可店舗」と「主食販売」の経済一斉取締りを実施している。午後七時二〇分、「飲食店」の「加藤」女性二七歳を「無許可営業」で「立件」している。「コップ二、お皿二、コップ一、箸二、焼酒二、お通一、豆二、計九拾円」として、「客」二人の住所・氏名・年齢を記している。

以下、具体的な詳しい取締り内容は省略するが、五月九日の巣鴨駅での経済一斉取締りの際には、三人を取り締まっている。七月七日の大塚での経済一斉取締りでは、「精米」の輸送・持参関係で四人を取り締まっている。八月二三日の経済一斉取締りでは、「主食及主食加工品」と「無許可飲食店」を対象として、西巣鴨の「鮨や」などを取り締まっている。九月一九日の大塚駅前での経済一斉取締りでは、米の輸送を取り締まっている。

警察手帳Dでは、九月二九日、大塚駅前で経済一斉取締りを行った旨の記載があり、精米六升を持っていた茨城県土浦市の「無職」女性三一歳、糯米五升を持っていた埼玉県大宮市の「無職」女性二九歳、精米八升を持っていた茨城県の「農」女性三八歳、精米五升を持っていた茨城県取手町の女性四九歳、埼玉県蕨町の「無職」女性三〇歳、の五件について「同行」（連行）している。一〇月一九日の大塚での経済一斉取締りでも、精米の輸送・持参を取り締まっている。前述のように、正規のルート以外の米麦等の輸送を〝犯罪〟と見なして、これを取り締まることが、重要な職務だったのである。

(2) 職業安定所警戒待機と出動

警察手帳Cの五月から警察手帳Dの九月にかけての時期で注目すべきは、職業安定所警戒待機・出動に関する記載である。

一九五〇年五月一一日は「職業安定所警戒待機」であったが、午後五時三〇分、西巣鴨の池袋職業安定所労働分室に出動し、五時四五分頃、「署長の命により労務者群を強制退去」させた。その際、再度侵入した「小島」二四歳を、佐藤主任と成澤・小林両巡査で検挙した。石塀を飛下りて侵入し、逃走する目的で塀に上ろうとしたところを引き下ろしたのである。その際、佐藤主任の上衣ボタン一、成澤巡査の上衣ボタン一とYシャツ右袖ボタン一、小林巡査の上衣のボタン一がとれ、成澤が左肘、小林が両足を蹴られたとして、「公務妨害」で六時三〇分頃に「小島」を「引致」した。

一体、何があったのか、なぜ職安なのか。敗戦直後、膨大な失業者が存在するなか、一九四七年一一月二〇日、政府は職業安定法を公布するなどして、職業紹介、失業保険、失業応急事業を実施していたが、一九四九年には、ドッジ・ラインによる大量解雇によって失業者が激増した。こうしたなかで、一九四九年五月、政府は緊急失業対策法を制定して失業対策事業を実施したが、失業者の就労を保障することはできず、五月一二日、東京・三田職安で日雇労働者が〈仕事よこせ〉闘争を開始して、全員の就労を実現し、八月二日には、東京土建主催の〈失業反対・職よこせ〉大会（失業者大会）が開かれて、〈仕事よこせ〉闘争が全国的に拡大していった[53]。

一九五〇年三月二九日、警視庁では管下の職業安定所所在地の一四警察署長らを招集して、自由労働者の〝職よこせ〟闘争について協議した[54]。最近、都内をはじめ全国の主要都市で闘争が「暴力化」してきているとして、これまでは単に不退去、公務執行妨害で取り締ってきたが、今後はデモに該当するものとして取り締まるか否かを協議したのである。決定を見るには至らなかったらしいが、これを報じた『読売新聞』（三月三〇日夕刊）は、当局がこの闘争に対し重大関心を持ちはじめたものとみられ、成り行きが注目されるとしている。

そして、成澤巡査が池袋職安の分室に出動する前日の五月一〇日には、朝、池袋職安の登録労務者一五〇名が豊島区池袋の同職安分室に押しかけて、「仕事を与えろ」と要求していた[55]。午後四時過ぎ、東京土建一般労組書記長と戸山ハイツ現場の労務者など約二〇〇名が応援に押しかけたため、巣鴨・池袋警察署から「武装警官」約七〇名が出動した。職安側では午後五時、交渉を打ち切り、退去を要求。労務者側はたまり場に座り込んで気勢をあげたが、一一日、さらに交渉をすることを決議して、七時半に散会した。

その一一日朝、豊島区西巣鴨の池袋職安に押しかけた自由労働者約一五〇名は、午後、東京土建一般労組傘下の各安定所分会代表らと合流して、前日と同様、〝職をよこせ〟と要求し、午後五時頃、約四〇〇名となって同分室に居座った。[56]このため、巣鴨・池袋両署と西部地区隊から約二五〇名の警察官が駆けつけ、六時頃に散会した。成澤巡査もその一員として出動したのである。散会の際、二名を公務執行妨害で検挙したが、そのうちの一人「小島」を検挙したのは、前述のように、成澤巡査らにほかならなかった。

夜八時頃、いったん散会した約三〇〇名が巣鴨警察署に押しかけ、〝検挙者を即時釈放せよ〟と気勢をあげたため、一〇名が無届集団行動ならびに集団示威運動による都条例違反で検挙された。取調べの結果、二名は釈放されたが、他は巣鴨署に五名、板橋署に三名、滝野川署に二名が分散留置されたという。

警察手帳には、五月一二日も「職業安定所警戒待機」で、四時一五分頃、「公務執行妨害」で「検挙」したと記されている。

『読売新聞』（五月一三日）によれば、巣鴨署では池袋の〝職よこせ〟デモ事件で一一日、一二名（うち四名は釈放）を検挙したが、これに対し東京土建労組代表、自由法曹団上村進代議士（共産党）らが、一二日朝から木村巣鴨署長に対し、〝検挙者の即時釈放〟を要求、一方、波状的に押しかけていた約一〇〇名の自由労働者は、午後四時頃、いったん散会したが、池袋職安労働課分室に正午頃から詰めかけていた芝浦屋外一般労組らと合流、午後八時頃、赤旗を振りながらふたたび巣鴨署に押しかけたという。そこで、同署では中央区隊・西部地区隊約七〇名の警察官の応援を求めて解散を命じ、芝区の「木戸」という「人夫」を都条例違反で検挙した。[57]デモ隊は午後九時四〇分頃、ほぼ散会した。

五月一三日も「職安警戒待機」であったが、この日は手帳に「警備情報」として、「六時三〇分頃、池袋一の五八六光ガス会社道路を騒々しい人声あり」と記している。五月一四日・一五日・一七日・一八日も「職安警戒待機」である。その間、五月一六日には、地検に出頭して、逮捕の根拠（住居（建造物）侵入）について供述している。『読売新聞』（五月一四日）は、一三日、巣鴨署では〝職よこせ〟デモで検挙中の二名を公務執行妨害で、五名を都条例違反で、それぞれ身柄送検したと報じており、公務執行妨害による送検者の一人は「小島」であるから、成澤巡査の地検出頭はこれにかかわるものであろう。

池袋職安での〝職よこせ〟デモは連日つづいており、一六日午後も池袋職安労働課分室に押しかけて要求し、夜七時になっても約五〇名の労働者が立ち去らないため、巣鴨署から警察官七五名が出動して、八時過ぎに解散させている。[58] 成澤巡査は五月二〇日、警察手帳に「警邏」の際の情報として、「午後二時四五分頃、職安に約三十名、尚職安方面に進行する者も散見さる」と記している。

成澤巡査の警察手帳によれば、七月にはいって、三日は「職安関係待機」、八日も「職安警戒」と「巡察」である。七月一日、東京都議会は集団行進及び手段示威運動に関する都条例（いわゆる公安条例）の改正案を可決し、三日、同条例が施行された（後述）。これについて『読売新聞』は、同条例に関する田中警視総監の記者会見の際の一問一答をふまえ、「職安闘争締出し」との見出しで、「これで職安闘争は事実上不可能となった点が注目される」と報じている。[59] すなわち、「現在活発に行われている職安闘争に対する取締り態度は」との質問に対して、つぎのように答えたというのである。

三日の署長会議までには具体的態度を決定したいが、大体これまでの状況ではすべて無許可デモとなるだろう。安定所前に整列することは問題ないが、気勢をあげたり代表者を立てたり、列中の者がアジるような行動があった場合は無許可デモとして断固取締る。

この警視総監の見解は、都条例実施日の七月三日に開かれた署長会議で、職安を〝公共の場所〟と見なすとして、その徹底がはかられた。[60] そして、実際にこの日、本富士署では、文京区の飯田橋職安分室に詰めかけた日雇労働者を取り締まり、都条例違反の現行犯として一三名を検挙している。[61]

しかし、職安闘争は以後も継続されたらしく、九月に入ると、輪番制反対、〝アブレなくせ〟を要求して、「暴力化の傾向を帯びる」ようになったという。[62] 九月八日、警視庁警備課は、九月七日までの一週間の状況を発表しているが、それによれば、闘争の対象となった警視庁管内の各職安では、延べ二五回、九七七八名の労務者が動員され、渋谷職安が九回、新宿職安が六回と多いが、池袋職安巣鴨分室等もこれにつぐ二回となっている。動員された警察官は、全体で述べ二一二三名であった。

九月は成澤巡査の警察手帳でも、七日・八日・一一日・一二日・一三日・一七日・一八日・二六日・二八日と、「職安警戒待機」ないし「職安警戒」がつづいている。前述のように、九月一七日には、午前七時三〇分に向原派出所に集合して「職安警戒」に従事している。

このように成澤の警察手帳の記載は、当時広く展開されていた職安闘争の現実と密接にかかわっていたのである。

(3) 政治関係・外国人関係の訓授

警察手帳Bには、一九五〇年一月二七日（日勤）の際、「各政党下部組織の届出励行について」の訓授があり、また、二月二七日には、「外国人登録令による切替登録申請受付期間延長に伴う同令違反事件の処理について」「外国人登録切換申請解怠者の取扱について」といった訓授があった旨が記載されている。

こうした政治・外国人がらみの訓授は、警察手帳Cになると、格段に増える。五月一日には「メーデーに伴う待機」についての訓授があり、午後一時からは防犯主任の「公職選挙法」に関する「教養」を受講している。六月七日の訓授では、「集会デモ等の措置について」、「CICとの連絡協力について」の指示があり、「都条令一一一号（公安条令）」についての「応問」があった。CIC（Counter Intelligence Corps、対敵情報部隊）とは、参謀第二部（G2）の下に置かれた諜報機関であり、GHQ・SCAPの民政局の下にあった軍政部とは別に占領行政の一端を担った。右翼・戦犯・「反動分子」といった「敵」の情報収集にあたり、冷戦の激化と占領政策の転換のなかでソ連や「国内左翼」の情報収集が主要な任務になった。[63] レッド・パージ該当者の名簿はＣＩＣによって作成されたという。「都条令一一一号（公安条令）」とは、一九四九年一〇月制定の「集会、集団行進及び集団示威運動に関する条例」（後述）のことである。

　六月二二日の訓授は、「全学連の請願書について」、「私服員の拳銃着装に伴う事故防止について」、「受持調査について」であった。「全学連の請願書」とは、ダレスらアメリカの三高官の来日に際し、この日（六月二二日）、全学連が提出した請願文のことであろう。そこでは、全面講和などの三項目が要求されていた。

　七月五日には、「進《ママ》団行進集会及び集団示威運動に関する条令改正と之が取扱について」の訓授があった。これは、東京都の「集会、集団行進及び集団示威運動に関する条例」（一九四九年一〇月制定の東京都公安条例）が七月三日に改正されたことをうけたものと考えられる。同条例は、道路その他公共の場所で集会若しくは集団行進を行なおうとするとき」や、「場所のいかんを問わず集団示威運動を行なおうとするとき」は、東京都公安委員会の許可を受けなければならないと定めていた。具体的には、七二時間前までに許可申請書を、開催地を管轄する警察署を経由して提出しなければならないことになった。前年の規定（前述）の届出制を許可制に変更し、四八時間前を七二時間前とし、警察署の権限を強化するなど、集会・デモに対する規制の強化をはかったのである。[64]

　七月二五日の訓授は、「外国人登録令及び同施行規則の一部改正について」などである。外国人登録令（前述）は七月一一日に改正されたが、その内容は、後述の「北緯三十度以南の南西諸島に本籍を有する者の渡航制限に関する臨時措置令」の公布にともなうものである。

　八月二日の訓授に関する記載には、「徳田球一の乗用　三七年型　フォード　三、〇〇三八番」とある。七月一四日、特別審査局が徳田球一ら共産党幹部九名を団体等規正令違反容疑で告発し、一五日、逮捕状が発せられていた[65]こととかかわるものであろう。

団体等規正令とは、前年の一九四九年四月四日に公布施行された政令で、平和主義および民主主義の健全な育成を期するため、秘密的、軍国主義的、極端な国家主義的、暴力主義的、反民主主義的な団体の結成と指導、ならびに団体および個人のそのような行為を禁止することを目的とするものであった（第一条）。その目的や行為が、占領軍に反抗・反対したり、日本の侵略的対外軍事行動を支持・正当化したり、暴力主義的企図による政策の変更や暴力主義的方法を是認する傾向を助長・正当化したりすることに該当する政党・協会・団体の結成・指導を禁止し（第二条）、また、これに該当する行為を禁止した（第三条）。そして、法務総裁の指定によって団体を解散できることとし（第四条・第五条）、また、違反した個人を懲役・禁錮（情状により罰金）に処するとした（第一三条）。さらに、法務総裁はこの政令が遵守されているかどうか確かめるため必要な調査権をもつとした（第一〇条）。前述の在日本朝鮮人連盟などの解散（一九四九年九月）は、この団体等規正令の第四条・第五条を根拠とするものであり、一九五〇年には、共産党機関紙の停刊、共産党幹部の追放など、共産党とその影響下にある団体を弾圧・規制するために威力を発揮していたのである[66]。

六月六日のマッカーサーによる共産党中央委員追放の指令で、徳田球一・野坂参三ら二四名、翌七日の『アカハタ』編集部員の追放指令で一七名が追放となった[67]。そして、追放指定後、検察庁に出頭しなかったということを理由に、特審局が団体等規正令第一〇条の違反容疑（不出頭）で最高検察庁に告発し、徳田・野坂ら九名に逮捕状が発せられた。そして、警視庁でも、特別捜査本部を設置して、追及を本格化していたのである。

八月五日の訓授は、「集会専《ママ》団行進及び集団示威運動に関する条令の学校内における解釈適用について」、「北緯三十度以南の南西諸島に本籍を有する者の渡航制限に関する臨時措置令施行について」、「団体等規整《ママ》令違反者の捜査について」などであった。「北緯三十度以南の南西諸島に本籍を有する者の渡航制限に関する臨時措置令」とは、一九五〇年七月一一日に公布された政令二二七号のことで、「北緯三十度以南の南西諸島に本籍を有する者」、つまり具体的には沖縄の人びとが「本土」に渡航することを制限したものである。[68] 第一条で、「当分の間、連合国軍最高司令官の承認」をうけなければ「本州」「北海道」「四国」「九州」に「渡航してはならない」と規定し、第二条で、違反者は「一年以下の懲役若しくは禁こ三万円以下の罰金に処する」としていた。

八月二一日の訓授は、「団体等規整《ママ》令違反者捜査方について」と「露店整理の最後措置について」である。後者の訓授の内容は判然としないが、ＧＨＱが前年八月、この年（一九五〇年）三月末までに都内の公道上の露店を撤去するよう指示し、これをうけて東京都が露店整理事業を進めていたから、それとかかわるものであろう（すべて撤去されるのは一九五一年一二月末）。

警察手帳Ｄでは、一〇月二〇日、「警戒警備について（十月二十日全学連のゼネスト）（本日待機）」として、「全学連ゼネストに伴う待機」について訓授があったことが記載されている。当時、全学連は全国でレッド・パージ反対闘争を展開しており、一〇月二〇日にゼネストを行なうことを計画していたが、一八日、戦術転換を指令し、各校の実情にあわせることにしていた。[69] しかし、警察側は警戒態勢をとっていたものと考えられる。一一月二日の訓授は、「団体等規整《ママ》令違反者捜査について」、「民間重要産業の赤色分子排除に伴ふ警察措置並に不法行為検挙について」、「集会集団行進及集団示威運動の許可申請書の取扱について」である。「公安警察」的な性格がいよいよ本格化していることがわかる。翌三日の「特別捜査班」の編成は、それを如実に示すものであった。

以上見てきたような訓授は、成澤巡査をはじめとする警察官の「公安」意識をかき立て、国家秩序の維持をはかるべく、「左翼」「赤色分子」に〝対峙〟して〝退治〟しようとする意識を振起していったものと考えられる。

(4) 政治関係・外国人関係の警邏・密行

実際の勤務内容に関しても、警察手帳Cには政治・外国人がらみの警邏・密行に関する記載が多出している。

一九五〇年五月二〇日の警邏では、「1、警備情報の蒐集」と「2、選挙犯罪の内偵」に従事している。なお、前述のようにこの日の警察手帳には、「午後二時四五分頃、職安に約三十名、尚職安方面に進行する者も散見さる」と記されている。五月二一日の警邏の際には、朝鮮忠清道生まれで文京区に住む松永金蔵こと「金」(登録番号)を取り調べている。

五月二七日の「密行」では、「候補者佐々木栄二」が「公職選挙法二四四の(一) 一四〇」の「選挙運動の為に自動車を連ね又は隊伍を組んで気勢を振る行為をすること 罰則〈略〉」に該当するとして、「注意報告」を提出している。「佐々木栄二」は六月四日実施の第二回参議院選挙に際し、全国区に無所属で立候補していた候補者である。[70]

五月二九日には、「最近(デモ以来)年長者は土建組合左翼の者の甘言に乗ぜられ相当数異動した模様」との「注意報告」を提出している。

「注意報告」とは、「外勤巡査が勤務を通じて日常見聞する社会事象のうち、警察上参考となり、若しくは注意すべき事項を積極的にすること」である。[71] 一九四九年発行の松本直一『注意報告必携』は、外勤警察官を前線の「斥候」に譬えてその重要性を強調している。同書も指摘しているように、[72] この「注意報告」の起源は、一八七六年一〇月二六日に警視庁が定めた「注意報規則」にある。[73] 前掲の『警邏必携』も、「積極的に、その日常見聞する事象を悉くしかも逸早く署長に申報し、署長の耳目」にならなければならないとしている。[74]『注意報告必携』も『警邏必携』も、ともにほぼ共通して、「注意報告すべき事項」を、公共の秩序維持に関連するもの、生命・身体・財産の保護に関連するもの、犯罪の予防及び鎮圧に関連するもの、犯罪の捜査及び鎮圧被疑者の逮捕に関連するもの、交通取締りに関連するもの、その他一般警察に関連するものに区分して例示しており、[75] そこに列挙されている事項が、この時期、外勤巡査に要請されていた「注意報告」のポイントであったと考えられる。

五月三一日は、密行で「選挙取締」にあたり、午後一時三〇分、巣鴨で「東大生」を「同行」して「注報」(「注意報告」のことであろう)し、また、「中大生・中大生・中大生・日大生」が「自由党全国区井尻芳郎の看板」を「回覧」したとして「注報」(注意報告)し、午後四時五〇分にも三人の「東大生」に関して「注報」している。(76)文書・図書を多数の者に回覧することは、文書・図書の頒布とみなして禁止することになっていたからであろう。(77)参議院選挙は六月四日に実施されたが、その前日の三日には、「選挙取締」のため「警戒待機」している。

六月八日の警邏の重点は、「1、職務質問の励行」、「2、警備情報の蒐集」、「3、各種犯罪の検挙」であった。

七月三日、警邏では、板橋区の「日雇」二三歳について、「①現在共産党関係には大勢として関心が薄く②又アプレについても騒ぐのは赤色分子だけで一般はそれ程反対してはいない」との「注意報告」を行っている。「警備情報」として、「共産党関係」「赤色分子」に対する監視と情報蒐集が促されていたのであろう。

八月一三日の密行でも、「警備」に関する「注意報告二件」を行い、八月一八日も「注意報告二件」、八月二〇日も「注意報告(警備情報)三件」を提出している。

成澤巡査がつぎに見るような「特別捜査班」に所属することになるのは、こうした勤務〝実績〟すなわち注意報告の提出状況が〝評価〟されたからではないかと考えられる。この点では、第四章で見たような井形氏の場合(申報の多さが評価されて外勤巡査から特高係に〝抜擢〟された)と、ある意味で同じだったといえる。

四　特別捜査班としての勤務(一九五〇年一一月～五一年一月)

警察手帳Dの一九五〇(昭和二五)年一一月四日には、「特別捜査班編成(昨三日付)」と記されている。この「特別捜査班」がどのような趣旨と規模で編成されたものなのか、警察手帳だけではわからない。しかし、警察手帳の持主である成澤巡査がその一員となったこと、そして、この「特別捜査班」が団体等規正令違反者の捜査や共産党関係情報の蒐集に従事することを目的としていたことは、警察手帳の記載から明らかである。警察手帳の内容が、一一月四日を境に一変しているからである。

(1) 共産党関係者に対する内偵

警察手帳Dの一九五〇年一一月四日の記載は、つぎのようになっている(以下、住所は一部を記し、姓名は基本的に「 」で姓のみを記し、また、省略箇所は〔 〕で括って内容を略記する)。

〔本〕大分県〔住〕豊島区西巣鴨、「野尻」、勤先 東京地検捜査主任(休職中)〔家族・同居人名を記載〕

文京区 野坂参三事務所内◎「佐々木」三五、六歳位(日本共産党党員 東京都文京区会議員)

一一月五日の「特別捜査」では、「佐々木」について「地理実査」を行っている。また、一一月四日に調査した新聞購読者中、巣鴨の「渡辺」は「伊藤律と中学(岐阜中学)時代の同級生であり伊藤に対し異常の関心を持っている」と記載している。伊藤律は徳田球一に重用されて共産党の中央委員・政治局員となったが、当時、公職追放されていた。岐阜県出身で、一九三〇年第一高等学校に入学して一九三二年共産青年同盟に加盟、翌年日本共産党に入党していた(ゾルゲ事件発覚の糸口となる情報を特高に漏らしたこと、一九五三年にスパイとして党から除名処分を受けたことなどで知られる)。

一一月七日には、滝野川の「矢口新聞舗」の「多数購読者調査」を行い、「四部以上」が「十四名」あるとしている。また、駒込の三木清造(酒や)の長男は、「ソ連引揚者」で「日本油脂追放者」である旨の記載と、「神山茂夫自宅◎北区西ヶ原」という記載がある。神山茂夫も共産党の幹部で、前年（一九四九年）、党公認で衆議院議員に当選したが、この年、マッカーサーにより公職追放となっていた。

一一月八日には、駒込駅長からの情報として、上野業務課通信係にいた「内記」某二十五、六歳は、現在、東鉄管理局信号通信長付（電務主幹・通信主幹）であり、「徳田球一と面識あり且て特待入場券を渡した事あり」と記している。また、「団体等規正令違反者捜査内偵等一覧表」を作成したとの記載がある。

一一月一〇日には、日本橋郵便局簡易保険課の「鈴木」五二歳は、川原湯温泉の養寿館で療養し、六月一日頃から六月一〇日まで滞在している旨の記載があり、「当時新東宝のもの多数来ており選挙活動中、館主も赤色分子にて応援演説を為す」と記している。また、「内記」（前記の「内記」某に該当）二七歳は、元上野業管勤務で、現在は東京鉄道管理局電務主幹公衆通信係として「電気通信省所属回線に関する事項」を担当している旨を記載している。そのうえで、「◎「内記」の性格は世話好きである」という元上野業管主席の談を記している。

一一月一一日には新聞購読者の共産党（共に〇を付けて記載しており、以下、同様の記号による記載は㊥と表示する）関係調査を行っている。

一一月一二日には、「団体等規正令違反者捜査に伴う特別捜査班編成表」とだけ記載されていて、当該の表はない。また、この日には、「伊藤律の学友（一高・東大）◎世田谷区「後藤」（岸本商店課長）〔本〕和歌山県　家族」との記載と、「◎文京区駒込西片町「松野」」との記載がある。

そして、一一月一三日には、前日の「松野」について、〔本〕岐阜県大垣市、〔職〕東方貿易株式会社機械部とあって、その家族・同居人の姓名などが記載されている。

一一月一四日には「（特捜関係）」との記載があり、一一月一五日の（非番）の際には、前出の「後藤」について「東大調査の件」とあり、伊藤律の本籍・生地と、「後藤」の東大での学歴が記されている。一一月一六日は「一高調査」で伊藤律と「後藤」について調べたようである。

一一月一七日には、「東鉄水戸管理局長」から前出の「内記」のことを聞いたらしい。

一一月二〇日には、「「滝沢」の件」とあり、また、「中村」と「福田」について「岐阜警備手配」とある。その後に、六人の姓名の記載があり、さらに「中村」の家族に関する情報が記されている。

一一月二一日には、「滝沢関係」について「特審局市川係長に連絡」した旨の記載がある。(78) この「滝沢」は、前出の「「滝沢」の件」の「滝沢」に該当すると考えられ、一二月一九日に「滝沢に連絡」と記載がある「滝沢」（後述）、翌年一月一五日の「㊡動向内偵」の際、「滝沢に連絡するも新しい情報なし」と記載がある「滝沢」と同一人物であると判断されることから、スパイの役割を果たすことになっていったのではないかと推測される。

一一月二二日には、「梶原」について、「管理部庶務課」「本年七月四日（第一次）整理」とあり、また、「上野駅退職者」として「大野」（荷物掛）という記載がある。また、上欄外には、「「梶原」関係」として、「東鉄鉄道管理局人事主幹　鏑木　施設長付用地主幹付　横溝」という記載もある。一一月二三日には、「徳球関係」として、「梶原」の本籍・生地と家庭状況や、同居人、非常の場合の連絡先、に関する記載がある。

一一月二四日には、午前中、報告書類を作成した旨の記載があり、その後に、「（警備）」として、西巣鴨三丁目の「中村」姓の四人の住所氏名などを記し、そのうちの一人には氏名の上に「大工㊡」と記している。

一一月二八日には、「白石」の家族構成や同居人などに関する記載があり、その後に、「日本共産党　葛飾区委員会本田立石細胞　代表者」の住所・氏名、細胞の所在地と「主たる事務所」（白石方）が記されている。(79) 一一月二九日にも、「白石光雄の件」とあって、本籍地関係の情報が記されている。

一一月三〇日には、練馬区江古田「佐野」（若葉堂書店）とその家族に関する記載、「石井」の姓名、「遠藤」とその家族に関する記載があり、「区委員会　練馬区南町　代表」と記されている。一二月一日には、「署長報告」として「(共)機関紙印刷用具の移動について」「移動先　練馬区江古田町」「木材商　「原」　物置様の小屋」といった記載がある。成澤巡査が巣鴨警察署長の指揮下で「調査」活動に従事していたことを物語るものである。

一二月二日には、「佐藤」の件として、「北多摩郡国分寺」の「藤井」方とあり、その本籍を記している。そして、「◎国分寺七七は(共)党関係の宿舎」「自立会　国分寺細胞事務所（党員約十七世帯居住）」、「二十一年四月選挙当時の投票者（国分寺町七七居住）」として、徳田球一・志賀義雄ら一二名の人名などを記載している。

一二月四日には、「自立会現住者及二十四年以降転出者調査」「◎横浜市〔略〕紺野与次郎[80]」と記載している。翌一二月五日、「昨日調査の件、署長宛報告ずみ」と記しており、前述と同様、巣鴨警察署長指揮下の「調査」活動であったと考えられる。また、この日、「市吉」・「秋山」・「浅野」・「河瀬」の姓名などを記し、それぞれの生年月日を付記したうえで、「渋谷区千駄ヶ谷四―七一四居住者調査」と記載している。

一二月六日には、国分寺の「矢野」について、「(共)関東地方委員会委員　(共)党本部機関紙部副部長」と記し、また、「関東地方委員会」の住所（渋谷区千駄ヶ谷）を記している。

一二月七日には、中野区上高田の「医師」「久保田」の出身地・生年月日とその妻の名、「獣医」「若月」の出身地・生年月日と自家用車の型と番号などを記しており、「若月」については「徳球に酷似」と付記している。同所には、「7日后1時（30）分頃」、大田区の「李」（姓名の上に㊥とあるので中国人であろう）所有の「ジープ」が来たらしい。また、中野区上高田の「会社員」「市吉」の本籍と家族、「同居人」（これには五日に記載のある「市吉」が含まれ、「(共)関東地方委員会委員」と付記されている）の家族などの情報を記したうえで、「市吉方家屋　六室　計三十五畳」と記載している。

一二月八日には、「小林」（女性）の本籍と転入先「大久保方」と、「事務員」「大久保」の本籍・姉（「アカハタ新聞記者」）と「転出者」の情報などを記載している。

一二月九日には、「植田」の件につき、本籍・住所・転出先などの情報を記載している。

以上のような手帳の記載から、成澤による「特別捜査」の手法を整理してみよう。まず、一一月五日の「地理実査」や一一月一四日の「東大調査」のように、現地に赴いた調査・聞込み活動がある。つぎに、一一月四日・七日・一一日の記載にあるような新聞購読者調査による割り出しである。そして、一一月八日の駒込駅長、一〇日の元上野業官主席、一七日の東鉄水戸管理局長、二二日の管理部庶務課と東鉄鉄道局人事主幹のように、調査対象者の勤務先等での聞取りによる情報蒐集である。そして、一一月二一日に特審局係長に連絡をとった際に記載されている「滝沢」のように、スパイも活用していたらしい。なお、一一月二八日の葛飾区、三〇日の練馬区、一二月二日の北多摩郡国分寺、五日の渋谷区千駄ヶ谷、七日の中野区上高田のように、調査活動が次第に巣鴨署の管轄区域を越えて展開されていっていることがわかる。

(2) 機関紙印刷関係情報の蒐集

すでに見た一一月二八日の「白石」、一二月一日の「署長報告」、一二月六日の「矢野」などに関する記載は、成澤巡査の調査が共産党の機関紙関係の印刷・発行に照準をあてていることを示唆している、これは一二月半ばから翌年一月にかけての記載でいよいよはっきりしてくる。

一二月一〇日、「七月頃ヨリ行方不明」となっている品川区の「松本」について、「㊖出版部副部長」と記し、家族・本籍や同居者に関する情報を記載している。

一二月一一日には、「秋山」(五日記載の「秋山」と同一人)[81]の件につき、「国分寺第一出張所につき調査するも不明(転出先は渋谷なるも同所に転入せず)」と記載し、また、「馬場」の件につき、住所と転出先を記し、さらに、「入江」について、「葛飾青砥町」「平和の友仮事務所」「入江は現在紙芝居をやつて居る」と記している。同日の最後には「本件　署長宛報告」とある。前述と同様、署長指揮下の「調査」活動である。一二月一二日は「書類作成」にあてられている。

一二月一三日には、葛飾区の「代書」業の「池田」（「三ヶ月位前より名刺屋を始む、活字もある」と付記）につき、家族と同居人（「印刷業」）についての詳細な情報を記載したうえで、葛飾区の「巧文社美術印刷所」名を記している。そして、一四日、「巧文社美術印刷所」の件と「池田」の件について、電灯設備・電力使用料を調査して「印刷機使用可能」と判断し、また、「巧文社」について、経営者名・責任者名と、「使用人二人」、「印刷機二台」と記している。

一二月一五日は「非番」、一六日は「週休実施」で、一七日には「赤坂水戸管理局長不在の為連絡不能」とあり、また、台東区の「会社員」「中塚」とその家族などに関する情報を記載している。

一二月一八日には「報告書類」を作成して、「本庁五方面本部」に送っている。五方面本部とは、巣鴨署などを管轄していた警視庁の方面本部である。一九日は㊓「春原の内偵」で、その家族構成などに関する詳細な情報を記載している。また、前述のように「滝沢に連絡」と記されている。「巧文社につき内偵」を行い、「后三時二五分頃　連絡員と思われるもの」が来たとして、その「軽自動車所有者」名（葛飾区本田立石町の「山品」）を記している。二〇日には、その「山品」について、職業（「袋物業」）、家族、雇人に関する情報を記載している。一二月二一日は、「八木」の「動向調査」について、「居住その他に特異な事象なし」と記している。

一二月二二日には、「元豊島電話局支部細胞」の「小川」が、「午后一時頃」、港区新橋の道路において、「印鑑らしきもの所持歩行中」と記している。また、「新橋附近内偵」し、「新聞印刷　新光印刷株式会社」について調査している。一二月二三日には、「小川」が鎌倉市から転入し、新宿区に転出したという情報を記している。なお、この日、庚申塚で「特別警戒」に従事し、西巣鴨の「元保養園際」と「都電庚申塚電停」に「張込」でいるから、成澤巡査は「特別捜査班」だけでなく、通例の勤務にも動員されていたことになる。二四日の「週休実施」後、一二月二五日には、「小川」の件について豊島電話局に連絡し、また、「山陽パルプ」の駒込寮の管理人に関する情報や、寮の居住者の姓名などを記している。さらに、昨年、山口県下の工場から山陽パルプ本社に転勤した「近藤」について記載し、一二月二六日も、前日に「引続き近藤の件」を調査し、その住所や家族構成に関する詳細な情報を記載している。また、港区芝新橋の「新光印刷株式会社」について調査し、「旧名義人」である「印刷業」の「宮岡」とその家族に関する情報を記載している。

一二月二七日には、前日の「宮岡」の件について、本籍・住所と家族構成を記し、つづいて「宮岡」と同じ住所の「新聞記者　徳間」（「所有者」）と、「会社員」の「関」（「妻は徳間の妻の姉」）について記載し、「三家、合計五室二五畳」としたうえで、「徳間康快の職業、（民報社）真善美社業務課勤務」と記している。この「徳間」は、後に徳間書店を創設などする徳間康快に相違ない。徳間は、読売新聞社の社会部記者であったが、読売争議の中心メンバーとなって一九四六年、同社を退社し、『東京民報』などを経て、一九五〇年、新光印刷工業の社長となっていた[82]。

一二月二八日には、「関東印刷に連絡」し、「発行停止の㊥機関紙「平和の友」が再び発行されているとの聞込みを得た」と記している。一二月二九日は、午後二時まで「報告書類作成」と記した後に、「滝沢（弟）連絡」とあって、「「平和の友」発行は週二回、読了后直ちに焼却する事になって居る由、聞込む」と記載されている。一二月三〇日は、台東区入谷町の「吉野某につき調査」である。

一二月三一日には、「管内に於ける一般的視察」に従事し、年が明けて一九五一年の元旦は「宿直」である。やはり、「特別捜査班」だけでなく、巣鴨警察署の勤務にも従事していることがわかる（以下の記事も、そのことを示している）。

一九五一年一月二日には、「平和の声社」につき、足立区の「浅野」を調査し、三日は「週休実施」、一月四日には、台東区入谷町の「吉野某の件について台東区登記所を調査するも本日は調査不能なり」と記している。一月六日は、

「平和の声社について内偵」し、足立区桜木町の「千石」、「森雪」（二五年八月二八日㊕として解雇さる」と付記）の名を記している。一月七日は「宿直」で、午後一〇時二〇分頃、駒込で「出火場警戒」に従事している。一月八日の「非番」には、港区芝新橋の㊕「寺尾」（女性）についての記載がある。一月九日は「週休実施」で、一月一〇日に、「新光印刷の件」を調査し、その前身が京橋区の「株式会社京橋巧芸社」であることを〝突き止め〟、同社の取締役・監査役など、役員の変遷を詳細に記載したうえで、「新光印刷株式会社」に「商号」を変更し「昭和十年二月十二日」に登記したとしている。一月一一日も「京橋巧芸社について調査」し、また、「港税務事務所について調査」し、新光印刷は「宮岡」の「個人名義となつている模様で宮岡は昨年度事業税も全然納付していない」と記している。

一月一二日には、「出版部副部長」の「松本」について、「松本の妻幸子は時折雑誌様のものを風呂敷包にして所持携行して歩くことあり（秘密印刷物と思わる）」「本年初め頃（一月二、三日頃）」と記している。また、「尚、松本の兄和美は追放中央委員松本一三ではないかと思われる」と記している。これは、同居人の女性が松本の「兄さんが党の偉い人らしいと漏らした事」があるという聞込みからの判断であろう。松本一三は日本共産党の活動家で、戦後、機関紙『アカハタ』の編集局長をつとめ中央委員となったが、一九五〇年六月、GHQによって公職追放されていた。(83)

一月一三日には、「管内細胞の件につき豊島区役所」に連絡し、「総務課神崎氏より聞込」んでいる。また、「日共幹部潜伏容疑場所」として新宿区西落合の「福室」の住所と家族・住人に関する情報を記している。しかし、一月一四日には、「昨日の件、日共幹部潜伏容疑は調査の結果、容疑の点なく結了」と記されている。

一月一五日は「週休実施」である。翌一六日には、「㊕動向内偵」とあり、前述のように「滝沢に連絡するも新しい情報なし」と記されている。また、「関東印刷連絡」との記載があり、「内田」に「新光印刷宮岡」の「人相等入手方依頼す」と記されている。この「内田」もスパイであろう。一月一七日には、板橋区巣鴨の「洋裁業」（チェリー洋裁店）「谷垣」とその家族に関する情報が記されている。

一月一八日には、「「平和の声」発行人と目される浅野」の「内偵」について、本籍・住所などを記し、また、「新橋四丁目、新光印刷」とも記している。一月一九日も「新光印刷内偵」により、「東方印刷株式会社」の常務取締役・業務局長「宮岡」、工場の所在地、「新光印刷」の社長「徳間」、「政治新聞社」の取締役「阿部」と専務取締役・総務局長「安部」について記し、「安部」の「人相」を「五十歳位、紺オーバー、黒ソフト、小柄、頬コケ、眼ショボ〳〵」と記している。一月二〇日も、「新光印刷内偵」により、㊖「内野某」と㊖「兼安」の名を記し、さらに、「外常時居るのが一七、八人　全部で二十七、八人居ると徳間が漏らしている」と記している。

一月二二日には訓授に関する記載がある（「強盗未遂犯人手配」、「強盗犯人手配」、「無許可広告物等の一斉取締」に関する指示）。そして、警察手帳Dの記事内容はこの記載をもって終わっている。

以上のような記載から、この時期の成澤の調査手法を振り返ってみると、まず、一二月二八日や一月一二日のような現地での聞込み、一二月一九日・二二日、一月六日・一六日・一八日・一九日・二〇日のような印刷所関係の「内偵」があげられる。内偵とは、相手に気づかれないように密かに相手の事情を探ることで、内密の調査である。これと関連して、一二月二五日の豊島電話局、一月四日の台東区登記所、一月一一日の港税務事務所、一月一三日の豊島区役所など、関係の機関で情報蒐集をしていることがわかる。また、一月一六日の記載が示しているように、スパイを活用している。なお、巣鴨署の管轄区域を越えて、一二月一〇日には品川区、一一日・一三日には葛飾区、三〇日には台東区、一月二日には足立区に調査が及んでいる。

ところで、警察手帳Dの記載が終わった翌々日の一月二四日、『朝日新聞』は、法務府特審局が二三日、左翼系紙「平和のこえ」発行所（足立区千住桜木町）に対し、マッカーサー書簡にもとづく無期発行停止処分を行い、同紙の印刷所、港区芝白金台町の三興社のほか、発行所・事務所など一一ヵ所で印刷施設を封印し、残紙一万数千部と用紙・鉛版を押収したと報じている。また、警視庁の検挙隊は同紙の発行責任者の浅野護夫ら印刷工を含む二五名を団体等規正令、政令三二五号違反で逮捕し、身柄を各署に分散留置したと伝えている。さらに、二六日付の同紙は、二五日、「特審局石川係長以下四名が練馬署武装警官三十名の協力を得て」、練馬区下石神井の作業場を急襲し、「平和のこえ」発送準備中の従業員八名を逮捕したと報じている。この「特審局石川係長」は、一一月二一日に成澤巡査が「滝沢関係」について「連絡」した（前述）の「特審局石川係長」に相違ない。

一月二六日付の『読売新聞』も、「発送アジト急襲　『平和のこえ』石神井で八名逮捕」という見出しで、警視庁捜査二課と法務府特審局練馬署が協力して、二五日、「共産党非合法機関紙〝平和のこえ〟の秘密発送アジトを団体等規正令、政令第三二五号違反で急襲」し、運転手ら七名を現行犯、また、「日共練馬地区委員手塚」を緊急逮捕し、〝平和のこえ〟約一五万部を押収したと報じている。さらにこの記事は、去る二三日、同紙関係で逮捕された同紙責任者の「浅野」ら二五名は二五日、政令第三二五号違反容疑で送検されたと伝えている。前述の一月一八日の警察手帳に記されている「浅野」と同一人物であろう。成澤巡査らの内偵の〝成果〟が、この検挙に〝一役〟かっていたのである。

『平和のこえ』は一九五〇年一一月二七日に第一号が発行された『アカハタ』の後継紙であるが、発行停止処分をうけ、治安当局は一九五一年二月四日、全国で『平和のこえ』関係者の一斉検挙を行って、それは全国四二四箇所、四三五人に達した[84]。二月四日付の『朝日新聞』は、「『平和のこえ』根こそぎ　四百余名を検挙　昨暁全国一せい手入れ」と報じている。前年七月一八日、マッカーサー書簡によって『アカハタ』とその後継紙・同類紙の無期限発行停止が指令され、一二月末には停止は一四六四紙に及んでいた[85]。成澤巡査の警察手帳に、執拗なまでに印刷関係者に関する追跡情報が記載されているのは、明らかにこうした動きの一環である。

荻野富士夫氏はその著書『戦後治安体制の確立』のなかで、「公安警察」の活動の「具体相はどうであったのか」として、国警愛知県本部刑事課が作成した活動マニュアル『特殊犯罪（群衆犯罪）捜査処理要領』（一九五一年七月）と、東大ポポロ事件（一九五二年二月）に対する東京地裁の判決からこれを説明している。[86] 後者は、警視庁本富士署の警備係が少なくとも一九五〇年七月末以降、東京大学の構内において、警備情報蒐集のための警察活動をつづけてきたこと、私服の警備係数人が、張込、尾行、密行、盗聴などの方法によって学内の情勢を視察し、刻明な査察と監視をつづけてきたことを明らかにしたものである。荻野氏は、その実態は「五一年一〇月から五二年二月にかけての、上司からの指示とそれの報告が日々の日常活動とともに二冊の『警察手帳』に生々しく記載されている[87]」としているが、本章が検討の対象としてきた警察手帳もまた、そのことを如実に示している。しかも、本章で検討した警察手帳の記載は外勤警察官のものであり、つぎのような荻野氏の指摘を具体的に証明するものとなっている。

戦前の特高警察がそうであったように、「公安警察」も専任の警備課・係の活動にとどまらず、一般警察官（外勤警察官）がその一翼を担っていた。[88]

戦前の特高警察が末端の巡査たちの日常活動と密接に連動していたことは本書第四章で言及したが、それは戦後日本においても基本的に同じだったのである。

おわりに

占領後期の警察は、占領政策の一環としての警察改革の結果、一九四七年一二月の警察法によって、ある意味で編成替えを余儀なくされ、日本国憲法の存在を前提とする警察となった。警察の分権化がはかられた結果、警視庁は自治体警察となり、また、警察の権限は大幅に規制されることとなった。成澤の警察手帳に投影されているのは、この時期の警察の姿である。

しかし、他方で警察機能の面から見た場合、戦時統制から戦後統制へと経済統制は連続していた。ただし、経済警察という点では、戦時からの連続面とともに、戦後に即した変化も認めることができる。戦後の食糧危機に対応した諸措置をめぐる経済警察の実態については前章で見た。成澤の警察手帳の時期も経済警察は継続していたが、それは、警察組織・警察権限の改変後に属する。行政警察（行政執行法）が警察官等職務執行法に切り換えられたことによって、ある種の変化が生じていたはずだと考えられるが、本章では追究しきれなかった。

民衆運動・社会運動への対応機能という点で、成澤の警察手帳は、改革・「民主化」から社会運動の抑圧・規制へと、占領政策が転換していった時期の末端警察の状況を顕著に示しており、団体等規正令・公安条例、そして、レッド・パージなどをめぐる治安体制の様相、警察の日常活動と「公安」警察の連結の様を端的に証明するものとなっている。

かつて広中俊雄氏が指摘したように、一九四五年一〇月、特高警察の組織は除去され、治安維持法以下の一切の弾圧法令も廃止され、一九四七年には警察制度が抜本的に改革されて〝民主警察〟が誕生した。しかし、日本在来の警察精神ともいうべきものは、少からず受け継がれたと言える。「新特高」ともいうべき「警備公安警察」の「精神」は、「国家至上主義」であり、「反共精神、反共教育」であった。

成澤巡査は、新憲法のもとで巡査となった最も初期の警察官であり、「日本国憲法及び法律を忠実に擁護」することを「宣誓」して警察官となった。警視庁警察学校時の手帳を見ると、「警察は軍国主義の延長ではない。只管教助教の教へる事を実行すればよい。それは理論ではなく実際なのである」とか、「教育勅語の朗読が禁止されても、その内容の良さに変りはない」といった訓示が記されている。「民主々義国家の警察官について」という訓示もあるが、「民主々義とは人民の人民の為の人民による人民の政治である」と記されているだけで、内容はわからない。

本論で見たように、警視庁の「警察訓律」第一条「尊厳ナル国体ノ本義ニ徹シ身命ヲ献ゲテ奉公ノ誠ヲ効スベシ」

は、「警察官心得」では「首都治安確保の重責を自覚し、全力をあげてその崇高なる使命の達成に努めなければならない」となった。しかし、「職務」「応接」「行状」の内容が、基本的に「警察訓律」を踏襲していたことが示すように、「日本在来の警察精神」は広中氏が言うように「少からず受けつがれ」たと言える。

巣鴨署は豊島区の北東部と文京区のごく一部を管轄し、当該の地域は旧東京市域の周辺部の住宅地に位置しており、池袋に近接している。その意味で、居住地と商店、とくに飲食営業などに関する取締りは、同署の重要な課題であったと考えられる。また、第六章で扱った月島・深川地域とは異なって、交通機関については山手線と都電の路線が同地域を通過しており、山手線については駒込・巣鴨・大塚の各駅が、都電については向原・大塚・庚申塚などの諸駅が管轄区域に所在していた。したがって、駅を中心とする食糧移入の取締りが重要な任務であったことを、警察手帳は証明している。また、池袋職業安定所労働課の分室が西巣鴨にあったことから、〝職よこせ〟デモ（日雇いデモ）の重要な〝舞台〟となっていたことがわかる。

しかし、第六章で綱川について独自性と一般性に言及したように、成澤についてもその独自性と一般性を指摘することができる。成澤の警察手帳に記された勤務実態の基本は、出版されていた各種の必携・手引（勤務マニュアル）類から見て、外勤巡査としての一般性をもつものと言える。全国の各警察署（派出所・駐在所）に配属された外勤巡査たちが、それぞれの個別性をもちながらも、全国各地域で、戦後・占領期の警察の日常活動を展開していたに違いない。成澤の特性は、おそらく「注意報告」に熱心だったことにあり、それが直面していた情勢と連動した結果、特別捜査班の一員に組み込まれて、「公安」活動に専心することになったのであろう。これは、第四章で紹介した井形氏の場合を想起させる。そして、レベルは相違するにせよ、多かれ少なかれ、全国の〈成澤〉たちが、「公安」警察の末端を担い、その〝耳目〟として機能していたに違いない。

広中俊雄氏が指摘したように、「警備公安警察といっても、警備公安関係の警察官のみがもっぱら担当するわけではない。たとえば、パトロール勤務の者でも多かれ少なかれこれに関与しているのである。かつての「陛下の警察官」精神は、ロジックとして「国家の警察官」「国民の警察官」と一体であった。そして、「陛下」を〝象徴〞に代えた日本国憲法のもとで、「国家」が前景化し、「国家」を強調する立場は「反共」の立場と一体化していった。それは、当然のことながら、「『反共』精神を鼓舞し『特高』的活動を肯定する」ことになるであろう。

（1）警察大学校監修『全訂新版　警察実務教本（昭和二十四年版）』立花書房、一九四九年、二四ページ。
（2）小堀旭『外勤警察全書〔再訂版〕』（立花書房、一九六八年）の二三八～二五七ページに掲載。
（3）前掲『全訂新版　警察実務教本（昭和二十四年版）』、二四ページ。
（4）レッド・パージについて、平田哲男『レッド・パージの史的究明』（新日本出版社、二〇〇二年）は、一九四九年五月からの第一段階、一九四九年九月から翌五〇年春にかけての第二段階、一九五〇年七月から一一月までの第三段階、の三つの段階に区分し検討を加えている。
（5）その経過については、伊藤正次「戦後首都警察制度の形成」（首都大学東京法学会編『法学会雑誌』第五六巻第一号、二〇一五年）に詳しい。
（6）同前。
（7）警視庁史編さん委員会編『警視庁史』昭和中編上、警視庁史編さん委員会、一九七八年、四八～五〇ページ。
（8）前掲、伊藤正次論文参照。
（9）警視庁総務部企画課編『警視庁年表』警視庁総務部企画課、一九六七年、一六〇～一六一ページ。
（10）警視庁警察学校創立一〇〇年記念史料編さん委員会編『警視庁警察学校百年の歩み』警視庁警察学校、一九八〇年、一一五ページ。
（11）以下、同前、四九～五〇ページ。
（12）当時の第一部教頭は加藤峯治（同前書）。
（13）ヘレン・ケラーがマッカーサーの賓客として来日したのは八月二九日（一〇月二八日に帰米）。
（14）「警察官の職務執行の対象は民衆である」として、「警察活動（応接の根本）」のなかで、「警察は民衆の世話役であり、保護者である」と記している。

(15)「警察訓律」は一九四一年二月、「巡査服務心得」にかわって制定されたもので、冒頭の「綱領」では、「国体ノ本義ニ徹シ身命ヲ献ゲテ奉公ノ誠」をはかることを求め、「大御心ヲ奉体シ仁愛ノ徳ヲ重ンジ以テ民生保寧ノ職任」をまっとうすることを要請している（警視庁史編さん委員会編『警視庁史』昭和前編、警視庁史編さん委員会、一九六二年、一二五～一二八ページ）。

(16)一九四八年九月、ＧＨＱが「警視庁運営規則案」を警視庁に提示したため、警視庁側では到底そのままでは受け入れがたいとして、警視庁の機構改革に関する委員会を設置して「警視庁基本規程案」作成し、ＧＨＱと折衝を重ねた結果、一九四九年三月七日から「警視庁基本規程」を施行し、これにともなって「警察訓律」は廃止された（前掲『警視庁史』昭和中編上、一九五～二〇三ページ）。

(17)警視庁総務室企画課編『昭和二十六年 警視庁事務年鑑』警視庁総務室企画課、一九五三年。

(18)ちなみに第五章・第六章にかかわる月島署は①に属し、第六章にかかわる深川署は⑦に属している。

(19)豊島区史編纂委員会編『豊島区史』地図編下、豊島区、一九七四年、五六～五七ページ。

(20)前掲『昭和二十六年 警視庁事務年鑑』、二二ページ。

(21)同前、四一ページ。

(22)前掲『外勤警察全書（再訂版）』、一三～一五ページ。前掲『全訂新版 警察実務教本（昭和二十四年版）』も、外勤警察官を「巡査駐在所勤務」「警察署直轄勤務」「巡査派出所勤務」などに区分し、警察署直轄勤務の巡査については、警察署内に執務の本拠をおき、警察署を中心に受持区を担当し、その受持区の警邏、査察その他の執行取締りにあたり、受持区内の警察任務の遂行に全責任を負う、と説明している（二七ページ）。

(23)前掲『警視庁史』昭和中編上、二〇五～二〇六ページ。

(24)法務府特別審査局（特審局）とは、一九四八年二月に設置された法務庁（一九四九年六月から法務府）の部局で、連合国最高司令官の要求にもとづく政治団体等の結成禁止、旧軍人の調査などの事務を所管していた（のち一九五二年七月、法務府の外局として設置された公安調査庁の所管となる）。特審局とその左翼社会運動に対する調査活動については、荻野富士夫『戦後治安体制の確立』（岩波書店、一九九九年）、とくに七九～八四ページに詳しい。

(25)呉圭祥『ドキュメント 在日本朝鮮人連盟』岩波書店、二〇〇九年、九一～九五ページ。

(26)警視庁では、柔剣道以外の「一般体育」の一つとして、戦前期、続々と野球チームが生まれ、各署・署課間で試合が行われており、戦時期には途絶えたが、戦後、復活した。そして、一九四七年一〇月、第一回警視庁職員野球大会の優勝戦が開催されたというから（前掲『警視庁史』昭和中編上、二七八～二七九ページ）、この記載は、それに向けてのものと考えられる。

(27)川島清『警邏必携』警察時報社、一九五〇年、一五〇～一五一ページ。著者の川島は、国家地方警察本部教養課所属。

(28)『食糧管理法及び関係法規（刑事裁判資料第三五号）』最高裁判所事務総局刑事局、一九四九年、三ページ、八ページ。

(29) 食糧配給公団編『食糧配給公団史料〔第二〕〔本編〕総括之部』食糧配給公団、一九五一年、八六ページ。
(30) 金守香「戦後の経済警察と「経済犯罪」」(『中央大学政策文化総合研究所年報』第二一号、二〇一七年)。
(31) 以下、前掲『警邏必携』、三五〇〜三五一ページ、三五四ページ。
(32) 同前、三五四ページ。
(33) 同前、三五五〜三六一ページ。
(34) 「人事院規則の制定」とは、九月一九日に制定・施行された「人事院規則一四―七」をさすものと考えられる。これは、国家公務員法(一九四七年一〇月二一日公布、一九四八年一二月三日全面改正)の第一〇二条「政治的行為の制限」にもとづき、公務員の「政治的行為」の範囲を明確にし、公務員の政治活動に対する規制を厳しくしようとするものであった。浅井清『公務員の政治活動』(労働文化社、一九四九年)を参照(著者の浅井清は人事院総裁)。
(35) 前掲『警邏必携』、二二三ページ。
(36) 同前、二二四ページ。
(37) 森木正一『公安・警備警察原論』立花書房、一九四九年、一五九ページ。著者の森木は、大阪管区警察学校教官。
(38) 同前、一七ページ。
(39) 同前、二〇ページ。
(40) 前掲『警邏必携』、一九一〜一九二ページ。
(41) 以下、同前、二七〜二八ページ。
(42) 同前、四二〜四五ページ。飲食営業臨時規整法は第四条で、「営業の許可を受けた者は、都道府県知事の交付する許可証をその営業施設内に備え、且つ、店頭その他見易い場所に、主務大臣の定める様式の標識を掲げなければならない」と規定し、第一四条で、違反者は五万円以下の罰金に処するとしていた(食糧庁食糧管理史編集室食糧管理史編集委員会編『食糧管理史　各論　別巻Ⅰ(法令編)』食糧庁、一九七二年、五〇四〜五〇五ページ)。
(43) 前掲『警邏必携』、四〇〜四二ページ。
(44) 入国管理庁編『出入国管理法令集』入国管理庁、一九五一年、一二七〜一二九ページ。
(45) 同前、一四五ページ。
(46) 公安条例の制定と「公安警察」の整備については、前掲『戦後治安体制の確立』、一〇二〜一一二ページ参照。
(47) 東京都議会議会局法制部編『東京都議会史』第二巻中、東京都議会議会局、一九五六年、六七六〜六七七ページ。
(48) 朝鮮人と日本人の取扱いの区別について、前掲『警邏必携』は「その取扱いは日本人となんら異るところがないから不正行為のあつた場合は日本人と同様断乎として取締りをせねばならない」と説明している(二五八ページ)。一九四八年八月一五日、朝鮮は大韓民国として独立したが、現在においては、取締りは従前と何ら変わりないとしている。

(49) 前掲『警視庁史』昭和中編上、二〇六～二〇七ページ。

(50) 以下、同前、四一〇～四一三ページ。

(51)『終戦後の経済取締概況』、(国家地方警察本部刑事部防犯課、一九五一年)は、一九四八年二月、福島県本部が地元軍政部の指示のもとに生鮮食料品と主要食糧を対象とする列車取締りを行ったところ、効果的だったため継続的に実施し、その後、新潟・栃木などの各県でも実施されるようになり、一九四九年には山県・秋田・埼玉の各県にも広がったとして、福島県・新潟県・栃木県などの列車取締り状況を具体的に記述している(一七九～一八三ページ)。

(52) 前掲『終戦後の経済取締概況』、一七七～一七八ページ。それによれば、各年それぞれの検挙件数と送致件数は、一九四六年、七〇三六〇三、九六六〇五、一九四七年、八〇七六二一、二五五四七四、一九四八年、九一七三二四、三一七〇一八、一九四九年、九九二四三七、六一三四九四、一九五〇年、五一二三二一、四二五〇四〇となっている。

(53) 法政大学大原社会問題研究所編『社会・労働運動大年表』第二巻、労働旬報社、一九八六年、一二二～一二七ページ。

(54)『読売新聞』一九五〇年三月三〇日夕刊。

(55)『読売新聞』一九五〇年五月一一日。

(56)『読売新聞』一九五〇年五月一二日。

(57)『読売新聞』一九五〇年五月一三日。

(58)『読売新聞』一九五〇年五月一七日。

(59)『読売新聞』一九五〇年七月二日。

(60)『読売新聞』一九五〇年七月四日。

(61)『読売新聞』一九五〇年七月四日。

(62) 以下、『読売新聞』一九五〇年九月八日。

(63) 竹前栄治「GHQとインテリジェンス」(『東経大学会誌』現代法学、第二七号、二〇一四年)参照。札幌市中央図書館新札幌市史デジタルアーカイブによる(https://adeac.jp/sapporo-lib/text-list/d100050/ht010210)。

(64) 講談社編『昭和二万日の全記録』第9巻、講談社、一九八九年、六七ページ。

(65) 同前、八二ページ。

(66) 団体等規正令の制定と発動については、前掲『戦後治安体制の確立』、八四～九五ページ参照。

(67) 以下、同前、一二四～一二五ページ。

(68) 前掲『出入国管理法令集』、一五一ページ。

(69) 前掲『昭和 二万日の全記録』第9巻、一〇四ページ。
(70)『読売新聞』一九五〇年五月二〇日付に掲載された候補者広告によれば、「佐々木書店主、佐々木図書出版社長」（文京区）で、「吉田ワンマン内閣を打倒して倒産にあえぐ中小企業者の血路を開け！ 出版倫理の昂揚を図り俗悪文化を放逐せよ！」と主張している。結局、落選したが、公職選挙法違反（買収・個別訪問など）容疑で検挙されている（『読売新聞』一九五〇年六月八日）。
(71) 松本直一『注意報告必携』立花書房、一九四九年、五ページ。著者の松本は、警察大学校教官である。
(72) 同前、九ページ。
(73)「注意報規則」については、大日方純夫『日本近代国家の成立と警察』（校倉書房、一九九二年）、二〇四ページを参照。
(74) 前掲『警邏必携』、一九四ページ。
(75) 前掲『注意報告必携』、一七～一九ページ、前掲『警邏必携』、一九五～一九六ページ。
(76) このうちの一人について、警察手帳は「目黒区東大寮、植手通有18」と記しているが、これは、のちに政治学者（政治思想史）となる植手通有氏に該当すると考えられる。
(77) 前掲『警邏必携』、八九ページ。
(78) 特審局（特別審査局）は一九四八年二月に設置された法務庁の機関であり、当初、各種団体の結成禁止・解散などの事務にあたるとともに、左翼社会運動の動向を内密に調査していたが、その後、左翼社会運動の調査を合理化・公然化させ、各種団体とその構成員を登録させるとともに、抑圧取締りにあたって、一九五〇年六月以降、治安体制の中心になっていったとされる（前掲『戦後治安体制の確立』、七九～八四ページ）。特審局は共産党員や関係者の情報を掌握していた。特審局では、共産党やその周辺に配置したスパイから情報を収集していたというから（同前、一四〇ページ）、「滝沢」に関する「連絡」も、こうした活動・機能と関連するものと考えられる。
(79) 白石光雄追悼文集刊行委員会編『「アカハタ」とともに 一印刷労働者の生涯』（故白石光雄追悼文集墓碑建立実行委員会、一九六六年）によれば、戦前・戦中から印刷業に関係・従事していた白石光雄は、一九四六年日本共産党に入党して葛飾細胞に所属し、あかつき印刷で「アカハタ」の印刷にあたっていたが、一九五〇年六月二六日「アカハタ」発禁とともにあかつき印刷は封鎖された。年譜を付した追悼文集が刊行されているので、成澤の警察手帳が個人情報をいかに記載しているかの例示として、一一月二八日の項からそのまま抜粋しておくことにする。

本　墨田区向島請地町九九
住　葛飾区本田立石町五四五
白石光雄（大元十一・十九日）
本人（植字工）

妻　せい（大・五・8・24）
長男一雄（昭15・8・13）
次男晃（昭20・5・8）

(80)紺野与次郎は共産党の政治局員などをつとめていたが、一九五〇年、ＧＨＱにより公職追放を受け、当時、地下活動中であった（『日本社会運動人名辞典』青木書店、一九七九年、二六〇ページ）。
(81)警察手帳には「秋山良照」と記されており、これは『中国戦線の反戦兵士』（現代史出版会、一九七八年）などの著者として知られる秋山良照氏に該当すると考えられる。
(82)朝日新聞社編『［現代日本］朝日人物事典』朝日新聞社、一九九〇年、一一〇〇ページ。
(83)前掲『日本社会運動人名辞典』、五二三ページ。
(84)前掲『戦後治安体制の確立』、一二六～一二七ページ。なお、日本近代史研究会編『画報現代史　戦後の世界と日本　第一〇集』（国際文化情報社、一九五五年）は、「政令三二五号の暗雲　『平和のこえ』など発行停止」と題して、「『再軍備』『軍事基地』などの問題に筆が及んでいれば、すぐさま『反米的』であり『アカハタ』の後継紙・同類紙であるとして、無期限発行停止を命ぜられた。そればかりでなく、停止処分に名をかりて、裁判所の令状によることなく家宅を捜索し、関係者を政令三二五号違反として逮捕・起訴したのである」と記し、二月四日に『平和のこえ』が発行を停止され、検察局の発表（三月八日）によれば、全国で送検者七一三名にのぼったとしている（六九八～六九九ページ）。
(85)前掲、荻野富士夫『戦後治安体制の確立』、一二六ページ。
(86)同前、一六三ページ。
(87)同前、一六三ページ。
(88)同前、一六三～一六四ページ。

終章　総括と展望——現代日本の警察へ

一　本書のまとめ

近代日本国家の成立とともに成立した近代日本の内務省警察は、中央集権性と行政警察中心主義を大きな特徴としていた。その成立過程は序章で概観した。

地域社会のなかに配置された駐在所・派出所は、警察組織の最末端として、カタツムリの触角のような役割を担っていた。日本全国の各地域には、第一章で見た山梨県中巨摩郡在家塚村駐在所のような駐在所（都市部では派出所）が、隈なく設置されていた。そして、在家塚村駐在所が小笠原警察分署長のもとにあったように、全国の各駐在所（派出所）は各警察署のもとで機能していた。また、その上に山梨県警察部があったように（工女誘拐事件のケースを想起されたい）、各警察署は各府県警察部（東京は警視庁）のもとにあった。さらに言うまでもなく、それは内務省警保局のもとに束ねられていた。東京の場合、第二章で見たように、警視庁は首都警察としての特別の国家的な性格をもち、東京府から独立して政府・内務省に直結する存在であった。

全国各府県（東京を除く）には、警察本部→警察署・分署→駐在所（派出所）というかたちで警察組織が配置され、さまざまな指示や通達・命令はこの流れに沿って下向し、その徹底がはかられていった。他方、各地域の状況・情報は、これとは逆に、駐在所（派出所）→警察署・分署→警察本部という流れで上向する仕組みとなっていた。そして、この下向・上向の結び目に位置したのが内務省警保局、すなわち〈国家〉であった。駐在所（派出所）は地域のなかに配置された〈国家〉の〈手〉であると同時に、〈国家〉の〈目〉であり〈耳〉であった。もちろん、警視庁でも警察署のもとに派出所・駐在所が配置されていた。

警察の末端活動を担ったのが巡査であり、第一章の小林巡査、第三章で言及した奈良県大正村の吉田巡査、第四章の大阪府福島署の井形巡査などがそれであった。警視庁を扱った第二章に固有名詞つきの巡査は登場していないが、実際の活動を担っていたのは、東京の各地に配属されていた巡査たちであった。第五章・第六章が対象としたのは、警察署所属の警部補であるが、そのもとにも実働部隊である巡査がいた。

その巡査たちには、地域のなかで、日常的・網羅的に地域社会の動向、地域住民の動静を把握することが義務づけられていた。そのための重要な手段が戸口調査・戸口査察であり、これについては第一章・第二章で詳しく扱い、第三章・第四章・第六章で言及し、第五章でも若干触れた。また、監視と偵察は政治（運動取締り）の領域にもわたっていた。それは、第一章で触れ、第三章で言及し、第四章で明らかにした通りである。

他方、警察は行政警察を中心的な活動領域としており、極めて広範な権限を行使していた。第一章や第二章で明らかにしたように、警察の権限は芸能・営業・衛生などにわたり、警察は関係業者に対する視察と監視を職務としていた。第五章では、警察署と関係業界の関係にも触れた。また、都市化にともなう貧民警察的な領域への機能の拡大については第二章で、戦時体制下の防空警察・経済警察などへの機能の肥大化については第五章で扱った。こうした行政警察の基本は、予防性と事前対応にあった。

では、事件・事故が発生した場合、警察はどう対応したのか。第一章で駐在巡査の捜査・逮捕・告発活動からその一端を紹介し、第二章では司法警察における犯罪捜査方法を、刑事巡査とその配下との関係や、犯罪捜査と〝犯罪者集団〟との関係から探った。しかし、犯罪となるのは、こうした刑事事件ばかりではない。

第三章・第四章で見たように、警察によって社会運動も〝犯罪〟化され、戦時・戦後の経済統制のもとでは、第五章・第六章で見たように、統制に反する経済行為も〝犯罪〟化した。犯罪が犯罪となるためには、犯罪と見なされる現象そのものと、それを犯罪と認定する判断との二つの要素が必要となる。[1]そして、さまざまな社会現象のなかから〝犯罪〟をピックアップし、それを犯罪と認定していくのは、通例、一次的には摘発を担当する警察である。また、認定の基準は社会現象のある局面を〝犯罪〟と規定する法に求められる。その最悪の典型が治安維持法であり、経済統制の諸法規も膨大な犯罪を生産していった。そして、それに対応する警察力として、特高警察が肥大化し、経済警察が威力をふるっていったのである。

第六章と第七章では、地域・末端の警察活動から戦後・占領期の国家・社会の実相を照射することを試みた。警察は国家の施策の実行を保障（強制）する権力である。そのための最前線の執行装置が警察署であり、国家権力の最前線機関として地域のなかに配置されている。第六章・第七章が主に対象としたのは、東京の湾岸部、墨田川河口の埋め立て地に位置する月島署と、旧東京市域郊外の住宅地などを管轄する巣鴨署である。

権力執行の人的要素は警察官であり、指揮する警部・警部補と執行する巡査から構成される。それは戦後においても同様である。いずれも民衆の動静に密着・密接しながら、監視・統制と執行・強制（取締り）にあたった。それは、民衆にとっての警察、民衆にとっての国家（秩序）の意味を直接的に体現する存在であり、その活動には国家・社会の実相、とりわけ国家・社会の矛盾が〝投影〟されている。

帝国憲法体制のもとにあった戦前国家の警察は、戦後改革の結果、日本国憲法体制のもとにある戦後国家の警察に編成替えされた。警察組織の面で、戦前の中央集権的な警察は、占領・改革を経て分権化され、自治体警察と国家地方警察となった。また、警察権限の面で、戦前の行政警察中心主義が、占領・改革を経て否定され、警察権限の制限がはかられた。以上から戦後・占領期を警察の組織編成から見た場合、それは一九四七年五月の日本国憲法施行をうけた同年一二月の内務省解体・警察法制定によって二分される。第六章の綱川の「参考簿」に投影されているのは、占領前期の警察であり、第七章の成澤の警察手帳に投影されているのは、占領後期の警察である。

他方で、警察機能の面から見た場合、敗戦によって特高警察は廃止されたが、警備公安警察に姿をかえて命脈を保ち、やがてその活動を強化して、第七章の時期に本格化した。その末端における様相は、成澤の警察手帳のなかに如実に現れている。また、戦時統制から戦後統制へと経済統制が連続していたため、経済警察は存続したが、戦後に即した変化も認めることができる。第七章で扱った成澤の警察手帳の時期も経済警察は継続していたが、それは、警察組織・警察権限の改変後に属し、行政警察（行政執行法）が警察官等職務執行法に切り換えられたことによって、ある種の変化が生じていたはずだと考えられる。

では、戦後改革の結果、編成替えされ戦後日本の警察は、占領終結後、どうなったのか。

二　戦後日本警察の趨勢

(1) 警察法の全面改正

戦後日本の警察は、戦後改革の一環としての警察改革の結果、一九四八（昭和二三）年施行の警察法によって、自治体警察と国家地方警察の二元的な構成をとることとなった。改革の主眼は、警察の地方分権化、民主化・中立化（非政治化）をはかり、その権限を縮小して、司法警察を活動の中心にすることにあった。戦前警察の基本であった中央集権性と行政警察中心主義は、ともかくも否定された。

しかし、当初より政府・警察首脳部の中には、国家地方警察を足がかりとして警察の中央集権的性格を復活しようとする動きが根強く、国家地方警察に対して自治体警察よりも優遇的な施策が講じられた。また、警察通信・犯罪鑑識・警察教養などは国家公安委員会の管轄下に置かれ、中央集権的機能の維持がはかられていた。国家地方警察は自治体警察と対等の関係にあり、相互の協力が義務づけられてはいたが、国家非常事態の場合には自治体警察に対して指揮することが認められていた。

一方、自治体警察そのものに関しては、当初より非能率、不経済を理由に旧警察制度への復活をはかろうとする動きがあった。警察をもつことを義務づけられた自治体では、国庫からの補助が極めて不十分だったこともあって、警察後援会などの寄付に頼らざるを得ず、警察が地域ボスと癒着する傾向を見せた。総定員九万五〇〇〇人、一六〇五単位（うち町村警察は一三八六）で発足したが、市町村が財政的負担にたえきれないなどを理由に、一九五一年六月、警察法を改正して住民投票による廃止を認めた。このため一挙に五六〇単位に激減し、新警察法施行直前の一九五四年一月時点では四〇二（うち町村警察は一二五）となった。

こうした経過の後、結局は一九五四年七月、強い反対を押し切って成立した新警察法の施行によって、自治体警察は国家地方警察とともに全廃され、都道府県警察に一元化された。都道府県警察を指揮監督する中央官庁として警察庁を設置して中央集権的性格を強め、これに対する国家公安委員会の権限も「指揮監督」から「管理」に変えられた。日本警察はふたたび中央集権的な国家警察としての性格を強めたのである。

つぎに、現代日本の警察が、その後、どのような歩みを示したのか、その経緯を渡辺治氏の分析に依拠しつつ、概観しておこう。[2] なお、序章と同様、欧米の動向との関係に注意をはらっておくことにしたい。

(2) 一九六〇年代の警察

一九六〇年代には、警察の「近代化」がめざされていった。犯罪の広域化に対応した警察活動の広域化、交通警察の強化、分業と専門性の強化、外勤警察の「合理化」＝削減、警察官の装備と通信施設の近代化、などがはかられた。[3]

このような基本的な枠組みと体制のもと、一九七〇年代、警察は「国民の要望に即した警察運営」を掲げて領域・権限の拡大をはかり、公害規制・交通政策・暴力取締り・少年警察など、さまざまな領域に警察活動を膨張させていった。[4] その際に強調されたのは、「予防活動」の強化であった。予防のためには、犯罪や事故がおこる前に対応することが必要になり、したがって、警察の活動範囲は広がり、警察以外の他の行政領域にも踏み込んでいかざるをえなくなる。その結果、警察事務は拡大し、警察権限は膨張していくことになる。こうして、戦後の警察改革によって〝否定〟されたはずの行政警察中心主義が、「国民の要望」を根拠として蘇ってきた。それは、ある意味で、一九六〇年代に追求された警察の「近代化」路線を否定して、「日本化」をはかろうとする路線だったとも言える。[5]

以上の経緯を、国際的な視点、より具体的には、戦後日本の警察改革が圧倒的な影響を受けたアメリカの警察制度との比較という観点から整理しておこう。戦前日本の外勤警察は、派出所・駐在所という警察の末端機関を地域の中に設置し、これを拠点として地域の動静を監視・掌握することによって担当地域の秩序の維持をはかることを基本にしていた。これに対し、戦後の改革によって導入されたのは、外勤の基本をパトロールにおくものであり、そのモデルがアメリカの警察であった。[6] これを前提として、一九六〇年代、前述のように外勤警察の「近代化」「合理化」をはかるため、派出所・駐在所の整理・統合がすすめられた。一九六〇年代、高度成長にともなって都市犯罪が急増し、犯罪もスピード化・広域化していった。こうしたなかで、伝統的な派出所・駐在所を拠点とする体制ではなく、一一〇番と連動したパトカーによる警邏の方が有効であるとする考えが強まった。人口移動の激化・流動化と都市への人口集中は、従来のような派出所による住民把握を困難にさせ、他方で、都市化にともなって生じた農村の過疎化は、従来の駐在所による地域支配のあり方に再編を迫った。そうしたなかで、外勤の「近代化」をはかり、駐在所などを全廃して、パトカーや徒歩による警邏に代えようとする考えが登場していたという。[7] しかし、他方で、駐在所などは治安維持上なお有効であり、その住民サービス活動を積極的に評価しようとする考えもあった。そして、一九七〇年代には、この後者の考えが優勢になっていく。

（3）一九七〇〜八〇年代の警察

一九七〇年代には、アメリカなどに比べて日本の治安が良いことが注目されるようになった。それを象徴するのは、一九七九年に翻訳・刊行されたエズラ・ヴォーゲルの『ジャパンアズナンバーワン』である。こうした議論から、日本型治安のあり方として派出所・駐在所の存在があらためて注目されるようになり、派出所・駐在所が再評価されるようになっていった。そして、アメリカ・モデルの警察のあり方に対して、日本警察の独自性が強調された。しかし、この派出所・駐在所重視の動きは、逆に当時アメリカ警察が展開していたCR（コミュニティ・リレーションズ）と結びつけられていった。CRとは、一九五〇年代以降、アメリカ警察が追求していたもので、都市化によって生じた警察と市民の間の溝を、警察が社会のなかにはいって市民との対話と市民サービスをはかることによって埋めていこうとする警察側の戦略であった。こうして一九七〇年代、警察は「国民との連けいの強化」を掲げて、住民の組織化に乗り出し、派出所・駐在所の重視によって外勤警察の強化をはかりながら、CR活動を展開していった[8]。

しかし、一九七〇年代後半にかけて犯罪発生件数は増加し[9]、一九八〇年代に入ると、警察官の汚職・非行が問題化し、また、警察と市民の間のトラブルが多発するようになった[10]。それは、ある意味で一九七〇年代に追求された警察の権限拡大と活動膨張の反映でもあった。そこで、一九八〇年代の警察は、内部的に管理を強化するとともに、対外的にさらに取締りと権限の強化をはかることによって、この危機を克服しようとした[11]。さらに、「地域共同防犯体制」を強化するため、防犯・防火をふくめた「民間自衛組織」の結成や、職域防犯団体の育成・強化をはかろうとした。官製の住民運動を組織することにより、住民と一体になりながら警察活動を拡大し、また、警察が国民のモラルを指導する方向を強めていった[12]。

警察はこのような「国民」をテコとする権限の拡大だけでなく、一九八四年に成立し、翌年から施行された風俗営業等取締法の改正（新風営法）によって、警察権の拡大をはかっていった。(13) 戦前の警察は、序章で明らかにしたように、行政警察に属する膨大な権限をもち、風俗関係の営業に関して「風俗警察」として権限を行使し、取締りを加えていた。(14) 公娼制度のもとで貸座敷・娼妓（公娼）を統制し、「密売淫」（私娼）を取り締まった。演劇・寄席・見世物・映画などの興行場、遊技場・遊園地、カフェー・バー・喫茶店などの営業も、警察の監視と取締りの対象であった。このような行政警察の権限は、敗戦後の改革によって否定され、警察の活動は犯罪捜査を中心とする司法警察に限定された。しかし、序章で見たように、一九四八年の風俗営業取締法によって、待合その他客席で客を接待して遊興飲食させる営業、キャバレー・ダンスホールなど客にダンスをさせる営業、玉突場・マージャン屋など射幸心をそそるおそれのある営業が、「風俗営業」と規定され、規制の対象となった。実際の取締りの〝現場〟は第七章で垣間見た。戦前の風俗警察の一部が復活したのである。しかし、それは戦前の風俗警察に比べれば、対象・権限ともにごく一部にとどまった。その後、風俗営業法は何度かにわたって改正され、そのたびに警察の権限拡大がはかられた。そして、前述のような一九七〇年代の日本型警察復活の動きを背景として、新風営法が成立し、警察の規制対象の拡大と権限の強化が抜本的にはかられたのである。

(4) 一九九〇年代の警察

このような権限の拡大だけでなく、一九九〇年代に入って、警察は制度のうえでも、新たな相貌を呈することになった。「地域」と「生活安全」をキーワードとして民衆の日常生活のなかに入り込み、民衆を警察的活動に駆り出すことを基本方針とするようになったのである。一九九二年四月、警察庁組織令が改定され、警察庁の外勤課は地域課となった。また、警察法施行令の改定にともなって、警視庁・道府県警察本部などの「警ら部」は「地域部」となり、

「地域警察に関すること」を担当することが明確化された。

一九九四年六月、警察法の改定によって、警察庁に生活安全局が新設され、「市民生活の安全と平穏の確保」を担当することとなった。刑事局保安部から昇格したこの局には、生活安全企画課・地域課・少年課・生活環境課・銃器対策課・薬物対策課という六つの課がおかれた。これまでの犯罪予防・保安警察・警らといった「消極的活動」に、「犯罪、事故その他の事案に係る市民生活の安全と平穏に関すること」が加えられ、こうした「積極的活動」がとくに重視されることとなった。これにあわせて都道府県警察も再編され、防犯部にかわって生活安全部が新設され、市民生活のなかに警察を浸透させていくことが目指されていった。こうして、「生活安全警察」という新しい概念が登場し、これに即した活動が警察の前面に出てくることとなった[15]。

その際に参照されたのは、アメリカ（ニューヨーク市警察など）のコミュニティ・ポリシングやイギリス（ロンドン警視庁）のセクター・ポリシングであった。一九九四年度版『警察白書』は、前者について、「住民の参加、協力を求めつつ、住民と一体となった警察活動を行おうとするもの」、後者について、「地域との連携を強化するための施策」と説明している。

この警察法改定によって、警察庁長官の権限は強化され、また、警察権限の拡大・強化がはかられていった。その後、一九九九年には、組織的犯罪対策立法として組織的犯罪処罰法・通信傍受法（盗聴法）が制定された。また、同年、不正アクセス禁止法も制定された。こうして、警察の行政的権限がいっそう拡大していったのである。

では、このような警察のあり方は、二一世紀に入ってどのような様相を呈することになったのか、警察をめぐる「治安」の構造について考察し、それを通じて現代（現在）における国家・地域と警察の関係を考えてみよう。

三　二一世紀の日本警察と「治安国家」の構想

(1) 警察による「治安」構想

一九九九年から二〇〇〇年にかけて、警察をめぐる「不祥事」が続発した。こうした状況をうけて二〇〇〇年三月、警察刷新会議が発足した。同会議は七月、「警察刷新に関する緊急提言」を国家公安委員会に提出した。これをうけて八月、国家公安委員会と警察庁は「警察改革要綱」を取りまとめた。不祥事によって「国民の警察に対する信頼は大きく失墜した」として、信頼の回復を「喫緊の課題」に位置づけた。

そこで打ち出された警察改革の施策は、①「警察行政の透明性の確保と自浄機能の強化」、②「『国民のための警察』の確立」(国民の要望・意見への対応、国民の身近な不安の解消など)、③「新たな時代の要請にこたえる警察の構築」(組織犯罪・ハイテク犯罪・広域犯罪への対応)、④「警察活動を支える人的基盤の強化」(精強な執行力の確保と資質の向上、業務の合理化と地方警察官の計画的増員など)、であった。不祥事への対応を契機としながら(①)、国民の「不安」(②)と新たな「要請」(③)をテコに、警察力の強化(④)をはかろうとしたのである。

こうした方向性をうけて、二〇〇三年八月、警察庁は「緊急治安対策プログラム」を策定した。そこでは、まず、「刑法犯認知件数」が「七年連続で戦後最多」を記録しているとして、「刑法犯検挙率」が「過去最低の水準」になったことを強調した。犯罪の増加が「国民の日常生活に多大の不安を抱かせ、さらには我が国の社会・経済にも影響を与えている」というのである。また、「社会のグローバル化、IT化」にともない、国際テロ、北朝鮮にかかわる問題、サイバー犯罪・サイバーテロなど新たな脅威に直面していると述べた。一方で「不安」と「脅威」を強調しながら、他方で、「増加の一途をたどる犯罪の捜査、刑事司法の精密化、各種相談業務の増加等により、第一線警察の業務負担は深刻な状況にある」として、「事務の合理化、効率化」をはかるとともに、「地域や地方公共団体の協力」も得つつ、警察活動を推進していく必要性を強調したのでる。

このような認識のもと、警察はこの年（二〇〇三年）を「治安回復元年」と位置づけ、「日本の誇る治安」の復活をはかること、組織犯罪・サイバー犯罪対策の強化、テロの未然防止により「新たな脅威」に対応すること、「警察改革の持続的断行」をはかることを「基本課題」とした。

「緊急治安対策プログラム」は六項目から構成されているが、注目されるのは、冒頭に「犯罪抑止のための総合対策」を掲げ、さらにその冒頭に「街頭犯罪・侵入犯罪抑止総合対策の推進」を掲げたことである。そこでは、犯罪抑止のための犯罪情勢の分析、情報提供の推進、交番機能の強化、地域警察官による街頭活動のいっそうの強化、「安全・安心まちづくり」のためのスーパー防犯灯の整備など、地方公共団体・ボランティアなどとの連携、警備業の育成と活用、などが列挙されていた。「緊急治安対策プログラム」は、これにつづいて、「組織犯罪」・「来日外国人犯罪」・「テロ」・「サイバー犯罪」といった「新たな脅威」への対策を提示したうえで、最後の「治安基盤の確立」で警察力の強化をうたうという構造となっていた。

この年（二〇〇三年）、政府レベルでも「犯罪対策」が重要課題とされ、犯罪対策閣僚会議が随時開催されることとなった。一二月には、「犯罪に強い社会実現のための行動計画」が策定されたが、その最初に据えられたのが、「地域社会の連帯と安全で安心なまちづくりの実現」であった。[16] 不祥事を契機に（受動的に）刷新を打ち出した警察は、「治安回復元年」＝二〇〇三年を転機として、「犯罪の増加」と「新たな脅威」をテコに〝攻勢〟に転じ、「治安対策」を全面化させた。こうして二一世紀初頭、日本では「治安」をキーワードとする国家づくりが、警察主導で推進されていくことになった。

二〇〇六年八月、警察庁は「治安再生に向けた七つの重点」を策定した。それは、「安全・安心なまちづくり」を冒頭に掲げたうえで、「重要犯罪等に対する捜査の強化」、「組織犯罪対策・来日外国人犯罪対策」、「テロ対策と諜報事案対策」、「サイバー空間の安全確保」、「政府目標達成に向けた重点的な交通安全対策」を列記し、最後に「治安基盤の強化」（警察力の強化）をあげる構成になっていた。基本的に「緊急治安対策プログラム」と同様であるが、ここでは、「治安」は「回復」から、「再生」すべき課題に変わった。

「治安回復元年」から一〇年目の二〇一三年一二月、政府は『「世界一安全な日本」創造戦略』を閣議決定した。この「創造戦略」は、同年九月に決定されたオリンピック東京大会の開催を、『「強い日本」としての自信を取り戻すための重要な契機』と位置づけ、「世界一安全な国、日本」を創り上げることがオリンピック成功の前提であり、「絶対に成し遂げなければならない」とした。「治安」はオリンピックと結びつけられ、「使命」＝国家目標としての地位を与えられた。「地域の絆や連帯の再生・強化」をはかること、「新たな治安上の脅威」への対策を含め、「官民一体となった的確な犯罪対策」を推進することが課題とされた。

ただし、この「創造戦略」では、二〇〇三年に「治安対策」の緊急性を根拠づけた「刑法犯」は主役の座をおり、「新たな脅威」が最前面に押し出されていた。「刑法犯認知件数等の指標」は改善したが、「新たな脅威」が出現・増大しているとして、サイバー犯罪・サイバー攻撃、国際テロ、組織犯罪が「重大な脅威」としてとくに強調された。

(2) 新自由主義改革と「治安」

以上のような警察側・国家側の「治安」構想を踏まえたうえで、つぎに二〇〇〇年代における日本の国家路線と治安政策の関係を検討してみよう。

小泉内閣（二〇〇一年から二〇〇六年）は、「聖域なき構造改革」を掲げて、新自由主義的な「改革」を推進した。このような新自由主義改革と「治安」の関係について、渡辺治氏は、新自由主義改革によって福祉国家が解体し、これによって引きおこされる社会統合の危機に対処するため、「強い国家」が不可欠になったと指摘している。[17]また、清水雅彦氏も、改革の推進によって治安が悪化し、それが治安体制の強化につながったと指摘している。[18]アメリカ・イギリスの後を追って新自由主義改革を進めた日本でも、治安が悪化し、そこに支配層が治安体制の強化をはかろうとした要因があったとするのである。そして、共謀罪を制定しようとする構想が登場する背景には、警察を尖兵とする「強い国家」づくりがあったとみている。

「治安国家」の構想は、新自由主義改革による不安と不満の累積を社会的な基盤とし、つぎの三つを直接的な契機として、二一世紀初頭の日本に登場した。第一に、犯罪を活用し、これへの不安をかきたてることによって、第二に、反社会的集団の排除による安全な社会の維持を標榜することによって、第三に、テロの脅威を強調し、テロからの防衛を強調することによって、「強い国家」づくりに対する同意を調達しようとした。第一にかかわって、二〇〇三年一二月には、犯罪対策閣僚会議が「犯罪に強い社会の実現のための行動計画」を決定していた。

さらに、背景的な要因として、潜在的な不安としての災害問題や、〝外の脅威〟による不安の増幅があったと考えられる。そして、二〇一三年、東京オリンピックを「治安」的に活用することによって、「治安」は国家目標のレベルに引き上げられ、「治安国家」化が〝二〇二〇年〟に照準を定めた「『世界一安全な日本』創造戦略」として正当化された。「組織犯罪防止」・「テロ対策」・「二〇二〇年東京オリンピック」が、共謀罪の推進理由とリンクし、〝不安な社会〟の増幅が「治安国家」化を促進していった。

「安全」とは「危険のない状態」を指す抽象的な概念であり、「刑事規制において予防目的から『安全』を前面に打ち出すことは、危険回避のための予防措置として刑罰法規の際限ない前倒しと拡張を招くおそれ」があるとされる。[19]「安全確保」を名目に、特定秘密の指定が広範囲にわたることが懸念されているのである。二〇一七年六月、共謀罪法が成立した。それは、「共謀」を把握し、「準備」を認定することを警察の権限とした。「テロ集団」と「一般の人」の区別を認定するのは、警察である。とすれば、警察による日常的な市民監視と市民の相互監視が強まり、市民社会に対する警察（国家）の監視と介入は強化されていかざるをえない。こうして、外からの「侵略」に対する「安全」を掲げる「秘密保護」が、「治安」維持活動を強化させ、共謀罪法にもとづく住民監視がこれと連動して、「戦争する国づくり」が推進されていく。そして、「治安」の維持がそれを支えるために動員されていく。

「安全」をテコとして、警察の権限は拡大し、その活動領域は無限定に拡大していく。「不安」はあおられやすい。「安全神話」が崩れた、「不安な社会」だと危機が煽られると、「できるだけ予防的に処罰すべきだ」という主張が台頭しやすくなる。「安心・安全」が強調されるなかで、権力の増殖と肥大化がはかられていく。さらに、ボランティアという名で推進される地域・社会の組織化によって、権力基盤の構築・拡大がはかられていく。こうした社会のもとで、秩序の攪乱要因を事前に掌握するための監視力と、これを抑圧・排除するための強制力の強化が推進される。「不安」が「治安国家」化を推進するための〝根拠〟とされ、「不安」が「強い国家」を構築するための〝手段〟として活用される。

しかし、「安全」は事実としての安全と一致するとは限らず、地域のマジョリティにとっての「安心」であるかもしれない。また、地域のなかの「無秩序」が潜在的な「危険」として排除されていきかねない[20]。地域のなかに配置された警察は、そうした地域秩序を維持するための基盤権力として機能していくことになる。市民生活のなかに浸透する「生活安全警察」とその「積極的活動」が、警察の外延を拡大し、社会のなかに警察を〝浸透〟させていく。中央集権的な「治安国家」が、そうした警察組織の末端と警察化された地域社会を底辺とし、基盤とすることによって、編成されていくことにもなりかねない。

（1）大日方純夫「近代国家にとって犯罪とは何か」（同『近現代史考究の座標』校倉書房、二〇〇七年、二一四〜二二三ページ）。

（2）渡辺治『戦後日本の治安体制と警察』〈渡辺治著作集第3巻〉（旬報社、二〇二一年）収録の「6　現代警察とそのイデオロギー」「7　現代日本警察の形成」「8　八〇年代警察論」「10　グローバル化・「強い国家」政策と現代警察のねらい」などを参照。
（3）同前、二四一〜二四二ページ。
（4）以下、同前、二四八〜二四九ページ。
（5）同前、二九七ページによる。
（6）同前、三一七ページを参照。
（7）同前、三二〇ページ。
（8）以上、大日方純夫『天皇制警察と民衆』日本評論社、一九八七年、二六三〜二六八ページ、二七五〜二七六ページ。
（9）前掲、渡辺書、三三三〜三三七ページ。
（10）同前、三二九ページ。
（11）同前、三四七〜三五〇ページ。
（12）同前、三五〇〜三五一ページ。
（13）以下、同前、三五五〜三六五ページ参照。
（14）大日方純夫『日本近代国家の成立と警察』校倉書房、一九九二年、二六一〜三〇五ページ、同『警察の社会史』岩波書店〈新書〉、一九九三年、三二〜四三ページ参照。
（15）以上、大日方純夫「民衆の警察化」（『法と民主主義』三七七、二〇〇三年四月）。
（16）安達光治「生活安全条例」（『犯罪社会学研究』三一、二〇〇六年）。
（17）渡辺治「開発主義・企業社会の構造とその再編成」（同編『変貌する〈企業社会〉日本』旬報社、二〇〇四年）、一〇七〜一〇八ページ。
（18）清水雅彦『治安政策としての「安全・安心まちづくり」』社会評論社、二〇〇七年、一八六〜一九〇ページ。なお、本章は同書から多くの示唆を得ている。
（19）安達光治「特定秘密保護法の歴史的経緯と保護客体の面からみた刑罰規定の検討」（『刑法雑誌』五六―一、二〇一七年三月）。
（20）山本奈生「リスク社会と『割れ窓理論』」（『佛大社会学』三一、二〇〇六年）、参照。同論文によれば、「コミュニティ・ポリシング」の具体例であるニューヨーク市では、「黒人」の居住地域や「貧困地区」を「無秩序」をみなし、監視・排除の対象にしてきたという。

◆あとがき

私はこれまで、近代日本の警察史に関し、『天皇制警察と民衆』（日本評論社、一九八七年）、『日本近代国家の成立と警察』（校倉書房、一九九二年）、『警察の社会史』（岩波書店、一九九三年）、『近代日本の警察と地域社会』（筑摩書房、二〇〇〇年）という四冊の本をまとめてきた。本書はそれらにつづく五冊目の本で、前著以後に発表してきた論文等を改稿し、新稿を加えて編成したものである。本書の構成に沿ってもととなった論文等の初出を記し、それぞれの末尾に発表順の数字を付す。

序　論〈新稿〉
序　章「近代日本警察のなかのヨーロッパ」（『警察　近代ヨーロッパの探究13』ミネルヴァ書房、二〇一二年）④
第一章「近代日本警察のなかのヨーロッパ」の「4　駐在巡査の書類を読む」（同前『警察　近代ヨーロッパの探究13』）④
第二章「東京における警視庁の地域支配」（『部落問題研究』二〇三、二〇一三年）⑤
第三章「警察行政と社会運動」（『部落問題研究』一八一、二〇〇七年）②
第四章「解説」（『「特高」経験者として伝えたいこと』、新日本出版社、二〇一一年）③

第五章　「月島署警部補の戦中・戦後」（『近代日本の警察と地域社会』第13章、筑摩書房、二〇〇〇年）①
第六章　〈新稿〉
第七章　〈新稿〉
終　章　〈新稿〉

④は林田敏子氏との共編書のために執筆したものであるが、そのうち、マクロの視点からヨーロッパの警察との関係に重点をおいて検討した部分をもとに序章を編成し、ミクロの視点から地域警察の実際を探った部分に加筆して第一章とした。

第二章と第三章は、ともに竹永三男氏からのお誘いが機縁となっている。第三章のもととなった②は、二〇〇六年一〇月に開催された第四四回部落問題研究者全国集会の歴史Ⅱ分科会〈テーマ　社会運動史研究の課題と方法〉での報告をまとめたもので、鈴木良氏の近著を取り上げて論じてほしいという分科会の企画担当委員（竹永氏）からの依頼にもとづく。第二章は 科研費「身分・身分的周縁と部落問題に関する地域史的研究」（研究代表者 鈴木良）に参加し、二〇一二年三月に開催された研究会「大都市における警察行政と地域社会・地域支配――戦前期の東京と大阪の研究」で行った報告をまとめた⑤による。

第四章は、二〇一一年二月、新日本出版社の角田真己氏から、同社で出版予定の井形正寿氏の著書に対し、特高警察とは何かの説明を含む簡単な解説を書いてほしいとの依頼に応じた③をもとにしている。

第五章と第六章は、一九八九年に古書店を通じて入手した警部補の記録にもとづくもの、第七章は、二〇一六年に同じく古書店を通じて入手した巡査の警察手帳にもとづくものである。第五章は二〇〇〇年刊行の前著に収録した①をベースにしているが、かなり加除を行い、第六章にあわせるために改稿した。

なお、序論の「（1）」は、宮城歴史科学研究会の歴史学入門講座における講演「警察史研究をめぐる偶然性と必然性」（『宮城歴史科学研究』七六・七七合併号、二〇一六年）の一部を、終章の「三」は、歴史科学協議会の大会における報告「現代日本における『治安』の構造」（『歴史評論』八一八、二〇一八年）の一部を、それぞれ踏まえたものである。

私は一九九九年四月に早稲田大学に着任し、二〇二一年三月をもって定年退職したが、これに先立って同大学院文学研究科で修士論文・博士論文の主査を担当してきた皆さんが中心となって、二〇二一年三月にシンポジウムを開催すべく、二〇一九年一一月に「近代日本国家史研究会」を発足させた。しかし、二〇二〇年春からの新型コロナの感染拡大によって同年七月の第二回以来二〇二三年三月の第一〇回まで、研究会はオンラインでの開催となり、シンポジウム開催も延期せざるをえなかった。そして、二〇二三年七月になって、ようやく対面での研究会が復活し、シンポジウムを二〇二四年三月に具体化すべく、その準備が進められることとなった。

研究会の運営からシンポジウムの準備まで、その万端は佐々木啓さんを中心とする実行委員の皆さんが担ってくれた。四年間に研究会は一三回にわたって開催されたが、その間に報告したのは、伊東久智・上田美和・袁甲幸・鬼嶋淳・佐川享平・佐々木千恵・佐竹康扶・戸邉秀明・野間龍一・廣木尚・檜皮瑞樹・藤井なつみ・藤野裕子・松谷昇蔵・松田好史・渡邊桂子の皆さんである（五十音順・敬称略、複数回の報告を含む）。研究会では、一九八〇～九〇年代の警察研究や自由民権運動研究の展開をもとに「近代日本国家史」を検討し、また、一九九〇年代～二〇〇〇年代の歴史叙述、歴史学と歴史認識、方法としての「地域」、ジェンダー史の視点、対外認識などについて検討を重ねた。そして、研究会の終盤になって、警察史研究の現段階を検討することに絞り込んでシンポジウムを開催することが決定された。

二〇二四年三月一〇日、そのシンポジウムが「警察史の可能性——近代日本国家史研究への新たな扉」と題して開催された。当日は、藤井なつみさん・野間龍一さんとともに、私も「戦後・占領期の警察——警察官の『日記』から」と題する報告を行って、高岡裕之・伊藤俊介両氏からコメントをいただいた。

このシンポジウムを準備する過程で、警察史をめぐる研究状況を整理したことが、本書序論のもとになっている。また、シンポジウムでの報告のため、本書の第六章・第七章にあたる部分の原稿化をすすめた。本書をまとめる機縁をつくり、また、さまざまな示唆や着想をもらった「近代日本国家史研究会」の皆さんと、コメントをしていただいた高岡氏・伊藤氏、そして、シンポジウムに参加してくださった多くの方々に、この場を借りてお礼申し上げげたい。

他方、シンポジウムを準備するなかで、この機会に二〇〇〇年の前著以後、断続的に続けてきた警察史に関する研究をまとめることを思いたって、まず、日本評論社の串崎浩氏に相談にのっていただいた。串崎氏には私が関係する日中韓三国共通歴史書『新しい東アジアの近現代史』刊行の際（二〇一二年）に大変にお世話になった。また、同書の編集を担当していただいた武田彩氏には、その後もＷｅｂ日本評論などでお世話になってきた。そうしたことから、まずは日本評論社に相談をと思ったのである。

しかし、実はそれだけではなく、日本評論社に深い〝恩義〟を感じていることが背後にあった。日本評論社刊の『近代日本の統合と抵抗３』（一九八二年）に論文を発表したことが機縁となって、一九八五年五月から二年間、同社発行の雑誌『法学セミナー』に「警察と民衆」を二四回にわたって連載し、これをまとめた『天皇制警察と民衆』が、一九八七年、日評選書として刊行された。最初の単著である。

幸いに日本評論社で出版をお引き受けいただけることになり、今回も武田氏に編集で大変にお世話になった。あらためて串崎氏・武田氏にお礼申し上げる次第である。ちなみに、第七章で扱っている巣鴨・駒込・大塚地域に、現在、日本評論社はあり、本書二五八ページ掲載地図の中央下寄り、大塚駅の南側あたりがその場所に該当する。

本年一月一五日、警視庁は「警視庁一五〇年」の記念式典を開いた。他方で、今、警察が話題の一焦点となっている。新聞は社説で、「鹿児島県警　不祥事の隠蔽はあったのか」（『読売新聞』六月八日）、「鹿児島県警　疑惑の解明と説明を」（『朝日新聞』六月一一日）、「捜査書類　廃棄のすすめ許されぬ」（同六月一七日）、「鹿児島県警　捜索の理由　説明求める」（同六月二〇日）などと論じている。

本書が、警察と国家・地域の関係史を介して、近現代の日本を考える一助となることを願ってやまない。

二〇二四年六月二三日

大日方純夫

事項索引

あ

か

さ

●著者紹介

大日方 純夫（おびなた・すみお）

早稲田大学名誉教授。博士（文学）。1950年、長野県生まれ。1973年、早稲田大学第一文学部卒業。1978年、早稲田大学大学院文学研究科博士課程修了。1983年より東京都立商科短期大学（1996年より東京都立短期大学）講師・助教授・教授。1999年4月から2021年3月まで早稲田大学教授（文学学術院）。
専門は日本近代史。警察史・自由民権運動史・対外認識史などを追究。主な著書は、『天皇制警察と民衆』（日本評論社、1987年）、『自由民権運動と立憲改進党』（早稲田大学出版部、1991年）、『日本近代国家の成立と警察』（校倉書房、1992年）、『警察の社会史』（岩波書店、1993年）、『近代日本の警察と地域社会』（筑摩書房、2000年）、『近現代史考究の座標』（校倉書房、2007年）、『自由民権期の社会』（敬文舎、2012年）、『維新政府の密偵たち』（吉川弘文館、2013年）、『小野梓——未完のプロジェクト』（冨山房インターナショナル、2016年）、『「主権国家」成立の内と外』〈日本近代の歴史②〉（吉川弘文館、2016年）、『世界の中の近代日本と東アジア』（吉川弘文館、2021年）、『唱歌「蛍の光」と帝国日本』（吉川弘文館、2022年）など。ほか、「おさらい日本の近現代史」（web 日本評論〔https://www.web-nippyo.jp〕）など。

近現代《きんげんだい》日本《にほん》の警察《けいさつ》と国家《こっか》・地域《ちいき》

2024年 9 月 2 日　第 1 版第 1 刷発行

著　者——大日方純夫
発行所——株式会社　日本評論社
〒170-8474　東京都豊島区南大塚3-12-4
電話03-3987-8621（販売）——8592（編集）　振替　00100-3-16
https://www.nippyo.co.jp/
印刷所——精文堂印刷
製本所——井上製本所

装丁／銀山宏子

ISBN 978-4-535-58788-5　Printed in Japan